5년 최다  전체 수석  합격사 배출

브랜드만족
1위
박문각

근거자료
후면표기

20
25

1차
___
기본서

# 백운정
# 민법총칙

박문각 행정사연구소 편_백운정

애열상 강의 www.pmg.co.kr

박문각

# 박문각 행정사

# 머리말

## I. 본 교재로의 초대

본서는 합격을 위한 목적 그 하나만을 염두에 두고 만들어진 것입니다. 이에 합격을 목적으로 하는 수험생들을 초대합니다.

우선 수험생들이 수험교재를 선택하는 데 참고가 되고, 또 본서를 선택한 독자들의 본서 활용방법에 편의를 제공하기 위해서 본서의 특징을 소개합니다.

## II. 본 교재의 특징

### 첫째, 수험서로서의 적합성

합격이라는 목적에 부합하기 위하여, 본서에서는 합격의 지침이 될 수 있는 기출 쟁점과 판례를 중심으로 구성하였습니다. 2024년까지의 행정사 시험을 비롯하여 감정평가사시험, 공인중개사시험 및 주택관리사시험, 나아가 변호사시험, 법무사시험 등 그 일체를 분석하여 관련된 모든 지문과 2024년 8월까지 판례를 반영하였습니다.

따라서 본 교재에 담겨져 있는 내용을 숙지하는 것만으로도 시험에 부족함이 없습니다.

### 둘째, 기본에 충실한 정리서

민법이 포함된 시험에는 크게 변호사, 법무사, 법원사무관 등 법률 실무가 양성을 위한 시험과 특정분야의 전문가 양성을 위한 시험으로 나뉩니다. 이는 목적하는 방향에 따라 시험의 출제방향, 출제범위, 난이도 및 출제경향 등이 상이할 수밖에 없습니다.

본서에서는 이러한 목적에 따른 출제방향에 맞춰 기본적인 법률개념을 중심으로 조문과 판례를 정리하고, 학설 대립부분의 서술을 자제하여 수험에 적합하도록 하였습니다.

### 셋째, 초심자를 위한 참고서

행정사 시험을 대비하는 수험생 중에는 민법을 처음으로 접하거니와 법학을 처음으로 접하는 경우가 많습니다. 이러한 경우 법률용어 자체가 생소하여 어려움을 겪고, 여기에 판례까지 검토해야 하는 경우 그 어려움은 더 커지게 됩니다. 그런데 모든 국가시험의 공통적인 특징은 판례가 문제의 상당부분을 차지한다는 것입니다. 본서는 판례 및 기본적이고도 중요한 판례를 중심으로 시험에 필요한 범위 내에서 분석·정리하여 두었습니다. 이렇게 함으로써 판례를 좀 더 선명하게 정리할 수 있도록 함과 동시에 장기기억이 가능하도록 하였습니다. 또한 가급적 판례의 취지만을 소개하거나 압축서술하지 않고 구체적인 핵심사항에 대한 원문을 그대로 인용하여 판례의 정확한 내용을 숙지하도록 하였습니다. 판례의 논리적 흐름을 간파할 수 있도록 평석을 덧붙이기도 하였는데, 초심자들은 이 부분을 첫 회독 때부터 읽을 필요는 없을 것입니다.

또한 다소 많아 보이는 판례들은 초심자가 판례를 찾아 볼 수 있는 참고서로서 활용할 수 있도록 한 것이고, 이에 기출중심으로 강약을 두어 표시를 해 학습에 도움이 되도록 하였습니다.

### III. 글을 마무리하며

본서의 출간을 위하여 도움을 주신 수험생들과, 출판사 관계자분들을 비롯하여 묵묵히 박문각에서 도움을 주시는 신용조 과장님, 박선순 상무님께도 감사의 인사를 드립니다.

마지막으로 바쁜 와중에도 조언과 격려를 해주신 법무사 민사법을 강의하시는 이혁준 선생님, 형사법을 강의하시는 오상훈 선생님, 그리고 사랑하는 아들 동현에게도 감사의 마음을 전합니다.

아무쪼록 본서가 민법을 공부하는 수험생 여러분들에게 조금이라도 도움이 되었으면 합니다.

앞으로도 계속적으로 다듬고 보충하여 좀 더 좋은 책이 될 수 있도록 노력할 것임을 약속드리며, 수험생 여러분들의 조속한 합격을 기원합니다.

신림동 연구실에서

백운정 올림

# 행정사 개요

## | 국가자격시험 "행정사" |

행정사 자격시험을 통과하면 국민 누구나 행정사 사무소 영업이 가능합니다.

### 행정사란?

행정사는 행정업무의 원활한 운영과 국민의 권리구제를 목적으로 행정기관에 제출하는 서류의 작성·번역 및 제출 대행, 행정 관계법령 및 행정에 대한 상담 및 자문, 법령으로 위탁받은 사무의 사실조사 및 확인의 업무를 하는 등 대국민행정서비스를 통한 국민의 편의를 도모하기 위한 자격사제도이다. 행정사 자격증은 지난 1961년에 도입되었고, 1995년도 '행정서사'에서 '행정사'로 명칭이 변경되었다. 과거 행정사 자격시험은 퇴직 공무원들이 독점해 왔으나 헌재의 위헌판결로 일반인도 행정사 자격시험을 통해서 행정사 자격증을 취득할 수 있게 되었다.

### 행정사가 하는 일

행정사는 다른 사람의 위임을 받아 다음 각 호의 업무를 수행한다. 다만, 다른 법률에 따라 제한된 업무는 할 수 없다. 행정사가 아닌 사람은 다른 법률에 따라 허용되는 경우를 제외하고는 다음의 업무를 업(業)으로 하지 못한다.

1. 행정기관에 제출하는 서류의 작성
   ① 진정·건의·질의·청원 및 이의신청에 관한 서류
   ② 출생·혼인·사망 등 가족관계의 발생 및 변동사항에 관한 신고 등의 각종 서류

2. 권리·의무나 사실증명에 관한 서류의 작성
   ① 각종 계약·협약·확약 및 청구 등 거래에 관한 서류
   ② 그 밖에 권리관계에 관한 각종 서류 또는 일정한 사실관계가 존재함을 증명하는 각종 서류

3. 행정기관의 업무에 관련된 서류의 번역

4. 제1호부터 제3호까지의 규정에 따라 작성된 서류의 제출 대행

5. 인가·허가 및 면허 등을 받기 위하여 행정기관에 하는 신청·청구 및 신고 등의 대리

6. 행정 관계 법령 및 행정에 대한 상담 또는 자문에 대한 응답

7. 법령에 따라 위탁받은 사무의 사실 조사 및 확인

## 행정사의 종류 및 소관업무

| 종류 | 의의 | 업무 영역 |
|---|---|---|
| 일반행정사 | 민원인의 부탁을 받고 행정기관에 제출하는 서류 작성, 또는 주민의 권리·의무 사실의 증명에 관한 서류 작성 및 대리 제출 등을 업무로 하는 전문자격사 | • 행정기관에 제출하는 서류의 작성 및 제출 대행<br>• 권리·의무나 사실증명에 관한 서류의 작성 및 제출 대행<br>• 인가·허가 및 면허 등을 받기 위하여 행정기관에 하는 신청·청구 및 신고 등의 대리(代理)<br>• 행정 관계 법령 및 행정에 대한 상담 또는 자문에 대한 응답<br>• 법령에 따라 위탁받은 사무의 사실 조사 및 확인 |
| 해사행정사 | 일반행정사의 업무뿐 아니라 해운 및 해양안전심판과 관련한 업무를 겸하는 전문자격사 | • 일반행정사와 동일한 업무<br>• 해운 또는 해양안전심판에 관한 업무 |
| 외국어<br>번역행정사 | 행정기관의 업무에 관련된 서류의 번역 및 제출을 대행하는 전문자격사 | • 행정기관의 업무에 관련된 서류의 번역<br>• 다른 사람의 위임에 따라 행정사가 작성하거나 번역한 서류를 위임자를 대행하여 행정기관에 제출하는 일<br>• 외국 서류의 번역과 관련된 인·허가 및 면허 등 행정기관에 제출하는 신고, 신청, 청구 등의 대리행위<br>• 외국의 행정 업무와 관련된 법령 및 행정에 대한 상담 또는 자문 |

# 행정사 시험 정보

1. **자격 분류:** 국가 전문 자격증
2. **시험 기관 소관부처:** 행정안전부(주민과)
3. **실시 기관:** 한국산업인력공단
4. **시험 일정:** 매년 1차, 2차 실시

| 구분 | 원서 접수 | 시험 일정 | 합격자 발표 |
|---|---|---|---|
| 1차 | 2024년 4월 22일~4월 26일 | 2024년 6월 1일 | 2024년 7월 3일 |
| 2차 | 2024년 7월 29일~8월 2일 | 2024년 10월 5일 | 2024년 12월 4일 |

〈2024년 제12회 행정사 시험 기준〉

5. **응시자격:** 제한 없음. 다만, 행정사법 제5·6조의 결격사유가 있는 자와 행정사법 시행령 제19조에 따라 부정행위자로 처리되어, 그 처분이 있는 날부터 5년이 지나지 않은 자는 시험에 응시할 수 없다.

6. **시험 면제대상**
   - 1차 시험에 합격한 사람에 대하여는 다음 회의 시험에서만 1차 시험을 면제한다(단, 경력서류 제출로 1차 시험이 면제된 자는 행정사법이 개정되지 않는 한 계속 면제).
   - 행정사 자격이 있는 사람으로서 다른 종류의 행정사 자격시험에 응시하는 사람은 1차 시험을 면제한다.
   - 행정사법 제9조 및 동법 부칙 제3조에 따라, 공무원으로 재직하였거나 외국어 전공 학위를 받고 외국어 번역 업무에 종사한 경력이 있는 사람 등은 행정사 자격시험의 전부 또는 일부가 면제된다(1차 시험 면제, 1차 시험 전부와 2차 시험 일부 면제, 1·2차 시험 전부 면제).

7. **시험 과목 및 시간**
   ● 1차 시험(공통)

| 교시 | 입실 시간 | 시험 시간 | 시험 과목 | 문항 수 | 시험 방법 |
|---|---|---|---|---|---|
| 1교시 | 09:00 | 09:30~10:45 (75분) | ① 민법(총칙)<br>② 행정법<br>③ 행정학개론(지방자치행정 포함) | 과목당 25문항 | 5지택일 |

● 2차 시험

| 교시 | 입실시간 | 시험 시간 | 시험 과목 | 문항 수 | 시험 방법 |
|---|---|---|---|---|---|
| 1교시 | 09:00 | 09:30~11:10 (100분) | **[공통]**<br>① 민법(계약)<br>② 행정절차론(행정절차법 포함) | 과목당 4문항 (논술 1문제, 약술 3문제) | 논술형 및 약술형 혼합 |
| 2교시 | 11:30 | • 일반·해사행정사 11:40~13:20 (100분)<br><br>• 외국어번역행정사 11:40~12:30 (50분) | **[공통]**<br>③ 사무관리론<br>(민원 처리에 관한 법률 및 행정업무의 운영 및 혁신에 관한 규정 포함)<br>**[일반행정사]**<br>④ 행정사실무법<br>(행정심판사례, 비송사건절차법)<br>**[해사행정사]**<br>④ 해사실무법<br>(선박안전법, 해운법, 해사안전기본법, 해양사고의 조사 및 심판에 관한 법률)<br>**[외국어번역행정사]**<br>④ 해당 외국어(외국어능력검정시험으로 대체하며 영어, 중국어, 일본어, 프랑스어, 독일어, 스페인어, 러시아어의 7개 언어에 한함) | | |

## 8. 합격 기준

- 과목당 100점을 만점으로 하여 모든 과목의 점수가 40점 이상이고, 전 과목의 평균 점수가 60점 이상인 사람(2차 시험의 해당 외국어시험 제외)
- 단, 제2차 시험 합격자가 최소선발인원보다 적은 경우, 최소선발인원이 될 때까지 전 과목의 점수가 40점 이상인 사람 중에서 전 과목 평균 점수가 높은 순으로 합격자를 추가로 결정한다. 동점자로 인해 최소선발인원을 초과하는 경우 동점자 모두를 합격자로 한다.

## 9. 외국어능력검정시험 성적표 제출(외국어번역행정사)

외국어번역행정사 2차 시험의 '해당 외국어' 과목은 원서접수 마감일부터 거꾸로 계산하여 5년이 되는 날이 속하는 해의 1월 1일 이후에 실시된 외국어능력검정시험에서 취득한 성적으로 대체(행정사법 시행령 제9조 제3항, 별표 2)

● 외국어 과목을 대체하는 외국어능력검정시험 종류 및 기준점수

| 시험명 | 기준점수 | 시험명 | 기준점수 |
|---|---|---|---|
| TOEFL | 쓰기 시험 부문 25점 이상 | IELTS | 쓰기 시험 부문 6.5점 이상 |
| TOEIC | 쓰기 시험 부문 150점 이상 | 신HSK | 6급 또는 5급 쓰기 영역 60점 이상 |
| | | DELE | C1 또는 B2 작문 영역 15점 이상 |
| TEPS | 쓰기 시험 부문 71점 이상<br>※ 청각장애인: 쓰기 시험 부문 64점 이상 | DELF/ DALF | • C2 독해와 작문 영역 25점 이상<br>• C1 또는 B2 작문 영역 12.5점 이상 |
| G–TELP | GWT 작문 시험 3등급 이상 | 괴테어학 | • C2 또는 B2 쓰기 모듈 60점 이상<br>• C1 쓰기 영역 15점 이상 |
| FLEX | 쓰기 시험 부문 200점 이상 | TORFL | 4단계 또는 3단계 또는 2단계 또는 1단계 쓰기 영역 66% 이상 |

# 민법총칙 1차 시험 총평

## 1. 2024년 민법총칙 1차 시험 총평

### 1) 2024년 기출분석

2024년 문제는 다음 표에서 볼 수 있듯이, 두드러진 특징은 예년에 2문제 정도 출제되던 박스형 문제가 4문제 출제되었을 뿐만 아니라 그중 2문제는 사례형으로 출제되어 처음 문제를 접했을 때는 다소 어렵다고 느껴질 수 있었습니다. 그러나 실질적으로는 작년과 같이 기존에 출제되지 않던 영역이 없으며, 소멸시효 파트에서 다소 많은 4문제가 출제된 것을 제외하고는 출제 영역의 편중도 없었습니다. 조문과 판례 출제비율은 작년보다 판례가 비중이 더 높아졌을 뿐 최신 판례는 출제되지 않았습니다.

### 2) 총평

결론적으로 조금은 어렵게 나오리라 예상했으나, 작년과 비교하자면, 다소 쉽게 출제되어 민법총칙에서는 무난히 원하시는 점수를 얻으셨으리라 예상됩니다.

## 2. 향후 공부방법론

### 1) 단계별 학습방법론

① 먼저 기본서 학습을 통하여 전체적인 틀과 개념을 익히고,
② 다음으로 기출문제를 진도별로 풀어가며 기본서를 통하여 배운 부분이 어떻게 출제되는지 알아야 하고, 자신이 제대로 이해하고 있지 못하는 부분은 하나씩 정리해 나가야 합니다.
③ 마지막으로 실전과 동일한 형태의 모의고사(동형모의고사)를 통하여 문제를 푸는 감각을 익혀나가셔야 합니다.
④ 이후 시험 직전 1~2주 동안에는 그동안 자신이 공부하여 왔던 교재를 반복학습하여 암기하여야 합니다. 특히 틀린 문제나 틀린 지문은 마지막 1~2주 동안 전부 반복학습하여 암기하고 시험장에 들어가야 합니다. 혼자 정리하기 어렵다고 느끼는 경우에는 학원의 특강 등을 통하여 출제예상지문을 정리하거나 마무리특강을 통하여 전체적으로 중요사항을 정리하여야 합니다.

### 2) 기출문제의 분석을 통한 향후 공부전략

"모든 시험의 시작과 끝은 기출문제다"라는 말이 있을 정도로 시험공부에 있어 기출문제의 분석과 정리는 중요한 부분입니다. 이를 통하여 출제되는 테마들을 알 수 있으므로 평소 공부할 때에도 출제 테마들을 중심으로 효과적으로 학습할 수 있고, 기출지문들 중 중요지문들은 반복출제되므로 마지막 정리 시에도 도움이 됩니다. 그러므로 공부시간의 70~80%를 기출문제에 투자하여야 합니다. 최근 5개년 기출분석으로 알 수 있듯이 사례의 비중이 높아져 어려워지고 있다고 하더라도 행정사 민법시험문제는 여전히 조문과 판례에서 출제되고 있습니다. 또한 사례문제도 조문과 판례에 기초한 적용의 문제이기 때문에, 70~80점은 기출지문만 숙지하면 가능합니다. 결국 조문을 기본으로 하여 기출판례를 중심으로 반복학습하고, 사례형 문제에 적응을 높여 나아가면 고득점도 가능합니다.

# 민법총칙 출제 경향 분석

◁ 5개년 기출분석표

| 구분 | | | 2020년 | 2021년 | 2022년 | 2023년 | 2024년 |
|---|---|---|---|---|---|---|---|
| 민법총칙 | 통칙 | 민법의 법원 | 1 | | 1 | | |
| | | 법률관계 등 | 1 | 2 | 1 | 1 | 1 |
| | 권리주체 | 자연인 | 2 | 2 | 2 | 5 | 3 |
| | | 법인 | 3 | 3 | 3 | 2 | 3 |
| | 권리객체(물건) | | 1 | 1 | 1 | 1 | 1 |
| | 권리변동 | 법률행위 | 3 | 1 | 2 | 5 | 2 |
| | | 의사표시 | 3 | 3 | 5 | 3 | 4 |
| | | 대리 | 3 | 7 | 3 | 2 | 2 |
| | | 무효와 취소 | 3 | 2 | 2 | 1 | 2 |
| | | 조건과 기한 | 1 | | 1 | 1 | 2 |
| | 기간 | | 1 | 1 | 1 | 1 | 1 |
| | 소멸시효 | 요건 | 3 | 1 | 1 | 2 | 2 |
| | | 중단·정지 | | 1 | 1 | 1 | 1 |
| | | 시효완성효과 | | | | | 1 |

◁ 출제 유형 분석

| 문제구성 | | 2020년 | 2021년 | 2022년 | 2023년 | 2024년 |
|---|---|---|---|---|---|---|
| 형식 | 지문나열형 | 19(76%) | 20(80%) | 20(80%) | 21(84%) | 21(84%) |
| | 사례형 | 2(8%) | 3(12%) | 3(12%) | 2(8%) | 2(8%) |
| | 박스형 | 4(16%) | 2(8%) | 2(8%) | 2(8%) | 4(16%) 사례형 포함 |

# 구성 및 활용법

## 1

### 체계적인 교재 구성

방대한 민법총칙 학습내용을 체계적으로 분류하고 서술하여 흐름에 따라 자연스러운 학습이 가능하도록 하였다. 또한 각 조문과 핵심 요약 표, 그리고 학습해야 할 기출 쟁점과 판례를 수록하여 목차별로 압축적인 학습이 가능하도록 하였다. 특히 행정사 시험이 막연하게 느껴질 초심자들이 본서를 '참고서'로 활용할 수 있게끔 핵심적이고 효율적인 암기가 가능하도록 구성하였다.

## 2

### 이해를 돕는 표, 용어 설명, 정리, 예

다양한 요소를 통하여 보다 원활한 학습을 돕고자 하였다. 우선 용어 설명 박스로 생소할 수 있으나 판례에서 자주 사용되어 꼭 숙지해야 하는 용어들을 정리 및 해석하였다. 그리고 제시된 이론을 요약 및 정리해야 할 부분에서는 [정리]⁺를 수록하였다. 마지막으로 예시가 필요한 부분에는 예로 표시하여 보다 자세히 이해하는 데 도움이 될 수 있도록 하였다.

# 3

## 조문 및 판례 수록

이론과 관련한 판례 및 조문을 함께 수록하여 심층적인 학습이 가능하도록 하였다. 행정사 시험 특성상 문제의 상당 부분을 판례가 차지할 수밖에 없다. 그러나 법학을 처음 접하는 수험생일수록 판례가 생소하기 마련이다. 따라서 본서는 판례에 강약을 두어 기출 중심으로 수록하여 학습에 도움이 되도록 하였다. 시험을 준비하며 기본적으로 알아야 할 판례뿐만 아니라 중요도가 높은 판례들도 수록하여, 이를 시험에 필요한 범위 내에서 분석 및 정리하였다.

# 4

## 판례연구 및 논점정리 수록

보다 집중적으로 학습이 필요한 이론의 경우, 더 심층적인 내용으로 다루고자 **판례연구**와 **논점정리**를 수록하였다. 더 풍부한 학습이 필요한 이론은 **판례연구**로 이론과 관련한 판례들을 정리하여 이론을 보다 자연스럽게 이해할 수 있도록 하였다. 또한, 반드시 암기·숙지해야 할 이론의 경우 **논점정리**를 통하여 의의 및 특징, 근거 등을 한눈에 확인하고 학습할 수 있도록 하였다.

CONTENTS

# 차 례

## Chapter 07 소멸시효

## Chapter 06 기간

행정사
**백운정 민법총칙**

# 통칙

## 01  민법의 의의

### 1. 형식적 의미의 민법과 실질적 의미의 민법

① 형식적 의미의 민법은 민법이라는 이름의 성문법전, 즉 민법전을 의미한다. 반면 실질적 의미의 민법은 모든 사람의 생활관계(재산관계와 가족관계)를 규율하는 실체법으로서의 일반사법을 의미한다.

② 형식적 의미의 민법에는 실질적 의미의 민법에 속하지 않는 규정들을 포함하고 있다. 법인의 이사 등에 대한 벌칙규정(제97조), 강제이행에 관한 규정(제389조)이 이에 해당한다. 이처럼 실질적 의미의 민법과 형식적 의미의 민법은 일치하지 않는다.

### 2. 사법과 공법의 구별실익

① 지도원리가 다르다. 예컨대 전자는 사적자치의 원칙이 지배적이어서 원칙적으로 사인 간의 자유로운 의사에 따른 법률관계의 형성이 허용되지만, 후자의 경우에는 법치주의가 적용되어 법이 허용하는 범위에서만 우월적·특수적 지위가 인정되어 공권력의 행사가 허용된다.

② 권리구제절차가 상이하다. 예컨대 전자는 원칙적으로 민사소송절차에 의해, 반면 후자의 경우에는 행정소송절차에 의해 구제를 받는다.

## 02 민법의 법원

> **제1조【법원】**
> 민사에 관하여 **법률**에 규정이 없으면 **관습법**에 의하고 관습법이 없으면 **조리**에 의한다.

### 1. 법원의 의의

법원이란 법의 인식근거로서 법의 존재형식이며, 민법의 법원이란 **민사에 관한 분쟁**에 대하여 적용하여야 할 기준, 즉 **실질적 의미의 민법**을 의미한다.

**민법 제1조**는 **민법의 법원** 및 민사분쟁에 대하여 **법원의 적용순서**를 규정하고 있다. 즉「법률 → 관습법 → 조리」의 순서로 적용된다고 함으로써 성문법주의를 원칙으로 하되 보충적으로 불문법(관습법과 조리)을 적용하도록 정하고 있다.

### 2. 법률 – 성문민법

민법 제1조의 '**법률**'이란 형식적 의미의 법률에 한정하지 않고 **모든 성문법**(제정법)을 의미한다. 따라서 명령, 규칙, 조약, 조례도 포함한다. 이 점에서 민법 제185조 물권법정주의에서의 법률과 같은 의미는 아니다. 민법 제185조의 법률이란 국회가 제정하는 형식적 의미의 법률만을 의미하고, 명령이나 규칙은 포함되지 않는다.

> **판례**⁺
>
> **대한민국이 가입한 국제조약과 대한민국 민법·상법 등과의 관계**
> 우리나라가 가입한 국제조약은 일반적으로 민법이나 상법 또는 국제사법보다 우선적으로 적용된다. 네덜란드와 대한민국은 모두 '국제물품매매계약에 관한 국제연합 협약'[United Nations Convention on Contracts for the International Sale of Goods(Vienna, 1980)(CISG), 이하 '매매협약'이라 한다]에 가입하였으므로, 네덜란드 법인과 대한민국 법인 사이의 물품매매계약에 관하여는 매매협약 제1조 제1항에 의하여 위 협약이 우선 적용된다(대판 2022.1.3, 2021다269388).

### 3. 관습법 – 불문민법

### 1) 의의

관습법이란 사회의 **거듭된 관행**으로 생성한 사회생활규범이 **사회의 법적 확신**에 의하여 법적 규범으로 승인되기에 이른 것으로, 헌법을 최상위 규범으로 하는 **전체 법질서에 반하지 아니하는 것**을 말한다.

## 2) 성립요건

관습법이 성립하기 위해서는

⑴ 일정기간 반복된 관행이 존재하고,

⑵ 그러한 관행이 사회구성원의 법적 확신에 의하여 지지되며,

⑶ 관행이 헌법을 최상위 규범으로 하는 전체 법질서에 반하지 아니하는 것으로서 정당성과 합리성이 있다고 인정될 수 있을 것을 요한다.

## 3) 관습법의 효력

### ⑴ 성문법과 관습법의 우열관계

판례는 "가정의례준칙 제13조의 규정과 배치되는 관습법의 효력을 인정하는 것은 관습법의 제정법에 대한 열후적·보충적 성격에 비추어 민법 제1조의 취지에 어긋나는 것이다."라고 하여 보충적 효력설의 입장이다.

### ⑵ 관습법과 사실인 관습과의 관계

판례는 "관습법이란 사회의 거듭된 관행으로 생성한 사회생활규범이 사회의 법적 확신과 인식에 의하여 법적 규범으로 승인·강행되기에 이른 것을 말하고, 사실인 관습은 사회의 관행에 의하여 발생한 사회생활규범인 점에서 관습법과 같으나 사회의 법적 확신이나 인식에 의하여 법적 규범으로서 승인된 정도에 이르지 않은 것을 말하는 바, **관습법은** 바로 법원으로서 법령과 같은 효력을 갖는 관습으로서 법령에 저촉되지 않는 한 법칙으로서의 효력이 있는 것이며, 이에 반하여 사실인 관습은 법령으로서의 효력이 없는 단순한 관행으로서 법률행위의 당사자의 의사를 보충함에 그치는 것이다"라고 함으로써 양자를 구별한다.

## 4) 판례에 의하여 인정되는 관습법

판례에 의하여 인정되는 관습법으로는 **분묘기지권·관습법상 법정지상권**·명인방법·명의신탁·**동산양도담보** 등이 있다. 그러나 사도통행권·온천권·공원이용권 등은 관습법상 인정되는 물권이 아니다. 또한 미등기 무허가건물의 양수인에게 소유권에 준하는 관습법상의 물권도 인정될 수 없다(대판 2006.10.7, 2006다49000).

✦ 관습법과 사실인 관습

| 구분 | 관습법 | 사실인 관습 |
|---|---|---|
| 의의 | 사회생활에서 자연적으로 발생하고 반복적으로 행하여진 관행이 사회구성원의 법적 확신에 의한 지지를 받아 법적 규범화된 것<br>예 관습법상 법정지상권, 분묘기지권, 동산의 양도담보, 명인방법, 명의신탁 등<br>/ But 온천권이나 소유권에 준하는 관습상의 물권은 부정된다고 보는 것이 판례 | 사회의 관행에 의하여 발생한 사회생활규범인 점에서 관습법과 같으나 사회의 법적 확신에 의하여 법적 규범으로서 승인된 정도에 이르지 않은 것 |
| 성립<br>요건 | ① 관행 + 법적 확신<br>② 헌법을 최상위 규범으로 하는 전체 법질서에 반하지 아니하여야 함<br>➡ 법원의 재판(국가승인)은 성립요건 × | ① 관행<br>② 선량한 풍속 기타 사회질서에 반하지 않아야 함<br>➡ 법적 확신은 不要 |
| 효력 | 1) 성문법과의 우열관계<br>➡ 보충적 효력설(판례)<br>2) 사실인 관습과의 관계<br>➡ 양자의 구별 긍정설(판례) | 법령으로서의 효력 ×<br>➡ 법률행위의 해석기준(법률행위 당사자의 의사를 보충하는 기능) |
| 법원성<br>유무 | 제1조 문언상 법원성 ○ | 법원성 × |
| 입증<br>책임 | 당사자의 주장·입증을 기다림이 없이 법원이 직권으로 이를 확정하여야 함.<br>다만 법원이 이를 알 수 없는 경우 결국은 당사자가 이를 주장·입증할 필요가 있음 | 그 존재를 당사자가 주장·입증하여야 함.<br><br>다만 경험칙에 속하는 사실인 관습은 법관 스스로 직권에 의하여 판단할 수 있음 |

**판례연구** <sup>+</sup> 관련판례 정리

**[대판 1983.6.14, 80다3231] 가족의례준칙 사건**

[1] 관습법이란 사회의 거듭된 관행으로 생성한 사회생활규범이 사회의 법적 확신과 인식에 의하여 법적 규범으로 승인·강행되기에 이른 것을 말하고, 사실인 관습은 사회의 관행에 의하여 발생한 사회생활 규범인 점에서 관습법과 같으나 사회의 법적 확신이나 인식에 의하여 법적 규범으로서 승인된 정도에 이르지 않은 것을 말하는 바, 관습법은 바로 법원으로서 법령과 같은 효력을 갖는 관습으로서 법령에 저촉되지 않는 한 법칙으로서의 효력이 있는 것이며, 이에 반하여 사실인 관습은 법령으로서의 효력이 없는 단순한 관행으로서 법률행위의 당사자의 의사를 보충함에 그치는 것이다.

[2] 법령과 같은 효력을 갖는 관습법은 당사자의 주장 입증을 기다림이 없이 법원이 직권으로 이를 확정하여야 하고 사실인 관습은 그 존재를 당사자가 주장 입증하여야 하나, 관습은 그 존부자체도 명확하지 않을 뿐만 아니라 그 관습이 사회의 법적 확신이나 법적 인식에 의하여 법적 규범으로까지 승인되었는지의 여부를 가리기는 더욱 어려운 일이므로, 법원이 이를 알 수 없는 경우 결국은 당사자가 이를 주장 입증할 필요가 있다.

[3] 사실인 관습은 사적 자치가 인정되는 분야 즉 그 분야의 제정법이 주로 임의규정일 경우에는 법률행위의 해석기준으로서 또는 의사를 보충하는 기능으로서 이를 재판의 자료로 할 수 있을 것이나 이 이외의 즉 그 분야의 제정법이 주로 강행규정일 경우에는 그 강행규정 자체에 결함이 있거나 강행규정 스스로 가 관습에 따르도록 위임한 경우 등 이외에는 법적 효력을 부여할 수 없다.

[4] 가족의례준칙 제13조의 규정과 배치되는 관습법의 효력을 인정하는 것은 관습법의 제정법에 대한 열후적, 보충적 성격에 비추어 민법 제1조의 취지에 어긋나는 것이다.

**[대판(전) 2003.7.24, 2001다48781] 상속회복청구권 사건**

[1] 관습법이란 사회의 거듭된 관행으로 생성한 사회생활규범이 사회의 법적 확신과 인식에 의하여 법적 규범으로 승인·강행되기에 이른 것을 말하고, 그러한 관습법은 바로 법원(法源)으로서 법령과 같은 효력을 가져 법령에 저촉되지 아니하는 한 법칙으로서의 효력이 있는 것인바(대판 1983.6.14, 80다3231 참조), 사회의 거듭된 관행으로 생성한 어떤 사회생활규범이 법적 규범으로 승인되기에 이르렀다고 하기 위하여는 그 사회생활규범은 헌법을 최상위 규범으로 하는 전체 법질서에 반하지 아니하는 것으로서 정당성과 합리성이 있다고 인정될 수 있는 것이어야 하고, 그렇지 아니한 사회생활규범은 비록 그것이 사회의 거듭된 관행으로 생성된 것이라고 할지라도 이를 법적 규범으로 삼아 관습법으로서의 효력을 인정할 수 없다고 할 것이다.

[2] 그런데 제정 민법(1958.2.22. 법률 제471호로 공포되어 1960.1.1.부터 시행된 것)이 시행되기 전에 존재하던 관습 중 "상속회복청구권은 상속이 개시된 날부터 20년이 경과하면 소멸한다"는 내용의 관습은 이를 적용하게 되면 위 20년의 경과 후에 상속권 침해행위가 있을 때에는 침해행위와 동시에 진정상속인은 권리를 잃고 구제를 받을 수 없는 결과가 되므로 진정상속인은 모든 상속재산에 대하여 20년 내에 등기나 처분을 통하여 권리확보를 위한 조치를 취하여야 할 무거운 부담을 떠안게 되는데, 이는 소유권은 원래 소멸시효의 적용을 받지 않는다는 권리의 속성에 반할 뿐 아니라 진정상속인으로 하여금 참칭상속인에 의한 재산권침해를 사실상 방어할 수 없게 만드는 결과로 되어 불합리하고, 헌법을 최상위 규범으로 하는 법질서 전체의 이념에도 부합하지 아니하여 정당성이 없으므로, 위 관습에 법적 규범인 관습법으로서의 효력을 인정할 수 없다고 할 것이다.

**[대판(전) 2005.7.21, 2002다1178] 여성 종중원 자격확인사건**

[1] 관습법이란 사회의 거듭된 관행으로 생성한 사회생활규범이 사회의 법적 확신과 인식에 의하여 법적 규범으로 승인·강행되기에 이른 것을 말하고, 그러한 관습법은 법원으로서 법령에 저촉되지 아니하는 한 법칙으로서의 효력이 있는 것이고, 또 사회의 거듭된 관행으로 생성한 어떤 사회생활규범이 법적 규범으로 승인되기에 이르렀다고 하기 위하여는 헌법을 최상위 규범으로 하는 전체 법질서에 반하지 아니하는 것으로서 정당성과 합리성이 있다고 인정될 수 있는 것이어야 하고, 그렇지 아니한 사회생활규범은 비록 그것이 사회의 거듭된 관행으로 생성된 것이라고 할지라도 이를 법적 규범으로 삼아 관습법으로서의 효력을 인정할 수 없다.

[2] 사회의 거듭된 관행으로 생성된 사회생활규범이 관습법으로 승인되었다고 하더라도 사회 구성원들이 그러한 관행의 법적 구속력에 대하여 확신을 갖지 않게 되었다거나, 사회를 지배하는 기본적 이념이나 사회질서의 변화로 인하여 그러한 관습법을 적용하여야 할 시점에 있어서의 전체 법질서에 부합하지 않게 되었다면 그러한 관습법은 법적 규범으로서의 효력이 부정될 수밖에 없다.

[3] [다수의견] 종원의 자격을 성년 남자로만 제한하고 여성에게는 종원의 자격을 부여하지 않는 종래 관습에 대하여 우리 사회 구성원들이 가지고 있던 법적 확신은 상당 부분 흔들리거나 약화되어 있고, 무엇보다도 헌법을 최상위 규범으로 하는 우리의 전체 법질서는 개인의 존엄과 양성의 평등을 기초로 한 가족생활을 보장하고, 가족 내의 실질적인 권리와 의무에 있어서 남녀의 차별을 두지 아니하며, 정치·경제·사회·문화 등 모든 영역에서 여성에 대한 차별을 철폐하고 남녀평등을 실현하는 방향으로 변화되어 왔으며, 앞으로도 이러한 남녀평등의 원칙은 더욱 강화될 것인바, 종중은 공동선조의 분묘수호와 봉제사 및 종원 상호 간의 친목을 목적으로 형성되는 종족단체로서 공동선조의 사망과 동시에 그 후손에 의하여 자연발생적으로 성립하는 것임에도, 공동선조의 후손 중 성년 남자만을 종중의 구성원으로 하고 여성은 종중의 구성원이 될 수 없다는 종래의 관습은, 공동선조의 분묘수호와 봉제사 등 종중의 활동에 참여할 기회를 출생에서 비롯되는 성별만에 의하여 생래적으로 부여하거나 원천적으로 박탈하는 것으로서, 위와 같이 변화된 우리의 전체 법질서에 부합하지 아니하여 정당성과 합리성이 있다고 할 수 없으므로, 종중 구성원의 자격을 성년 남자만으로 제한하는 종래의 관습법은 이제 더 이상 법적 효력을 가질 수 없게 되었다.

[4] [다수의견] 종중이란 공동선조의 분묘수호와 제사 및 종원 상호 간의 친목 등을 목적으로 하여 구성되는 자연발생적인 종족집단이므로, 종중의 이러한 목적과 본질에 비추어 볼 때 공동선조와 성과 본을 같이 하는 후손은 성별의 구별 없이 성년이 되면 당연히 그 구성원이 된다고 보는 것이 조리에 합당하다.

[5] 종중 구성원의 자격에 관한 대법원의 견해의 변경은 관습상의 제도로서 대법원 판례에 의하여 법률관계가 규율되어 왔던 종중제도의 근간을 바꾸는 것인바, 대법원이 이 판결에서 종중 구성원의 자격에 관하여 "공동선조와 성과 본을 같이 하는 후손은 성별의 구별 없이 성년이 되면 당연히 그 구성원이 된다"고 견해를 변경하는 것은 그동안 종중 구성원에 대한 우리 사회일반의 인식 변화와 아울러 전체 법질서의 변화로 인하여 성년 남자만을 종중의 구성원으로 하는 종래의 관습법이 더 이상 우리 법질서가 지향하는 남녀평등의 이념에 부합하지 않게 됨으로써 그 법적 효력을 부정하게 된 데에 따른 것일 뿐만 아니라, 위와 같이 변경된 견해를 소급하여 적용한다면, 최근에 이르기까지 수십 년 동안 유지되어 왔던 종래 대법원 판례를 신뢰하여 형성된 수많은 법률관계의 효력을 일시에 좌우하게 되고, 이는 법적안정성과 신의성실의 원칙에 기초한 당사자의 신뢰보호를 내용으로 하는 법치주의의 원리에도 반하게 되는 것이므로, 위와 같이 변경된 대법원의 견해는 이 판결 선고 이후의 종중 구성원의 자격과 이와 관련하여 새로이 성립되는 법률관계에 대하여만 적용된다고 함이 상당하다.

[6] 대법원이 "공동선조와 성과 본을 같이 하는 후손은 성별의 구별 없이 성년이 되면 당연히 그 구성원이 된다"고 종중 구성원의 자격에 관한 종래의 견해를 변경하는 것은 결국 종래 관습법의 효력을 배제하여 해당 사건을 재판하도록 하려는 데에 그 취지가 있고, 원고들이 자신들의 권리를 구제받기 위하여 종래 관습법의 효력을 다투면서 자신들이 피고 종회의 회원(종원) 자격이 있음을 주장하고 있는 이 사건에 대하여도 위와 같이 변경된 견해가 적용되지 않는다면, 이는 구체적인 사건에 있어서 당사자의 권리구제를 목적으로 하는 사법작용의 본질에 어긋날 뿐만 아니라 현저히 정의에 반하게 되므로, 원고들이 피고 종회의 회원(종원) 지위의 확인을 구하는 이 사건 청구에 한하여는 위와 같이 변경된 견해가 소급하여 적용되어야 할 것이다.

## 4. 조리 - 불문민법

조리란 사물의 본성·도리, 사물 또는 자연의 이치, 사람의 이성을 기초로 한 규범 등으로 설명된다. 경험칙, 사회통념, 신의성실 등으로 표현되기도 한다. **조리가 법원인가**에 대해서는 견해의 대립이 있으나, 대법원 판결은 **조리의 법원성을 인정**하고 있다.[1]

> **판례**
>
> **제사주제자의 결정방법**
> 조리는 일반적으로 사물의 이치, 본질적 법칙 등으로 이해되거나, 사회적 의미를 중시하여 사람의 이성이나 양식에 기하여 생각되는 **사회공동생활의 규범, 법의 일반원칙, 사회적 타당성, 형평, 정의 등으로 해석된다**(대판(전) 2021.4.29, 2017다228007 참조). 이러한 조리에 근거한 법규범은 헌법을 최상위 규범으로 하는 전체 법질서에 부합하면서 사회적으로 통용되고 승인될 수 있어야 한다. 그런데 사회관념과 법의식의 변화가 법질서에 영향을 미치는 것과 같이, 조리에 근거한 법규범 역시 고정불변의 것이 아니라 사회관념과 법의식의 변화에 따라 현재의 시대상황에 적합하게 변화할 수 있다. 따라서 과거에는 조리에 부합하였던 법규범이라도 사회관념과 법의식의 변화 등으로 인해 헌법을 최상위 규범으로 하는 전체 법질서에 부합하지 않게 되었다면, 대법원은 전체 법질서에 부합하지 않는 부분을 배제하는 등의 방법으로 그러한 법규범이 현재의 법질서에 합치하도록 하여야 한다.
> 공동상속인들 사이에 협의가 이루어지지 않는 경우에는 제사주재자의 지위를 인정할 수 없는 특별한 사정이 있지 않는 한 피상속인의 직계비속 중 남녀, 적서를 불문하고 최근친의 연장자가 제사주재자로 우선한다고 보는 것이 가장 **조리에 부합**한다(대판(전) 2023.5.11, 2018다248626).

## 5. 판례의 법원성 및 헌법재판소의 결정

판례는 상급법원 재판에서의 판단은 해당사건에 관하여 하급심을 기속한다는 법원조직법 제8조에 의해 사실상의 구속력을 갖는다고 하더라도 **판례의 법원성을 부정**하는 것이 일반적이다. 다만, 헌법의 기본권은 특별한 사정이 없으면 사법관계에 직접 적용되지는 못하나, 헌법재판소의 결정은 법원 기타 국가기관과 지방자치단체를 기속하므로, 그 결정내용이 실질적으로 민사에 관한 것인 때에는 민법의 법원이 된다.

---

1 대판(전) 2005.7.21, 2002다1178

## 03 민법의 기본원리

근대 시민사회는 종래의 봉건적 속박으로부터 개인을 해방시키기 위하여 신분과 재산에 대한 자유주의와 개인주의를 사상적 기초로 삼았고, 이에 근대민법의 3대 기본원칙으로 나타난 것이 ① 법률행위자유의 원칙(계약자유의 원칙), ② 소유권절대의 원칙(사유재산권존중의 원칙), ③ 과실책임의 원칙이다. 그러나 그 후 자본주의하에서 빈부의 격차가 심화되고 경제적 강자와 약자의 대립이 격화됨에 따라 이러한 기본원칙들은 공공복리의 원칙하에 일정한 수정을 거치게 되는데, ① 법률행위자유의 제한(계약의 공정), ② 공공복리에 의한 소유권의 제한(소유권행사의 공공성), ③ 과실책임의 수정(무과실책임 내지 위험책임) 등이 그 주요내용으로 언급되고 있다.
다만 근대민법의 3대 원칙을 주요 골자로 할 것인지 아니면 이에 대한 수정원리를 주요 골자로 할 것인지에 대하여는 자유주의적 보수주의와 진보적 수정주의의 대립이 있다.

## 04 민법의 효력(범위)

### 1. 시간적 범위

법률은 그 효력이 생긴 이후에 발생한 사실에 관해서만 적용되는 것이 원칙이다(법률불소급의 원칙). 이는 기득권의 존중 및 법적안정성을 보장하기 위함이다. 그러나 민법에서는 소급효를 인정하여도 법적안정성을 해치는 경우가 적으므로, 민법 부칙 제2조에서는 "본법은 특별한 규정이 있는 경우 외에는 본법 시행일 전의 사항에 대해서도 이를 적용한다"고 규정함으로써 형식적으로 소급효를 인정하고 있다. 다만 동조 단서에서는 "이미 구법에 의하여 생긴 효력에 영향을 미치지 아니한다."고 함으로써 실질적으로 법률불소급의 원칙을 인정하는 것과 같다.

### 2. 인적 · 장소적 범위

**1)** 민법은 우리 국민 모두에게 적용되고, 외국에 있는 국민에게도 적용된다(속인주의).

**2)** 민법은 대한민국의 전 영토 내에 그 효력이 미친다(속지주의).

행정사
**백운정 민법총칙**

# 법률관계와 권리·의무

# 법률관계와 권리 · 의무

## 01 법률관계

### 1. 개념

법률관계란 「법에 의하여 규율되는 생활관계」를 말한다(법적 생활관계설).

### 2. 법률관계의 내용

법률관계는 궁극적으로 사람과 사람의 관계로 나타나며, 당사자를 기준으로 보면 법에 의해 보호받는 자와 법에 의해 구속되는 자의 관계로 나타난다. 전자의 지위를 권리, 후자의 지위를 의무라고 한다. 즉 법률관계는 권리 · 의무관계이다.

### 3. 호의관계

### 1) 개념

호의관계란 법적인 의무가 없음에도 불구하고 호의에 의하여 어떤 이익을 주고받기로 한 생활관계 내지 법적으로 구속받으려는 의사 없이 행해진 생활관계를 말한다.

### 2) 법률관계와의 구별기준 및 판단

호의관계인지 아니면 법률관계인지의 여부는 「당사자에게 법적인 구속을 받을 의사가 있었는지 여부」에 따라 판단되어야 하는데, 이는 결국 법률행위 해석의 문제로 귀결된다.

### 3) 법률관계로의 전환

(1) 호의관계는 기본적으로 인간관계에 지나지 않으므로 법률문제는 발생하지 않으나 그에 수반하여 손해가 발생한 경우에는 그 손해까지 호의관계인 것은 아니며, 가해자에게 불법행위에 기한 손해배상의 책임이 인정될 수 있다(대판 1996.3.22, 95다24302).

(2) 다만 그 호의성에 비추어 손해배상책임의 면제 또는 경감이 문제되는데, 판례는 신의칙이나 형평의 원칙을 근거로 가해자의 손해배상액을 경감할 수 있다고 한다.

> **판례**
>
> **호의관계에서의 손해배상책임의 경감**
>
> 호의동승 요구의 목적과 적극성 등에 제반 사정을 고려하여 가해자에게 일반의 교통사고와 같은 책임을 지우는 것이 신의칙이나 형평의 원칙에 비추어 매우 불합리한 것으로 인정되는 경우에는 그 배상액을 감경할 사유로 삼을 수 있다(대판 1987.12.22, 86다카2994).

## 02  권리와 의무

### I  권리

#### 1. 개념

권리란 권리주체가 자기의 일정한 이익을 주장할 수 있는 법률상의 힘을 말한다(권리법력설).

#### 2. 구별개념

#### 1) 권한

권한은 타인을 위하여 그 자에게 일정한 법률효과를 발생케 하는 행위를 할 수 있는 법률상의 자격을 말한다. ⓔ 대리권·대표권이 대표적으로 이에 속한다.

#### 2) 권능

권능이란 권리의 내용을 이루는 개개의 법률상의 힘을 말한다. ⓔ 소유권에는 사용·수익·처분의 권능이 있다.

#### 3) 권원

일정한 법률상 또는 사실상의 행위를 하는 것을 정당화시키는 법률상의 원인을 말한다. ⓔ 타인의 권원에 의하여 부동산에 부속된 물건에 대하여는 부합이 인정되지 않는데(제256조 단서), 여기서 권원은 지상권이나 임차권과 같이 다른 사람의 부동산에 자기의 물건을 부속시켜 그 부동산을 이용할 수 있게 하는 법률상의 원인을 말한다.

## 3. 권리의 분류

### 1) 권리내용을 기준으로 한 분류

#### (1) 재산권

재산에 관한 권리로서, 물권(우리 민법은 물권법정주의에 의해 8가지의 물권만을 인정한다) · 채권 [특정인(채권자)이 다른 특정인(채무자)에 대해 일정한 행위(급부)를 요구할 수 있는 권리] · 무체재산 권 등으로 분류된다.

#### (2) 가족권

친족 및 상속에 관한 권리를 말한다.

#### (3) 인격권

권리의 주체와 분리할 수 없는 인격적 이익, 즉 생명 · 신체 · 자유 · 명예 · 신용 · 성명 · 초상 · 정조 등을 독점적 · 배타적으로 향유할 수 있는 권리를 말한다.

#### (4) 사원권

사단법인의 사원의 권리, 주식회사의 주주의 권리 등 단체의 구성원이라는 지위에서 누리는 포괄적 권리를 말한다.

### 2) 권리작용(효력)을 기준으로 한 분류

#### (1) 지배권

지배권이란 권리자가 그 객체를 직접적으로 지배하며 따라서 권리의 실현을 위하여 별도로 제3자의 협력을 필요로 하지 않는 권리를 말한다. 지배권은 절대권 · 대세권으로서 모든 사람 에게 주장할 수 있는 성질을 가지며, 제3자에 의한 침해가 있을 때 권리자에게 방해배제청구 권과 불법행위로 인한 손해배상청구권이 발생한다. 예 물권 · 무체재산권 · 인격권 · 친권 등이 이에 해당한다.

#### (2) 청구권

청구권이란 권리자가 의무자에 대하여 특정의 행위(작위 또는 부작위)를 요구할 수 있는 권리 를 말한다. 이와 같은 청구권은 상대권 · 대인권으로서 특정인에게만 주장할 수 있는 성질 을 가진다.

**✅ 청구권과 채권의 구별**

① 특정인이 다른 특정인에 대하여 특정의 행위를 청구할 수 있는 권리라는 점에서 공통점을 갖는다. 그러나 채권은 청구권 외에 급부보유력, 소구력, 집행력 등 여러 권능으로 구성되어 있다. 또한 청구권은 채권 이외에도 물권과 가족권 등에 의해서도 발생한다(물권적 청구권, 부양청구권, 동거청구권 등).

② 채권이 곧 청구권은 아니지만 채권은 청구권을 그 핵심적 요소로 하므로 청구권은 채권의 주된 내용이 된다.

③ 다만 이행기가 도래하지 않은 채권은 아직 청구권이 발생하지 않는다. 즉, 정지조건부 채권에서 아직 정지 조건이 성취되지 않은 경우라면 그 이행청구권은 없다. 따라서 양자는 동일한 개념이 아니다.

## (3) 형성권

### 가) 의의

① 형성권이란 권리자의 일방적 의사표시에 의하여 법률관계의 발생·변경·소멸을 일으키는 권리를 말한다. 따라서 상대방의 동의나 승낙은 필요 없다. 형성권은 권리자의 일방적인 의사에 의해 법률관계의 변동이 생긴다는 점에서 사적자치에 반할 소지가 있어 반드시 당사자의 약정 또는 법률의 근거(형성권의 법정주의)가 있어야 한다. 따라서 형성권은 상대방의 동의가 없는 한 그 일부만을 행사할 수는 없고, 전부를 행사하여야 한다.

② 형성권의 행사는 단독행위이므로 조건은 붙일 수 없음이 원칙이나, 계약의 정지조건부 해제는 인정된다. 즉, 계약당사자의 일방이 상대방에게 대하여 일정한 기간을 정하여 그 기간 내에 이행이 없을 때에는 계약을 해제하겠다는 의사표시를 한 경우에는 위의 기간경과로 그 계약은 해제된다(대판 1970.9.29, 70다1508, 대판 1992.8.18, 92다5928).

③ 형성권은 제척기간의 적용을 받는다.

### 나) 형성권의 종류

① **일방적 의사표시에 의하여 행사할 수 있는 것**: 제한능력자의 법률행위에 대한 법정대리인의 동의권(제5조, 제10조, 제13조), 제한능력을 이유로 한 제한능력자와 그 대리인 및 그 승계인의 취소권(제5조, 제10조, 제13조, 제140조), 착오에 의해 의사표시를 한 표의자와 그 대리인 및 승계인의 취소권(제109조 제1항, 제140조), 추인권(제143조), 제한능력자 상대방의 최고권(제15조)과 철회권 및 거절권(제16조), 상계권(제492조), 계약의 해제권과 해지권(제543조), 매매의 일방예약완결권(제564조), 약혼해제권(제805조) 등이 이에 속한다.

② **재판상으로만 행사하여야 하는 것**: 채권자취소권(제406조), 혼인취소권(제816조), 재판상 이혼청구권(제840조), 친생부인권(제846조), 재판상 파양청구권(제905조) 등이 이에 속한다.

✅ **명칭은 청구권이지만 형성권인 경우**

> 명칭에 구애받지 않고 그 성질에 따라 공유물분할청구권(제268조), 지상권자의 지상물매수청구권(제283조), 지료증감청구권(제286조), 부속물매수청구권(제316조), 임차인과 전차인의 매수청구권(제643조~제647조)은 형성권이다.

### (4) 항변권

#### 가) 의의

항변권이란 상대방의 청구권의 행사를 연기적 또는 영구적으로 저지하여 급부의 이행을 거절할 수 있는 권리를 말한다. 즉, 상대방의 권리의 존재를 인정함을 전제로 그 권리행사에 별개의 사유를 들어 대항할 수 있는 권리를 말한다.

#### 나) 종류

① 청구권의 행사를 일시적으로 저지할 수 있는 항변권으로서 연기적 항변권[예 동시이행의 항변권(제536조), 보증인의 최고 및 검색의 항변권(제437조) 등], ② 청구권의 행사를 영구적으로 저지할 수 있는 항변권으로서 영구적 항변권[예 상속인의 한정승인의 항변권(제1028조), 실효원칙에 따른 항변 등]이 있다.

## 3) 기타의 분류

### (1) 절대권과 상대권

절대권(대세권)이란 누구에 대해서도 주장할 수 있는 권리를 말한다. 반면 상대권(대인권)이란 특정인에 대해서만 주장할 수 있는 권리를 말한다.

### (2) 일신전속권과 비전속권

① 일신전속권은 그 권리가 고도로 인격적이기 때문에 타인에게 이전되어서는 의미가 없는 귀속상의 일신전속권(부양청구권 등, 따라서 타인에게 양도하거나 상속될 수 없다.)과 권리자 이외의 타인이 그 권리를 대위행사할 수 없는 행사상의 일신전속권(친권 등)이 있다.

② 이러한 일신전속권을 제외한 나머지 권리로서 대부분의 재산권은 비전속권에 포함된다.

### (3) 주된 권리와 종된 권리

종된 권리란 다른 권리에 의존하는 권리를 말하며, 그 다른 권리를 주된 권리라고 한다.

예 금전채권에서 원본채권은 주된 권리이고, 이자채권은 종된 권리에 해당한다.

### ⑷ 기대권

권리 발생요건 중의 일부만을 갖추어, 장래 남은 요건이 갖추어지면 권리를 취득할 수 있다고 하는 현재의 기대상태에 대하여 법이 보호를 주는 것을 기대권(또는 희망권)이라고 한다. 조건부 권리, 기한부 권리 등이 이에 해당한다.

## Ⅱ 의무

### 1. 개념

의무자의 의사와는 관계없이 반드시 따라야 할 법률상의 구속을 말한다. 그 종류로는 작위·부작위 등을 들 수 있다.

### 2. 구별개념 – 책무(간접의무)

법률상의 구속을 준수하지 않았을 경우에 권리자는 의무자를 상대로 소구권·강제집행권·손해배상청구권 등을 행사할 수 있다. 반면에 책무란 그것을 준수하지 않은 경우에 그 부담자에게 법에 의한 일정한 불이익이 돌아가지만, 그렇다고 그것을 강제하거나 손해배상을 청구할 수 없는 것을 말한다.

### 3. 권리와 의무의 상호관계

의무는 보통 권리에 대응되지만, 예외적으로 권리만 있고 의무는 없는 경우(예 취소권·추인권·해제권 등)도 있고, 반대로 의무만 있는 경우(예 제88조·제93조의 공고의무·제50조~53조·제85조·제94조의 등기의무·제755조의 감독의무 등)도 있다.

## 03 권리의 경합과 충돌

### Ⅰ 권리의 경합

#### 1. 의의

권리의 경합이란 하나의 사실에 대하여 수 개의 법규(권리근거규정)의 요건을 충족하여 동일한 목적을 가지는 여러 개의 권리가 발생하여 1인에게 귀속하게 되는 경우를 말한다. ❸ 임대차기간 만료 후에 임차인이 임차물을 반환하지 않은 경우에 임대인의 소유권에 기한 반환청구권과 임대차계약의 채권에 따른 반환청구권의 경합, 채무불이행으로 인한 손해배상청구권(제390조)과 불법행위로 인한 손해배상청구권(제750조)의 경합 등이 있다.

#### 2. 경합의 모습

#### 1) 청구권 경합

경합하는 여러 개의 권리 중 하나의 권리를 행사함으로써 만족을 얻게 되면 다른 권리는 소멸한다. 그러나 경합하는 여러 개의 권리는 각각 독립해서 존재하므로 따로 행사할 수 있고 소멸시효기간도 각각 별도로 진행한다. ❸ 채무불이행으로 인한 손해배상청구권(제390조)과 불법행위로 인한 손해배상청구권(제750조)의 경합이 이에 해당한다.

#### 2) 형성권의 경합

계약해제권과 취소권이 경합하는 경우가 이에 해당한다.

#### 3) 법조경합

하나의 사실이 수 개의 법규가 정하는 요건을 충족하지만, 그 중의 한 법규가 다른 법규를 배제하여 하나의 법규만 적용되는 경우로서, 주로 일반법과 특별법의 관계에서 나타난다.

❸ 공무원이 직무집행 중에 고의·과실로 위법하게 타인에게 손해를 입힌 경우 사용자인 국가 등의 책임으로 민법 제756조와 국가배상법 제2조의 경합, 자동차손해배상보장법과 민법의 경합, 법인의 불법행위책임(제35조 제1항)과 사용자책임(제756조)의 경합이 이에 속한다.

## Ⅱ 권리의 충돌

권리의 충돌이란 동일한 객체에 여러 개의 권리가 존재하는 경우를 말한다.

① 물권 상호 간에는 순위의 원칙이 적용된다. 다만 소유권과 제한물권 사이에는 제한물권의 성질상 언제나 제한물권이 소유권에 우선한다.

② 채권 상호 간에는 채권평등의 원칙에 따라 선행주의(채권자는 임의로 그 채권을 실행할 수 있으며, 먼저 채권을 행사한 사람이 이익을 얻는다는 주의)가 적용된다.

③ 물권과 채권 상호 간에는 원칙적으로 물권이 우선한다. 다만 예외적으로 등기된 부동산임차권(제621조)과 대항력(주택인도와 주민등록)을 갖춘 주택임차권(주임법 제3조)은 뒤에 성립된 물권보다 우선한다.

## 04 권리의 행사와 의무의 이행(신의성실의 원칙)

> **제2조 【신의성실】**
> ① 권리의 행사와 의무의 이행은 신의에 좇아 성실히 하여야 한다.
> ② 권리는 남용하지 못한다.

## Ⅰ 서설

### 1. 의의

신의성실의 원칙이란 일정한 법률관계에 있는 당사자는 서로 상대방의 신뢰에 어긋나지 않도록 성실하게 행동해야 한다는 원칙을 말한다.

### 2. 법적 성격 및 적용범위

#### 1) 일반조항

구체적인 사안에 적용되는 규정이 있으면 그에 따라 사안을 해결하는 것이 원칙이나, 적용될 법률이 없거나 그 법률의 적용이 구체적 사건의 특수성 때문에 당사자 일방 또는 쌍방을 명백히 불공평하게, 즉 법률관계의 의미 내지 목적에 반하여 불리하게 만드는 경우에만 **최후의 비상수단**으로 제2조에 기한 이익조정이 행하여질 수 있게 되는 것이다. **제2조**는 그 내용이 **일반**적이고 **추상**적인 **백지조항**으로 되어 있어 개별적인 경우에 구체화가 필요하게 된다.

### 2) 적용범위

오늘날 신의성실의 원칙은 사법 전 영역에서 적용되며, 민사소송법, 행정법, 세법 등의 공법 분야에도 적용된다. 즉, 계약법의 영역에 한정되지 않고 모든 법률관계를 규제하는 지배원리 이다(대판 1983.5.24, 82다카1919). 그러나 **사적자치의 영역을 넘어 공공질서를 위하여 공익적 요구를 선행시켜야 할 사안에서는 원칙적으로 합법성의 원칙은 신의성실의 원칙보다 우월한 것이므로 신의성실의 원칙은 합법성의 원칙을 희생하여서라도 구체적 신뢰보호의 필요성이 인정되는 경우에 비로소 적용된다**(대판 2021.6.10, 2021다207489, 207496).

### 3) 강행규정이며 직권조사사항

신의칙위반이나 권리남용은 강행규정에 위반되는 것이므로, 당사자의 주장이 없더라도 법원 은 직권으로 판단할 수 있다(대판 1995.12.22, 94다42129).

## 3. 기능

### 1) 권리발생적 기능

신의칙은 권리와 의무의 내용을 구체화하는 기능을 가진다. 즉 법률과 법률행위의 해석을 통해 그 내용을 보다 명확하게 하는 기능이 있다. 채무자의 주된 급부의무 이외에 추가로 인정되는 부수적 의무(보호의무를 포함) 역시 신의칙에서 도출된다.

> **판례**
>
> **재산권 거래관계에 있어서 고지의무의 대상**
>
> 재산권의 거래관계에 있어서 계약의 일방 당사자가 상대방에게 그 계약의 효력에 영향을 미치거나 상대방의 권리 확보에 위험을 가져올 수 있는 구체적 사정을 고지하였다면 상대방이 그 계약을 체결하지 아니하거나 적어도 그와 같은 내용 또는 조건으로 계약을 체결하지 아니하였을 것임이 경험칙상 명백한 경우 그 계약 당사자는 신의성실의 원칙상 상대방에게 미리 그와 같은 사정을 고지할 의무가 있다고 하겠으나, 이때에도 상대방이 고지의무의 대상이 되는 사실을 미리 알고 있거나 이를 확인할 의무가 있는 경우 또는 거래 관행 상 상대방이 당연히 알고 있을 것으로 예상되는 경우 등에는 상대방에게 위와 같은 사정을 알리지 아니하였 다고 하여 고지의무를 위반하였다고 볼 수 없다(대판 2013.11.28, 2011다59247; 대판 2014.7.24, 2013다97076).
>
> **부동산 거래관계에 있어서 고지의무의 대상**
>
> 부동산 거래에 있어 거래 상대방이 일정한 사정에 관한 고지를 받았더라면 그 거래를 하지 않았을 것임이 경험칙상 명백한 경우에는 신의성실의 원칙상 사전에 상대방에게 그와 같은 사정을 고지할 의무가 있으며, 그와 같은 고지의무의 대상이 되는 것은 직접적인 법령의 규정뿐 아니라 널리 계약상, 관습상 또는 조리상의 일반원칙에 의하여도 인정될 수 있다. 아파트 분양자는 아파트 단지 인근에 이 사건 쓰레기 매립장이 건설 예정인 사실을 분양계약자들에게 고지할 신의칙상 의무를 부담한다(대판 2006.10.12, 2004다48515).

### 2) 권리변경적·수정 기능

신의칙은 제한적이나마 계약의 내용을 수정하는 기능을 가진다. 사정변경의 원칙이 이에 해당한다.

### 3) 권리소멸·금지적 기능

신의칙은 개별사안에서 법률을 형식적으로 적용함으로써 발생하는 부작용을 피하여 그 사안의 특수성을 정당하게 평가함으로써 법률적용의 엄격성을 완화하는 기능을 담당한다. 모순된 행위의 금지원칙이나 실효의 원칙이 이런 기능에서 인정된다.

## 4. 신의칙 위반을 이유로 권리행사를 부정하기 위한 요건

신의성실의 원칙에 반한다는 이유로 권리의 행사를 부정하기 위해서는 상대방에게 신뢰를 제공하였다거나 객관적으로 보아 상대방이 신뢰를 하는 데 정당한 상태에 있어야 하고, 이러한 상대방의 신뢰에 반하여 권리를 행사하는 것이 정의관념에 비추어 용인될 수 없는 정도의 상태에 이르러야 한다(대판 2017.2.15, 2014다19776, 19783).

## Ⅱ 적용상의 한계

신의칙의 적용에는 한계가 있다. 왜냐하면 법률의 적용이 구체적 사건의 특수성 때문에 당사자 일방 또는 쌍방을 명백히 불공평하게, 즉 **법률관계의 의미 내지 목적에 반하여 불리하게 만드는 경우에만** 최후의 비상수단으로 제2조에 기한 이익조정이 행하여질 수 있기 때문이다. 따라서 권리행사가 신의칙에 위배된다고 하여 그 효력을 제한하면 ① 민법의 기초이념(의사무능력·제한능력자제도), ② 법적안정성(기판력제도), ③ 강행법규의 취지에 반하는 결과가 발생하는 경우에는 신의칙이 적용되지 않으며, 이러한 경우 권리행사는 허용된다.

**판례**

## 강행규정의 위반과 신의칙 적용의 한계

① 단체협약 등 노사합의의 내용이 근로기준법의 강행규정을 위반하여 무효인 경우에, 무효를 주장하는 것이 신의칙에 위배되는 권리의 행사라는 이유로 이를 배척한다면 강행규정으로 정한 입법 취지를 몰 각시키는 결과가 될 것이므로, 그러한 주장이 신의칙에 위배된다고 볼 수 없음이 원칙이다. 그러나 노사 합의의 내용이 근로기준법의 강행규정을 위반한다고 하여 노사합의의 무효 주장에 대하여 예외 없이 신의칙의 적용이 배제되는 것은 아니다. 신의칙을 적용하기 위한 일반적인 요건을 갖춤은 물론 근로기 준법의 강행규정성에도 불구하고 신의칙을 우선하여 적용하는 것을 수긍할 만한 특별한 사정이 있는 예외적인 경우에 한하여 노사합의의 무효를 주장하는 것은 신의칙에 위배되어 허용될 수 없다(대판(전) 2013.12.18, 2012다89399).[2]

② 강행규정을 위반한 법률행위를 한 사람이 스스로 그 무효를 주장하는 것이 신의칙에 위배되는 권리의 행사라는 이유로 이를 배척한다면 강행규정의 입법 취지를 몰각시키는 결과가 되므로 그러한 주장은 신 의칙에 위배된다고 볼 수 없음이 원칙이다. 다만 신의칙을 적용하기 위한 일반적인 요건을 갖추고 강행 규정성에도 불구하고 신의칙을 우선하여 적용할 만한 특별한 사정이 있는 예외적인 경우에는 강행규정 을 위반한 법률행위의 무효를 주장하는 것이 신의칙에 위배될 수 있다(대판 2021.11.25, 2019다277157).

### 합법성의 원칙과 신뢰보호의 원칙 – 합법성의 원칙보다 구체적 신뢰보호를 우선할 필요가 있는 경우인지 판단하는 기준

사적 자치의 영역을 넘어 공공질서를 위하여 공익적 요구를 선행시켜야 할 경우 합법성의 원칙은 신의성실 의 원칙보다 우월한 것이므로, 신의성실의 원칙은 합법성의 원칙을 희생하여서라도 구체적 신뢰보호의 필 요성이 인정되는 경우에 한하여 예외적으로 적용되는 것인바, 어떠한 경우에 합법성의 원칙보다 구체적 신뢰보호를 우선할 필요가 있는지를 판단하기 위하여는 신뢰보호를 주장하는 사람에게 위법행위와 관련한 주관적 귀책사유가 있는지 여부 및 그와 같은 신뢰가 법적으로 보호할 가치가 있는지 여부 등을 종합적으 로 고려하여야 한다(대판 2014.5.29, 2012다44518).[3]

---

2 임금협상 과정을 거쳐 이루어진 노사합의에서 정기상여금은 그 자체로 통상임금에 해당하지 아니한다고 오인한 나머지 정기상여금을 통상임금 산 정 기준에서 제외하기로 합의하고 이를 전제로 임금수준을 정한 경우, 근로자 측이 앞서 본 임금협상의 방법과 경위, 실질적인 목표와 결과 등은 도외시한 채 임금협상 당시 전혀 생각하지 못한 사유를 들어 정기상여금을 통상임금에 가산하고 이를 토대로 추가적인 법정수당의 지급을 구함으 로써, 노사가 합의한 임금수준을 훨씬 초과하는 예상 외의 이익을 추구하고 그로 말미암아 사용자에게 예측하지 못한 새로운 재정적 부담을 지워 중대한 경영상의 어려움을 초래하거나 기업의 존립을 위태롭게 한다면, 이는 종국적으로 근로자 측에까지 피해가 미치게 되어 노사 어느 쪽에도 도움이 되지 않는 결과를 가져오므로 정의와 형평 관념에 비추어 신의에 현저히 반하고 도저히 용인될 수 없음이 분명하므로, 이와 같은 경우 근 로자 측의 추가 법정수당 청구는 신의칙에 위배되어 받아들일 수 없다고 본 사례이다.

3 甲 주식회사가 乙 소유의 농지에 관하여 매매계약을 체결하고 甲 회사 명의로 소유권이전청구권가등기를 마쳤는데, 乙을 대위한 기술신용보증기 금이 위 매매계약이 구 농지개혁법상 무임으로 이유로 가등기 말소를 구한 사안에서, 법인의 농지 소유권 취득을 금지한 구 농지개혁법 관련 규정은 그 성질상 경자유전의 원칙이라는 공익적 요구를 구체적으로 실천하기 위한 강행규정으로서 이 사건은 그와 같은 합법성의 원칙이라는 토대 위에서 그 당부를 검토하여야 할 사안이라 할 것이고, 구 농지개혁법에 위반되는 이 사건 등기가 이루어지게 된 경위에는 스스로 불법을 인식한 채 이 사건 각 매매계약을 체결한 피고에게도 주관적 귀책사유가 있다고 할 것이므로, 이에 관한 피고의 신뢰를 합법성의 원칙을 희생하면서까지 보호할 것은 아니라고 한 사례이다.

## Ⅲ 파생원칙 – 신의성실 원칙의 구체적 적용

### 1. 모순행위금지의 원칙(금반언의 원칙)

#### 1) 의의

일방의 선행행위가 있고 그 행위에 대한 **상대방의 보호가치 있는 신뢰**가 있는 경우, 그 행위자 일방은 **선행행위와 모순되는 후행행위를 해서는 안 된다**는 원칙이다.

#### 2) 판례의 구체적 例

##### (1) 무권대리인이 상속 후 본인의 추인거절권 행사 사례

판례는 甲이 대리권 없이 乙 소유 부동산을 丙에게 매도하여 부동산소유권이전등기 등에 관한 특별조치법에 의하여 소유권이전등기를 마쳐주었다면 그 매매계약은 무효이고 이에 터잡은 이전등기 역시 무효가 되나, 甲은 乙의 무권대리인으로서 민법 제135조 제1항의 규정에 의하여 매수인인 丙에게 부동산에 대한 소유권이전등기를 이행할 의무가 있으므로 그러한 지위에 있는 甲이 乙로부터 부동산을 상속받아 그 소유자가 되어 소유권이전등기이행의무를 이행하는 것이 가능하게 된 시점에서 자신이 소유자라고 하여 자신으로부터 부동산을 전전매수한 丁에게 원래 자신의 매매행위가 무권대리행위여서 무효였다는 이유로 丁 앞으로 경료된 소유권이전등기가 무효의 등기라고 주장하여 그 등기의 말소를 청구하거나 부동산의 점유로 인한 부당이득금의 반환을 구하는 것은 금반언의 원칙이나 신의성실의 원칙에 반하여 허용될 수 없다(대판 1994.9.27, 94다20617).

→ 무권대리인이 본인의 지위를 단독으로 상속한 후 본인의 지위에서 추인거절권을 행사하는 것은 신의칙상 허용되지 않는다고 본 사례

##### (2) 주택임대차 관련 신의칙 사례

① 임대인이 자기소유의 건물을 담보로 은행융자를 받음에 있어 임차인이 임대인으로 하여금 건물의 담보가치를 높게 평가받도록 하기 위하여 은행직원에게 아무런 임료도 지급함이 없이 무상으로 거주하고 있다는 거짓 내용의 확인서를 작성하여 주어, 경매절차가 끝날 때에 이르러 은행(경락인)이 그 임차인에게 건물의 명도를 청구하자 태도를 번복하여 임대차관계에 있음을 주장하여 임차보증금의 반환을 받을 때까지 건물을 명도해 줄 수 없다고 하는 것은 금반언 및 신의칙에 반한다(대판 1987.12.8, 87다카1738).

② 근저당권자가 담보로 제공된 건물에 대한 담보가치를 조사할 당시 대항력을 갖춘 임차인이 그 임대차 사실을 부인하고 임차보증금에 대한 권리주장을 않겠다는 내용의 확인서를 작성해 준 경우(선행행위), 그 후 그 건물에 대한 경매절차에서 이를 번복하여 대항력 있는 임대차의 존재를 주장함과 아울러 근저당권자보다 우선적 지위를 가지는 확정일자부 임차인임을 주장하여 그 임차보증금반환채권에 대한 배당요구를 하는 것은(모순된 후행행위) 특별한 사정이 없는 한 금반언 및 신의칙에 위반되어 허용될 수 없다(대판 1997.6.27, 97다12211).

판례

**상가 소유자가 임차인에게 부탁하여 은행에 무상임대차 확인서를 작성하여 주도록 한 후 은행에 근저당권을 설정하여 주고 대출을 받은 경우, 그 후 개시된 임의경매절차에서 상가를 매수한 제3자의 건물인도청구에 대하여 임차인이 대항력 있는 임대차를 주장하는 것이 금반언 또는 신의성실의 원칙에 반하는지 여부**(대판 2016.12.1, 2016다228215)

근저당권자가 담보로 제공된 건물에 대한 담보가치를 조사할 당시 대항력을 갖춘 임차인이 그 임대차 사실을 부인하고 그 건물에 관하여 임차인으로서의 권리를 주장하지 않겠다는 내용의 무상임대차 확인서를 작성해 주었고, 그 후 개시된 경매절차에 그 무상임대차 확인서가 제출되어 매수인이 그 확인서의 내용을 신뢰하여 매수신청금액을 결정하는 경우와 같이, 임차인이 작성한 무상임대차 확인서에서 비롯된 매수인의 신뢰가 매각절차에 반영되었다고 볼 수 있는 사정이 존재하는 경우에는, 비록 매각물건명세서 등에 위 건물에 대항력 있는 임대차 관계가 존재한다는 취지로 기재되었다고 하더라도 임차인이 제3자인 매수인의 건물인도청구에 대하여 대항력 있는 임대차를 주장하여 임차보증금 반환과의 동시이행의 항변을 하는 것은 금반언 또는 신의성실의 원칙에 반하여 허용될 수 없다.

**주택 경매절차의 매수인이 매각물건명세서에 기재되어 공시된 내용을 기초로 권리신고 및 배당요구를 한 주택임차인의 배당순위가 1순위 근저당권자보다 우선한다고 신뢰하여 임차보증금반환채무를 인수하지 않는다는 전제 아래 매수가격을 정하여 낙찰을 받아 주택에 관한 소유권을 취득한 경우**

주택임차인이 1순위 근저당권자에게 무상거주확인서를 작성해 준 사실이 있어 임차보증금을 배당받지 못하게 되었다는 사정을 들어 매수인에게 주택임대차보호법상 대항력을 주장하는 것은 신의칙에 위반되어 허용될 수 없다(대판 2017.4.7, 2016다248431).

## 2. 실효의 원칙

## 1) 의의 및 요건

**실효의 원칙**이란 권리자가 장기간에 걸쳐 그 권리를 행사하지 아니함으로써(장기간 권리불행사) 그 의무자인 상대방이 더 이상 그 권리를 행사하지 아니할 것으로 신뢰할 만한 정당한 기대를 가지고 행동한 경우(상대방의 신뢰) **새삼스럽게 권리자가 그 권리를 행사하는 것은** 신의칙에 반하는 결과가 되어 **허용되지 않는다**는 원칙이다.

## 2) 적용범위

종전 권리자의 권리불행사에 따른 실효의 원칙은 그 권리를 취득한 새로운 권리자에게 적용되는 것은 아니다. 판례도 "송전선이 토지 위를 통과하고 있다는 점을 알고서 토지를 취득하였다고 하여 그 취득자가 그 소유 토지에 대한 소유권의 행사가 제한된 상태를 용인하였다고 할 수 없고, 종전 토지소유자가 자신의 권리를 행사하지 않았다는 사정은 그 토지의 소유권을 취득한 새로운 권리자에게 실효의 원칙을 적용함에 있어서 고려할 것은 아니다"라고 하여 마찬가지이다(대판 1995.8.25, 94다27069).

**판례연구** ✛ **관련판례 정리**

**실효의 원칙에 관한 판례**

**1. 적용요건**

　[1] 권리행사의 기대가능성이 있음에도 상당기간이 경과하도록 이를 행사하지 아니하여 상대방으로서도 이제는 그 권리를 행사하지 아니할 것으로 신뢰할 만한 정당한 기대를 가지게 된 후 새삼스럽게 그 권리를 행사하는 것이 법질서 전체를 지배하는 신의성실원칙에 위반되는 결과로 되는 때는 그 행사가 인정되지 않는다(대판 1992.1.21, 91다30118).

　[2] 실효의 원칙을 적용하기 위해서는 의무자인 상대방이 더 이상 권리자가 그 권리를 행사하지 아니할 것으로 믿을 만한 정당한 사유가 있을 것을 요건으로 한다(대판 1995.8.25, 94다27069).

**2. 실효의 원칙 위배로 인정한 경우**

　[1] 동일한 사유로 의원면직된 다른 자가 그 무효확인의 소를 제기하여 대법원의 승소확정판결을 받음으로써 의원면직처분이 무효임을 안 자가 그 후 2년 6월, 사직원 제출 후 12년이 지난 뒤에 제기한 해고무효소송은 인정되지 않는다(대판 1992.1.21, 91다30118).

　[2] 1년 4개월 전에 발생한 해제권을 행사하지 않고 오히려 그 채무의 이행을 최고한 자가 새삼스럽게 해제권을 행사하는 것은 인정되지 않는다(대판 1994.11.25, 94다12234).

　[3] 근로자가 사직원의 작성·제출이 자신이 아닌 그의 형에 의하여 이루어졌음을 이유로 의원면직의 무효확인을 구하는 사안에서, 근로자의 형이 사직원을 제출하게 된 경위 및 근로자가 아무런 이의 없이 퇴직금을 수령한 점 등 제반 사정에 비추어 볼 때 의원면직일로부터 5년이 넘게 경과한 후에 위와 같은 소송을 제기한 것은 신의칙에 반하는 것이다(대판 2005.10.28, 2005다45827).

**3. 실효의 원칙에 위배되지 않는다고 본 경우**

　[1] 토지소유자가 그 무단점유자에 대하여 부당이득반환청구권을 장기간 적극적으로 행사하지 아니하였다는 사정만으로는 부당이득반환청구권이 이른바 실효의 원칙에 따라 소멸하였다고 볼 수 없다(대판 2002.1.8, 2001다60019).

　[2] 인지청구권의 행사는 실효의 원칙이 적용되지 않는다. 즉 인지청구권은 본인의 일신전속적인 신분관계상의 권리로서 포기할 수도 없으며 포기하였더라도 그 효력이 발생할 수 없는 것이고, 이와 같이 인지청구권의 포기가 허용되지 않는 이상 거기에 실효의 법리가 적용될 여지도 없다(대판 2001.11.27, 2001므1353).

## 3. 사정변경의 원칙

### 1) 의의

법률행위의 성립 당시에 그 기초가 되었던 객관적 사정이 당사자가 예견할 수 없었던 사유로 현저히 변경되고, 당초의 계약 내용대로 구속력을 인정하면 현저히 신의칙에 반하는 경우, 법률행위의 내용을 변경된 사정에 맞게 수정하거나 해제·해지시킬 수 있는 원칙을 말한다.

### 2) 적용요건

① **법률행위의 성립 당시**에 그 기초가 되었던 **객관적 사정**이 현저히 변경되었을 것
② 사정변경에 귀책사유가 없을 것
③ 법률행위 당시에 사정변경을 당사자가 **예견할 수 없었을 것**
④ 당초의 계약 내용대로 구속력을 인정하는 것이 현저히 신의칙에 반할 것

### 3) 판례의 구체적 例

(1) 일시적 계약관계

판례는 ① 매매계약과 같은 일시적 계약의 경우에 있어서는 "민법상 사정변경의 원리를 내세워서 그 매매계약을 해제할 수 없다"고 하여 인정하지 않았으나, 최근에 "사정변경으로 인한 계약해제는, 계약성립 당시 당사자가 예견할 수 없었던 현저한 사정의 변경이 발생하였고 그러한 사정의 변경이 해제권을 취득하는 당사자에게 책임 없는 사유로 생긴 것으로서, 계약 내용대로의 구속력을 인정한다면 신의칙에 현저히 반하는 결과가 생기는 경우에 계약준수 원칙의 예외로서 인정되는 것이고, **여기에서 말하는 사정**이라 함은 계약의 기초가 되었던 **객관적인 사정**으로서, 일방당사자의 주관적 또는 개인적인 사정을 의미하는 것은 아니다. 또한, 계약의 성립에 기초가 되지 아니한 사정이 그 후 변경되어 일방당사자가 계약 당시 의도한 계약목적을 달성할 수 없게 됨으로써 손해를 입게 되었다 하더라도 특별한 사정이 없는 한 그 계약내용의 효력을 그대로 유지하는 것이 신의칙에 반한다고 볼 수도 없다"고 하여 인정하고 있다(대판 2007.3.29, 2004다31302). 또한 ② "**특정채무에 대한 보증**의 경우 사정변경을 이유로 한 **해지권은 인정하지 않고**, 채권자의 권리 행사가 신의칙에 비추어 용납할 수 없는 성질의 것인 때에는 **보증인의 책임을 제한하는 것이 예외적으로 허용될 수 있다**"고 판시하였다.

## (2) 계속적 계약관계

판례는 기간의 정함이 없는 계속적 보증계약과 같은 **계속적 계약관계**에서는 "회사의 임원이나 직원의 지위에 있기 때문에 회사의 요구로 부득이 회사와 제3자 사이의 계속적 거래로 인한 회사의 채무에 대하여 보증인이 된 자가 그 후 회사로부터 퇴사하여 임원이나 직원의 지위를 떠난 때에는 보증계약 성립 당시의 사정에 현저한 변경이 생긴 경우에 해당하므로 **사정변경을 이유로 보증계약을 해지할 수 있다**"는 입장으로 이 원칙을 인정하고 있다.

> **판례**
>
> 계약 성립에 기초가 되지 않는 사정이 그 후 변경되어 일방 당사자가 계약 당시 의도한 계약목적을 달성할 수 없게 됨으로써 손해를 입은 경우, 사정변경을 이유로 한 계약해제가 인정되는지 여부(원칙적 소극) 및 이러한 법리가 계속적 계약관계에서 사정변경을 이유로 계약해지를 주장하는 경우에도 적용되는지 여부(적극)
>
> 사정변경을 이유로 한 계약해제는 계약성립 당시 당사자가 예견할 수 없었던 현저한 사정의 변경이 발생하였고 그러한 사정의 변경이 해제권을 취득하는 당사자에게 책임 없는 사유로 생긴 것으로서, 계약 내용대로의 구속력을 인정한다면 신의칙에 현저히 반하는 결과가 생기는 경우에 계약준수원칙의 예외로서 인정된다. 그리고 여기서 말하는 사정이라 함은 계약의 기초가 되었던 객관적인 사정으로서, 일방 당사자의 주관적 또는 개인적인 사정을 의미하는 것은 아니다. 따라서 계약의 성립에 기초가 되지 아니한 사정이 그 후 변경되어 일방 당사자가 계약 당시 의도한 계약목적을 달성할 수 없게 됨으로써 손해를 입게 되었다 하더라도 특별한 사정이 없는 한 그 계약 내용의 효력을 그대로 유지하는 것이 신의칙에 반한다고 볼 수 없다. 이러한 법리는 계속적 계약관계에서 사정변경을 이유로 계약의 해지를 주장하는 경우에도 마찬가지로 적용된다(대판(전) 2013.9.26, 2013다26746).

## 4. 권리남용금지의 원칙

### 1) 의의

외형상으로는 권리의 행사인 것처럼 보이지만 실질적으로는 권리 본래의 사회적 목적에 반하여 정당한 권리의 행사로 볼 수 없는 경우 그 권리의 행사는 신의칙에 반하여 금지된다는 원칙을 말한다.

### 2) 요건

### (1) 객관적 요건

① 권리의 존재 및 행사와 ② 권리행사가 그 권리의 정당한 이익을 결여하여야 한다.

### (2) 주관적 요건

권리남용의 주관적 요건에 대해 **판례는 일관된 입장을 취하지 않고** 다양한 태도를 보이고 있다.

다만 개괄적으로 보면, ① 객관적 요건 외에 주관적 요건을 모두 요구하는 태도가 주류적인 입장이라고 할 것이고, 이 이외에 ② 객관적 사정에 의해 주관적 요건을 추인할 수 있다고 본 경우, ③ 주관적 요건을 필요로 하는 것은 아니라고 본 경우(⑩ 상계권의 남용을 인정함에 상계권자의 가해목적, 즉, 주관적 요건을 요하지 않는다)가 있다.

## 3) 효과

권리행사가 권리남용으로 인정되면 그 권리행사로서의 법률효과가 발생하지 않는다. 그러나 **권리 자체를 박탈시키는 것은 아니다.** 따라서 권리 자체가 소멸되지는 않으므로 부당이득의 문제는 발생할 수 있다. 다만 예외적으로 법률의 규정이 있는 경우, 즉 친권 남용(제924조)의 경우에는 권리 자체가 소멸된다.

## 4) 관련문제 – 소멸시효 주장의 남용

(1) ① 채무자가 시효완성 전에 채권자의 권리행사나 시효중단을 불가능 또는 현저히 곤란하게 하거나 그러한 조치가 불필요하다고 믿게 하는 행동을 하였거나, 객관적으로 채권자가 권리를 행사할 수 없는 장애사유가 있었거나, 또는 ② 일단 시효완성 후에 채무자가 시효를 원용하지 아니할 것 같은 태도를 보여 권리자로 하여금 그와 같이 신뢰하게 하였거나, ③ 채권자 보호의 필요성이 크고 같은 조건의 다른 채권자가 채무의 변제를 수령하는 등의 사정이 있어 채무이행의 거절을 인정함이 현저히 부당하거나 불공평하게 되는 등의 특별한 사정이 있는 경우에 한하여 채무자가 소멸시효의 완성을 주장하는 것이 신의성실의 원칙에 반하여 권리남용으로서 허용될 수 없다(대판 1999.12.7, 98다42929).

> **판례**
>
> **채무자가 소멸시효의 완성을 주장하는 것이 신의성실의 원칙에 반하여 권리남용으로서 허용될 수 없는 경우 및 소멸시효 완성의 주장이 신의성실의 원칙에 반하는지 판단할 때 고려하여야 할 사항**
>
> 채무자의 소멸시효에 기한 항변권의 행사도 우리 민법의 대원칙인 신의성실의 원칙과 권리남용금지의 원칙의 지배를 받는 것이어서, 채무자가 시효완성 전에 채권자의 권리행사나 시효중단을 불가능 또는 현저히 곤란하게 하였거나, 그러한 조치가 불필요하다고 믿게 하는 행동을 하였거나, 객관적으로 채권자가 권리를 행사할 수 없는 장애사유가 있었거나, 또는 일단 시효완성 후에 채무자가 시효를 원용하지 아니할 것 같은 태도를 보여 권리자가 그와 같이 신뢰하게 하였거나, 채권자 보호의 필요성이 크고 같은 조건의 다른 채권자가 채무의 변제를 수령하는 등의 사정이 있어 채무이행의 거절을 인정함이 현저히 부당하거나 불공평하게 되는 등의 특별한 사정이 있는 경우에는 채무자가 소멸시효의 완성을 주장하는 것이 신의성실의 원칙에

반하여 권리남용으로서 허용될 수 없다. 다만 실정법에 정하여진 개별 법제도의 구체적 내용에 좇아 판단되는 바를 신의칙과 같은 일반조항에 의한 법원칙을 들어 배제 또는 제한하는 것은 중요한 법가치의 하나인 법적안정성을 후퇴시킬 우려가 있다. 특히 소멸시효제도는 법률관계의 주장에 일정한 시간적 한계를 설정함으로써 그에 관한 당사자 사이의 다툼을 종식시키려는 것으로서, 누구에게나 무차별적·객관적으로 적용되는 시간의 경과가 1차적인 의미를 가지는 것으로 설계되었음을 고려하면, 법적안정성의 요구는 더욱 선명하게 제기된다. 따라서 소멸시효 완성의 주장이 신의성실의 원칙에 반하여 허용되지 아니한다고 평가하는 것은 신중을 기할 필요가 있다(대판 2016.9.30, 2016다218713).

○ 甲 보험회사와 보험계약을 체결한 乙이 계약의 책임개시일부터 2년 후 자살하였는데 수익자인 丙이 甲 회사를 상대로 재해사망특약에 기한 보험금의 지급을 구한 사안에서, 丙의 재해사망보험금 청구권은 소멸시효의 완성으로 소멸하였고, 甲 회사가 특약에 기한 재해사망보험금 지급의무가 있음에도 지급을 거절하였다는 사정만으로는 甲 회사의 소멸시효 항변이 권리남용에 해당하지 않는다고 본 원심판단이 정당하다고 한 사례

(2) 국가에게 국민을 보호할 의무가 있다는 사유만으로 국가가 소멸시효의 완성을 주장하는 것 자체가 신의성실의 원칙에 반하여 권리남용에 해당한다고 할 수는 없으므로, 국가의 소멸시효 완성 주장이 신의칙에 반하고 권리남용에 해당한다고 하려면 일반 채무자의 소멸시효 완성 주장에서와 같은 특별한 사정이 인정되어야 할 것이고, 또한 그와 같은 일반적 원칙을 적용하여 법이 두고 있는 구체적인 제도의 운용을 배제하는 것은 법해석에 있어 또 하나의 대원칙인 법적안정성을 해할 위험이 있으므로 그 적용에는 신중을 기하여야 한다(대판 2005.5.13, 2004다71881).

**판례연구** **관련판례 정리**

**구체적 적용에 관한 판례**

**1. 신의칙 내지 권리남용금지의 원칙 위배로 인정한 경우**

[1] 경매목적인 부동산의 소유자가 경매가 진행중인 사실을 알면서 이의없이 배당금을 수령하고 경락인 명의로 부동산을 인도해 준 후 그 기초가 된 근저당권이나 공정증서의 무효를 주장하여 이전등기의 말소를 청구하는 것은 신의칙에 위배된다(대판 1993.12.24, 93다42603).

[2] 한전이 변전소를 설치하기 위하여 토지를 수용하고 보상금을 공탁했으나, 공탁이 부적법하여 수용 자체가 실효된 사안에서 '토지소유자가 변전소의 철거 및 대지인도'를 구하는 것은 권리남용에 해당 한다(대판 1999.9.7, 99다27013).

★ 주의 : 토지소유자가 토지상공에 송전선이 설치된 사정을 알면서 13년이 지나서야 토지이용권 확보나 보상비 등의 이유로 송전선의 철거를 청구했다는 것만으로는 권리남용에 해당한다고 볼 수 없다고 본 판례사안(대판 1996.5.14, 94다54283)과 혼동하지 말아야 한다.

[3] 주택소유자인 딸이 父를 모시고 사는 남동생을 상대로 명도를 구하고 父를 상대로 퇴거를 구하는 청구는 부자간의 인륜을 파괴하는 행위로서 권리남용에 해당하고(대판 1998.6.12, 96다52670), 자신의 친딸로 하여금 그 소유의 대지상에 건물을 신축하도록 승낙한 자가 위 건물이 친딸의 채권자에 의한 강제경매신청에 따라 경락되자 경락인에 대하여 그 철거를 구하는 행위는 신의칙에 반한다고 한다 (대판 1991.6.11, 91다9299).

[4] 송금의뢰인이 착오송금임을 이유로 수취은행에 그 송금액의 반환을 요청하고 수취인도 착오송금임 을 인정하여 수취은행에 그 반환을 승낙하고 있는 경우, 수취은행이 수취인에 대한 대출채권 등을 자동채권으로 하여 착오송금된 금원 상당의 예금채권과 상계하는 것이 신의칙 위반 내지 권리남용 에 해당한다(대판 2010.5.27, 2007다66088).

[5] 채무자가 시효완성 전에 채권자의 권리행사나 시효중단을 불가능 또는 현저히 곤란하게 한 후에 채 무자가 소멸시효의 완성을 주장하는 것은 신의칙에 반한다(대판 2007.7.26, 2006다43651).

**2. 신의칙 내지 권리남용금지의 원칙 위배로 인정하지 않은 경우**

[1] 채권자가 주채무자인 회사의 다른 주주들이나 임원들에 대하여는 회사의 채무에 대하여 연대보증을 요구하지 아니하였고, 오로지 대표이사의 처이고 회사의 감사라는 지위에 있었다는 이유만으로 그 회사의 주주도 아닌 자에게만 연대보증을 요구하여 그가 연대보증을 하게 되었다 하더라도, 그 연대 보증계약을 들어 신의칙위반이라 할 수 없다고 한다(대판 2002.4.12, 2000다43352).

★ 주의 : 甲이 하여야 할 연대보증을 그 부탁으로 乙이 대신 한 경우, 甲이 그 연대보증채무를 대위변제하 였다는 이유로 乙에 대하여 구상권을 행사하는 것은 신의칙에 반한다고 본 판례(대판 2000.5.12, 99다 38293)와 혼동하지 말아야 한다.

[2] 계약의 성립에 기초가 되지 아니한 사정이 그 후 변경되어 일방당사자가 계약 당시 의도한 계약목적 을 달성할 수 없게 됨으로써 손해를 입게 되었음에도 그 계약내용의 효력을 그대로 유지하는 것은 신의칙에 반하지 않는다(대판 2007.3.29, 2004다31302).

[3] 소유권이전등기가 경료된 부동산에 관하여 중복하여 소유권보존등기를 마친 자의 점유취득시효가 완성된 경우, 후행 보존등기의 말소를 구하는 것이 신의칙에 반하거나 권리남용에 해당하지 않는다 (대판 2008.2.14, 2007다63690).

[4] 추심명령 또는 전부명령이나 확정일자 있는 증서에 의하여 채권양도를 받은 다수의 다른 채권자들이 제3채무자를 상대로 추심금청구 등의 소송을 제기하여 재판이 진행 중인 사실을 알고 있는 전부채권자가 제3채무자로부터 소를 제기하여 다른 채권자들과 같은 기회에 배당받을 것을 권유받았음에도 불구하고 소송을 제기하는 등 아무런 조치를 취하지 않고 있다가, 다른 채권자들이 제기한 소송이 모두 법원의 조정에 갈음하는 결정으로 확정되어 제3채무자가 다른 채권자들에게 전부채권 전액에 상당하는 조정금액을 전부 지급한 후 비로소 자신의 채권의 지급을 구하는 것이라 하더라도, 전부채권자가 제3채무자의 위와 같은 제의에 명시적 또는 묵시적으로 승낙한 바가 없는 이상, 전부채권자가 제3채무자에 대하여 스스로의 전부채권을 포기한다거나 행사하지 않기로 한다는 신의를 준 것이라고 볼 수 없고, 설령 제3채무자가 전부채권자가 그 당시 바로 소를 제기하지 아니함으로써 자신의 채권을 행사하지 않는 것으로 믿었다고 하더라도 그러한 신뢰가 객관적으로 정당한 것으로 평가될 수도 없으며, 전부채권자가 다른 채권자들과 통모하여 위와 같은 결과를 초래하게 하였다는 등의 특별한 사정이 없는 한 전부채권자의 전부금청구가 정의관념에 비추어 용인될 수 없는 권리의 행사라고 할 수도 없으므로, 전부채권자의 위 전부금청구가 신의성실의 원칙에 위배되지 않는 것으로 본 사례(대판 2001.7.13, 2000다5909).

## 3. 신의칙 적용의 한계

[1] ① 민법의 기본이념(예 의사무능력자·제한능력자 보호), ② 강행법규, ③ 법적안정성(예 기판력제도)
   ⟶ 판례의 구체적 例: 판례는 ㉠ 사립학교법 제28조 제2항, 생전상속포기약정, 유동적 무효사안, 투자수익보장약정사안 등의 경우 신의칙의 한계를 인정, ㉡ 중혼취소권 행사, 인지청구권 행사, 상호권 사용금지청구, 소유권에 기한 부당이득반환청구권 행사 등이 실효의 원칙에 걸리지 않는다고 보았다.

[2] 타인의 사망을 보험사고로 하는 보험계약에서는 보험계약체결시에 그 타인의 서면에 의한 동의를 얻어야 한다는 상법 제731조 제1항의 규정은 강행법규로서 위 규정에 위반하여 체결된 보험계약은 무효라고 할 것이고, 상법 제731조 제1항을 위반하여 계약을 체결한 자 스스로가 무효를 주장함이 신의성실의 원칙 또는 금반언의 원칙에 위배되는 권리행사라는 이유로 이를 배척한다면, 위와 같은 입법취지를 완전히 몰각시키는 결과가 초래되므로 특단의 사정이 없는 한 그러한 주장이 신의성실 또는 금반언의 원칙에 반한다고 볼 수는 없다(대판 1999.12.7, 99다39999).

[3] 대법원은 법정대리인의 동의를 얻지 않고 신용카드 가맹점과 신용구매계약을 체결한 미성년자가 사후에 법정대리인의 동의 없음을 들어 그 계약을 취소하는 것은 신의칙에 반하지 않는다(대판 2007.11.16, 2005다 71659·71666·71673).

[4] 의사무능력자가 자신의 명의로 대출계약을 체결하고 자신 소유의 부동산에 관하여 근저당권을 설정한 다음, 의사무능력자의 특별대리인이 위 대출계약 및 근저당권설정계약의 효력을 부인하는 것은 신의칙에 반하지 않고(대판 2006.9.22, 2004다51627), 매매계약을 체결한 후 토지거래허가가 나지 않아 증여를 원인으로 소유권이전등기를 한 후 증여세 납부의무를 다투는 것은 신의칙에 반하지 않는다 (대판(전) 1997.3.20, 95누18383).

[5] 강행법규를 위반한 투자신탁회사 스스로가 그 약정의 무효를 주장함이 신의칙에 위반되는 권리의 행사라는 이유로 그 주장을 배척한다면, 이는 오히려 강행법규에 의하여 배제하려는 결과를 실현시키는 셈이 되어 입법취지를 완전히 몰각하게 되므로, 달리 특별한 사정이 없는 한 위와 같은 주장이 신의성실의 원칙에 반하는 것이라고 할 수 없다(대판 1999.3.23, 99다4405).

[6] 기판력이 신의칙에 반하는 방법으로 편취되었더라도 기판력을 주장하는 것은 권리남용이 아니다(대판 1961.1.26, 4294민상629).

[7] 상속인 중의 1인이 피상속인의 생존시에 피상속인에 대하여 상속을 포기하기로 약정하였다고 하더라도, 상속개시 후 민법이 정하는 절차와 방식에 따라 상속포기를 하지 아니한 이상, 상속개시 후에 자신의 상속권을 주장하는 것은 정당한 권리행사로서 권리남용에 해당하거나 또는 신의칙에 반하는 권리의 행사라고 할 수 없다(대판 1998.7.24, 98다9021).

[8] 혼인 외의 자가 38년간 친부에 대하여 인지청구권을 행사하지 않다가, 친부가 사망하자 상속재산을 되찾기 위해 인지청구권을 행사하는 경우에 이러한 인지청구권의 행사는 이미 실효된 것으로 볼 수 없다(대판 2001.11.27, 2001므1353).

## 4. 권리행사가 권리남용에 해당하기 위한 요건

[1] 권리행사가 권리의 남용에 해당한다고 할 수 있으려면, 주관적으로 그 권리행사의 목적이 오직 상대방에게 고통을 주고 손해를 입히려는 데 있을 뿐 행사하는 사람에게 아무런 이익이 없는 경우이어야 하고, 객관적으로는 그 권리행사가 사회질서에 위반된다고 볼 수 있어야 하는 것이며, 이와 같은 경우에 해당하지 않는 한 비록 그 권리의 행사에 의하여 권리행사자가 얻는 이익보다 상대방이 잃을 손해가 현저히 크다고 하여도 그러한 사정만으로는 이를 권리남용이라 할 수 없다.

[2] 경매를 통하여 토지를 취득한 자가 그 지상건물의 철거와 토지의 인도를 구하는 사안에서, 건물의 철거로 인한 권리행사자의 이익보다 건물소유자의 손해가 현저히 크고 사회경제적으로도 큰 손실이 될 것으로 보이기는 하나, 건물소유자가 위 건물에 대한 권리를 인수할 당시 그 철거가능성을 알았다고 보이는 점, 토지에 대한 투자가치가 있어 건물철거 등의 청구가 권리행사자에게 아무런 이익이 없다거나 오직 상대방에게 손해를 입히려는 것이라고 보기 어려운 점 등에 비추어, 권리남용에 해당하지 않는다고 한 사례(대판 2010.2.25, 2009다58173)

[3] 권리의 행사가 주관적으로 오직 상대방에게 고통을 주고 손해를 입히려는 데 있을 뿐 이를 행사하는 사람에게는 아무런 이익이 없고, 객관적으로 사회질서에 위반된다고 볼 수 있으면 그 권리의 행사는 권리남용으로서 허용되지 아니한다고 할 것이고, 그 권리의 행사가 상대방에게 고통이나 손해를 주기 위한 것이라는 주관적 요건은 권리자의 정당한 이익을 결여한 권리행사로 보여지는 객관적인 사정에 의하여 추인할 수 있다(대판 1993.5.14, 93다4366).

[4] 부도 직전에 있는 甲에 대하여 채무를 부담하고 있는 乙이 甲의 채권자들로부터 채권을 헐값으로 양도받아, 상계하는 경우에는 일반적인 권리남용의 경우에 요구되는 주관적 요건을 필요로 하지 않는다(대판 2003.4.11, 2002다59481).

[5] 일반적으로 동시이행의 관계가 인정되는 경우에는 그러한 항변권을 행사하는 자의 상대방이 그 동시이행의 의무를 이행하기 위하여 과다한 비용이 소요되거나 또는 그 의무의 이행이 실제적으로 어려운 반면 그 의무의 이행으로 인하여 항변권자가 얻는 이득은 별달리 크지 아니하여 동시이행의 항변권의 행사가 주로 자기 채무의 이행만을 회피하기 위한 수단이라고 보여지는 경우에는 그 항변권의 행사는 권리남용으로서 배척되어야 한다(대판 1992.4.28, 91다29972).

## ✅ 민법의 용어 정리

1) **준용·유추적용**: 준용이란 이미 규정되어 있는 내용과 동일한 내용을 다른 규정에서 다시 두고자 할 때 그 내용을 반복적으로 정하지 않고 유추적용할 것을 밝히는 입법기술의 하나이다. 반면 유추적용이란 어떤 사안에 대해 적용할 규정이 없는 경우 그와 유사한 사안에 관한 규정을 적용하는 것으로서 법률 해석의 방법 중 하나이다.

2) **선의·악의**: 민법에서 선의란 선량한 뜻이 있다는 것이 아니라 어떤 사정을 알지 못하는 것을 말하고, 반면에 악의란 그러한 사정을 알고 있는 것을 말한다.

3) **추정·간주**: 추정은 다른 사실의 증거를 통해서 그 추정을 복멸시킬 수 있는 경우이고, 간주는 다른 사실의 증거를 통해서는 그 간주되는 효과를 부정할 수 없다. 민법은 간주조항을 "…으로 본다."고 표현한다.

4) **제3자**: 당사자 및 포괄승계인 이외의 자를 말한다.

5) **대항하지 못한다**: 법률행위의 당사자가 제3자에 대하여 법률행위의 효력, 예컨대 무효 또는 취소의 효력을 주장하지 못한다는 의미이다.

행정사
**백운정 민법총칙**

CHAPTER

# 03

# 권리의 주체

# Chapter 03 권리의 주체

## 01 총설

권리주체란 권리의 귀속주체를 말하며, 이와 같은 권리의 귀속주체가 될 수 있는 지위 또는 자격을 권리능력(인격)이라고 한다. 현행민법상 권리주체로는 자연인과 법인이 있다.

## 02 자연인

### 제1관 자연인의 능력

### I 권리능력

> **제3조【권리능력의 존속기간】**
> 사람은 생존한 동안 권리와 의무의 주체가 된다.

#### 1. 권리능력의 시기

자연인은 출생한 때부터 권리능력을 취득한다.

출생의 시기에 관해서는 전부노출설이 통설이다. 출생시 「가족관계의 등록 등에 관한 법률」에 따라 출생신고를 하여야 하나(동법 제44조), 권리능력은 출생으로 취득하는 것이므로, 출생신고가 권리능력 취득의 요건은 아니다. 이때 신고는 보고적 신고에 불과하다.

## 2. 태아의 권리능력

### 1) 태아보호의 필요성

(1) **태아**는 아직 출생 전의 상태이므로 **민법상 사람이 아니며** 따라서 **권리능력을 가지지 못한다**
(제3조). 그러나 이 원칙을 획일적으로 적용한다면 태아에게 불이익하거나 공평에 반하는 결
과가 발생할 수 있으므로 일정한 경우에는 권리능력을 인정하여 그의 이익을 보호할 필요성이
있다.

(2) 민법은 개별적인 규정을 통해 중요한 법률관계에서만 태아의 권리능력을 **예외적**으로 인정하
는 **개별적** 보호주의를 취하고 있다.

### 2) 태아의 권리능력이 인정되는 사유

**제762조【손해배상청구권에 있어서의 태아의 지위】**
태아는 손해배상의 청구권에 관하여는 이미 출생한 것으로 본다.

**제1000조【상속의 순위】**
① 상속에 있어서는 다음 순위로 상속인이 된다.
    1. 피상속인의 직계비속
    2. 피상속인의 직계존속
    3. 피상속인의 형제자매
    4. 피상속인의 4촌 이내의 방계혈족
② 전항의 경우에 동순위의 상속인이 수인인 때에는 최근친을 선순위로 하고 동친 등의 상속인이 수인인
때에는 공동상속인이 된다.
③ 태아는 상속순위에 관하여는 이미 출생한 것으로 본다.

**제1001조【대습상속】**
전조 제1항 제1호와 제3호의 규정에 의하여 상속인이 될 직계비속 또는 형제자매가 상속개시 전에 사망
하거나 결격자가 된 경우에 그 직계비속이 있는 때에는 그 직계비속이 사망하거나 결격된 자의 순위에
갈음하여 상속인이 된다.

**제1118조【준용규정】**
제1001조, 제1008조, 제1010조의 규정은 유류분에 이를 준용한다.

**제1064조【유언과 태아, 상속결격자】**
제1000조 제3항, 제1004조의 규정은 수증자에 준용한다.

### (1) 불법행위에 의한 손해배상청구

① 동조는 태아 자신이 불법행위의 직접적인 피해자인 경우에 한하여 적용되는 규정이다. 父의 생명침해로 인하여 父에게 발생한 손해배상청구권은 상속규정(제1000조 제3항)에 의하여 태아에게 상속된다.

② 직계존속의 생명침해에 대한 위자료청구권(제752조)은 인정되나 채무불이행에 기한 손해배상청구권은 인정되지 않는다.

③ 태아도 손해배상청구권에 관하여는 이미 출생한 것으로 보는바, 부가 교통사고로 상해를 입을 당시 태아가 출생하지 아니하였다고 하더라도 그 뒤에 출생한 이상 부의 부상으로 인하여 입게 될 정신적 고통에 대한 위자료를 청구할 수 있다(대판 1993.4.27, 93다4663)
➡ 판례는 태아가 피해 당시 정신상 고통에 대한 감수성을 갖추고 있지 않더라도 장래 감수할 것임이 현재 합리적으로 기대할 수 있는 경우에 있어서는 즉시 그 청구를 할 수 있다고 하여 태아의 위자료 청구권을 긍정하고 있다(대판 1962.3.15, 4294민상903).

### (2) 상속 등

태아는 상속순위에 관하여 이미 출생한 것으로 보며, 이 규정은 유증에 준용된다(제1064조). 통설은 상속과 관련하여 발생하는 대습상속(제1001조)·유류분반환청구권(제1118조)에 있어서도 태아의 권리능력을 인정한다.

### (3) 사인증여

판례는 단독행위인 유증과 달리 사인증여는 계약이므로 그 성질이 달라 **사인증여에는 태아의 권리능력을 인정할 수 없다**고 한다. 증여(생전증여)에 관하여 태아는 수증능력이 인정되지 아니하고, 또 태아인 동안에는 법정대리인이 있을 수 없으므로 법정대리인에 의한 수증행위도 할 수 없다(대판 1982.2.9, 81다534 - 엄밀히 말하면 사인증여에 관해 명시적인 입장을 밝힌 판례는 없다).

### (4) 인지청구권

태아는 부에 대하여 인지청구의 소를 제기할 수 없다. 즉 생부는 태아를 인지할 수 있음에 반해, 태아의 인지청구권을 인정하는 명문의 규정이 없는 이상 이를 부정하는 것이 통설이다(제858조 참조).

## 3) "이미 출생한 것으로 본다"의 이론구성

| 구분 | 정지조건설(판례) | 해제조건설(다수설) |
|---|---|---|
| 사상적 기초 | 제3자의 보호·거래안전에 중점 | 태아의 보호에 중점 |
| 내용 | 태아인 동안에는 권리능력을 취득하지 못하지만 살아서 출생한 때에는 권리능력의 취득의 효과가 사건이 발생한 때(불법행위시 혹은 상속개시시)에 소급해서 생긴다는 견해 | 문제된 사실이 발생한 때로부터 제한적인 권리능력을 갖지만, 사산한 경우에는 권리능력 취득의 효과가 과거의 문제의 사건발생시에 소급하여 소멸한다고 보는 견해 |
| 특징 | 1) 태아인 동안에는 권리능력이 인정되지 않으므로 법정대리인도 있을 수 없다.<br>2) 태아가 사산되더라도 타인에게 불측의 손해를 줄 염려가 없다. | 1) 태아인 동안에도 권리능력이 인정되므로 법정대리인이 있을 수 있다.<br>2) 태아가 사산된 경우 법정대리인의 행위가 소급해서 무효가 되기 때문에 상대방·제3자에게 불측의 손해를 줄 염려가 있다. |
| 공통점 | 태아가 살아서 출생하면 사건발생시부터 권리능력이 인정되고, 사산된 때에는 권리능력을 갖지 못한다는 데에는 견해대립의 실익이 없다(대판 1976.9.14, 76다1365). | |
| 주의할 점 | 해제조건설에 따르면 비록 그 비율이 적다고 할지라도 사산의 가능성도 있으므로 권리관계를 확정시키는 것은 바람직하지 아니하다. 이에 동 견해를 취하는 대부분의 학자들은 태아의 법정대리인의 권한은 현재의 권리관계를 보전하는 범위로 제한해야 된다고 보고 있다. 따라서 태아의 법정대리인은 '재산관리 기타의 권리보전행위'만을 할 수 있다고 해석한다(제118조). → 손해배상사건에서 법정대리인이 합의를 하는 것 또는 법정대리인도 공동상속인인 경우에 상속재산의 협의분할 등은 허용되지 않는다고 본다. | |

---

**판례연구** **관련판례 정리**

1. 피해자가 차량충격에 의한 강력한 뇌진탕과 두개골절 및 뇌출혈 등으로 인간의 지각 내지 의식작용이 순간적으로 소실되었다 하더라도 치명상을 받을 때와 사망과의 간에는 시간적 간격이 있었다 할 것이고 아무리 순간적이라 할지라도 피해자로서의 정신적 고통을 느끼는 순간이 있었다 할 것이다(대판 1973.9.25, 73다1100).

2. 판례는 정지조건설을 취하므로 태아인 동안에는 법정대리인이 존재할 수 없고, 따라서 태아의 조건부권리를 보존·관리할 수 없다(대판 1976.9.14, 74다1365).

## 3. 권리능력의 종기

### 1) 사망

자연인은 사망으로 권리능력이 소멸되는데, 그 사망의 시기에 관하여는 맥박정지설이 통설이다.

### 2) 사망의 입증곤란을 구제하기 위한 각종 제도

> **판례**
>
> 수난, 전란, 화재 기타 사변에 편승하여 타인의 불법행위로 사망한 경우에 있어서는 확정적인 증거의 포착이 손쉽지 않음을 예상하여 법은 인정사망, 위난실종선고 등의 제도와 그 밖에도 보통실종선고제도도 마련해 놓고 있으나 그렇다고 하여 위와 같은 자료나 제도에 의함이 없는 사망사실의 인정을 수소법원이 절대로 할 수 없다는 법리는 없다(대판 1989.1.31, 87다카2954).

### 3) 동시사망의 추정

> **제30조 【동시사망】**
> 2인 이상이 동일한 위난으로 사망한 경우에는 동시에 사망한 것으로 **추정**한다.

### (1) 의의 및 제도적 취지

동시사망은 2인의 사망을 전제한 것으로 사망의 시기에 대한 입명곤란을 구제하려는 제도이다. 이 점이 사망 자체가 불분명한 경우에 인정되는 실종선고와 제도적 의미의 차이가 있다.

### (2) 적용효과

① 2인 이상이 동일한 위난으로 사망한 경우에는 동시에 사망한 것으로 추정되며, 동시사망자 사이에는 상속의 문제가 발생하지 않는다. 다만 동시사망으로 추정되는 경우 대습상속이 가능하다(대판 2001.3.9, 99다13157).

② 추정규정이므로 반대사실의 증명이 있으면 그 추정은 번복된다. 이 경우 민법 제30조의 동시사망의 추정을 번복하기 위해서는 동시사망의 전제사실에 대한 반증이나 각기 다른 시기에 사망했다는 본증을 통하여 충분하고도 명백하게 입증하여야 한다(대판 1998.8.21, 98다8974). 구체적으로 민법 제30조의 동시사망의 추정은 법률상 추정이므로, ㉠ 전제사실에 대하여 법원의 확신을 흔들리게 하는 반증을 제출하거나 또는 법원에 확신을 줄 수 있는 본증을 제출하여야 하고, ㉡ 관계인들의 법적 지위에 중대한 영향을 미치는 점을 감안할 때 충분하고도 명백한 입증이 없는 한, 위 추정은 깨어지지 아니한다.

### 4) 인정사망

수해, 화재, 기타 재난 등으로 사망한 자가 있는 경우에 이를 조사한 관공서의 사망통보에 의해 가족관계등록부에 사망의 기재를 하게 된 때 즉시 그 자는 사망한 것(추정)으로 다루어진다 (가족관계의 등록 등에 관한 법률 제87조). 이를 인정사망이라 한다.

### 5) 실종선고

부재자의 생사불명의 상태가 일정기간(5년 또는 1년) 계속된 경우, 가정법원의 선고에 의해 사망으로 **의제**하는 제도를 말한다(제27조). 이에 대해서는 후술하기로 한다.

## Ⅱ 의사능력과 책임능력

### 1. 의사능력

### 1) 의의

(1) 의사능력이란 자기 행위의 의미나 결과를 정상적인 인식력과 예기력을 바탕으로, 합리적으로 판단할 수 있는 정신적 능력이나 지능을 말한다. 민법상 의사능력에 관한 명문규정은 없지만, 의사능력은 사적 자치의 원칙이 당연히 전제로 하는 것이므로 명문의 규정이 없이도 당연히 요구된다.

(2) 의사능력의 유무는 구체적인 법률행위와 관련하여 개별적으로 판단되어야 한다.

> **판례**
>
> **의사능력의 의미**
>
> 의사능력이란 자신의 행위의 의미나 결과를 정상적인 인식력과 예기력을 바탕으로 합리적으로 판단할 수 있는 정신적 능력 내지는 지능을 말하는바, 특히 어떤 법률행위가 그 일상적인 의미만을 이해하여서는 알기 어려운 특별한 법률적인 의미나 효과가 부여되어 있는 경우 의사능력이 인정되기 위하여는 그 행위의 일상적인 의미뿐만 아니라 법률적인 의미나 효과에 대하여도 이해할 수 있을 것을 요한다고 보아야 하고, 의사능력의 유무는 구체적인 법률행위와 관련하여 개별적으로 판단되어야 할 것이다(대판 2006.9.22, 2006다29358).

## 2) 의사무능력의 효과

### (1) 절대적 무효

① 의사무능력자의 법률행위는 무효이고, 이러한 법률행위의 무효를 주장하는 것은 신의칙에 반하지 않는다.

② 의사무능력을 이유로 법률행위의 무효를 주장하는 측은 그에 대하여 증명책임을 부담한다 (대판 2022.12.1, 2022다261237).

### (2) 부당이득반환의 범위

판례는 민법 제141조 단서(현존이익의 반환범위)는 민법 제748조의 특칙으로서 제한능력자의 보호를 위해 그 선의·악의를 묻지 아니하고 반환범위를 현존 이익에 한정시키려는 데 그 취지가 있으므로, 의사능력의 흠결을 이유로 법률행위가 무효가 되는 경우에도 유추적용되어야 할 것이라고 하였다(대판 2009.1.15, 2008다58367).

## 2. 책임능력

불법행위영역에서 자기 행위의 결과를 변식할 수 있는 정신능력 내지 판단 능력을 말한다. 책임능력도 의사능력의 경우와 마찬가지로 구체적·개별적으로 판단하여야 한다. 책임무능력자는 타인에게 위법한 가해행위를 하더라도 스스로 불법행위책임을 지지 않는다.

# Ⅲ 행위능력

## 1. 총설

### 1) 의의

제한능력자제도는 객관적·획일적인 기준에 의하여 의사능력을 객관적으로 획일화함으로써, 의사능력의 유무를 문제 삼지 않고 그 자가 단독으로 행한 일정 범위의 법률행위에 대해서는 무조건 취소할 수 있도록 마련된 제도이다. 이 점에서 행위능력은 단독으로 유효한 법률행위를 할 수 있는 지위 내지 자격을 의미한다고 할 수 있다.

### 2) 의사무능력과 제한능력의 경합 – 무효와 취소의 이중효 법리

무효와 취소의 상대화를 근거로 의사무능력을 이유로 무효를 주장하든지 제한능력을 이유로 취소를 주장하든지 선택적으로 주장할 수 있다.

### 3) 현행 민법상 제한능력자제도

(1) 제한능력자제도는 거래의 안전을 희생시키더라도 제한능력자의 법률행위를 취소할 수 있게 함으로써 제한능력자 개인의 이익을 보호하는 데에 그 근본결단이 있다. 따라서 미성년자는 법률행위의 취소를 가지고 **선의의 제3자에게도 대항할 수 있다**.

(2) 제한능력자제도에 관한 규정은 **강행규정에 해당**하고, 민법상 제한능력자로는 미성년자, 피한정후견인, 피성년후견인이 있다.

(3) 제한능력자제도는 **재산상 (준)법률행위에만 적용**되고 원칙적으로 가족법상의 행위에는 적용되지 않는다(가족법상의 행위에 대해서는 그에 관한 특별규정이 존재하기 때문이다). 또한 불법행위에 관하여도 적용되지 않는다(불법행위에 관하여는 책임능력이 문제되기 때문이다).

## 2. 미성년자

> **제4조【성년】** 사람은 19세로 성년에 이르게 된다.
>
> **제5조【미성년자의 능력】**
> ① 미성년자가 법률행위를 함에는 **법정대리인의 동의를 얻어야 한다**. 그러나 권리만을 얻거나 의무만을 면하는 행위는 그러하지 아니하다.
> ② 전항의 규정에 위반한 행위는 **취소할 수 있다**.
>
> **제6조【처분을 허락한 재산】**
> 법정대리인이 범위를 정하여 처분을 허락한 재산은 미성년자가 임의로 처분할 수 있다.
>
> **제7조【동의와 허락의 취소】**
> 법정대리인은 미성년자가 아직 법률행위를 하기 전에는 전2조의 동의와 허락을 취소할 수 있다.
>
> **제8조【영업의 허락】**
> ① 미성년자가 법정대리인으로부터 허락을 얻은 **특정한 영업에 관하여는 성년자와 동일한 행위능력이 있다**.
> ② 법정대리인은 전항의 허락을 취소 또는 제한할 수 있다. 그러나 선의의 제3자에게 대항하지 못한다.
>
> **제117조【대리인의 행위능력】**
> 대리인은 행위능력자임을 요하지 아니한다(필요하지 않다).
>
> **제140조【법률행위의 취소권자】**
> 취소할 수 있는 법률행위는 제한능력자, 착오로 인하거나 사기·강박에 의하여 의사표시를 한 자, 그의 대리인 또는 승계인만이 취소할 수 있다.
>
> **제826조의2【성년의제】**
> 미성년자가 혼인을 한 때에는 성년자로 본다.

**제1061조【유언적령】**

만 17세에 달하지 못한 자는 유언을 하지 못한다.

**제141조【취소의 효과】**

취소된 법률행위는 처음부터 무효인 것으로 본다. 다만, 제한능력자는 그 행위로 인하여 받은 이익이 현존하는 한도에서 상환할 책임이 있다.

**【상법】**
**제7조【미성년자와 무한책임사원】**

미성년자가 법정대리인의 허락을 얻어 회사의 무한책임사원이 된 때에는 그 사원자격으로 인한 행위에는 능력자로 본다.

**【근로기준법】**
**제67조【근로계약】**

① 친권자나 후견인은 미성년자의 근로계약을 대리할 수 없다.

② 친권자, 후견인 또는 노동부장관은 근로계약이 미성년자에게 불리하다고 인정하는 경우에는 이를 해지할 수 있다.

③ 사용자는 18세 미만인 자와 근로계약을 체결하는 경우에는 제17조에 따른 근로조건을 서면(「전자문서 및 전자거래 기본법」 제2조제1호에 따른 전자문서를 포함한다)으로 명시하여 교부하여야 한다.

**제68조【임금의 청구】**

미성년자는 독자적으로 임금을 청구할 수 있다.

## 1) 개념

미성년자란 19세가 되지 아니한 사람을 말한다(제4조). 다만 미성년자가 혼인을 한 때에는 성년자로 본다(제826조의2). 또한 이후에 혼인이 해소되더라도 성년의제의 효과는 존속한다고 보는 것이 통설이다.

## 2) 미성년자의 법률행위의 효력

### (1) 원칙

### 가) 취소

① 미성년자가 법률행위를 할 때에는 원칙적으로 법정대리인의 동의를 얻어야 하며(제5조 제1항 본문), 이에 위반한 경우 미성년자 자신(제140조)이나 법정대리인이 그 법률행위를 취소할 수 있다.

② 미성년자의 행위에 대해 동의가 있었다는 사실에 관하여는 상대방이 입증책임을 진다(대판 1970.2.24, 69다1568).

### 나) 부당이득반환

① 법정대리인의 동의를 얻지 않아 계약이 취소된 경우 미성년자 측에서는 선악을 불문하고 현존이익만을 반환하면 된다(제141조 단서).

② 판례는 부당이득 일반의 증명책임에 대해서 ㉠ 금전은 현존이익이 추정되므로 이득자가 현존이익 없음을 증명하고, ㉡ 금전 이외의 것은 현존이익이 추정되지 아니하므로 손실자가 현존이익 있음을 증명해야 한다는 입장이다.

## (2) 예외

### 가) 단순히 권리만을 얻거나 의무(법률상 불이익)만을 면하는 행위(제5조 제1항 단서)

경제적으로 유리한 매매계약의 체결은 민법 제5조 제1항 단서에 해당되지 않는다.

① **해당 例**

㉠ 부담 없는 증여의 수령, 채무면제의 청약에 대한 승낙, 미성년자가 무상으로 보관하고 있는 타인의 물건을 반환하는 것은 가능하다. 또한, 미성년자는 부양청구권을 단독으로 행사할 수 있다(대판 1972.7.11, 72므5).

㉡ 미성년자가 부동산을 증여받는 결과 증여세가 부과되는 경우 또는 미성년자가 저당권이 설정된 부동산을 증여받는 경우는 권리만을 얻는 행위에 해당하므로 법정대리인의 동의가 필요 없다.

② **부정 例**: 기존의 채권에 대하여 변제를 받는 경우 또는 미성년자가 스스로 그의 채무의 변제만을 하는 경우, 부담부증여를 받는 경우, 유리한 매매계약을 체결하는 경우, 상속을 승인·포기하는 행위, 경매목적물을 경락하는 행위는 단순히 권리만을 얻거나 의무만을 면하는 행위라 할 수 없고 상계권 행사도 할 수 없다.

### 나) 처분을 허락한 재산(제6조)

'범위를 정하여'에서의 범위의 의미에 관하여는 **재산의 범위**를 의미하고 사용목적의 범위를 의미하지 않는다(목적불구속설). 법정대리인이 범위를 정하여 처분을 허락한 재산은 미성년자가 임의로 처분할 수 있지만, 법정대리인은 처분을 허락하였더라도 그 재산에 관한 대리권을 상실하지 않는다.

---

판례연구 **관련판례 정리**

**[대판(전) 2007.11.16, 2005다71659·71666·71673] 미성년자에게 처분이 허락된 재산의 처분행위**

[1] 행위무능력자제도(현행 제한능력자제도, 이하 동일)는 사적자치의 원칙이라는 민법의 기본이념, 특히, 자기책임 원칙의 구현을 가능케 하는 도구로서 인정되는 것이고, 거래의 안전을 희생시키더라도 행위무능력자를 보호하고자 함에 근본적인 입법 취지가 있는바, 행위무능력자제도의 이러한 성격과 입법 취지 등에 비추어 볼 때, 신용카드 가맹점이 미성년자와 신용구매계약을 체결할 당시 향후 그 미성년자가 법정대리인의 동의가 없었음을 들어 스스로 위 계약을 취소하지는 않으리라고 신뢰하였다 하더라도 그 신뢰가 객관적으로 정당한 것이라고 할 수 있을지 의문일 뿐만 아니라, 그 미성년자가 가맹점의 이러한 신뢰에 반하여 취소권을 행사하는 것이 정의관념에 비추어 용인될 수 없는 정도의 상태라고 보기도 어려우며, 미성년자의 법률행위에 법정대리인의 동의를 요하도록 하는 것은 강행규정인데, 위 규정에 반하여 이루어진 신용구매계약을 미성년자 스스로 취소하는 것을 신의칙 위반을 이유로 배척한다면, 이는 오히려 위 규정에 의해 배제하려는 결과를 실현시키는 셈이 되어 미성년자 제도의 입법 취지를 몰각시킬 우려가 있으므로, 법정대리인의 동의 없이 신용구매계약을 체결한 미성년자가 사후에 법정대리인의 동의 없음을 사유로 들어 이를 취소하는 것이 신의칙에 위배된 것이라고 할 수 없다.

[2] 미성년자가 법률행위를 함에 있어서 요구되는 법정대리인의 동의는 언제나 명시적이어야 하는 것은 아니고 묵시적으로도 가능한 것이며, 미성년자의 행위가 위와 같이 법정대리인의 묵시적 동의가 인정되거나 처분허락이 있는 재산의 처분 등에 해당하는 경우라면, 미성년자로서는 더 이상 행위무능력(현행 제한능력)을 이유로 그 법률행위를 취소할 수 없다.

[3] 미성년자의 법률행위에 있어서 법정대리인의 묵시적 동의나 처분허락이 있다고 볼 수 있는지 여부를 판단함에 있어서는, 미성년자의 연령·지능·직업·경력, 법정대리인과의 동거 여부, 독자적인 소득의 유무와 그 금액, 경제활동의 여부, 계약의 성질·체결경위·내용, 기타 제반 사정을 종합적으로 고려하여야 할 것이고, 위와 같은 법리는 묵시적 동의 또는 처분허락을 받은 재산의 범위 내라면 특별한 사정이 없는 한 신용카드를 이용하여 재화와 용역을 신용구매한 후 사후에 결제하려는 경우와 곧바로 현금구매하는 경우를 달리 볼 필요는 없다.

[4] 만 19세가 넘은 미성년자(단, 현행법 하에서는 성년)가 월 소득범위 내에서 신용구매계약을 체결한 사안에서, 스스로 얻고 있던 소득에 대하여는 법정대리인의 묵시적 처분허락이 있었다고 보아 위 신용구매계약은 처분허락을 받은 재산범위 내의 처분행위에 해당한다고 본 사례

---

### 다) 영업이 허락된 미성년자의 그 영업에 관한 행위(제8조 제1항)

① 반드시 영업의 종류를 특정해야 하며 모든 종류의 영업에 대한 포괄적 허락은 허용되지 않고, '영업에 관하여는'이란 영업을 하는 데 직접·간접으로 필요한 모든 행위를 포함한다.

② 그 효과로서 미성년자는 성년자와 동일한 행위능력을 가진다. 따라서 이 범위에서 법정대리권이 소멸한다.

### 라) 대리행위

대리행위의 효과는 대리인에게 귀속되지는 않고 본인에게 귀속되기 때문이다(제117조).

### 마) 유언행위

유언에는 제5조가 적용이 배제되어(제1062조), 17세 이상이면 단독으로 가능하다(제1061조).

### 바) 임금청구

언제나 독자적으로 가능하다(근로기준법 제68조).

### 사) 근로계약체결

친권자나 후견인은 미성년자의 근로계약을 대리할 수 없다(근로기준법 제69조 제1항). 따라서 미성년자의 근로계약에 대해서는 친권자는 대리권이 없다.

## 3) 법정대리인

(1) 미성년자의 법정대리인은 제1차로 친권자가 되고, 미성년자에게 친권자가 없거나 친권자가 법률행위의 대리권과 재산관리권을 행사할 수 없는 경우에는 제2차로 미성년후견인을 두어야 한다(제928조).

(2) 후견인은 친권자와 달리 미성년자의 일정한 행위에 동의할 경우 「후견감독인의 동의」를 얻어야 하는 제한이 있다(제950조). 만약 후견인이 후견감독인의 동의 없이 법률행위를 하였을 때에는 피후견인 또는 후견감독인이 그 행위를 취소할 수 있다(제950조 제3항).

### ✦ 미성년자와 피후견인 비교

| 제한능력자 | 미성년자 | 피성년후견인 | 피한정후견인 | 피특정후견인 |
|---|---|---|---|---|
| 제한능력자 | ○ | ○ | ○ | × |
| 판단기준 | 19세 미만 | 정신적 제약 | | |
| 판단기준 | 19세 미만 | 사무처리능력 지속적 결여 | 사무처리능력 부족 | 일시적 후원 또는 특정한 사무에 관한 후원 필요 |
| 미성년자의 법정대리인과 후견인의 권리 | • 동의권 ○<br>• 취소권 ○ | • 동의권 ×<br>• 취소권 ○ | • 동의권, 취소권<br>① 원칙: ×<br>② 예외: 한정후견인의 동의를 받아야 하는 행위 - ○ | • 동의권, 취소권:<br>예외 없이 × |
| 미성년자의 법정대리인과 후견인의 권리 | • 대리권 ○ | • 내리권 ○ | • 대리권<br>① 원칙: ×<br>② 한정후견인의 동의를 받아야 되는 행위: ×<br>③ 대리권의 수여하는 심판이 있는 경우 그 범위에서만 대리권: ○ | • 대리권<br>① 원칙: ×<br>② 예외: 대리권의 수여하는 심판이 있는 경우 그 범위에서만 대리권 - ○ |
| 미성년자의 법정대리인과 후견인의 권리 | ※ 미성년자의 행위는 동의가 없을 때 취소 가능 | ※ 피성년후견인의 행위는 동의여부 불문하고 언제나 취소 가능 | | ※ 제한능력자가 아님 |

## 3. 피성년후견인, 피한정후견인과 피특정후견인

### 1) 피성년후견인

**제9조【성년후견개시의 심판】**
① 가정법원은 질병, 장애, 노령, 그 밖의 사유로 인한 정신적 제약으로 사무를 처리할 능력이 지속적으로 결여된 사람에 대하여 **본인, 배우자, 4촌** 이내의 친족, 미성년**후견인**, 미성년후견감독인, 한정후견인, 한정후견감독인, 특정후견인, 특정후견감독인, **검사** 또는 **지방자치단체의 장의 청구**에 의하여 성년후견개시의 심판을 한다.
② 가정법원은 성년후견개시의 심판을 할 때 <u>본인의 의사를 고려하여야</u> 한다.

**제10조【피성년후견인의 행위와 취소】**
① <u>피성년후견인의 법률행위는 취소할 수 있다.</u>
② 제1항에도 불구하고 가정법원은 취소할 수 없는 피성년후견인의 법률행위의 범위를 정할 수 있다.
③ 가정법원은 본인, 배우자, 4촌 이내의 친족, 성년후견인, 성년후견감독인, 검사 또는 지방자치단체의 장의 청구에 의하여 제2항의 범위를 변경할 수 있다.
④ 제1항에도 불구하고 일용품의 구입 등 일상생활에 필요하고 그 대가가 과도하지 아니한 법률행위는 성년후견인이 취소할 수 없다.

**제11조【성년후견종료의 심판】**
성년후견개시의 원인이 소멸된 경우에는 가정법원은 본인, 배우자, 4촌 이내의 친족, 성년후견인, 성년후견감독인, 검사 또는 지방자치단체의 장의 청구에 의하여 <u>성년후견종료의 심판을 한다.</u>

**제929조【성년후견심판에 의한 후견의 개시】**
가정법원의 성년후견개시심판이 있는 경우에는 그 심판을 받은 사람의 <u>성년후견인을 두어야</u> 한다.

**제930조【후견인의 수와 자격】**
① <u>미성년후견인의 수는 한 명으로 한다.</u>
② <u>성년후견인은 미성년후견인의 신상과 재산에 관한 모든 사정을 고려하여 여러 명을 둘 수 있다.</u>
③ 법인도 성년후견인이 될 수 있다.

**제936조【성년후견인의 선임】**
① 제929조에 따른 <u>성년후견인은 가정법원이 직권으로 선임한다.</u>

**제938조【후견인의 대리권 등】**
① 후견인은 피후견인의 법정대리인이 된다.

### (1) 피성년후견인의 의의

정신적 제약으로 사무를 처리할 능력이 지속적으로 결여된 사람에 대하여 가정법원은 일정한 자의 청구에 의해 성년후견개시의 심판을 하는데(제9조), 그 심판을 받은 자를 피성년후견인이라고 한다.

### (2) 성년후견개시 심판의 요건

① 질병, 장애, 노령, 그 밖의 사유로 인한 **정신적 제약**으로 사무를 처리할 능력이 **지속적으로 결여**된 사람이어야 한다. 즉 정신적 제약이 아닌 신체적 장애만으로는 이에 해당하지 않는다(제9조 제1항).

② 본인, 배우자, 4촌 이내의 친족, 미성년후견인, 미성년후견감독인, 한정후견인, 한정후견감독인, 특정후견인, 특정후견감독인, 검사 또는 지방자치단체의 장의 청구가 있어야 한다. 따라서 일정한 자의 청구를 요하므로 가정법원은 직권으로 개시하지 못한다(제9조 제1항).

③ 가정법원은 성년후견개시의 심판을 할 때 본인의 의사를 고려하여야 한다(제9조 제2항).

### (3) 피성년후견인의 행위능력

피성년후견인이 단독으로 한 법률행위는 성년후견인이 취소할 수 있다. 다만 일용품의 구입 등 일상생활에 필요하고 그 대가가 과도하지 아니한 법률행위는 피성년후견인이 단독으로 할 수 있다(제10조). 또한 가정법원은 피성년후견인이 단독으로 할 수 있는 법률행위의 범위를 정할 수 있고, 일정한 자의 청구에 의해 그 범위를 변경할 수도 있다(제10조). 이로써 금치산자가 법률행위를 하는 경우 법정대리인의 동의가 없다면 절대적 무능력자로 취급하여 언제나 취소할 수 있게 하였던 종전 제도와는 다르게 되었다. 즉 피성년후견인의 법률행위는 원칙적으로는 취소할 수 있으나 예외적으로 단독으로 가능하여 취소할 수 없게 되었다.

### (4) 법정대리인

① 가정법원의 성년후견개시심판이 있는 경우에는 그 심판을 받은 사람의 성년후견인을 두어야 하고, 성년후견인은 피성년후견인의 법정대리인이 된다(제929조, 제938조 제1항). 성년후견인은 가정법원이 성년개시심판을 하면서 직권으로 선임한다(제936조 제1항).

② 가정법원은 필요하다고 인정하면 직권으로 또는 피성년후견인, 친족, 성년후견인, 검사, 지방자치단체의 장의 청구에 의하여 성년후견감독인을 선임할 수 있다(제940조의4 제1항). 종전 친족회제도를 폐지하고 그 대신에 가정법원이 임의기관으로서 성년후견감독인을 선임할 수 있는 것으로 개정하였다. 이 후견감독인은 종전 친족회에 인정되었던 권한을 수행한다.

## 2) 피한정후견인

### 제12조【한정후견개시의 심판】
① 가정법원은 질병, 장애, 노령, 그 밖의 사유로 인한 정신적 제약으로 사무를 처리할 능력이 부족한 사람에 대하여 본인, 배우자, 4촌 이내의 친족, 미성년후견인, 미성년후견감독인, 성년후견인, 성년후견감독인, 특정후견인, 특정후견감독인, 검사 또는 지방자치단체의 장의 청구에 의하여 한정후견개시의 심판을 한다.
② 한정후견개시의 경우에 제9조 제2항을 준용한다.

### 제13조【피한정후견인의 행위와 동의】
① 가정법원은 피한정후견인이 한정후견인의 동의를 받아야 하는 행위의 범위를 정할 수 있다.
② 가정법원은 본인, 배우자, 4촌 이내의 친족, 한정후견인, 한정후견감독인, 검사 또는 지방자치단체의 장의 청구에 의하여 제1항에 따른 한정후견인의 동의를 받아야만 할 수 있는 행위의 범위를 변경할 수 있다.
③ 한정후견인의 동의를 필요로 하는 행위에 대하여 한정후견인이 피한정후견인의 이익이 침해될 염려가 있음에도 그 동의를 하지 아니하는 때에는 가정법원은 피한정후견인의 청구에 의하여 한정후견인의 동의를 갈음하는 허가를 할 수 있다.
④ 한정후견인의 동의가 필요한 법률행위를 피한정후견인이 한정후견인의 동의 없이 하였을 때에는 그 법률행위를 취소할 수 있다. 다만, 일용품의 구입 등 일상생활에 필요하고 그 대가가 과도하지 아니한 법률행위에 대하여는 그러하지 아니하다.

### 제14조【한정후견종료의 심판】
한정후견개시의 원인이 소멸된 경우에는 가정법원은 본인, 배우자, 4촌 이내의 친족, 한정후견인, 한정후견감독인, 검사 또는 지방자치단체의 장의 청구에 의하여 한정후견종료의 심판을 한다.

### 제959조의2【한정후견의 개시】
가정법원의 한정후견개시의 심판이 있는 경우에는 그 심판을 받은 사람의 한정후견인을 두어야 한다.

### 제959조의3【한정후견인의 선임 등】
① 제959조의2에 따른 한정후견인은 가정법원이 직권으로 선임한다.

### 제959조의4【한정후견인의 대리권 등】
① 가정법원은 한정후견인에게 대리권을 수여하는 심판을 할 수 있다.

## (1) 피한정후견인의 의의

정신적 제약으로 사무를 처리할 능력이 부족한 사람에 대하여 가정법원은 일정한 자의 청구에 의해 한정후견개시의 심판을 하는데(제12조), 그 심판을 받은 자를 피한정후견인이라고 한다.

## (2) 한정후견개시 심판의 요건

① 질병, 장애, 노령, 그 밖의 사유로 인한 **정신적 제약**으로 사무를 처리할 능력이 **부족**한 사람이어야 한다.

② 본인, 배우자, 4촌 이내의 친족, 미성년후견인, 미성년후견감독인, 성년후견인, 성년후견감독인, 특정후견인, 특정후견감독인, 검사 또는 지방자치단체의 장의 청구에 의하여 한정후견개시의 심판을 한다(제12조 제1항).

③ 가정법원은 성년후견개시의 심판을 할 때 본인의 의사를 고려하여야 한다(제12조 제2항, 제9조 제2항).

## (3) 피한정후견인의 행위능력

① 피한정후견인은 원칙적으로 행위능력자이고, 제한적으로 피한정후견인이 한정후견인의 동의를 받아야 하는 행위의 범위를 정할 수 있고, 일정한 자의 청구에 의해 그 범위를 변경할 수 있다. 나아가 동의를 필요로 하는 행위에 대하여 한정후견인이 동의를 하지 않음으로써 피한정후견인의 이익이 침해될 염려가 있는 경우에는, 가정법원은 피한정후견인의 청구에 의하여 한정후견인의 동의에 갈음하는 허가를 할 수 있다(제13조).

② 한정후견인의 동의가 필요한 법률행위를 피한정후견인이 한정후견인의 동의 없이 하였을 때에는 그 법률행위를 취소할 수 있다. 다만, 일용품의 구입 등 일상생활에 필요하고 그 대가가 과도하지 아니한 법률행위는 피한정후견인이 단독으로 할 수 있다(제13조).

## (4) 법정대리인

한정후견인에 대해서는 성년후견인과는 달리 피후견인의 법정대리인이 된다고 규정하고 있지 않다. 즉 한정후견인에 대해서는 가정법원은 한정후견인에게 대리권을 수여하는 심판을 할 수 있다고 규정함으로써(제959조의4 제1항), 한정후견인을 당연한 법정대리인으로 취급하지 않는다.

**판례**

[대결 2021.6.10, 2020스596 : 성년후견 개시]
**한정후견의 개시를 청구한 사건에서 가정법원이 성년후견을 개시할 수 있는 요건 및 성년후견 개시를 청구하고 있더라도 필요한 경우, 한정후견을 개시할 수 있는지 여부(적극)**

성년후견이나 한정후견에 관한 심판 절차는 가사소송법 제2조 제1항 제2호 (가)목에서 정한 가사비송사건으로서, 가정법원이 당사자의 주장에 구애받지 않고 후견적 입장에서 합목적적으로 결정할 수 있다. 이때 성년후견이든 한정후견이든 본인의 의사를 고려하여 개시 여부를 결정한다는 점은 마찬가지이다(민법 제9조 제2항, 제12조 제2항).

위와 같은 규정 내용이나 입법 목적 등을 종합하면, 성년후견이나 한정후견 개시의 청구가 있는 경우 가정법원은 청구 취지와 원인, 본인의 의사, 성년후견 제도와 한정후견 제도의 목적 등을 고려하여 어느 쪽의 보호를 주는 것이 적절한지를 결정하고, 그에 따라 필요하다고 판단하는 절차를 결정해야 한다. 따라서 한정후견의 개시를 청구한 사건에서 의사의 감정 결과 등에 비추어 성년후견 개시의 요건을 충족하고 본인도 성년후견의 개시를 희망한다면 법원이 성년후견을 개시할 수 있고, 성년후견 개시를 청구하고 있더라도 필요하다면 한정후견을 개시할 수 있다고 보아야 한다.

**피성년후견인이나 피한정후견인이 될 사람의 정신상태를 판단할 만한 다른 충분한 자료가 있는 경우, 가정법원은 의사의 감정이 없더라도 성년후견이나 한정후견을 개시할 수 있는지 여부(적극)**

가사소송법 제45조의2 제1항은 "가정법원은 성년후견 개시 또는 한정후견 개시의 심판을 할 경우에는 피성년후견인이 될 사람이나 피한정후견인이 될 사람의 정신상태에 관하여 의사에게 감정을 시켜야 한다. 다만 피성년후견인이 될 사람이나 피한정후견인이 될 사람의 정신상태를 판단할 만한 다른 충분한 자료가 있는 경우에는 그러하지 아니하다."라고 정하고 있다. 이 규정의 의미는 의사의 감정에 따라 정신적 제약으로 사무를 처리할 능력이 부족하거나 지속적으로 결여되었는지를 결정하라는 것이 아니라, 의학상으로 본 정신능력을 기초로 하여 성년후견이나 한정후견의 개시 요건이 충족되었는지 여부를 결정하라는 것이다. 따라서 피성년후견인이나 피한정후견인이 될 사람의 정신상태를 판단할 만한 다른 충분한 자료가 있는 경우 가정법원은 의사의 감정이 없더라도 성년후견이나 한정후견을 개시할 수 있다.

## 3) 피특정후견인

**제14조의2 【특정후견의 심판】**
① 가정법원은 질병, 장애, 노령, 그 밖의 사유로 인한 정신적 제약으로 일시적 후원 또는 특정한 사무에 관한 후원이 필요한 사람에 대하여 본인, 배우자, 4촌 이내의 친족, 미성년후견인, 미성년후견감독인, 검사 또는 지방자치단체의 장의 청구에 의하여 특정후견의 심판을 한다.
② 특정후견은 본인의 의사에 반하여 할 수 없다.
③ 특정후견의 심판을 하는 경우에는 특정후견의 기간 또는 사무의 범위를 정하여야 한다.

**제14조의3 【심판 사이의 관계】**
① 가정법원이 피한정후견인 또는 피특정후견인에 대하여 성년후견개시의 심판을 할 때에는 종전의 한정후견 또는 특정후견의 종료 심판을 한다.
② 가정법원이 피성년후견인 또는 피특정후견인에 대하여 한정후견개시의 심판을 할 때에는 종전의 성년후견 또는 특정후견의 종료 심판을 한다.

**(1) 피특정후견인의 의의**

정신적 제약으로 일시적 후원 또는 특정한 사무에 관한 후원이 필요한 사람에 대하여 가정법원은 일정한 자의 청구에 의해 특정후견의 심판을 하는데(제14조의2), 그 심판을 받은 자를 피특정후견인이라고 한다. 그러나 정신적 제약으로 인한 사무처리능력의 부족을 요건으로 하지는 않는다(제14조의2).

**(2) 특정후견개시 심판의 요건**

① 질병, 장애, 노령, 그 밖의 사유로 인한 **정신적 제약**으로 일시적 후원 또는 특정한 사무에 관한 후원이 필요한 사람이어야 한다.

특정후견의 경우에도 정신적 제약을 원인으로 하는 것이므로, 성년후견이나 한정후견과 본질적으로 다른 것은 아니다. 즉 성년후견이나 한정후견의 요건을 충족하는 경우에도 특정후견의 제도를 이용할 수 있다.

② 본인, 배우자, 4촌 이내의 친족, 미성년후견인, 미성년후견감독인, 검사 또는 지방자치단체의 장의 청구에 의하여 특정후견의 심판을 한다.

③ **특정후견은 본인의 의사에 반하여 할 수 없다**(제14조의2 제2항).

**(3) 피특정후견인의 행위능력**

**피특정후견인은 완전한 행위능력자**이다. 일시적으로 또는 특정한 사무에 대하여 후원을 받을 뿐이다. 따라서 특정후견인이 대리권을 수여받은 영역의 행위이더라도 피특정후견인은 단독으로 유효하게 법률행위를 할 수 있다.

**(4) 법정대리인**

특정후견인은 한정후견인과 마찬가지로 피특정후견인의 법정대리인으로 취급되지는 않는다(제959조의11 제1항).

**4) 판단기준시기**

**제한능력자에 해당하는가**이 판단은 법률행위 당시를 기준으로 판단한다. 따라서 행위 당시에 제한능력자가 아니라면 그 자의 법률행위는 취소할 수 없다. 판례도 표의자가 법률행위 당시 심신상실이나 심신미약상태에 있더라도 금치산 또는 한정치산선고(현행 피성년 · 피한정후견개시심판, 이하 동일)를 받은 사실이 없는 이상 그 후 금치산 또는 한정치산선고가 있어 그의 법정대리인이 된 자는 금치산 또는 한정치산자의 행위능력 규정을 들어 그 선고 이전의 법률행위를 취소할 수 없다고 하였다(대판 1992.10.13, 92다6433). 다만 이 경우 의사무능력을 입증하여 무효를 주장하는 것은 가능하다.

✦ 피후견인의 비교

| 내용 | 피성년후견인 | 피한정후견인 | 피특정후견인 |
|---|---|---|---|
| 요건 | 정신적 제약 | | |
| | 사무처리능력<br>지속적 결여 | 사무처리능력<br>부족 | 일시적 후원 또는 특정한 사무에 관한 후원 필요 |
| 청구<br>권자[4] | 본인, 배우자, 4촌 이내 친족<br>미성년후견인, 미성년후견감독인,<br>한정후견인, 한정후견감독인,<br>특정후견인, 특정후견감독인,<br>검사 또는 지방자치단체의 장 | 본인, 배우자, 4촌 이내 친족<br>미성년후견인, 미성년후견감독인,<br>성년후견인, 성년후견감독인,<br>특정후견인, 특정후견감독인,<br>검사 또는 지방자치단체의 장 | 본인, 배우자, 4촌 이내 친족<br>미성년후견인, 미성년후견감독인,<br>×<br>×[5]<br>검사 또는 지방자치단체의 장 |
| 심판 | • 개시심판시 본인 의사 고려<br>• 개시심판과 종료심판이 있음 | • 개시심판시 본인 의사 고려<br>• 개시심판과 종료심판이 있음 | • 심판시 본인 의사에 반하면 안 됨<br>• 개시심판과 종료심판이 없음[6] |
| 능력 | • 원칙: 제한능력자로서 단독으로 법률행위 불가<br>• 예외<br>① 법원이 단독으로 할 수 있는 범위 정할 수 있음<br>② 일용품 구입 등 일상행위는 단독 가능 | • 원칙: 행위능력 있음<br><br>• 예외: 법원이 한정후견인의 동의를 받도록 정한 행위에 한하여 한정후견인이 동의가 필요<br>• 예외의 예외: 일용품 구입 등 일상행위는 단독 가능 | 제한능력자 아님<br>행위능력 제한되지 않음 |
| 후견인 | • 성년후견개시심판시 가정법원이 직권으로 선임<br><br>• 성년후견인은 법정대리인임 | • 한정후견개시심판시 가정법원이 직권으로 선임<br><br>• 한정후견인은 법정대리인 ×<br>• 한정후견인에게 가정법원의 대리권수여심판시 대리권 인정 | • 특정후견에 따른 보호조치로 가정법원이 특정후견인 선임 가능<br>• 특정후견인은 법정대리인 ×<br>• 특정후견인에게 가정법원의 대리권수여심판시 대리권 인정 |

---

4 법원의 직권으로는 안 됨
5 유의: 성년후견인, 성년후견감독인, 한정후견인, 한정후견감독인은 청구권자 아님
6 특정후견의 기간이나 사무의 범위를 정한 이후, 기간이 지나거나 사무처리의 종결에 의해 특정후견도 자연히 종결됨

## 4. 제한능력자의 상대방 보호

### 제15조【제한능력자의 상대방의 확답을 촉구할 권리】

① 제한능력자의 상대방은 제한능력자가 능력자가 된 후에 그에게 1개월 이상의 기간을 정하여 그 취소할 수 있는 행위를 추인할 것인지 여부의 확답을 촉구할 수 있다. 능력자로 된 사람이 그 기간 내에 확답을 발송하지 아니하면 그 행위를 추인한 것으로 본다.

② 제한능력자가 아직 능력자가 되지 못한 경우에는 그의 법정대리인에게 제1항의 촉구를 할 수 있고, 법정대리인이 그 정하여진 기간 내에 확답을 발송하지 아니한 경우에는 그 행위를 추인한 것으로 본다.

③ 특별한 절차가 필요한 행위는 그 정하여진 기간 내에 그 절차를 밟은 확답을 발송하지 아니하면 취소한 것으로 본다.

### 제16조【제한능력자의 상대방의 철회권과 거절권】

① 제한능력자가 맺은 계약은 추인이 있을 때까지 상대방이 그 의사표시를 철회할 수 있다. 다만, 상대방이 계약 당시에 제한능력자임을 알았을 경우에는 그러하지 아니하다.

② 제한능력자의 단독행위는 추인이 있을 때까지 상대방이 거절할 수 있다.

③ 제1항의 철회나 제2항의 거절의 의사표시는 제한능력자에게도 할 수 있다.

### 제140조【법률행위의 취소권자】

취소할 수 있는 법률행위는 제한능력자, 착오로 인하거나 사기·강박에 의하여 의사표시를 한 자, 그의 대리인 또는 승계인만이 취소할 수 있다.

### 제143조【추인의 방법, 효과】

① 취소할 수 있는 법률행위는 제140조에 규정한 자가 추인할 수 있고 추인 후에는 취소하지 못한다.

② 전조의 규정은 전항의 경우에 준용한다.

### 제144조【추인의 요건】

① 추인은 취소의 원인이 소멸된 후에 하여야만 효력이 있다.

② 제1항은 법정대리인 또는 후견인이 추인하는 경우에는 적용하지 아니한다.

### 제145조【법정추인】

취소할 수 있는 법률행위에 관하여 전조의 규정에 의하여 추인할 수 있는 후에 다음 각 호의 사유가 있으면 추인한 것으로 본다. 그러나 이의를 보류한 때에는 그러하지 아니하다.

1. 전부나 일부의 이행
2. 이행의 청구
3. 경개
4. 담보의 제공
5. 취소할 수 있는 행위로 취득한 권리의 전부나 일부의 양도
6. 강제집행

### 제146조【취소권의 소멸】

취소권은 추인할 수 있는 날부터 3년 내에, 법률행위를 한 날부터 10년 내에 행사하여야 한다.

✅ 개관

```
                        ┌─ ① 제143조: 추인
           ┌─ 일반적 보호방안 ─┼─ ② 제145조: 법정추인사실
           │                └─ ③ 제146조: 단기제척기간의 경과사실
           │
           │                ┌─ ① 제15조: 최고권
           ├─ 특유 보호방안 ──┼─ ② 제16조: 철회권·거절권
           │                └─ ③ 제17조: 속임수로 인한 취소권 배제
           │                        ┌─ 속임수(판례): 적극적으로 사기수단을 쓴 것!
           │                        │   단순히 자기가 능력자라 칭한 것(소극적 기망수단으로서
           │                        │   침묵이나 부작위)만으로는 ✕
           │                        ├─ 능력자로 믿게 하거나 법정대리인의 동의가 있는 것으로
           │                        │   믿게 할 것
           │                        └─ 그에 따라 상대방이 제한능력자와 법률행위를 하였을 것
           └─ 착오 또는 사기에 의한 취소(제109조, 제110조)
```

## 1) 확답촉구권 · 철회권 · 거절권 비교

| 구분 | 확답촉구권<br>(제15조) | 철회권<br>(제16조 제1항) | 거절권<br>(제16조 제2항) |
|---|---|---|---|
| 상대방 | 법정대리인 및 능력자로 된 자(능력자로 되기 전의 제한능력자에 대한 최고는 무효) | 법정대리인 및 제한능력자 본인에 대해서도 가능(제16조 제3항) | 법정대리인 및 제한능력자 본인에 대해서도 가능(제16조 제3항) |
| 상대방의 선의 요부 | 선의 不要(상대방이 계약 당시에 제한능력자임을 알고 있었어도 행사 가능) | 선의 要(상대방이 계약 당시에 제한능력자임을 알고 있었던 때에는 행사 불가)(제16조 제1항 단서) | 선의 不要(통설) |
| 방법 | 취소할 수 있는 행위 적시, 1개월 이상 유예기간을 정해서 하여야 한다(제15조 제1항). | 본인의 추인이 있을 때까지(본인의 추인이 있기 전) 할 수 있다. | 본인의 추인이 있을 때까지(본인의 추인이 있기 전) 할 수 있다. |
| 효과 | 1) 확답이 있는 경우<br>그 유예기간 내에 추인 또는 취소의 확답을 하면 그 의사표시대로 추인 또는 취소의 효과가 발생한다.<br>2) 확답이 없는 경우<br>⑴ 제한능력자가 능력자로 된 후: 추인한 것으로 본다(제15조 제1항).<br>⑵ 법정대리인에 대한 최고의 효과: 단독으로 추인할 수 있는 경우에 법정대리인이 최고기간 내에 아무런 확답을 발하지 않을 때에는 추인한 것으로 간주하고(제15조 제2항), 법정대리인이 단독으로 확답을 할 수 없고, 특별절차를 밟아야 하는 경우에는 취소한 것으로 간주한다(제15조 제3항). 여기서 특별한 절차란 후견감독인의 동의절차를 말한다(제950조 제1항 제1호부터 제6호). | 취소와 동일하게 계약의 소급적 소멸효과 발생 | 상대방이 있는 단독행위(⑩ 채무면제)의 소급적 소멸효과 발생 |

✅ **의사표시의 최고에 대하여 상대방 침묵의 법적 효과**

1) 제한능력자의 상대방은 제한능력자가 능력자가 된 후에 1개월 이상의 기간을 정하여 그 취소할 수 있는 행위의 추인 여부의 확답을 최고한 경우에, 능력자로 된 자가 그 기간 내에 확답을 발송하지 아니한 때에는 그 행위를 추인한 것으로 본다(제15조 제1항).
2) 대리권 없는 자가 타인의 대리인으로 계약을 한 경우에 상대방은 상당한 기간을 정하여 본인에게 그 추인 여부의 확답을 최고하였음에도, 본인이 그 기간 내에 확답을 발송하지 아니한 때에는 추인을 거절한 것으로 본다(제131조).

## 2) 제한능력자의 속임수(사술) – 취소권의 배제

**제17조【제한능력자의 속임수】**
① 제한능력자가 속임수로써 자기를 능력자로 믿게 한 경우에는 그 행위를 취소할 수 없다.
② 미성년자나 피한정후견인이 속임수로써 법정대리인의 동의가 있는 것으로 믿게 한 경우에도 제1항과 같다.

### (1) 의의

제한능력자 자신이 ① 상대방으로 하여금 자기가 능력자임을 오신케 하거나, ② 법정대리인의 동의가 있는 것으로 오신케 하기 위하여 속임수를 쓴 경우에는 제한능력자의 취소권이 배제된다(제17조).

### (2) 요건

① 제1항의 경우는 모든 제한능력자가 포함되지만, 제2항의 경우에는 피성년후견인은 제외된다. 피성년후견인의 법률행위는 원칙적으로 취소할 수 있으므로(제10조 제1항), 그가 속임수로써 법정대리인의 동의가 있는 것으로 믿게 한 경우라도 제17조 제2항은 적용되지 않고 그 행위를 취소할 수 있다.

② 민법 제17조에서 이른바 속임수를 쓴 것이라 함은 적극적으로 사기수단을 쓴 것을 말하는 것이고 단순히 자기가 능력자라 사언함은 속임수(사술)를 쓴 것이라고 할 수 없다(대판 1971.12.14, 71다2045). 즉 적극적 기망수단을 쓴 것을 의미하므로, '성년자로 군대에 갔다 왔다'고 말하거나, '자기가 사장이라고 말한 것'만 가지고는 속임수를 쓴 것으로 보지 않는다.

③ 미성년자와 계약을 체결한 상대방이 미성년자의 취소권을 배제하기 위하여 본조 소정의 미성년자가 속임수를 썼다고 주장하는 때에는 그 주장자인 상대방 측에 그에 대한 입증책임이 있다(대판 1971.12.14, 71다2045).

### (3) 효과

제한능력자 본인은 물론이고 그 법정대리인이나 기타의 취소권자는 제한능력을 이유로 그 행위를 취소하지 못한다. 또한 상대방은 사기를 이유로 자신의 의사표시를 취소할 수 있고(제110조), 불법행위를 이유로 손해배상을 청구할 수도 있다(제750조).

## 제2관 주소

**제18조 【주소】**
① 생활의 근거가 되는 곳을 주소로 한다.
② 주소는 동시에 두 곳 이상 있을 수 있다.

**제19조 【거소】**
주소를 알 수 없으면 거소를 주소로 본다.

**제20조 【거소】**
국내에 주소 없는 자에 대하여는 국내에 있는 거소를 주소로 본다.

**제21조 【가주소】**
어느 행위에 있어서 가주소를 정한 때에는 그 행위에 관하여는 이를 주소로 본다.

## 1. 주소

생활의 근거가 되는 곳을 주소로 한다(실질주의, 제18조 제1항). 주소는 동시에 두 곳 이상 있을 수 있다(복수주의, 제18조 제2항). 주소의 설정 또는 변경에 관하여 정주(定住)의 사실만 있으면 되며, 정주의 의사는 요하지 않는다(객관주의).

## 2. 거소

거소란 사람이 상당한 기간 계속하여 거주하는 장소로서, 그 장소와의 밀접성이 주소만 못한 것을 말한다(병의 치료를 위하여 일시적으로 체류하는 요양지).
주소를 알 수 없으면 거소를 주소로 본다(제19조). 국내에 주소 없는 자에 대하여는 국내에 있는 거소를 주소로 본다(제20조).

## 3. 가주소

가주소는 생활의 실질과는 무관하며, 어느 행위에 있어서 가주소를 정한 때에는 그 특정행위 (해당 거래관계)에 관하여만 가주소를 주소로 본다(제21조).

가주소는 당사자의 의사에 의하여 설정되는 것이므로 제한능력자는 독자적으로 가주소를 설정할 수 없다.

## 4. 주소의 효과

민법 기타의 법률에 의하여 주소는 부재 및 실종의 표준(제22조, 제27조), 변제장소를 정하는 표준(제467조), 상속개시지(제998조), 재판관할의 표준(민사소송법 제3조 등) 등이 된다.

### 제3관 부재와 실종

사람이 그의 주소를 떠나 당분간 돌아올 가망이 없는 경우에 그 자의 재산을 관리하고 잔존배우자나 상속인 등의 이해관계인을 보호할 수 있는 조치가 필요하다. 이에 우리 민법은 1차적으로 부재자 재산관리제도와 2차적으로 실종선고제도를 둠으로써 2단계의 조치를 취하고 있다.

### I 부재자의 재산관리

**제22조 【부재자의 재산의 관리】**
① 종래의 주소나 거소를 떠난 자가 재산관리인을 정하지 아니한 때에는 법원은 이해관계인이나 검사의 청구에 의하여 재산관리에 관하여 필요한 처분을 명하여야 한다. 본인의 부재중 재산관리인의 권한이 소멸한 때에도 같다.
② 본인이 그 후에 재산관리인을 정한 때에는 법원은 본인, 재산관리인, 이해관계인 또는 검사의 청구에 의하여 전항의 명령을 취소하여야 한다.

**제23조 【관리인의 개임】**
부재자가 재산관리인을 정한 경우에 부재자의 생사가 분명하지 아니한 때에는 법원은 재산관리인, 이해관계인 또는 검사의 청구에 의하여 재산관리인을 개임할 수 있다.

**제24조【관리인의 직무】**
① 법원이 선임한 재산관리인은 관리할 재산목록을 작성하여야 한다.
② 법원은 그 선임한 재산관리인에 대하여 부재자의 재산을 보존하기 위하여 필요한 처분을 명할 수 있다.
③ 부재자의 생사가 분명하지 아니한 경우에 이해관계인이나 검사의 청구가 있는 때에는 법원은 부재자가 정한 재산관리인에게 전2항의 처분을 명할 수 있다.
④ 전3항의 경우에 그 비용은 부재자의 재산으로써 지급한다.

**제25조【관리인의 권한】**
법원이 선임한 재산관리인이 제118조에 규정한 권한을 넘는 행위를 함에는 법원의 허가를 얻어야 한다. 부재자의 생사가 분명하지 아니한 경우에 부재자가 정한 재산관리인이 권한을 넘는 행위를 할 때에도 같다.

**제26조【관리인의 담보제공, 보수】**
① 법원은 그 선임한 재산관리인으로 하여금 재산의 관리 및 반환에 관하여 상당한 담보를 제공하게 할 수 있다.
② 법원은 그 선임한 재산관리인에 대하여 부재자의 재산으로 상당한 보수를 지급할 수 있다.
③ 전2항의 규정은 부재자의 생사가 분명하지 아니한 경우에 부재자가 정한 재산관리인에 준용한다.

## 1. 부재자의 개념

부재자란 종래의 주소나 거소를 떠나 당분간 돌아올 가망이 없는 자로서 그의 재산을 관리할 필요가 있는 자를 말한다. 이러한 부재자는 자연인에 한하여 인정되며, 법인은 부재자가 될 수 없다(대결 1965.2.9, 64스9).

## 2. 부재자 자신이 재산관리인을 두지 않은 경우

### 1) 법원의 조치

(1) 이해관계인, 검사의 청구에 의하여 가정법원은 재산관리에 관한 필요한 처분을 명한다.

(2) 여기서 이해관계인이란 ① 부재자의 재산의 보전에 관하여 **법률상** 이해관계를 가지는 자를 말하며(⑩ 상속인, 배우자, 채권자, 보증인 등) 사실상 이해관계를 가진 자(⑩ 사실혼배우자, 친구)는 포함되지 않는다. ② 또한 자가 부재자인 경우 친권자는 자의 재산을 관리할 권한이 있으므로 청구권자에 포함되지 않는다.

## 2) 재산관리인의 지위

(1) 일종의 법정대리인에 해당하고, 재산관리인의 권한은 법원의 명령에 의해 정해지지만, 그 정함이 없는 경우에는 제118조에서 정한 관리행위(보존·이용·개량 행위)만을 할 수 있는 것이 원칙이다. 따라서 그 범위를 넘어 처분행위(⑩ 재산의 매각·담보제공 등의 행위)를 한 경우에는 법원의 허가를 받아야 한다. 만일 이를 위반한 경우에는 무권대리행위로서 원칙적으로 무효이다. 다만 기왕의 처분행위에 대한 추인으로서 법원의 허가를 받으면 유효하다.

(2) 한편 허가를 받았으나 그러한 처분행위가 부재자 본인을 위한 것이 아닌 경우에 대해서 판례는 무권대리행위로 취급한다.

(3) 선임된 관리인은 수임인에 준하는 지위를 가지므로, 선임관재인은 선관주의로서 사무를 처리해야 한다(제681조).

(4) 선임된 재산관리인은 언제든지 사임할 수 있고, 법원도 언제든지 개임할 수 있다(대판 1961. 1.25, 4293민재항349).

---

**판례연구** ⁺ **관련판례 정리**

### 1. 허가의 방법

[1] 허가받은 재산에 대한 장래의 처분행위뿐 아니라 기왕의 처분행위를 추인하는 방법으로도 할 수 있다. 따라서 관리인이 허가없이 부재자 소유 부동산을 매각한 경우라도 사후에 법원의 허가를 얻어 이전등기절차를 경료케 하였다면 추인에 의하여 유효한 처분행위로 된다(대판 1982.9.14, 80다3063; 대판 1982. 12.14, 80다1872).

[2] 부재자 재산관리인의 부재자 소유 부동산에 대한 매매계약에 관하여 법원의 허가를 받지 아니하였다는 이유로 소유권이전등기청구소송의 패소판결이 확정된 후 그 권한초과행위에 대하여 법원의 허가를 받게 되면 다시 그 매매계약에 기한 소유권이전등기청구의 소를 제기할 수 있다. 또한 부재자 재산관리인이 권한을 초과하여 체결한 부동산 매매계약에 관하여 허가신청절차를 이행하기로 약정하고도 이를 이행하지 않는 경우, 상대방은 부재자 재산관리인을 상대로 허가신청절차의 이행을 소구할 수 있다(대판 2002.1.11, 2001다41971).

### 2. 선임재산관리인의 권한 범위

[1] 부재자의 재산에 대한 임대료 청구 또는 불법행위로 인한 손해배상청구는 허가를 요하지 않는다(대판 1957.10.14, 4290민재항104).

[2] 부동산소유권이전등기말소등기절차이행청구나 인도청구는 보존행위에 불과하므로 법원의 허가 없이 할 수 있다(대판 1964.7.23, 64다108).

[3] 부재자재산관리인이 부재자를 위한 소송비용 때문에 피고로부터 돈을 차용하고 그 돈을 임대보증금으로 하여 본건 임야를 골프장을 하는 피고에게 임대하였다면 이는 성질을 변하지 아니한 이용 또는 개량행위로서 법원의 허가를 요하지 않는다(대판 1980.11.11, 79다2164).

### 3. 허가취소, 선임결정취소의 효과 – 비소급효(장래효)

[1] 법원의 허가를 얻어 권한초과행위를 한 후에는 그 허가결정이 취소되더라도 소급효가 없으며, 취소 전의 처분행위는 유효하다(대판 1960.2.4, 4291민상636).

[2] 법원에 의하여 부재자재산관리인으로 선임된 자는 그 부재자의 사망이 확인된 후라 할지라도 위 선임결정이 취소되지 않는 한 관리인으로서의 권한이 소멸하지 않고(대판 1971.3.23, 71다189; 대판 1991. 11.26, 91다11810), 부재자 재산관리인으로서 권한초과 행위의 허가를 받고 그 선임결정이 취소되기 전에 위 권한에 의하여 이루어진 행위는 부재자에 대한 실종선고기간이 만료된 뒤에 이루어졌다고 하더라도 유효하다(대판 1981.7.28, 80다2668).

[3] 법정절차에 의하여 재산관리인 선임결정이 취소되지 않는 한 선임된 부재자재산관리인의 권한이 당연히는 소멸되지 아니하고 또 위 결정 이후에 취소된 경우에도 그 취소의 효력은 장래에 향하여서만 생기는 것이며 그간의 부재자재산관리인의 적법한 권한행사의 효과는 이미 사망한 그 부재자의 재산상속인에게 미친다 할 것이다(대판 1970.1.27, 69다719).

### 4. 허가받은 처분행위의 한계

[1] 법원의 허가가 있었더라도 그 처분은 부재자의 이익을 위한 것에 한정되고, 부재자의 이익을 위한 정당한 관리행위가 아닌 때에는 그 권한범위를 일탈한 것으로서 무권대리로 되고 표현대리가 성립하지 않는 한 본인에 대하여 효력이 없다.

[2] 따라서 관리인이 법원의 매각처분허가를 얻었더라도 부재자와 아무 관계없는 남의 채무의 담보를 위하여 부재자 재산에 근저당권을 설정한 때에는 달리 그 권한이 있다고 믿음에 정당한 이유가 없는 한 상대방은 선의, 무과실이라 볼 수 없고 본인은 책임이 없다(대결 1976.12.21, 75마551; 대판 1977.11.8, 77다1159).

## 3. 부재자 자신이 재산관리인을 둔 경우

**1)** 그 재산관리인은 부재자의 수임인으로서 임의대리인이므로, 대리권의 범위는 당사자의 약정에 의하여 정해진다. 따라서 부재자가 재산관리인을 선임하면서 처분권까지 부여하였다면, 부재자 재산관리인의 처분행위에는 법원의 허가를 받을 필요가 없다. 다만 그러한 약정이 없으면 민법 제118조가 적용된다.

**판례**

부재자 스스로 위임한 재산관리인이 있는 경우에는, 그 재산관리인의 권한은 그 위임의 내용에 따라 결정될 것이며 그 위임관리인에게 재산처분권까지 위임된 경우에는 그 재산관리인이 그 재산을 처분함에 있어 법원의 허가를 요하는 것은 아니라 할 것이므로 재산관리인이 법원의 허가 없이 부동산을 처분하는 행위를 무효라고 할 수 없다(대판 1973.7.24, 72다2136).

**2)** 법원은 원칙적으로 이에 간섭하지 않는다. 다만 ① 재산관리권이 본인부재 중 소멸한 때(제22조 제1항 후단) 또는 ② 부재자의 생사가 분명하지 않게 된 때(제23조, 제24조, 제25조)에는 예외적으로 법원이 개입·간섭한다.

## Ⅱ 실종선고

### 1. 의의

실종선고란 부재자의 생사불명의 상태가 일정기간 계속되고 있는 경우 가정법원의 선고에 의해 사망한 것으로 간주함으로써, 종래의 주소·거소를 중심으로 하는 법률관계를 확정하는 제도를 말한다.

### 2. 실종선고의 요건

> **제27조【실종의 선고】**
> ① 부재자의 생사가 5년간 분명하지 아니한 때에는 법원은 이해관계인이나 검사의 청구에 의하여 실종선고를 하여야 한다.
> ② 전지에 임한 자, 침몰한 선박 중에 있던 자, 추락한 항공기 중에 있던 자 기타 사망의 원인이 될 위난을 당한 자의 생사가 전쟁종지 후 또는 선박의 침몰, 항공기의 추락 기타 위난이 종료한 후 1년간 분명하지 아니한 때에도 제1항과 같다.

#### 1) 부재자의 생사 불분명

생사불명이란 생존 또는 사망에 대한 증명을 할 수 없는 상태이므로 가족관계등록부(과거의 호적부)에 사망한 것으로 기재된 자에 대하여는 특단의 사정이 없는 한 실종선고를 청구할 수 없다.

**판례**

호적부(현 가족관계등록부)의 기재사항은 이를 번복할 만한 명백한 반증이 없는 한 진실에 부합하는 것으로 추정되고, 특히 호적부의 사망기재는 쉽게 번복할 수 있게 해서는 안 되며, 그 기재내용을 뒤집기 위해서는 사망신고 당시에 첨부된 서류들이 위조 또는 허위조작된 문서임이 증명되거나 신고인이 공정증서원본불실기재죄로 처단되었거나 또는 사망으로 기재된 본인이 현재 생존해 있다는 사실이 증명되고 있을 때, 또는 이에 준하는 사유가 있을 때 등에 한해서 호적상의 사망기재의 추정력을 뒤집을 수 있을 뿐이고, 그러한 정도에 미치지 못한 경우에는 그 추정력을 깰 수 없다 할 것이므로, 호적상 이미 사망한 것으로 기재되어 있는 자는 그 호적상 사망기재의 추정력을 뒤집을 수 있는 자료가 없는 한 그 생사가 불분명한 자라고 볼 수 없어 실종선고를 할 수 없다(대판 1997.11.27, 97스4).

#### 2) 실종기간의 경과

생사불명이 일정기간 계속되어야 한다. 민법은 보통실종기간으로 5년, 특별실종기간으로 1년을 규정하고 있다.

### 3) 이해관계인 등의 청구

(1) 실종선고의 청구권자로서 이해관계인이란 부재자의 사망으로 직접적으로 신분상 또는 경제상의 권리를 취득하거나 의무를 면하게 되는 자만을 뜻한다( → 배우자, 상속인, 법정대리인, 재산관리인 등을 의미한다는 점에서 부재자재산관리를 청구할 수 있는 이해관계인의 범위와 다름을 유의한다).

(2) 부재자의 자매로서 제2순위 내지 제3순위 상속인에 불과한 자는 부재자에 대한 실종선고의 여부에 따라 상속지분에 차이가 생긴다고 하더라도 위 부재자의 사망 간주시기에 따른 간접적인 영향에 불과하고 부재자의 실종선고 자체를 원인으로 한 직접적인 결과는 아니므로 부재자에 대한 실종선고를 청구할 이해관계인이 될 수 없다. 판례도 마찬가지의 입장이다(대결 1992.4.14, 92스4).

(3) **법률상·직접적 이해관계인을 의미**하므로 부재자의 상속인의 내연의 처로부터 재산을 매수한 자는 실종선고를 청구할 수 있는 이해관계인이 아니다.

### 4) 절차상 요건

실종선고를 할 때에는 6개월 이상의 공시최고가 반드시 필요하나, 실종선고 취소를 할 때에는 공시최고를 요하지 아니한다.

## 3. 실종선고의 효과 – 사망의제(간주)

> **제28조【실종선고의 효과】**
> 실종선고를 받은 자는 전조의 기간이 만료한 때에 사망한 것으로 **본다.**

1) 사망한 것으로 추정하는 것이 아니라는 점에서 인정사망과 다르고, 사망한 것으로 간주되므로 생존사실 등 기타의 반증을 하여도 실종선고의 효력을 다툴 수 없으며, 오직 실종선고를 취소하여야만 사망의 효과를 뒤집을 수 있다.

**판례**

민법 제28조는 "실종선고를 받은 자는 민법 제27조 제1항 소정의 생사불명기간이 만료된 때에 사망한 것으로 본다"고 규정하고 있으므로 실종선고가 취소되지 않는 한 반증을 들어 실종선고의 효과를 다툴 수는 없다 (대판 1995.2.17, 94다52751).

2) 실종선고는 종래의 주소와 거소를 중심으로 한 사법상의 법률관계에 관하여만 사망한 것으로 간주할 뿐 권리능력을 박탈하는 제도는 아니다. 따라서 선거권 등 공법상의 법률관계에는 영향을 미치지 않는다.

3) 부재자의 생사가 분명하지 아니한 경우, 부재자는 법원의 실종선고가 없는 한 사망자로 간주되지 아니하며, 부재자의 재산관리인이 부재자의 대리인으로서 소를 제기하여 그 소송계속 중에 부재자에 대한 실종선고가 확정되어 그 소 제기 이전에 부재자가 사망한 것으로 간주되는 경우에도, 실종선고의 효력이 발생하기 전에는 실종기간이 만료된 실종자라 하여도 소송상 당사자능력을 상실하는 것은 아니므로, 실종선고가 확정된 때에 소송절차가 중단되어 부재자의 상속인 등이 이를 수계할 수 있을 뿐이고, 위 소 제기 자체가 소급하여 당사자능력이 없는 사망한 자가 제기한 것으로 되는 것은 아니다(대판 2008.6.26, 2007다11057). 또한 실종자를 당사자로 한 판결이 확정된 후에 실종선고가 확정되어 그 사망간주의 시점이 소 제기 전으로 소급하는 경우에도 위 판결 자체가 소급하여 당사자능력이 없는 사망한 사람을 상대로 한 판결로서 무효가 된다고는 볼 수 없다(대판 1992.7.14, 92다2455).

4) 부재자가 실종선고를 받은 경우에 실종자는 그가 사망한 것으로 간주되는 시기까지 생존한 것으로 간주된다는 것이 판례이다(대판 1977.3.22, 77다81 · 82).

5) 사망한 것으로 간주된 자가 그 이전에 생사불명의 부재자로서 그 재산관리에 관하여 법원으로부터 재산관리인이 선임되어 있었다면 재산관리인은 그 부재자의 사망을 확인했다고 하더라도 선임결정이 취소되지 아니하는 한 계속하여 권한을 행사할 수 있다 할 것이므로 재산관리인에 대한 선임결정이 취소되기 전에 재산관리인의 처분행위에 기하여 경료된 등기는 법원의 처분허가 등 모든 절차를 거쳐 적법하게 경료된 것으로 추정된다(대판 1991.11.26, 91다11810).

6) 실종선고를 받은 자는 실종기간이 만료한 때에 사망한 것으로 간주되는 것이므로, 실종선고로 인하여 실종기간 만료시를 기준으로 하여 상속이 개시된 이상 설사 이후 실종선고가 취소되어야 할 사유가 생겼다고 하더라도 실제로 실종선고가 취소되지 아니하는 한, 임의로 실종기간이 만료하여 사망한 때로 간주되는 시점과는 달리 사망시점을 정하여 이미 개시된 상속을 부정하고 이와 다른 상속관계를 인정할 수는 없다(대판 1994.9.27, 94다21542).

7) 피상속인의 사망 후에 실종선고가 이루어졌으나 피상속인의 사망 이전에 실종기간이 만료된 경우, 실종선고된 자는 재산상속인이 될 수 없다(대판 1982.9.14, 82다144).

> **판례**⁺
>
> **실종선고 – 동일인에 대하여 2차례의 실종선고가 있는 경우, 상속관계의 판단 기준 시점**
>
> 실종자에 대하여 1950.7.30. 이후 5년간 생사불명을 원인으로 이미 1988.11.26. 실종선고가 되어 확정되었는데도, 그 이후 타인의 청구에 의하여 1992.12.28. 새로이 확정된 실종신고를 기초로 상속관계를 판단한 것은 잘못이다(대판 1995.12.22, 95다12736).

## 4. 실종선고의 취소

> **제29조 【실종선고의 취소】**
> ① 실종자의 생존한 사실 또는 전조의 규정과 상이한 때에 사망한 사실의 증명이 있으면 법원은 본인, 이해관계인 또는 검사의 청구에 의하여 실종선고를 취소하여야 한다. 그러나 **실종선고 후 그 취소 전에 선의로 한 행위의 효력에 영향을 미치지 아니한다.**
> ② 실종선고의 취소가 있을 때에 실종의 선고를 직접원인으로 하여 재산을 취득한 자가 선의인 경우에는 그 받은 이익이 현존하는 한도에서 반환할 의무가 있고 악의인 경우에는 그 받은 이익에 이자를 붙여서 반환하고 손해가 있으면 이를 배상하여야 한다.

### 1) 요건 및 절차

### (1) 요건

① 실질적 요건으로 실종자가 생존한 사실 또는 실종기간이 만료한 때와 다른 때에 사망한 사실(제29조 제1항), 실종기간의 기산점 이후의 어떤 시점에 생존하고 있었던 사실이 증명되어야 한다.

② 형식적 요건으로 본인·이해관계인 또는 검사의 청구가 있어야 한다(제29조 제1항).

### (2) 절차

실종선고의 취소는 본인 주소지의 가정법원의 전속관할에 속한다(가사소송법 제44조). 그 취소 절차에는 실종선고의 경우와는 달리 공시최고 절차는 필요하지 않다. 취소의 요건을 갖추면 법원은 반드시 실종선고를 취소하여야 한다(제29조 제1항).

### 2) 효과

### (1) 원칙 – 소급 무효

실종선고가 취소되면 처음부터 실종선고가 없었던 것으로 되어 실종선고로 인하여 발생한 법률관계는 원칙적으로 소급하여 무효가 된다.

## (2) 예외

### 가) 실종선고 후 그 취소 전에 선의로 한 행위의 효력(제29조 제1항 단서)

실종선고 후 그 취소 전에 선의로 한 행위의 효력에 영향을 미치지 아니한다. 동조는 실종선고 전에 한 행위 또는 실종선고 취소 후에 한 행위에는 적용이 없으므로, 선의인 경우라도 소급하여 무효가 된다.

### 나) 실종선고를 직접원인으로 재산을 취득한 자(상속인·수유자·생명보험금의 수익자)의 반환의무 (제29조 제2항)

반환의무의 성질은 부당이득의 반환이고, 따라서 반환청구권은 실종선고 취소시부터 10년의 소멸시효에 걸린다. 반환범위도 부당이득에 있어서와 같다(⋯⃗ 선의 - 현존이익 / 악의 - 받은 이익에 이자 + 손해).

### 다) 양자의 관계

선택적 관계이다. 따라서 실종선고의 취소를 받은 실종자는 제29조 제1항 단서에 의해서 전득자에게 반환청구를 하든지, 아니면 직접수익자에게 제29조 제2항에 의한 부당이득반환청구를 해야 한다. 다만 쌍방이 선의이기 때문에 제29조 제1항 단서에 의해서 전득자에 대하여 반환을 청구할 수 없는 때에는 제29조 제2항에 의해서 직접수익자에 대해서만 반환을 청구할 수 있다.

## (3) 타 제도와의 관계

예외요건에 해당하지 않아 소급적으로 소멸되더라도 재산취득자에게 취득시효·선의취득·첨부 등과 같은 별개의 권리취득사유가 있으면 실종선고의 취소에 의한 영향을 받지 않고, 별개의 취득사유에 따라 권리를 취득할 수 있다.

## 03 법인

### 제1관 총설

### Ⅰ 법인제도

#### 1. 법인의 의의

법인이라 함은 법률에 의하여 권리능력(법인격)이 인정된 사단 또는 재단을 말한다. 즉 일정한 목적 하에 결합된 사람의 조직체로서 권리능력이 부여된 사단법인과 일정한 목적을 위해 바쳐진 재산의 집합에 권리능력이 부여된 재단법인이 있다.

#### 2. 법인격 부인론

#### 1) 의의 및 근거

법인격 부인론이란 회사가 외형상으로는 법인의 형식을 갖추고 있으나 이는 법인의 형태를 빌리고 있는 것에 지나지 아니하고 그 실질에 있어서는 완전히 그 법인격의 배후에 있는 타인의 개인기업에 불과(= 법인의 형해화)하거나 그것이 배후자에 대한 법률적용을 회피하기 위한 수단으로 함부로 쓰여진 경우(= 법인격의 남용), 이를 규제하기 위해 특정사안에 있어서만 법인격을 일시적·잠정적으로 부인하여 회사는 물론 그 배후자인 타인에 대하여도 회사의 행위에 관한 책임을 인정하기 위한 이론이다. 이렇게 해석함이 신의칙에 합당하다.

#### 2) 효과

#### (1) 채무이행의 청구

기존회사가 채무를 면탈할 목적으로 기업의 형태·내용이 실질적으로 동일한 신설회사를 설립하였다면, 기존회사의 채권자에 대하여 위 두 회사가 별개의 법인격을 갖고 있음을 주장하는 것은 신의성실의 원칙상 허용될 수 없다 할 것이어서, 기존회사의 채권자는 위 두 회사 어느 쪽에 대하여서도 채무의 이행을 청구할 수 있다(대판 2004.11.12, 2002다66892).

## (2) 기판력 및 집행력의 확장 여부

甲회사와 乙회사가 기업의 형태·내용이 실질적으로 동일하고, 甲회사는 乙회사의 채무를 면탈할 목적으로 설립된 것으로서 甲회사가 乙회사의 채권자에 대하여 乙회사와는 별개의 법인격을 가지는 회사라는 주장을 하는 것이 신의성실의 원칙에 반하거나 법인격을 남용하는 것으로 인정되는 경우에도, 권리관계의 공권적인 확정 및 그 신속·확실한 실현을 도모하기 위하여 절차의 명확·안정을 중시하는 소송절차 및 강제집행절차에 있어서는 그 절차의 성격상 乙회사에 대한 판결의 기판력 및 집행력의 범위를 甲회사에까지 확장하는 것은 허용되지 않는다(대판 1995.5.12, 93다44531).

## Ⅱ 법인의 종류

### 1. 사단법인과 재단법인

사단법인은 일정한 목적을 위해 결합된 사람의 단체(사단)를 그 실체로 하는 법인이고, 재단법인은 일정한 목적에 바쳐진 재산(재단)이 그 실체를 이루는 법인이다.

### 2. 영리법인과 비영리법인

> **제39조【영리법인】**
> ① 영리를 목적으로 하는 사단은 상사회사설립의 조건에 좇아 이를 법인으로 할 수 있다.
> ② 전항의 사단법인에는 모두 상사회사에 관한 규정을 준용한다.

영리법인이라 함은 오로지 구성원의 경제적 이익을 기하고, 종국적으로는 법인의 이익을 이익배당 기타 어떠한 방법으로든지 구성원 개인에게 분배하여 경제적 이익을 주는 것을 목적으로 하는 법인을 말한다. 따라서 구성원의 개념이 없는 재단법인은 비영리법인일 수밖에 없다. 이에 반하여 학술·종교·자선 등 영리 아닌 사업을 목적으로 하는 사단법인 또는 재단법인을 비영리법인이라 한다.

## 제2관 법인의 설립

### Ⅰ 법인의 성립

> **제31조【법인성립의 준칙】**
> 법인은 법률의 규정에 의함이 아니면 성립하지 못한다. → 법인설립에 관한 자유설립주의의 배제

### Ⅱ 비영리사단법인의 설립과정

> **제32조【비영리법인의 설립과 허가】**
> 학술, 종교, 자선, 기예, 사교 기타 영리 아닌 사업을 목적으로 하는 사단 또는 재단은 주무관청의 허가를 얻어 이를 법인으로 할 수 있다. → 법인설립에 관해 비영리법인의 경우 허가주의를 채택
>
> **제33조【법인설립의 등기】**
> 법인은 그 주된 사무소의 소재지에서 설립등기를 함으로써 성립한다. → 등기사항은 제49조 제2항에 규정되어 있다.

### 1. 목적의 비영리성

구성원의 경제적 이익을 추구하고 종국적으로 수익이 구성원들에게 분배되는 것이 아닌 사업을 목적으로 하여야 한다. 그러나 필요한 범위에서 본질에 반하지 않는 정도의 영리행위를 하는 것은 무방하다(다만 그렇더라도 어떠한 형식으로든 구성원에게 이익을 분배해서는 안 된다).

### 2. 설립행위

### 1) 의의 및 정관의 성질

사단법인에서의 설립행위의 법적 성질은 합동행위로 보는 것이 통설이다. 설립행위로 작성되는 정관 즉 사단법인의 정관의 법적성질은 계약이 아니라 자치법규로 이해된다. 따라서 어디까지나 객관적인 기준에 따라 그 규범적인 의미와 내용을 확정하는 법규해석의 방법으로 해석되어야 하는 것이지, 작성자의 주관이나 사원의 다수결 방식(사원총회의 결의)에 의한 방법으로 자의적으로 해석될 수 없다(대판 2000.11.24, 99다12437).

## 2) 정관기재사항

**제40조 【사단법인의 정관】**
사단법인의 설립자는 다음 각 호의 사항을 기재한 정관을 작성하여 기명날인하여야 한다.
  1. 목적
  2. 명칭
  3. 사무소의 소재지
  4. 자산에 관한 규정
  5. 이사의 임면에 관한 규정
  6. 사원자격의 득실에 관한 규정
  7. 존립시기나 해산사유를 정하는 때에는 그 시기 또는 사유

⑴ 그러나 재단법인의 정관의 필요적 기재사항은 본조 제1호부터 제5호까지이다(제43조).

⑵ 재단법인은 사단법인과 달리 그 중 명칭, 사무소 소재지, 이사의 임면규정이 흠결된 경우에는 이해관계인 또는 검사의 청구에 의하여 법원에서 보충하는 규정이 인정된다(제44조).

## 3. 주무관청의 허가

비영리법인의 성립요건으로 주무관청의 허가를 요건으로 하고 있다. 이는 제45조, 제46조에 있어 정관변경에 관한 주무관청의 허가가 인가적 성격이 있는 것과 달리 자유재량행위이므로 설립허가를 해주지 않은 주무관청의 불허가 처분을 행정법원에 다툴 수 없다.

**판례**

민법은 제31조에서 "법인은 법률의 규정에 의함이 아니면 성립하지 못한다"고 규정하여 법인의 자유설립을 부정하고 있고, 제32조에서 "학술, 종교, 자선, 기예, 사교 기타 영리 아닌 사업을 목적으로 하는 사단 또는 재단은 주무관청의 허가를 얻어 이를 법인으로 할 수 있다"고 규정하여 비영리법인의 설립에 관하여 허가 주의를 채용하고 있으며, 현행 법령상 비영리법인의 설립허가에 관한 구체적인 기준이 정하여져 있지 아니하므로, 비영리법인의 설립허가를 할 것인지 여부는 주무관청의 정책적 판단에 따른 재량에 맡겨져 있다(대판 1996.9.10, 95누18437).

## 4. 설립등기

주된 사무소의 소재지에서 설립등기를 하여야 하며, 설립등기를 함으로써 법인은 성립한다(제33조).

## Ⅲ 비영리재단법인의 설립과정

**제43조【재단법인의 정관】**
재단법인의 설립자는 일정한 재산을 출연하고 제40조 제1호부터 제5호의 사항을 기재한 정관을 작성하여 기명날인하여야 한다.

**제44조【재단법인의 정관의 보충】**
재단법인의 설립자가 그 명칭, 사무소 소재지 또는 이사임면의 방법을 정하지 아니하고 사망한 때에는 이해관계인 또는 검사의 청구에 의하여 법원이 이를 정한다. ···→ 사단법인의 경우에는 정관의 보충에 관한 규정이 없다.

**제47조【증여, 유증에 관한 규정의 준용】**
① 생전처분으로 재단법인을 설립하는 때에는 증여에 관한 규정을 준용한다.
② 유언으로 재단법인을 설립하는 때에는 유증에 관한 규정을 준용한다.

**제48조【출연재산의 귀속시기】**
① 생전처분으로 재단법인을 설립하는 때에는 출연재산은 법인이 성립된 때로부터 법인의 재산이 된다.
② 유언으로 재단법인을 설립하는 때에는 출연재산은 유언의 효력이 발생한 때(···→ 유언자의 사망시)로부터 법인에 귀속한 것으로 본다.

**제186조【부동산물권변동의 효력】**
부동산에 관한 법률행위로 인한 물권의 득실변경은 등기하여야 그 효력이 생긴다.

**제187조【등기를 요하지 아니하는 부동산물권취득】**
상속, 공용징수, 판결, 경매 기타 법률의 규정에 의한 부동산에 관한 물권의 취득은 등기를 요하지 아니한다. 그러나 등기를 하지 아니하면 이를 처분하지 못한다.

재단법인의 설립과정을 보면, ① 목적의 비영리성, ② 설립행위, ③ 주무관청의 허가, ④ 설립등기로 구분할 수 있다. 이 중 특히 설립행위의 면에서 사단법인과 차이가 있다.

## 1. 설립행위의 개념과 성질

**1)** 재단법인의 설립행위는 '재산의 출연과 정관의 작성'으로 이루어져 있다. 이러한 **재단법인의 설립행위**는 재단에 법인격취득의 효과를 발생시키려는 의사표시를 요소로 하는 '**상대방 없는 단독행위**'에 해당한다(대판 1999.7.9, 98다9045).

**2)** 재단법인 설립을 위해 서면에 의한 출연을 한 경우, 민법총칙규정에 따라 출연자가 착오에 기한 의사표시라는 이유로 출연의 의사표시를 취소할 수 있고, 상대방 없는 단독행위인 재단법인에 대한 출연행위라고 하여 달리 볼 것은 아니다. 나아가 재단법인에 대한 출연자와 법인과의 관계에 있어서 그 출연행위에 터잡아 법인이 성립되면 그로써 출연재산은 민법 제48조에 의하여 법인성립시에 법인에게 귀속되어 법인의 재산이 되는 것이고, 출연재산이 부동산인 경우에 있어서도 위 양 당사자 간의 관계에 있어서는 법인의 성립 외에 등기를 필요로 하는 것은 아니라 할지라도, 재단법인의 출연자가 착오를 원인으로 취소를 한 경우에는 출연자는 재단법인의 성립 여부나 출연된 재산의 기본재산인 여부와 관계없이 그 의사표시를 취소할 수 있다(대판 1999.7.9, 98다9045).

## 2. 재산의 출연

### 1) 출연재산의 종류

출연재산의 종류에는 법률상 아무런 제한이 없다. 따라서 부동산, 동산의 소유권뿐만 아니라 각종 물권과 채권 등이 모두 출연재산이 될 수 있다.

> **판례**
>
> **재단법인 설립과정에서 그 출연자들이 장래 설립될 재단법인의 기본재산으로 귀속될 부동산에 관하여 소유명의만을 신탁하는 약정을 한 경우, 이러한 명의신탁계약이 새로 설립된 재단법인에 대하여 효력을 미치는지 여부**(소극)
>
> 재단법인의 기본재산은 재단법인의 실체를 이루는 것이므로, 재단법인 설립을 위한 기본재산의 출연행위에 관하여 그 재산출연자가 소유명의만을 재단법인에 귀속시키고 실질적 소유권은 출연자에게 유보하는 등의 부관을 붙여서 출연하는 것은 재단법인 설립의 취지에 어긋나는 것이어서 관할 관청은 이러한 부관이 붙은 출연재산을 기본재산으로 하는 재단법인의 설립을 허가할 수 없고, 또한 재단법인 설립과정에서 그 출연자들이 장래 설립될 재단법인의 기본재산으로 귀속될 부동산에 관하여 소유명의만을 신탁하는 약정을 하였다고 하더라도, 관할 관청의 설립허가 및 법인설립등기를 통하여 새로이 설립된 재단법인에게 아무 조건 없이 기본재산 증여를 원인으로 한 소유권이전등기를 마친 이후에까지 이러한 명의신탁계약이 설립된 재단법인에 효력이 미친다고 보면 재단법인의 기본재산이 상실되어 재단법인의 존립 자체에 영향을 줄 것이므로, 위와 같은 명의신탁계약은 새로 설립된 재단법인에 대해서는 효력을 미칠 수 없다(대판 2011.2.10, 2006다65774).

### 2) 재단법인 출연재산의 귀속시기

재단법인 설립을 위한 출연재산의 귀속시기에 관한 제48조는 ① 물권변동에 있어서는 성립요건주의의 대원칙(제186조, 제188조)과, ② 채권양도에 있어서는 지시채권의 양도에는 배서·교부(제508조)를, 무기명채권의 양도에는 증서의 교부(제523조)를 성립요건으로 하는 규정들과 충돌하여 어느 규정을 우선적용할 것인지 해석론상 문제된다.

## (1) 출연재산이 '물권'인 경우

| 구분 | 설립등기시설 (물권적 귀속설) | 이전등기시설 (채권적 귀속설) | 판례 (소유권의 관계적 귀속설) |
|---|---|---|---|
| 소유권 | 재단법인 | 제3자 | |
| 논거 | 제48조는 제187조의 '기타 법률의 규정'에 해당 | ① 제187조의 '기타 법률의 규정'은 당사자 의사에 기하지 않은 경우이므로,<br>② 재단법인 설립행위로 인한 물권 이전은 제186조·제188조에 따라 등기나 인도를 해야 함 | ┌ 출연자와 법인 사이:<br>등기 불요 ➡ 제48조 적용<br>└ 제3자에 대한 관계:<br>등기 필요 ➡ 제186조 적용 |
| 제48조 입법취지 | 재단법인의 보호 | 거래상대방 보호 | |
| 비판 및 재비판 | ① 이전등기시설에 의할 경우 재산 없는 재단법인 발생 우려<br>② 출연행위 = 물권행위 | ① 재산권이전청구권도 재산권이므로 재산 없는 재단법인 ×<br>② 법인성립시설에 의할 경우 형식주의에 반함 | |

**판례** +

**[대판 1993.9.14, 93다8054]**

[1] 민법 제48조는 재단법인 성립에 있어서 재산출연자와 법인과의 관계에 있어서의 출연재산의 귀속에 관한 규정이고, 이 규정은 그 기능에 있어서 출연재산의 귀속에 관하여 출연자와 법인과의 관계를 상대적으로 결정함에 있어서의 기준이 되는 것에 불과하여, 출연재산은 출연자와 법인과의 관계에 있어서 그 출연행위에 터잡아 법인이 성립되면 그로써 출연재산은 민법의 위 조항에 의하여 법인성립시에 법인에게 귀속되어 법인의 재산이 되는 것이고, 출연재산이 부동산인 경우에 있어서도 위 양 당사자 간의 관계에 있어서는 위 요건(법인의 성립) 외에 등기를 필요로 하는 것이 아니나, 제3자에 대한 관계에 있어서는 출연행위가 법률행위이므로 출연재산의 법인에의 귀속에는 부동산의 권리에 관해서는 법인성립 외에 등기를 필요로 한다.

[2] 유언으로 재단법인을 설립하는 경우에도 제3자에 대한 관계에서는 출연재산이 부동산인 경우는 그 법인에의 귀속에는 법인의 설립 외에 등기를 필요로 하는 것이므로, 재단법인이 그와 같은 등기를 마치지 아니하였다면 유언자의 상속인의 한 사람으로부터 부동산의 지분을 취득하여 이전등기를 마친 선의의 제3자에 대하여 대항할 수 없다.

## (2) 출연재산이 '채권'인 경우

지시채권(배서·교부 - 제508조)·무기명채권(교부 - 제523조)의 경우에는 위 논의가 그대로 적용된다. 다만 지명채권인 경우에는 어느 학설에 의하더라도 제48조에서 규정한 시기에 당연히 재단법인에게 귀속된다. 제450조의 통지나 승낙은 대항요건에 불과하기 때문이다.

✦ 사단법인과 재단법인의 비교

| | 사단법인 | 재단법인 |
|---|---|---|
| 의의 | 일정한 목적 위해 결합한 사람의 단체 | 일정한 목적 위해 바쳐진 재산의 단체 |
| 종류 | 영리법인[7], 비영리법인 | 비영리법인만 존재[8] |
| 설립요건 | • 비영리성<br>• 설립행위 ▶ 정관작성<br>• 주무관청의 허가<br>• 설립등기 | • 비영리성<br>• 설립행위 ▶ 정관작성 + 출연행위<br>• 주무관청의 허가<br>• 설립등기 |
| 설립의 법적 성질 | • 합동행위<br>• 요식행위 | • 상대방 없는 단독행위<br>• 요식행위 |
| 정관작성 | 1. 목적<br>2. 명칭<br>3. 사무소의 소재지<br>4. 자산에 관한 규정<br>5. 이사의 임면에 관한 규정<br>6. 사원자격의 득실에 관한 규정<br>7. 존립시기나 해산사유를 정하는 때에는 그 시기 또는 사유 | 1. 목적<br>2. 명칭<br>3. 사무소의 소재지<br>4. 자산에 관한 규정<br>5. 이사의 임면에 관한 규정<br>×[9]<br>× |
| 정관보충 | 없음[10] | • 이해관계인과 검사의 청구로 법원이 함<br>• 보충대상<br>  ① 명칭<br>  ② 사무소 소재지<br>  ③ 이사의 임면방법<br>• 목적과 대상은 정해져 있어야 함 |
| 정관변경 | • 원칙적으로 정관변경 허용<br>• 총사원 2/3 동의 + 주무관청의 허가 | • 원칙적으로 정관변경 불가<br>• 예외적으로 주무관청의 허가로 가능<br>  ① 정관에 그 변경방법을 규정한 경우<br>  ② 명칭, 사무소 소재지 변경<br>  ③ 목적달성 불가능 시 목적도 포함하여 변경 가능 |
| 해산사유 | • 존립기간의 만료<br>• 법인의 목적의 달성 또는 달성의 불능<br>• 기타 정관에 정한 해산사유의 발생<br>• 파산<br>• 설립허가의 취소<br>• 사원이 없게 된 때<br>• 총사원 3/4 결의로도 해산 가능 | • 존립기간의 만료<br>• 법인의 목적의 달성 또는 달성의 불능<br>• 기타 정관에 정한 해산사유의 발생<br>• 파산<br>• 설립허가의 취소<br>×[11]<br>× |

---

7 상법에서 규율
8 사원이 없으므로 영리법인은 개념적으로 성립불가
9 사원이 없으므로 준용하지 않음
10 사원 스스로가 보충할 수 있기 때문
11 사원이 없으므로 해산사유 안 됨

## 제3관 법인의 능력

### Ⅰ 법인의 권리능력

**제34조【법인의 권리능력】**
법인은 법률의 규정에 좇아 정관으로 정한 목적의 범위 내에서 권리와 의무의 주체가 된다.

### 1) 성질에 의한 제한

법인은 자연인을 전제로 하는 생명권, 친권 등은 누릴 수 없다. 다만 재산권, 명예권, 성명권, 신용권, 정신적 자유권이 있으며, 재산상속권은 자연인만이 향유할 수 있으나 법인은 포괄적 유증을 받을 수 있어 상속과 동일한 효과를 가져올 수 있다.

### 2) 목적에 의한 제한

#### (1) 법적 성격

정관으로 정한 목적의 범위 내에서 권리와 의무의 주체가 된다(제34조). 제34조는 법인의 권리능력을 정관으로 정해진 목적의 범위 내로 제한하는 취지의 규정이다. 그러므로 법인의 이사가 정관으로 정해진 목적의 범위 외의 거래를 행한 경우, 그 거래행위는 무효가 된다.

#### (2) 목적의 범위

여기서 정관에 정한 목적의 범위 내라 함은 목적을 수행하는 데 있어서 직접·간접으로 필요한 행위를 모두 포함하고, 목적수행에 필요한지 여부는 행위의 객관적 성질에 따라 판단할 것이고 행위자의 주관적·구체적 의사에 따라 판단할 것은 아니다(대판 1991.11.22, 91다8821). 구체적으로 판례는 학교경영을 목적으로 하는 재단법인도 정관에 따라 교육목적 달성에 수반하는 채무를 부담할 수 있으므로 동 채무에 대하여 학교건물을 대물변제로 제공하는 행위는 법인의 목적범위 내에 속한다고 하였다.

## Ⅱ 법인의 행위능력

법인의 행위능력에 관해서는 명시적인 규정을 두고 있지 않으나, 법인은 대표기관에 의하여 행위하므로 특별히 행위능력의 문제는 일어나지 않는다. 따라서 권리능력의 범위와 행위능력의 범위는 일치한다고 보는 것이 통설이다. 즉 법인의 권리능력 내에 속하는 대표기관의 대표행위만이 법인의 행위로 인정되며, 이를 벗어난 경우에는 대표기관 개인의 행위에 지나지 않고 법인의 행위로는 평가될 수 없다.

## Ⅲ 법인의 불법행위능력

**제35조【법인의 불법행위능력】**
① 법인은 **이사 기타 대표자가 그 직무에 관하여 타인에게 가한 손해를 배상할 책임이 있다.** 이사 기타 대표자는 이로 인하여 자기의 손해배상책임을 면하지 못한다.
② 법인의 목적범위 외의 행위로 인하여 타인에게 손해를 가한 때에는 그 사항의 의결에 찬성하거나 그 의결을 집행한 사원, 이사 및 기타 대표자가 연대하여 배상하여야 한다.

**제750조【불법행위의 내용】**
고의 또는 과실로 인한 위법행위로 타인에게 손해를 가한 자는 그 손해를 배상할 책임이 있다.

**제756조【사용자의 배상책임】**
① 타인을 사용하여 어느 사무에 종사하게 한 자는 피용자가 그 사무집행에 관하여 제3자에게 가한 손해를 배상할 책임이 있다. 그러나 사용자가 피용자의 선임 및 그 사무감독에 상당한 주의를 한 때 또는 상당한 주의를 하여도 손해가 있을 경우에는 그러하지 아니하다.
② 사용자에 갈음하여 그 사무를 감독하는 자도 전항의 책임이 있다.
③ 전2항의 경우에 사용자 또는 감독자는 피용자에 대하여 구상권을 행사할 수 있다.

## 1. 적용범위 - 타 제도와의 관계

### 1) 제750조 일반불법행위책임과의 관계

법인의 불법행위는 제35조가 따로 그 요건을 규정하는 점에서 제750조에 대한 특별규정에 해당한다.

## 2) 제756조 사용자책임과의 관계

(1) 법인의 대표기관의 불법행위에 대해 법인은 제756조가 아닌 제35조 제1항에 의하여 책임을 진다. 그러나 대표기관이 아닌 단순한 피용자의 불법행위에 대해 법인은 제756조에 의해 책임을 진다.

(2) 사용자책임에 관해서는 제756조 제1항의 명문상 면책이 허용되지만, 제35조 제1항의 법인의 불법행위책임에 있어서는 이러한 면책규정이 없다. 따라서 법인이 대표자의 선임감독에 과실이 없어도 그 책임을 면할 수 없다.

## 2. 법인의 불법행위 성립요건

### 1) 대표기관의 행위

(1) 이사 외의 기타 대표자에 **임시이사, 특별대리인, 청산인, 직무대행자**가 있다. 민법 제35조에서 말하는 '이사 기타 대표자'는 ① 법인의 대표기관을 의미하는 것이고 대표권이 없는 이사는 법인의 기관이기는 하지만 대표기관은 아니기 때문에 그들의 행위로 인하여 법인의 불법행위는 성립하지 않는다(대판 2005.12.23, 2003다30159). 또한 ② 여기서 '법인의 대표자'에는 그 명칭이나 직위 여하, 또는 대표자로 등기되었는지 여부를 불문하고 해당 법인을 실질적으로 운영하면서 법인을 사실상 대표하여 법인의 사무를 집행하는 사람을 포함한다고 해석함이 상당하다(대판 2011.4.28, 2008다15438).

(2) 대표기관이 아닌 자, 예컨대 감사의 행위에 관하여는 법인의 불법행위는 성립될 수 없다. 반면 발기인 중 1인이 회사의 설립을 추진 중에 행한 불법행위가 외형상 객관적으로 설립 후 회사의 대표이사로서의 직무와 밀접한 관련이 있는 경우에는 회사의 불법행위는 성립될 수 있다(대판 2000.1.28, 99다35737).

(3) 이사가 제62조에 의하여 특정행위에 관하여 선임한 대리인이나 이사로부터 일정한 대리권이 부여된 지배인의 불법행위에 관하여는 제35조 제1항의 법인의 불법행위는 성립되지 않고, 민법 제756조 제1항의 사용자책임이 성립될 수 있을 뿐이다(통설).

**판례**

**'이사 기타 대표자'는 법인등기부상 대표자로 등기된 자에 한하는지 여부**(소극)

민법 제35조 제1항은 "법인은 이사 기타 대표자가 그 직무에 관하여 타인에게 가한 손해를 배상할 책임이 있다"라고 정한다. 여기서 '법인의 대표자'에는 그 명칭이나 직위 여하, 또는 대표자로 등기되었는지 여부를 불문하고 해당 법인을 실질적으로 운영하면서 법인을 사실상 대표하여 법인의 사무를 집행하는 사람을 포함한다고 해석함이 상당하다(대판 2011.4.28, 2008다15438). → 甲주택조합의 대표자가 乙에게 대표자의 모든 권한을 포괄적으로 위임하여 乙이 그 조합의 사무를 집행하던 중 불법행위로 타인에게 손해를 발생시킨 데 대하여 불법행위 피해자가 甲주택조합을 상대로 민법 제35조에서 정한 법인의 불법행위책임에 따른 손해배상청구를 한 사안에서, 乙은 甲주택조합을 실질적으로 운영하면서 법인을 사실상 대표하여 법인의 사무를 집행하는 사람으로서 민법 제35조에서 정한 '대표자'에 해당한다고 본 사례이다.

**법인의 대표자가 직무에 관하여 불법행위를 한 경우, 사용자책임을 규정한 민법 제756조 제1항을 적용할 수 있는지 여부**(소극)

민법 제35조 제1항은 "법인은 이사 기타 대표자가 그 직무에 관하여 개인에게 가한 손해를 배상할 책임이 있다"고 규정하고 있고, 민법 제756조 제1항은 "타인을 사용하여 어느 사무에 종사하게 한 자는 피용자가 그 사무집행에 관하여 제3자에게 가한 손해를 배상할 책임이 있다"고 규정하고 있다. 따라서 법인에 있어서 그 대표자가 직무에 관하여 불법행위를 한 경우에는 민법 제35조 제1항에 의하여, 법인의 피용자가 사무집행에 관하여 불법행위를 한 경우에는 민법 제756조 제1항에 의하여 각기 손해배상책임을 부담한다(대판 2009.11.26, 2009다57033).

## 2) 직무관련성

### (1) 외형이론

① 행위의 외형상 법인의 대표자의 직무행위라고 인정할 수 있는 것이라면 설사 그것이 대표자 개인의 사리를 도모하기 위한 것이었거나 혹은 법령의 규정에 위배된 것이었다 하더라도 직무행위에 해당한다(대판 1969.8.26, 68다2320). 따라서 ② 대표기관이 개인적인 목적으로 권한을 남용하거나 부정한 대표행위를 한 경우에도 법인은 제35조에 의한 책임이 인정된다.

**판례**

대표이사의 대표권한 범위를 벗어난 행위라 하더라도 그것이 회사의 권리능력의 범위 내에 속한 행위이기만 하면 대표권의 제한을 알지 못하는 제3자가 그 행위를 회사의 대표행위라고 믿은 신뢰는 보호되어야 하고, 대표이사가 대표권의 범위 내에서 한 행위는 설사 대표이사가 회사의 영리목적과 관계없이 자기 또는 제3자의 이익을 도모할 목적으로 그 권한을 남용한 것이라 할지라도 일단 회사의 행위로서 유효하고, 다만 그 행위의 상대방이 대표이사의 진의를 알았거나 알 수 있었을 때에는 회사에 대하여 무효가 된다(대판 2004.3.26, 2003다34045).

## (2) 제한

법인의 대표자의 행위가 직무에 관한 행위에 해당하지 아니함을 피해자 자신이 **알았거나 또는 중대한 과실**로 인하여 알지 못한 경우에는 법인에게 손해배상책임을 물을 수 없다(대판 2004. 3.26, 2003다34045).

**판례**

**비법인사단과 민법 제35조 제1항의 책임**(대판 2003.7.25, 2002다27088)

[1] 주택조합과 같은 비법인사단의 대표자가 직무에 관하여 타인에게 손해를 가한 경우 그 사단은 민법 제35조 제1항의 유추적용에 의하여 그 손해를 배상할 책임이 있으며, 비법인사단의 대표자의 행위가 대표자 개인의 사리를 도모하기 위한 것이었거나 혹은 법령의 규정에 위배된 것이었다 하더라도 외관상, 객관적으로 직무에 관한 행위라고 인정할 수 있는 것이라면 민법 제35조 제1항의 직무에 관한 행위에 해당한다.

[2] 비법인사단의 경우 대표자의 행위가 직무에 관한 행위에 해당하지 아니함을 피해자 자신이 알았거나 또는 중대한 과실로 인하여 알지 못한 경우에는 비법인사단에게 손해배상책임을 물을 수 없다고 할 것이고, 여기서 중대한 과실이라 함은 거래의 상대방이 조금만 주의를 기울였더라면 대표자의 행위가 그 직무권한 내에서 적법하게 행하여진 것이 아니라는 사정을 알 수 있었음에도 만연히 이를 직무권한 내의 행위라고 믿음으로써 일반인에게 요구되는 주의의무에 현저히 위반하는 것으로 거의 고의에 가까운 정도의 주의를 결여하고, 공평의 관점에서 상대방을 구태여 보호할 필요가 없다고 봄이 상당하다고 인정되는 상태를 말한다.

## 3) 대표기관 자신의 불법행위의 성립(제750조)

대표기관의 고의·과실이 있을 것, 가해행위가 위법행위일 것, 가해행위와 손해 사이에 인과관계가 있을 것, 피해자가 손해를 입었을 것이 요구된다.

**판례**

**주식회사의 대표이사가 업무집행과 관련하여 정당한 권한 없이 직원으로 하여금 타인의 부동산을 지배·관리하게 하는 등으로 소유자의 사용수익권을 침해한 경우, 회사와 별도로 손해배상책임을 부담하는지 여부**(적극)

주식회사의 대표이사가 업무집행을 하면서 고의 또는 과실에 의한 위법행위로 타인에게 손해를 가한 경우 주식회사는 상법 제389조 제3항, 제210조에 의하여 제3자에게 손해배상책임을 부담하게 되고, 대표이사도 민법 제750조 또는 상법 제389조 제3항, 제210조에 의하여 주식회사와 연대하여 불법행위책임을 부담하게 된다. 따라서 주식회사의 대표이사가 업무집행과 관련하여 정당한 권한 없이 직원으로 하여금 타인의 부동산을 지배·관리하게 하는 등으로 소유자의 사용수익권을 침해하고 있는 경우, 부동산의 점유자는 회사일 뿐이고 대표이사 개인은 독자적인 점유자는 아니기 때문에 부동산에 대한 인도청구 등의 상대방은 될 수 없다고 하더라도, 고의 또는 과실로 부동산에 대한 불법적인 점유상태를 형성·유지한 위법행위로 인한 손해배상책임은 회사와 별도로 부담한다고 보아야 한다. 대표이사 개인이 부동산에 대한 점유자가 아니라는 것과 업무집행으로 인하여 회사의 불법점유 상태를 야기하는 등으로 직접 불법행위를 한 행위자로서 손해배상책임을 지는 것은 별개라고 보아야 하기 때문이다(대판 2013.6.27, 2011다50165).

## 3. 법인의 불법행위의 효과

### 1) 법인의 불법행위가 성립하는 경우

#### (1) 법인의 배상책임

법인은 피해자에게 무과실 손해배상책임을 진다. 법인에 대한 손해배상책임 원인이 대표기관의 고의적인 불법행위라고 하여도, 피해자에게 그 불법행위 내지 손해발생에 과실이 있다면 법원은 과실상계의 법리에 좇아 손해배상의 책임 및 그 금액을 정함에 있어 이를 참작하여야한다(대판 1987.12.8, 86다카1170). 불법행위와 채무불이행에 있어서의 과실상계는 당사자가 주장, 입증하지 않더라도 필요적으로 참작되어야 한다. 다만 표현대리, 손해배상예정의 경우 등 본래의 급부가 이행되어야 할 관계에 있는 때에는 과실상계법리는 적용되지 않는다.

> **판례**
>
> 법인의 대표자가 그 직무에 관하여 타인에게 손해를 가함으로써 법인에 손해배상책임이 인정되는 경우에, 대표자의 행위가 제3자에 대한 불법행위를 구성한다면 그 대표자도 제3자에 대하여 손해배상책임을 면하지 못하며(민법 제35조 제1항), 또한 사원도 위 대표자와 공동으로 불법행위를 저질렀거나 이에 가담하였다고 볼 만한 사정이 있으면 제3자에 대하여 위 대표자와 연대하여 손해배상책임을 진다. 그러나 사원총회, 대의원 총회, 이사회의 의결은 원칙적으로 법인의 내부 행위에 불과하므로 특별한 사정이 없는 한 그 사항의 의결에 찬성하였다는 이유만으로 제3자의 채권을 침해한다거나 대표자의 행위에 가공 또는 방조한 자로서 제3자에 대하여 불법행위책임을 부담한다고 할 수는 없다. 이때 의결에 참여한 사원 등이 대표자와 공동으로 불법행위를 저질렀거나 이에 가담하였다고 볼 수 있는지 여부는, 그 의결에 참여한 법인의 기관이 해당 사항에 관하여 의사결정권한이 있는지 여부 및 대표자의 집행을 견제할 위치에 있는지 여부, 그 사원이 의결과정에서 대표자의 불법적인 집행 행위를 적극적으로 요구하거나 유도하였는지 여부 및 그 의결이 대표자의 업무 집행에 구체적으로 미친 영향력의 정도, 침해되는 권리의 내용, 의결내용, 의결행위의 태양을 비롯한 위법성의 정도를 종합적으로 평가하여 법인 내부 행위를 벗어나 제3자에 대한 관계에서 사회상규에 반하는 위법한 행위라고 인정될 수 있는 정도에 이르러야 한다(대결 2009.1.30, 2006마930).

#### (2) 부진정연대책임과 구상권

이사 기타 대표자도 그 자신의 제750조의 손해배상책임을 면하지 못하며, 법인과 경합하여 피해자에게 배상책임을 진다. 양자의 관계는 부진정연대채무의 관계이며, 법인이 피해자에게 배상을 하면 법인은 기관 개인에 대하여 구상권을 행사할 수 있다(제35조 제1항 후단 참조).

### 2) 법인의 불법행위가 성립하지 않은 경우

대표기관의 가해행위가 외형설의 입장에서 보더라도 직무관련성을 결한 경우 등에는 법인은 책임을 지지 않는다. 다만 이 경우 민법은 "그 사항의 의결에 찬성하거나 그 의결을 집행한 사원, 이사 및 기타 대표자"는 그들 사이에 공동불법행위의 성립 여부를 묻지 않고 연대하여 배상하도록 규정(제35조 제2항)하여 피해자를 두텁게 보호하고 있다. 여기서 연대의 의미는 부진정연대로 해석하는 것이 일반적이다.

## 4. 비법인사단에의 적용 여부

판례는 권리능력 없는 사단의 경우에도 제35조가 유추적용될 수 있다고 본다(대판 2003.7.25, 2002
다27088).

---

**제4관** 법인의 기관

### Ⅰ 총설

법인이 독립된 주체로서 목적사업을 수행하기 위해서 법인의 의사를 결정하고 집행하며 그 내무
사무를 처리하기 위해 일정한 조직을 필요로 하는데, 이를 법인의 기관이라고 한다. 이에는 의사
결정기관인 사원총회, 의사집행기관인 이사, 감독기관인 감사가 있다.
사단법인의 **필수기관**으로는 **이사와 사원총회**가 있고, 감사는 임의기관에 불과하다. 반면 재단법
인은 성질상 사원이 없으므로 사원총회는 있을 수 없다.

### Ⅱ 이사

> **제57조 【이사】**
> 법인은 이사를 두어야 한다.

이사는 대외적으로는 법인을 대표하고 대내적으로는 업무를 집행하는 상설 필요기관이다(제57조).

### 1. 이사의 임면

### 1) 선임 · 해임 · 퇴임

이는 정관에 의해 정해지지만, 내부적으로 법인과 이사 사이는 위임에 유사하므로 정관에 규
정이 없다면 위임규정(제680조~제692조)이 유추적용된다(통설·판례).

**판례연구** 관련판례 정리

[1] 법인의 이사를 사임하는 행위는 상대방 있는 단독행위라 할 것이어서 그 의사표시가 상대방에게 도달함과 동시에 그 효력을 발생하고 그 의사표시가 효력을 발생한 후에는 마음대로 이를 철회할 수 없음이 원칙이나, 사임서 제시 당시 즉각적인 철회권유로 사임서 제출을 미루거나, 대표자에게 사표의 처리를 일임하거나, 사임서의 작성일자를 제출일 이후로 기재한 경우 등 사임의사가 즉각적이라고 볼 수 없는 특별한 사정이 있을 경우에는 별도의 사임서 제출이나 대표자의 수리행위 등이 있어야 사임의 효력이 발생하고, 그 이전에 사임의사를 철회할 수 있다(대판 2006.6.15, 2004다10909).

[2] 법인과 이사의 법률관계는 신뢰를 기초로 한 위임 유사의 관계이므로, 이사는 민법 제689조 제1항이 규정한 바에 따라 언제든지 사임할 수 있고, 법인의 이사를 사임하는 행위는 상대방 있는 단독행위이므로 그 의사표시가 상대방에게 도달함과 동시에 그 효력을 발생하고, 그 의사표시가 효력을 발생한 후에는 마음대로 이를 철회할 수 없음이 원칙이다. 그러나 법인이 정관에서 이사의 사임절차나 사임의 의사표시의 효력발생시기 등에 관하여 특별한 규정을 둔 경우에는 그에 따라야 하는바, 위와 같은 경우에는 이사의 사임의 의사표시가 법인의 대표자에게 도달하였다고 하더라도 그와 같은 사정만으로 곧바로 사임의 효력이 발생하는 것은 아니고 정관에서 정한 바에 따라 사임의 효력이 발생하는 것이므로, 이사가 사임의 의사표시를 하였더라도 정관에 따라 사임의 효력이 발생하기 전에는 그 사임의사를 자유롭게 철회할 수 있다(대판 2008.9.25, 2007다17109).

[3] 학교법인의 이사는 법인에 대한 일방적인 사임의 의사표시에 의하여 법률관계를 종료시킬 수 있고, 그 의사표시는 수령권한 있는 기관에 도달됨으로써 바로 효력을 발생하는 것이며, 그 효력발생을 위하여 이사회의 결의나 관할관청의 승인이 있어야 하는 것은 아니다(대판 2003.1.10, 2001다1171).

[4] 법인과 이사의 법률관계는 신뢰를 기초로 한 위임 유사의 관계로 볼 수 있는데, 민법 제689조 제1항에서는 위임계약은 각 당사자가 언제든지 해지할 수 있다고 규정하고 있으므로, 법인은 원칙적으로 이사의 임기 만료 전에도 이사를 해임할 수 있지만, 이러한 민법의 규정은 임의규정에 불과하므로 법인이 자치법규인 정관으로 이사의 해임사유 및 절차 등에 관하여 별도의 규정을 두는 것도 가능하다. 그리고 이와 같이 법인이 정관에 이사의 해임사유 및 절차 등을 따로 정한 경우 그 규정은 법인과 이사와의 관계를 명확히 함은 물론 이사의 신분을 보장하는 의미도 아울러 가지고 있어 이를 단순히 주의적 규정으로 볼 수는 없다. 따라서 법인의 정관에 이사의 해임사유에 관한 규정이 있는 경우 법인으로서는 이사의 중대한 의무위반 또는 정상적인 사무집행 불능 등의 특별한 사정이 없는 이상, 정관에서 정하지 아니한 사유로 이사를 해임할 수 없다(대판 2013.11.28, 2111다41741).

[5] 임기만료된 이사의 업무수행권은 이사에 결원이 있음으로써 법인이 정상적인 활동을 할 수 없는 사태를 방지하자는 데 취지가 있으므로, 이사 중 일부의 임기가 만료되었더라도 아직 임기가 만료되지 아니한 다른 이사들로 정상적인 활동을 할 수 있는 경우에는 임기만료된 이사로 하여금 이사로서 직무를 행사하게 할 필요가 없고, 이러한 경우에는 임기만료로서 당연히 퇴임하며, 법인의 정상적인 활동이 가능한지는 이사의 임기만료시를 기준으로 판단하여야 하지 그 이후의 사정까지 고려할 수는 없다(대결 2014. 1.17, 2013마1801).

## 2) 등기

**이사의 성명과 주소는 등기사항이고**(제49조 제2항 제8호), 선임·해임·퇴임 등 변경이 있음에도 등기하지 않은 때에는 제3자에게 대항할 수 없다(제54조 제1항).

## 2. 이사의 직무권한

## 1) 법인의 대표권(대외적 권한)

> **제59조 【이사의 대표권】**
> ① 이사는 법인의 사무에 관하여 각자 법인을 대표한다. 그러나 정관에 규정한 취지에 위반할 수 없고 특히 사단법인은 총회의 의결에 의하여야 한다.
> ② 법인의 대표에 관하여는 대리에 관한 규정을 준용한다.

### (1) 대표권

대외적으로 법인사무에 관하여 법인을 대표하고 수인의 이사가 있는 경우 각자 법인을 단독 대표하며(제59조 제1항 본문), 대표의 방식에는 대리규정을 준용한다(제59조 제2항).

### (2) 대표권의 제한

> **제41조 【이사의 대표권에 대한 제한】**
> 이사의 대표권에 대한 제한은 이를 정관에 기재하지 아니하면 그 효력이 없다.
>
> **제60조 【이사의 대표권에 대한 제한의 대항요건】**
> 이사의 대표권에 대한 제한은 등기하지 아니하면 제3자에게 대항하지 못한다.
>
> **제62조 【이사의 대리인선임】**
> 이사는 정관 또는 총회의 결의로 금지하지 아니한 사항에 한하여 타인으로 하여금 특정한 행위를 대리하게 할 수 있다.
>
> **제64조 【특별대리인의 선임】**
> 법인과 이사의 이익이 상반하는 사항에 관하여는 이사는 대표권이 없다. 이 경우에는 전조의 규정에 의하여 특별대리인을 선임하여야 한다.

### 가) 정관 또는 사원총회 의결에 의한 제한

① 이사의 대표권은 정관의 규정이나 사원총회의 의결을 통해 제한할 수 있다(제59조 제1항). 각자대표에 대한 제한으로서 단독대표나 공동대표로 하는 경우가 일반적 모습이고, 판례 는 법인의 채무부담행위에 대해 이사회 내지 사원총회의 의결을 거치도록 한 정관의 규정 등이 이에 해당하는 것으로 보고 있다(대판 1987.11.24, 86다카2484).

② 이사의 대표권의 제한은 정관에 기재하여야 그 효력이 생기며(제41조), 이를 등기하지 아니하면 제3자에게 대항할 수 없다(제60조). 즉 대표권의 제한은 정관에 기재하는 것으로 족하지 않고 등기해야만 제3자에 대항할 수 있다(제41조, 제49조 제2항 9호, 제54조 제1항). 이 경우 **등기되지 않은 경우 법인은 악의의 제3자에게 대항할 수 있는지** 문제되는데, 판례 는 등기하면 선의의 제3자에게 대항할 수 있으나, **등기하지 않으면 악의의 제3자에게도 대 항할 수 없다**는 입장이다(대판 1992.2.14, 91다24564).

**법인 대표권의 제한에 관한 규정이 등기되어 있지 않은 경우 위 대표권 제한으로써 대항할 수 없는 제3자의 범위**

법인의 정관에 법인 대표권의 제한에 관한 규정이 있으나 그와 같은 취지가 등기되어 있지 않다면 법인은 그와 같은 정관의 규정에 대하여 선의냐 악의냐에 관계없이 제3자에 대하여 대항할 수 없다(대판 1992.2.14, 91다24564).

## 나) 복임권의 제한

민법 제62조의 규정에 비추어 보면 비법인사단의 대표자는 정관 또는 총회의 결의로 금지하지 아니하는 사항에 한하여 타인으로 하여금 특정한 행위를 대리하게 할 수 있을 뿐, 비법인사단의 제반 업무처리를 포괄적으로 위임할 수는 없다(대판 1996.9.6, 94다18522). 이와 같이 선임된 자는 법인을 위한 보통의 임의대리인으로서 법인의 기관은 아니다. 따라서 법인은 대리인의 직무상 행위로 제3자가 손해를 입은 경우 사용자 책임을 진다(통설).

## 다) 법인과 이사의 이익상반행위

① 법인과 이사의 이익이 상반하는 경우 이사는 대표권이 없으며 이해관계인이나 검사의 청구에 의해 법원이 선임한 특별대리인이 법인을 대표한다(제64조). 이에 위반하여 이사가 대표행위를 한 경우에는 무권대리행위가 된다(제59조 제2항).

② 사단법인의 이사장 직무대행자가 개인의 입장에서 사단법인을 상대로 소송을 하는 것은 이익상반행위가 된다(대판 2003.5.27, 2002다69211).

**관련판례 정리**

[1] 후임이사나 감사의 선임이 없거나 또는 그 후임이사나 감사의 선임이 있었다고 하더라도 그 선임결의가 무효이고, 임기가 만료되지 아니한 다른 이사나 감사만으로는 정상적인 법인의 활동을 할 수 없는 경우, 임기가 만료된 구 이사나 감사로 하여금 법인의 업무를 수행케 함이 부적당하다고 인정할 만한 특별한 사정이 없는 한, 구 이사나 감사는 후임이사나 감사가 선임될 때까지 종전의 직무를 수행할 수 있다(대판 1998.12.23, 97다26142).

[2] 임기 만료되거나 사임한 구 이사가 후임이사가 선임될 때까지 종전의 직무를 수행할 수 있는 경우, 구 이사가 다른 이사를 해임하거나 후임이사를 선임한 이사회결의의 무효확인을 구할 법률상의 이익이 있다(대판 2005.3.25, 2004다65336).

[3] 학교법인 임원취임승인의 취소처분 후 그 임원의 임기가 만료되고 구 사립학교법 제22조 제2호 소정의 임원결격사유기간마저 경과한 경우 또는 위 취소처분에 대한 취소소송 제기 후 임시이사가 교체되어 새로운 임시이사가 선임된 경우, 위 취임승인취소처분 및 당초의 임시이사 선임처분의 취소를 구할 소의 이익이 있다(대판(전) 2007.7.19, 2006두19297).

[4] 비법인사단의 경우에는 대표자의 대표권 제한에 관하여 등기할 방법이 없어 민법 제60조의 규정을 준용할 수 없고, 비법인사단의 대표자가 정관에서 사원총회의 결의를 거쳐야 하도록 규정한 대외적 거래행위에 관하여 이를 거치지 아니한 경우라도, 이와 같은 사원총회 결의사항은 비법인사단의 내부적 의사결정에 불과하다 할 것이므로, 그 거래 상대방이 그와 같은 대표권 제한 사실을 알았거나 알 수 있었을 경우가 아니라면 그 거래행위는 유효하다고 봄이 상당하고, 이 경우 거래의 상대방이 대표권 제한 사실을 알았거나 알 수 있었음은 이를 주장하는 비법인사단측이 주장·입증하여야 한다(대판 2003.7.22, 2002다64780).

[5] 이사의 행위가 주관적으로 사리를 꾀할 의도가 있더라도 객관적으로 권한의 범위 내인 경우, 상대방에게 불측의 손해를 주지 않기 위하여 그 행위는 원칙적으로 유효로 된다. 다만 상대방이 이상의 의도에 대하여 악의·유과실의 경우에는 상대방을 보호할 필요가 없다. 그러므로 판례는 민법 제107조 제1항 단서를 유추적용하여 상대방이 이사의 의도에 대하여 악의·유과실의 경우에는 대표행위가 무효로 된다고 본다(대판 2004.3.26, 2003다34045).

[6] 이사장등직무집행정지가처분에 의하여 선임된 사단법인의 이사장 직무대행자는 위 법인에 대하여 이사와 유사한 권리의무와 책임을 부담하므로, 위 법인과의 사이에 이익이 상반하는 사항에 관하여는 민법 제64조가 준용되고, 위 법인의 이사장 직무대행자가 개인의 입장에서 원고가 되어 법인을 상대로 소송을 하는 경우에는 민법 제64조가 규정하는 이익상반 사항에 해당함이 분명하다(대판 2003.5.27, 2002다69211).

[7] 계약체결의 요건을 규정하고 있는 강행법규에 위반한 계약은 무효이므로 그 경우에 계약상대방이 선의·무과실이라 하더라도 민법 제107조의 비진의표시의 법리 또는 표현대리 법리가 적용될 여지는 없다(대판 1983.12.27, 83다548; 대판 1996.8.23, 94다38199 등 참조). 따라서 도시정비법(도시 및 주거환경정비법)에 의한 주택재건축조합의 대표자가 그 법에 정한 강행규정에 위반하여 적법한 총회의 결의 없이 계약을 체결한 경우에는 상대방이 그러한 법적 제한이 있다는 사실을 몰랐다거나 총회 결의가 유효하기 위한 정족수 또는 유효한 총회결의가 있었는지에 관하여 잘못 알았다고 하더라도 그 계약이 무효임에는 변함이 없다. 또한 총회결의의 정족수에 관하여 강행규정에서 직접 규정하고 있지 않지만 강행규정이 유추적용되어 과반수보다 가중된 정족수에 의한 결의가 필요하다고 인정되는 경우에도 그 결의 없이 체결된 계약에 대하여 비진의표시 또는 표현대리의 법리가 유추적용될 수 없는 것은 마찬가지이다. 강행규정이 유추적용되는 경우라고 하여 강행법규의 명문 규정이 직접 적용되는 경우와 그 효력을 달리 볼 수는 없기 때문이다(대판 2016.5.12, 2013다49381). → 당초의 재건축결의에서 채택한 조합원의 비용분담조건을 변경하는 안건은 구 도시정비법의 관련 규정을 유추적용하여 조합원 3분의 2 이상의 동의에 의한 총회 결의가 있어야 유효한데, 이를 거치지 아니한 이상 원고 조합장은 원고 조합을 대표하여 위 안건을 주된 내용으로 하는 계약을 체결할 권한이 없어 위 계약은 무효이므로, 위 계약체결행위에 표현대리의 법리가 준용되거나 유추적용될 여지가 없다고 판단한 사안이다.

## 2) 법인의 업무집행권(대내적 권한)

> **제58조【이사의 사무집행】**
> ① 이사는 법인의 사무를 집행한다.
> ② 이사가 수인인 경우에는 정관에 다른 규정이 없으면 법인의 사무집행은 이사의 과반수로써 결정한다.

(1) 이사는 법인의 모든 내부적인 업무를 집행할 권한이 있다.

(2) 이사가 수인이 있는 경우 정관에 다른 규정이 없으면 법인의 사무집행은 이사의 과반수로써 결정한다(제58조).

### 3) 이사의 주요사무

> **제55조 【재산목록과 사원명부】**
> ① 법인은 성립한 때 및 매년 3월 내에 재산목록을 작성하여 사무소에 비치하여야 한다. 사업연도를 정한 법인은 성립한 때 및 그 연도 말에 이를 작성하여야 한다.
> ② 사단법인은 사원명부를 비치하고 사원의 변경이 있는 때에는 이를 기재하여야 한다.

이사가 집행하여야 할 주요사무로는 재산목록의 작성(제55조 제1항), 사원명부의 작성(제55조 제2항), 사원총회의 소집(제69조, 제70조), 총회의사록의 작성(제76조), 파산신청(제79조), 파산 이외의 사유로 해산한 때 청산인이 되는 것(제82조), 각종의 법인등기 등이 있다.

## 3. 이사의 주의의무

> **제61조 【이사의 주의의무】**
> 이사는 선량한 관리자의 주의로 그 직무를 행하여야 한다.
>
> **제65조 【이사의 임무해태】**
> 이사가 그 임무를 해태한 때에는 그 이사는 법인에 대하여 연대하여 손해배상의 책임이 있다.

이사는 법인의 집행기관으로서 정관 또는 사원총회의 결의에 따라 법인을 위하여 필요한 대내적, 대외적인 모든 사무를 집행할 직무권한을 가진다. 이러한 사무집행을 함에 있어서 이사는 선량한 관리자의 주의로서 해야 한다(제61조). 선관의무위반 등 임무를 해태한 때에는 손해배상책임이 있다(제65조).

## 4. 기타

### 1) 임시이사

> **제63조 【임시이사의 선임】**
> 이사가 없거나 결원이 있는 경우에 이로 인하여 손해가 생길 염려가 있는 때에는 법원은 이해관계인이나 검사의 청구에 의하여 임시이사를 선임하여야 한다.

(1) 민법 제63조는 법인의 조직과 활동에 관한 것으로서 법인격을 전제로 하는 조항이 아니고, 법인 아닌 사단이나 재단의 경우에도 이사가 없거나 결원이 생길 수 있으며, 통상의 절차에 따른 새로운 이사의 선임이 극히 곤란하고 종전 이사의 긴급처리권도 인정되지 아니하는 경우에는 사단이나 재단 또는 타인에게 손해가 생길 염려가 있을 수 있으므로, 민법 제63조는 법인 아닌 사단이나 재단에도 유추 적용할 수 있다(대판(전) 2009.11.19, 2008마699).

⑵ 임시이사는 정식이사가 선임될 때까지의 한시적 기관으로 이사와 동일한 권한을 갖는 법인의 기관이다.

## 2) 직무대행자

> **제60조의2【직무대행자의 권한】**
> ① 제52조의2의 직무대행자는 가처분명령에 다른 정함이 있는 경우 외에는 법인의 통상사무에 속하지 아니한 행위를 하지 못한다. 다만, 법원의 허가를 얻은 경우에는 그러하지 아니하다.
> ② 직무대행자가 제1항의 규정에 위반한 행위를 한 경우에도 법인은 선의의 제3자에 대하여 책임을 진다.

⑴ 민사집행법 제300조 제2항의 임시의 지위를 정하는 가처분은 권리관계에 다툼이 있는 경우에 권리자가 당하는 위험을 제거하거나 방지하기 위한 잠정적이고 임시적인 조치로서 그 분쟁의 종국적인 판단을 받을 때까지 잠정적으로 법적 평화를 유지하기 위한 비상수단에 불과한 것으로, 가처분결정에 의하여 학교법인의 이사의 직무를 대행하는 자를 선임한 경우에 그 직무대행자는 단지 피대행자의 직무를 대행할 수 있는 임시의 지위에 놓여 있음에 불과하므로, 가처분결정에 다른 정함이 있는 경우 외에는 학교법인을 종전과 같이 그대로 유지하면서 관리하는 한도 내의 학교법인의 통상업무에 속하는 사무만을 행할 수 있다(대판 2006.1.26, 2003다36225).

⑵ 가처분결정에 의하여 선임된 학교법인 이사직무대행자가 그 가처분의 본안소송의 제1심판결에 대한 항소권을 포기하는 행위는 위 법인의 통상업무에 속하는 행위가 아니다(대판 2006.1.26, 2003다36225).

⑶ 가처분재판에 의하여 법인 등 대표자의 직무대행자가 선임된 상태에서 피대행자의 후임자가 적법하게 소집된 총회의 결의에 따라 새로 선출되었다 해도 그 직무대행자의 권한은 위 총회의 결의에 의하여 당연히 소멸하는 것은 아니므로 사정변경 등을 이유로 가처분결정이 취소되지 않는 한 직무대행자만이 적법하게 위 법인 등을 대표할 수 있고, 총회에서 선임된 후임자는 그 신임결의의 적법 여부에 관계없이 대표권을 가지지 못한다(대판 2010.2.11, 2009다70395).

## Ⅲ 감사

### 제66조【감사】
법인은 정관 또는 총회의 결의로 감사를 둘 수 있다.

### 제67조【감사의 직무】
감사의 직무는 다음과 같다.
1. 법인의 재산상황을 감사하는 일
2. 이사의 업무집행의 상황을 감사하는 일
3. 재산상황 또는 업무집행에 관하여 부정, 불비한 것이 있음을 발견한 때에는 이를 총회 또는 주무관청에 보고하는 일
4. 전호의 보고를 하기 위하여 필요 있는 때에는 **총회를 소집**하는 일

## Ⅳ 사원총회

### 1. 의의 및 권한과 종류 등

### 제68조【총회의 권한】
사단법인의 사무는 정관으로 이사 또는 기타 임원에게 위임한 사항 외에는 총회의 결의에 의하여야 한다.

### 제69조【통상총회】
사단법인의 이사는 매년 1회 이상 통상총회를 소집하여야 한다.

### 제70조【임시총회】
① 사단법인의 이사는 필요하다고 인정한 때에는 임시총회를 소집할 수 있다.
② 총사원의 5분의 1 이상으로부터 회의의 목적사항을 제시하여 청구한 때에는 이사는 임시총회를 소집하여야 한다. 이 정수는 정관으로 증감할 수 있다.
③ 전항의 청구가 있은 후 2주간 내에 이사가 총회소집의 절차를 밟지 아니한 때에는 청구한 사원은 법원의 허가를 얻어 이를 소집할 수 있다.

### 제71조【총회의 소집】
총회의 소집은 1주간 전에 그 회의의 목적사항을 기재한 통지를 발하고 기타 정관에 정한 방법에 의하여야 한다.

### 제72조【총회의 결의사항】
총회는 전조의 규정에 의하여 통지한 사항에 관하여서만 결의할 수 있다. 그러나 정관에 다른 규정이 있는 때에는 그 규정에 의한다.

> **제73조【사원의 결의권】**
> ① 각 사원의 결의권은 평등으로 한다.
> ② 사원은 서면이나 대리인으로 결의권을 행사할 수 있다.
> ③ 전2항의 규정은 정관에 다른 규정이 있는 때에는 적용하지 아니한다.
>
> **제74조【사원이 결의권 없는 경우】**
> 사단법인과 어느 사원과의 관계사항을 의결하는 경우에는 그 사원은 결의권이 없다.
>
> **제75조【총회의 결의방법】**
> ① 총회의 결의는 본법 또는 정관에 다른 규정이 없으면 사원 과반수의 출석과 출석사원의 결의권의 과반수로써 한다.
> ② 제73조 제2항의 경우에는 당해사원은 출석한 것으로 본다.
>
> **제76조【총회의 의사록】**
> ① 총회의 의사에 관하여는 의사록을 작성하여야 한다.
> ② 의사록에는 의사의 경과, 요령 및 결과를 기재하고 의장 및 출석한 이사가 기명날인하여야 한다.
> ③ 이사는 의사록을 주된 사무소에 비치하여야 한다.

**1)** 재단법인에는 사원이 없으므로 사원총회는 없고 총회는 사단법인에만 존재한다. 총회는 최고의 의사결정기관으로서 법인의 필요기관이므로 정관으로도 이를 폐지할 수 없다.

**2)** 정관으로 이사 또는 기타 임원에게 위임한 사항을 제외하고는 법인의 사무의 전부에 관하여 결정권을 가진다(제68조). **정관변경**(제42조), **임의해산**(제77조 제2항)은 **총회의 전권사항**이며, 정관에 의해서도 총회의 이 권한을 박탈하지 못한다.

**3)** 정관변경과 임의해산에 관하여는 정관에 다른 규정이 없는 한, 각각 총사원의 3분의 2, 4분의 3 이상의 결의를 요한다.

**4)** 총회의 소집통지는 관념의 통지이며 발신주의가 적용된다.

**[판례]**

**민법 제70조의 입법취지 및 목적에 반하는 사단법인 정관의 효력**

민법 제70조 제2항 후문에서 정관으로 임시총회 소집 권한을 부여한 소수사원의 범위를 증감시킬 수 있음을 명시하였더라도, 민법 제70조의 입법취지 및 목적에 비추어 소수사원에게 부여된 임시총회 소집 권한을 박탈하거나 이를 해치는 수준에 이르지 못한다는 내재적 한계를 가진다.
결국 사단법인의 정관에서 **임시총회 소집 권한을 가지는 사원의 정수를 '총사원의 1/2 이상'으로 정하거나**, 소집 절차 중 '회의의 목적사항 제시' 요건을 구체화하는 등 절차적 요건을 보다 구체화하거나 명확히 하는 것 이외에 **사실상 소수사원으로 하여금 총회 소집 권한을 행사하는 것을 어렵게 하거나 그 부담을 과도하게 가중시키는 임시총회 소집 요건 또는 절차적 요건을 부과하는 것은** 민법 제70조의 입법취지 및 목적에 반하여 **원칙적으로 무효**라고 보아야 한다(대결 2023.8.18, 2023그608).

5) 민법 제74조는 사단법인과 어느 사원과의 관계사항을 의결하는 경우 그 사원은 의결권이 없다고 규정하고 있으므로, 민법 제74조의 유추해석상 민법상 법인의 이사회에서 법인과 어느 이사와의 관계사항을 의결하는 경우에는 그 이사는 의결권이 없다. 이때 의결권이 없다는 의미는 상법 제368조 제4항, 제371조 제2항의 유추해석상 이해관계 있는 이사는 이사회에서 의결권을 행사할 수는 없으나 의사정족수 산정의 기초가 되는 이사의 수에는 포함되고, 다만 결의 성립에 필요한 출석이사에는 산입되지 아니한다고 풀이함이 상당하다(대판 2009.4.9, 2008다1521).

6) 법원의 소집허가에 의하여 개최된 종중임시총회에서는 법원의 소집허가결정 및 소집통지서에 기재된 회의 목적사항과 이에 관련된 사항에 관하여 결의할 수 있다(대판 1993.10.12, 92다50799).

---

**판례연구** ＊ **관련판례 정리**

[1] 종중원이 매년 시제일에 묘소에 모여 시제를 지내고 그날 거기에 모인 종중원들이 다수결로 중요한 종중일을 처리하는 것이 그 종중의 관례라면 그 종중회의의 소집통지나 결의사항통지가 없었다고 하여 그 회의의결이 무효라 할 수 없다(대판 1989.3.28, 88다카11602).

[2] 종중총회는 특별한 사정이 없는 한 족보에 의하여 소집통지 대상이 되는 종중원의 범위를 확정한 후 국내에 거주하여 소재가 분명하여 연락통지가 가능한 모든 종중원에게 개별적으로 소집통지를 함으로써 각자가 회의와 토의와 의결에 참가할 수 있는 기회를 주어야 하고, 일부 종중원에게 소집통지를 결여한 채 개최된 종중총회의 결의는 효력이 없으나, 그 소집통지의 방법은 반드시 직접 서면으로 하여야만 하는 것은 아니고 구두 또는 전화로 하여도 되고 다른 종중원이나 세대주를 통하여 하여도 무방하다(대판 2000. 2.25, 99다20155).

[3] 소집절차에 하자가 있어 그 효력을 인정할 수 없는 종중총회의 결의라도 후에 적법하게 소집된 종중총회에서 이를 추인하면 처음부터 유효로 된다(대판 1995.6.16, 94다53563).

[4] 직선제에 의한 종중의 회장 선출시 의결정족수를 정하는 기준이 되는 출석종원이라 함은 당초 총회에 참석한 모든 종원을 의미하는 것이 아니라 문제가 된 결의 당시 회의장에 남아 있던 종원만을 의미한다고 할 것이므로 회의 도중 스스로 회의장에서 퇴장한 종원들은 이에 포함되지 않는다(대판 2003.7.8, 2002다74817).

[5] 법인이나 법인 아닌 사단의 총회에 있어서 총회의 소집권자가 총회의 소집을 철회·취소하는 경우에는 반드시 총회의 소집과 동일한 방식으로 그 철회·취소를 총회 구성원들에게 통지하여야 할 필요는 없고, 총회 구성원들에게 소집의 철회·취소결정이 있었음이 알려질 수 있는 적절한 조치가 취하여지는 것으로써 충분히 그 소집 철회·취소의 효력이 발생한다(대판 2007.4.12, 2006다77593).

---

## 2. 사원권

**제56조【사원권의 양도, 상속금지】**
사단법인의 사원의 지위는 양도 또는 상속할 수 없다.

### 1) 제56조 규정의 성격

"사단법인의 사원의 지위는 양도 또는 상속할 수 없다"고 한 민법 제56조의 규정은 강행규정은 아니라고 할 것이므로, 정관에 의하여 이를 인정하고 있을 때에는 양도·상속이 허용된다(대판 1992.4.14, 91다26850).

### 2)

사원권의 득실은 정관의 필요적 기재사항이며(제40조 제6호), 입사 등으로 사원권을 취득하고 사망·퇴사·제명 등에 의해 사원권은 소멸한다.

### 3)

사단법인은 일정한 목적을 위해 결합한 사람의 단체에 법인격이 인정된 것을 말하고, 사단법인에 있어 사원 자격의 득실변경에 관한 사항은 정관의 기재사항이므로(제40조 제6호), 어느 사단법인과 다른 사단법인이 동일한 것인지 여부는 그 구성원인 사원이 동일한지 여부에 따라 결정됨이 원칙이다. 다만, 사원 자격의 득실변경에 관한 정관의 기재사항이 적법한 절차를 거쳐서 변경된 경우에는 구성원이 다르더라도 그 변경 전후의 사단법인은 동일성을 유지하면서 존속하는 것이고, 이러한 법리는 법인 아닌 사단에 있어서도 마찬가지이다(대판 2008.9.25, 2006다37021).

## 제5관 법인에 관한 그 밖의 규정들

## Ⅰ 법인의 주소

> **제36조【법인의 주소】**
> 법인의 주소는 그 주된 사무소의 소재지에 있는 것으로 한다.

## Ⅱ 정관의 변경

### 1. 사단법인의 정관변경

> **제42조【사단법인의 정관의 변경】**
> ① 사단법인의 정관은 총사원 3분의 2 이상의 동의가 있는 때에 한하여 이를 변경할 수 있다. 그러나 정수에 관하여 정관에 다른 규정이 있는 때에는 그 규정에 의한다.
> ② 정관의 변경은 주무관청의 허가를 얻지 아니하면 그 효력이 없다.

### 1)

정관에 변경할 수 없다고 규정한 정관의 변경도 총사원의 동의가 있으면 가능하며, 정관목적의 변경도 민법에 규정된 정관변경절차에 따라 가능하다.

**2)** 그러나 비영리법인을 영리법인으로 변경하지는 못한다. 즉 동일성을 해하거나 사단법인의 본질에 반하는 정관변경은 허용되지 않는다.

**3)** 사단법인의 정관은 법적 성질이 계약이 아니라 자치법규로 보는 것이 타당하므로, 어느 시점의 사단법인의 사원들이 정관의 규범적인 의미내용과 다른 해석을 사원총회의 결의라는 방법으로 표명하였다고 하더라도 그 결의에 의한 해석은 그 사단법인의 구성원인 사원이나 법인을 구속할 수 없다(대판 2000.11.24, 98다12437).

## 2. 재단법인의 정관변경

> **제45조【재단법인의 정관변경】**
> ① 재단법인의 정관은 그 변경방법을 정관에 정한 때에 한하여 변경할 수 있다.
> ② 재단법인의 목적달성 또는 그 재산의 보전을 위하여 적당한 때에는 전항의 규정에 불구하고 명칭 또는 사무소의 소재지를 변경할 수 있다.
> ③ 제42조 제2항의 규정은 전2항의 경우에 준용한다. ─→ 재단법인의 기본재산은 법인의 실체이고 정관의 필요적 기재사항이므로 그 처분행위는 곧 정관의 변경에 해당한다.
>
> **제46조【재단법인의 목적 기타의 변경】**
> 재단법인의 목적을 달성할 수 없는 때에는 설립자나 이사는 주무관청의 허가를 얻어 설립의 취지를 참작하여 그 목적 기타 정관의 규정을 변경할 수 있다.

**판례연구** **관련판례 정리**

[1] 기본재산의 변경은 곧 정관의 변경이 되므로 정관을 변경하여 주무관청의 허가를 얻지 아니하면 그 효력이 없는 것이고, 정관변경의 절차와 주무관청의 허가를 얻으면 처분이 가능하다. 다만 기본재산이 아닌 재산의 매각은 정관변경을 초래하지 않으므로 주무관청의 허가를 요하지 않는다(대판 1967.12.19, 67다1337).

[2] 재단법인의 채권자가 그 기본재산에 대하여 강제집행을 실시하여 법원으로부터 매각허가결정을 받은 경우에도 주무관청의 허가를 요한다(대판 1965.5.18, 65다114).
  민법상 재단법인의 기본재산에 관한 저당권 설정행위는 특별한 사정이 없는 한 정관의 기재사항을 변경하여야 하는 경우에 해당하지 않으므로, 그에 관하여는 주무관청의 허가를 얻을 필요가 없다(대결 2018.7.20, 2017마1565).

[3] 재단법인의 기본재산 처분은 정관변경을 요하는 것이므로 주무관청의 허가가 없으면 그 처분의 채권행위도 무효가 된다(대판 1974.6.11, 73다1975).

[4] 허가받지 않은 재단법인 기본재산처분행위는 사후의 정관변경과 추인으로 유효하게 된다. 즉, 재단법인의 정관에는 자산에 관한 규정을 기재하여야 하므로 재단법인의 기본재산의 처분은 결국 정관의 변경을 초래하게 되어 주무관청의 허가를 얻지 못하면 그 효력이 발생하지 않는 것이지만, 그 후 재단법인이 그 기본재산을 보통재산으로 변경하는 정관변경에 대하여 주무관청으로부터 허가를 받은 다음 그 재산의 처분행위를 추인하였다면 종전의 처분행위는 추인한 때로부터 유효하게 된다(대판 2006.3.23, 2005다66534).

[5] 기본재산의 매매 등 계약성립 전에 감독청의 허가를 받아야만 하는 것은 아니고, 매매 등 계약성립 후에라도 감독청의 허가를 받으면 그 매매 등 계약이 유효하게 되며, 감독청의 허가 없이 학교법인의 기본재산인 부동산에 대한 매매계약을 체결하였다면 매수인은 매도인에 대해 감독청의 허가를 조건으로 소유권이전등기절차의 이행을 청구할 수 있다(대판 1998.7.24, 96다27988).

[6] 민법 제45조 제3항, 제46조는 정관변경시 주무관청의 허가를 받도록 규정하고 있는 바, 여기서 말하는 허가는 법률상의 표현이 허가로 되어 있기는 하나 그 성질에 있어 법률행위의 효력을 보충해 주는 것이지 일반적 금지를 해제하는 것은 아니므로 그 법적성격은 인가라고 보아야 한다고 한다(대판(전) 1996.5.16, 95누4810).

[7] 재단법인의 기본재산에 관한 사항은 정관의 기재사항으로서 기본재산의 변경은 정관의 변경을 초래하기 때문에 주무부장관의 허가를 받아야 하고, 따라서 기존의 기본재산을 처분하는 행위는 물론 새로이 기본재산으로 편입하는 행위도 주무부장관의 허가가 있어야만 유효하다(대판 1982.9.28, 82다카499).

[8] 학교법인이 사립학교법 제47조 제1항에 의한 해산명령을 받아 해산되고 고등교육법 제62조 제1항에 의한 학교폐쇄 처분을 받아 사실상 학교법인으로서 실체를 상실하고 기능을 수행할 수 없게 된 경우에도 사립학교법 제28조 제1항이 여전히 적용되어 그 기본재산을 처분하고자 할 때에는 관할청의 허가를 받아야 한다고 해석함이 상당하다(대판 2010.4.8, 2009다93329).

[9] 민법상 재단법인의 정관에 기본재산은 담보설정 등을 할 수 없으나 주무관청의 허가·승인을 받은 경우에는 이를 할 수 있다는 취지로 정해져 있고, 정관 규정에 따라 주무관청의 허가·승인을 받아 민법상 재단법인의 기본재산에 관하여 근저당권을 설정한 경우, 그와 같이 설정된 근저당권을 실행하여 기본재산을 매각할 때에는 주무관청의 허가를 다시 받을 필요는 없다(대결 2019.2.28, 2018마800).

## Ⅲ 법인의 소멸

### 1. 해산

**제38조【법인의 설립허가의 취소】**
법인이 목적 이외의 사업을 하거나 설립허가의 조건에 위반하거나 기타 공익을 해하는 행위를 한 때에는 주무관청은 그 허가를 취소할 수 있다.

**제77조【해산사유】**
① 법인은 존립기간의 만료, 법인의 목적의 달성 또는 달성의 불능 기타 정관에 정한 해산사유의 발생, 파산 또는 설립허가의 취소로 해산한다.
② 사단법인은 사원이 없게 되거나 총회의 결의로도 해산한다. → 이사가 하나도 없게 된 때는 해산사유가 되지 않는다.

**제78조【사단법인의 해산결의】**
사단법인은 총사원 4분의 3 이상의 동의가 없으면 해산을 결의하지 못한다. 그러나 정관에 다른 규정이 있는 때에는 그 규정에 의한다. → 제77조는 사단법인, 재단법인의 공통되는 해산사유이고, 제78조는 사단법인에만 특유한 해산사유이다.

**제79조【파산신청】**
법인이 채무를 완제하지 못하게 된 때에는 이사는 지체 없이 파산신청을 하여야 한다.

1) 민법 제38조는 "법인이 목적 이외의 사업을 하거나 설립허가의 조건에 위반하거나 기타 공익을 해하는 행위를 한 때에는 주무관청은 그 허가를 취소할 수 있다."고 규정하여 비영리법인에 관한 설립허가 취소사유를 정하고 있다. 여기서 비영리법인이 '목적 이외의 사업'을 한 때란 법인의 정관에 명시된 목적사업과 그 목적사업을 수행하는 데 직접 또는 간접으로 필요한 사업 이외의 사업을 한 때를 말하고, 이때 목적사업 수행에 필요한지는 행위자의 주관적·구체적 의사가 아닌 사업 자체의 객관적 성질에 따라 판단하여야 한다(대판 2014.1.23, 2011두25012).

2) 감독관청에 제출할 서류를 기한보다 지연하여 제출한 사실만으로 설립허가조건을 위배하였다 하여 설립허가를 취소하는 행위는 재량권의 범위를 심히 일탈한 위법한 처분이다(대판 1977. 8.23, 76누145).

3) 실제 설립허가 취소가 되어야 법인은 해산되며(제77조 제1항), 설립허가 취소사유가 있다는 것만으로는 해산되지 않는다.

## 2. 청산

> **제81조【청산법인】**
> 해산한 법인은 청산의 목적범위 내에서만 권리가 있고 의무를 부담한다.
>
> **제82조【청산인】**
> 법인이 해산한 때에는 파산의 경우를 제하고는 이사가 청산인이 된다. 그러나 정관 또는 총회의 결의로 달리 정한 바가 있으면 그에 의한다.

1) 민법상의 **청산절차에 관한 규정**은 모두 제3자의 이해관계에 중대한 영향을 미치기 때문에 이른바 **강행규정**이라고 해석되므로 이에 반하는 잔여재산의 처분행위는 특단의 사정이 없는 한 무효라고 보아야 한다(대판 1995.2.10, 94다13473).

2) 청산인은 법인의 이사와 같은 지위에 있으므로 이사에 관한 규정을 준용한다.

> **제83조【법원에 의한 청산인의 선임】**
> 전조의 규정에 의하여 청산인이 될 자가 없거나 청산인의 결원으로 인하여 손해가 생길 염려가 있는 때에는 법원은 직권 또는 이해관계인이나 검사의 청구에 의하여 청산인을 선임할 수 있다.
>
> **제84조【법원에 의한 청산인의 해임】**
> 중요한 사유가 있는 때에는 법원은 직권 또는 이해관계인이나 검사의 청구에 의하여 청산인을 해임할 수 있다.

**제85조【해산등기】**

① 청산인은 파산의 경우를 제하고는 취임 후 3주간 내에 해산의 사유 및 연월일, 청산인의 성명 및 주소와 청산인의 대표권을 제한한 때에는 그 제한을 주된 사무소 및 분사무소 소재지에서 등기하여야 한다.

② 제52조의 규정은 전항의 등기에 준용한다.

**제86조【해산신고】**

① 청산인은 파산의 경우를 제하고는 취임 후 3주간 내에 전조 제1항의 사항을 주무관청에 신고하여야 한다.

② 청산 중에 취임한 청산인은 그 성명 및 주소를 신고하면 된다.

**제87조【청산인의 직무】**

① 청산인의 직무는 다음과 같다.
　　1. 현존사무의 종결
　　2. 채권의 추심 및 채무의 변제
　　3. 잔여재산의 인도

② 청산인은 전항의 직무를 행하기 위하여 필요한 모든 행위를 할 수 있다.

**제88조【채권신고의 공고】**

① 청산인은 취임한 날부터 2개월 내에 3회 이상의 공고로 채권자에 대하여 일정한 기간 내에 그 채권을 신고할 것을 최고하여야 한다. 그 기간은 2개월 이상이어야 한다.

② 전항의 공고에는 채권자가 기간 내에 신고하지 아니하면 청산으로부터 제외될 것을 표시하여야 한다.

③ 제1항의 공고는 법원의 등기사항의 공고와 동일한 방법으로 하여야 한다.

**제89조【채권신고의 최고】**

청산인은 알고 있는 채권자에게 대하여는 각각 그 채권신고를 최고하여야 한다. 알고 있는 채권자는 청산으로부터 제외하지 못한다.

**제90조【채권신고기간 내의 변제금지】**

청산인은 제88조 제1항의 채권신고기간 내에는 채권자에 대하여 변제하지 못한다. 그러나 법인은 채권자에 대한 지연손해배상의 의무를 면하지 못한다.

**제91조【채권변제의 특례】**

① 청산 중의 법인은 변제기에 이르지 아니한 채권에 대하여도 변제할 수 있다.

② 전항의 경우에는 조건 있는 채권, 존속기간이 불확정한 채권 기타 가액의 불확정한 채권에 관하여는 법원이 선임한 감정인의 평가에 의하여 변제하여야 한다.

**제92조【청산으로부터 제외된 채권】**

청산으로부터 제외된 채권자는 법인의 채무를 완제한 후 귀속권리자에게 인도하지 아니한 재산에 대하여서만 변제를 청구할 수 있다.

**제93조【청산 중의 파산】**

① 청산 중 법인의 재산이 그 채무를 완제하기에 부족한 것이 분명하게 된 때에는 청산인은 지체 없이 파산선고를 신청하고 이를 공고하여야 한다.

② 청산인은 파산관재인에게 그 사무를 인계함으로써 그 임무가 종료한다.

③ 제88조 제3항의 규정은 제1항의 공고에 준용한다.

**제94조【청산종결의 등기와 신고】**

청산이 종결한 때에는 청산인은 3주간 내에 이를 등기하고 주무관청에 신고하여야 한다.

**제96조【준용규정】**

제58조 제2항(이사의 사무집행), 제59조~제62조(이사의 대표권, 동제한, 주의의무, 대리인선임), 제64조(특별대리인의 선임), 제65조 및 제70조(이사의 임무해태, 임시총회의 소집)의 규정은 청산인에 이를 준용한다.

---

**판례연구** ⁺ **관련판례 정리**

[1] 법인이 소멸하는 것은 청산종결등기가 된 때가 아니고 청산사무가 사실상 종결된 때이다. 청산종결의 등기가 종료한 후에도 청산사무가 종결되었다고 할 수 없는 경우에는 청산법인으로 계속 존속한다(대판 1980.4.8, 79다2036).

[2] 회사가 부채과다로 사실상 파산지경에 있어 업무도 수행하지 아니하고 대표이사나 그 외의 이사도 없는 상태에 있다고 하여도 적법한 해산절차를 거쳐 청산을 종결하기까지는 법인의 권리능력이 소멸한 것으로 볼 수 없다(대판 1985.6.25, 84다카1954).

---

## 3. 잔여재산의 귀속

**제80조【잔여재산의 귀속】**

① 해산한 법인의 재산은 정관으로 지정한 자에게 귀속한다.

② 정관으로 귀속권리자를 지정하지 아니하거나 이를 지정하는 방법을 정하지 아니한 때에는 이사 또는 청산인은 주무관청의 허가를 얻어 그 법인의 목적에 유사한 목적을 위하여 그 재산을 처분할 수 있다. 그러나 사단법인에 있어서는 총회의 결의가 있어야 한다.

③ 전2항의 규정에 의하여 처분되지 아니한 재산은 국고에 귀속한다.

**1)** 잔여재산의 귀속순서는 ① 정관으로 지정한 자(제80조 제1항), ② 법인의 목적에 유사한 목적을 위한 처분(제80조 제2항 → 사단법인인 경우는 총회의 결의 필요), ③ 국고귀속(제80조 제3항) 순서에 의한다.

2) 민법 제80조 제1항과 제2항의 각 규정 내용을 대비하여 보면, 법인 해산시 잔여재산의 귀속 권리자를 직접 지정하지 아니하고 사원총회나 이사회의 결의에 따라 이를 정하도록 하는 등 간접적으로 그 귀속권리자의 지정방법을 정해 놓은 정관 규정도 유효하다(대판 1995.2.10, 94다 13473).

3) 이사 전원의 결의로 잔여재산을 처분하도록 한 정관의 규정은 성질상 등기하여야만 제3자에게 대항할 수 있는 청산인의 대표권의 제한으로 볼 수 없다(대판 1995.2.10, 94다13473).

4) 해산한 법인이 해산시 잔여재산이 지정한 자에게 귀속한다는 정관 규정에 따라 구체적으로 확정된 잔여재산이전의무의 이행으로서 잔여재산인 토지를 그 귀속권리자에게 이전하는 것은 채무의 이행에 불과하므로, 그 귀속권리자의 대표자를 겸하고 있던 해산한 법인의 대표청산인에 의하여 잔여재산 토지에 관한 소유권이전등기가 그 귀속권리자에게 경료되었다고 하더라도 이는 쌍방대리금지 원칙에 반하지 않는다(대판 2000.12.8, 98두5279).

## IV 법인의 등기 등

### 1. 법인의 등기

**제49조 【법인의 등기사항】**
① 법인설립의 허가가 있는 때에는 3주간 내에 주된 사무소 소재지에서 설립등기를 하여야 한다.
② 전항의 등기사항은 다음과 같다.
1. 목적
2. 명칭
3. 사무소
4. 설립허가의 연월일
5. 존립시기나 해산이유를 정한 때에는 그 시기 또는 사유
6. 자산의 총액
7. 출자의 방법을 정한 때에는 그 방법
8. 이사의 성명, 주소
9. 이사의 대표권을 제한한 때에는 그 제한

**제50조 【분사무소설치의 등기】**
① 법인이 분사무소를 설치한 때에는 주사무소 소재지에서는 3주간 내에 분사무소를 설치한 것을 등기하고 그 분사무소 소재지에서는 동 기간 내에 전조 제2항의 사항을 등기하고 다른 분사무소소재지에서는 동 기간 내에 그 분사무소를 설치한 것을 등기하여야 한다.
② 주사무소 또는 분사무소의 소재지를 관할하는 등기소의 관할구역 내에 분사무소를 설치한 때에는 전항의 기간 내에 그 사무소를 설치한 것을 등기하면 된다.

**제51조【사무소이전의 등기】**
① 법인이 그 사무소를 이전하는 때에는 구소재지에서는 3주간 내에 이전등기를 하고, 신소재지에서는 동 기간 내에 제49조 제2항에 게기한 사항을 등기하여야 한다.
② 동일한 등기소의 관할구역 내에서 사무소를 이전한 때에는 그 이전한 것을 등기하면 된다.

**제52조【변경등기】**
제49조 제2항의 사항 중에 변경이 있는 때에는 3주간 내에 변경등기를 하여야 한다.

**제52조의2【직무집행정지 등 가처분의 등기】**
이사의 직무집행을 정지하거나 직무대행자를 선임하는 가처분을 하거나 그 가처분을 변경·취소하는 경우에는 주사무소와 분사무소가 있는 곳의 등기소에서 이를 등기하여야 한다.

**제53조【등기기간의 기산】**
전3조의 규정에 의하여 등기할 사항으로 관청의 허가를 요하는 것은 그 허가서가 도착한 날부터 등기의 기간을 기산한다.

**제54조【설립등기 이외의 등기의 효력과 등기사항의 공고】**
① 설립등기 이외의 본 절의 등기사항은 그 등기 후가 아니면 제3자에게 대항하지 못한다.
② 등기한 사항은 법원이 지체 없이 공고하여야 한다.

민법 제54조 제1항, 제85조 제1항의 규정에 따르면 법인이 해산한 경우에 청산인은 파산의 경우를 제외하고 해산등기를 하기 전에는 제3자에게 해산사실을 대항할 수 없다(대판 1984.9.25, 84다카493).

## 2. 법인의 감독

**제37조【법인의 사무의 검사, 감독】**
법인의 사무는 주무관청이 검사, 감독한다.
→ 본조는 평시의 사무검사·감독을 주무관청이 한다는 것을 의미하고, 해산·청산시에는 법원이 사무를 검사·감독한다는 것을 유의한다(제95조).

**제95조【해산, 청산의 검사, 감독】**
법인의 해산 및 청산은 법원이 검사, 감독한다.

### 1) 주무관청의 감독사항

비영리법인의 허가, 정관변경 허가, 법인의 사무 검사·감독, 법인의 설립허가 취소 등이 이에 해당한다.

## 2) 법원의 감독사항

임시이사·특별대리인 선임, 파산선고, 청산인 선임·해임, 법인의 해산, 청산의 검사·감독 등이 이에 해당한다.

## 3. 벌칙

**제97조【벌칙】**

법인의 이사, 감사 또는 청산인은 다음 각 호의 경우에는 500만원 이하의 과태료에 처한다. → 총회소집절차를 위반한 경우에는 과태료를 물지 않는다.

1. 본장에 규정한 등기를 해태한 때
2. 제55조의 규정에 위반하거나 재산목록 또는 사원명부에 부정기재를 한 때
3. 제37조, 제95조에 규정한 검사, 감독을 방해한 때
4. 주무관청 또는 총회에 대하여 사실 아닌 신고를 하거나 사실을 은폐한 때
5. 제76조와 제90조의 규정에 위반한 때
6. 제79조, 제93조의 규정에 위반하여 파산선고의 신청을 해태한 때
7. 제88조, 제93조에 정한 공고를 해태하거나 부정한 공고를 한 때

# 제6관 법인 아닌 사단과 재단

## Ⅰ 법인 아닌 사단(비법인사단)

## 1. 의의

법인 아닌 사단이란 사단으로서의 실체는 가지고 있지만 주무관청의 허가를 얻어 설립등기를 마치지 않아 법인격을 갖지 못한 조직형태를 말한다.

## 2. 성립요건

1) 비법인사단이 되기 위해서는 사단으로서의 실체를 갖추는 조직행위가 있어야 하는데 이에 대해 판례는 "① 어떤 단체가 고유의 목적을 가지고 사단적 성격을 가지는 규약을 만들어 이에 근거하여 의사결정기관 및 집행기관인 대표자를 두는 등의 조직을 갖추고 있고, ② 기관의 의결이나 업무집행방법이 다수결의 원칙에 의하여 행하여지며, ③ 구성원의 가입, 탈퇴 등으로 인한 변경에 관계없이 단체 그 자체가 존속되고, ④ 그 조직에 의하여 대표의 방법, 총회나 이사회 등의 운영, 자본의 구성, 재산의 관리 기타 단체로서의 주요사항이 확정되어 있는 경우에는 비법인사단으로서의 실체를 가진다고 할 것이다"라고 한다.

**2)** 다만 '종중'의 경우에는 자연발생적 집단이므로 예외적으로 특별한 조직행위 없이도 당연히 비법인사단으로 성립될 수 있다.

## 3. 비법인사단의 법률관계

### 1) 사단법인 규정의 유추적용(범위)

(1) 민법은 권리능력 없는 사단의 법적 지위에 관한 규정을 두고 있지 않지만, 권리능력 없는 사단은 법인등기를 하지 않았을 뿐 법인의 실질을 갖고 있는 것이므로 사단법인에 관한 민법의 규정 중에서 법인격을 전제로 하는 것을 제외하고는 법인격 없는 사단에 유추적용해야 한다.

(2) 따라서 사단의 권리능력, 행위능력, 대표기관의 권한과 그 대표의 형식, 사단의 불법행위능력 등은 모두 사단법인의 규정을 유추적용한다.

(3) **비법인사단의 경우에는** 대표자의 대표권 제한에 관하여 등기할 방법이 없어 **민법 제60조의 규정을 준용할 수 없고,** 비법인사단의 대표자가 정관에서 사원총회의 결의를 거쳐야 하도록 규정한 대외적 거래행위에 관하여 이를 거치지 아니한 경우라도, 이와 같은 사원총회 결의사항은 비법인사단의 내부적 의사결정에 불과하다 할 것이므로, 그 거래 상대방이 그와 같은 대표권 제한 사실을 알았거나 알 수 있었을 경우가 아니라면 그 거래행위는 유효하다고 봄이 상당하다(대판 2003.7.22, 2002다64780).

(4) 사단법인의 사원의 지위는 양도 또는 상속할 수 없다고 규정한 민법 제56조의 규정은 강행규정이라고 할 수 없으므로, 비법인사단에서도 사원의 지위는 규약이나 관행에 의하여 양도 또는 상속될 수 있다.

### 2) 재산귀속관계

(1) 법인격 없는 사단의 소유관계는 총유이다(제275조 제1항). 비법인사단재산의 관리 · 처분의 권능은 단체에게 귀속되고(제276조 제1항), 각 구성원들은 사용 · 수익만을 할 수 있다(제276조 제2항).

(2) 총유물의 관리 및 처분행위는 사원총회의 결의에 의하여야 한다(제276조 제1항). 따라서 **사원총회의 결의 없이 총유물을 처분하는 행위는 무효이다. 이 경우 제126조의 표현대리도 성립될 수 없다.**

**판례**

**주택조합의 대표자가 조합원 총회의 결의를 거치지 아니하고 건물을 처분한 행위에 관하여 민법 제126조 표현대리에 관한 규정을 준용할 수 있는지 여부**(소극)

비법인사단인 피고 주택조합의 대표자가 조합총회의 결의를 거쳐야 하는 조합원 총유에 속하는 재산의 처분에 관하여는 조합원 총회의 결의를 거치지 아니하고는 이를 대리하여 결정할 권한이 없다 할 것이어서 피고 주택조합의 대표자가 행한 총유물인 이 사건 건물의 처분행위에 관하여는 민법 제126조의 표현대리에 관한 규정이 준용될 여지가 없다 할 것이다(대판 2003.7.11, 2001다73626).

(3) 보존행위에 대해서는 민법 규정이 없지만 정관 또는 규약에 다른 규정이 없으면 총유재산의 보존행위 역시 사원총회의 결의를 거쳐야 한다는 것이 판례이다.

**판례연구** **관련판례 정리**

[1] 사단법인의 하부조직의 하나라 하더라도 스스로 단체로서의 실체를 갖추고 독자적인 활동을 하고 있다면 사단법인과는 별개의 독립된 비법인사단으로 볼 수 있다(대판 2009.1.30, 2006다60908).

[2] 총유물의 관리 및 처분행위라 함은 총유물 그 자체에 관한 법률적·사실적 처분행위와 이용·개량행위를 말하는 것으로서 재건축조합이 재건축사업의 시행을 위하여 설계용역 계약을 체결하는 것은 단순한 채무부담행위에 불과하여 총유물 그 자체에 대한 관리 및 처분행위라고 볼 수 없다(대판 2003.7.22, 2002다64780).

[3] 민법 제276조 제1항에서 말하는 총유물의 관리 및 처분이라 함은 총유물 그 자체에 관한 이용·개량행위나 법률적·사실적 처분행위를 의미하는 것이므로, 비법인사단이 타인간의 금전채무를 보증하는 행위는 총유물 그 자체의 관리·처분이 따르지 아니하는 단순한 채무부담행위에 불과하여 이를 총유물의 관리·처분행위라고 볼 수는 없다. 따라서 비법인사단인 재건축조합의 조합장이 채무보증계약을 체결하면서 조합규약에서 정한 조합 임원회의 결의를 거치지 아니하였다거나 조합원총회 결의를 거치지 않았다고 하더라도 그것만으로 바로 그 보증계약이 무효라고 할 수는 없다(대판(전) 2007.4.19, 2004다60072·60089).

[4] 종중은 민법상의 비법인사단에 해당하고, 민법 제275조, 제276조 제1항이 총유물의 관리 및 처분에 관하여는 정관이나 규약에 정한 바가 있으면 그에 의하고 정관이나 규약에서 정한 바가 없으면 사원총회의 결의에 의하도록 규정하고 있으므로, 이러한 절차를 거치지 아니한 총유물의 관리·처분행위는 무효라 할 것이나, 위 법조에서 말하는 총유물이 관리 및 처분이라 함은 총유물 그 자체에 관한 이용·개량행위나 법률적·사실적 처분행위를 의미하는 것이므로, 피고 종중이 그 소유의 이 사건 토지의 매매를 중개한 중개업자에게 중개수수료를 지급하기로 하는 약정을 체결하는 것은 총유물 그 자체의 관리·처분이 따르지 아니하는 단순한 채무부담행위에 불과하여 이를 총유물의 관리·처분행위라고 할 수 없다(대판 2012.4.12, 2011다107900).

[5] 법인 아닌 사단의 구성원 중 일부가 탈퇴하여 새로운 법인 아닌 사단을 설립하거나, 법인 아닌 사단이 해산한 후 그 구성원들이 나뉘어 여러 개의 법인 아닌 사단들을 설립하는 경우, 종전의 법인 아닌 사단의 구성원들이 총유의 형태로 소유하고 있는 재산을 새로이 설립된 법인 아닌 사단의 구성원들에게 양도하는 것은 허용된다(대판 2008.1.31, 2005다60871).

[6] 총유재산에 관한 소송은 법인 아닌 사단이 그 명의로 사원총회의 결의를 거쳐 하거나 또는 그 구성원 전원이 당사자가 되어 필수적 공동소송의 형태로 할 수 있을 뿐이다. 그러므로 그 사단의 구성원은 설령 그가 사단의 대표자라거나 사원총회의 결의를 거쳤다고 하더라도 그 소송의 당사자가 될 수 없다. 이러한 법리는 총유재산의 보존행위로서 소를 제기하는 경우에도 마찬가지이다(대판 2007.7.26, 2006다64573; 대판(전) 2005.9.15, 2004다44971).

[7] 비법인사단(원고 '유기견에게 사랑을 주세요')이 당사자인 사건에서 대표자에게 적법한 대표권이 있는지는 소송요건에 관한 것으로서 법원의 직권조사사항이므로 비법인사단 대표자의 대표권 유무가 의심스러운 경우에 법원은 이를 직권으로 조사하여야 하고, 비법인사단이 총유재산에 관한 소송을 제기할 때에는 정관에 다른 정함이 있다는 등의 특별한 사정이 없는 한 사원총회 결의를 거쳐야 하므로 비법인사단이 이러한 사원총회 결의 없이 그 명의로 제기한 소송은 소송요건이 흠결된 것으로서 부적법하다(대판 2013.4.25, 2012다118594).

[8] 구 주택건설촉진법(2003.5.29. 법률 제6916호 주택법으로 전부 개정되기 전의 것)에 의하여 설립된 주택조합은 민법상 조합이 아니라 비법인 사단에 해당하므로, 민법의 법인에 관한 규정 중 법인격을 전제로 하는 조항을 제외한 나머지 조항들이 원칙적으로 준용된다. 따라서 그 조합이 사업을 수행하면서 부담하게 된 채무를 조합의 재산으로 변제할 수 없게 되었다고 하더라도 그 채무는 조합에 귀속되고, 정관 기타 규약에 따라 조합원총회 등에서 조합의 자산과 부채를 정산하여 그 채무초과분을 조합원들에게 분담시키는 결의를 하지 않는 한, 조합원이 곧바로 조합에 대하여 그 지분 비율에 따른 분담금 채무를 부담하지 않는다(대판 2021.12.30, 2017다203299).

## 4. 종중 - 판례 등의 정리

### 1) 의의

공동선조의 분묘수호와 제사 및 종원 상호 간의 친목을 도모할 목적으로, 공동선조의 자손 중 성년 이상의 남녀를 종원으로 하여 구성되는 자연발생적 종족단체이다.

### 2) 성립

(1) 고유 의미의 종중이란 공동선조의 분묘 수호와 제사 및 종중원 상호 간의 친목 등을 목적으로 하는 자연발생적인 관습상의 종족집단체로서 특별한 조직행위를 필요로 하는 것이 아니고, 공동선조의 후손 중 성년 이상의 남자는 당연히 그 종중원이 되는 것이며 그 중 일부 종중원을 임의로 그 종중원에서 배제할 수 없는 것이므로, 종중총회의 결의나 규약에서 일부 종중원의 자격을 임의로 제한하였다면 그 총회의 결의나 규약은 종중의 본질에 반하여 무효이고, 공동선조의 후손 중 특정 지역 거주자나 특정 범위 내의 자들만으로 구성된 종중이란 있을 수 없으므로, 만일 공동선조의 후손 중 특정 지역 거주자나 지파 소속 종중원만으로 조직체를 구성하여 활동하고 있다면 이는 본래의 의미의 종중으로는 볼 수 없고, 종중 유사의 권리능력 없는 사단이 될 수 있을 뿐이다(대판 1996.10.11, 95다34330).

(2) 종원은 자기의사와 무관하게 종중의 구성원이 되고, 종중에서 탈퇴할 수 없고 종중도 종원을 축출할 수 없으므로, 일부 종원에 대하여 그 자격을 박탈하는 규약은 종중의 본질에 반하는 것으로서 무효이다(대판 1983.2.8, 80다1194).

(3) 종중이 '그 구성원인 종원에 대하여 그 자격을 박탈하는 소위 할종(割宗)' 및 '10년 이상 종원의 자격(각종의 회의에의 참석권·발언권·의결권·피선거권·선거권)을 정지하는 징계처분'은 비록 그 같은 관행이 있다고 하더라도, 이것은 공동선조의 후손으로서 혈연관계를 바탕으로 하여 자연적으로 구성되는 종족단체인 종중의 본질에 반한다. 따라서 그러한 관행이나 징계처분은 위법 무효이므로, 피징계자인 종중원으로서의 신분이나 지위를 박탈하는 효력이 없다(대판 2006. 10.26, 2004다47024; 대판 1983.2.8, 80다1194).

### 3) 법률관계

#### (1) 소집통지

① 사단법인의 총회소집에 관한 규정이 준용되며, 이에 위반한 때는 특별한 사정이 없는 한 총회결의가 무효이다. 즉, 적법한 소집권자에 의하여 소집되지 않은 총회에서 한 대표자 선임결의는 효력이 없다(대판 1990.11.13, 90다28542).

② 일부 종원에게 소집통지를 하지 않고 개최된 종중총회의 결의도 원칙적으로 효력이 없다. 다만 나중에 적법하게 소집된 종중총회에서 추인하면 처음부터 유효하게 된다(대판 1995. 6.16, 94다53563).

③ 소집통지의 방법은 반드시 직접 서면으로 하여야 하는 것은 아니고 구두 또는 전화로 하여도 되고, 다른 종중원이나 세대주를 통하여 하여도 무방하다(대판 2000.2.15, 99다20155).

④ 종중의 족보에 종중원으로 등재된 성년 여성들에게 소집통지를 함이 없이 개최된 종중 임시총회에서의 결의는 모두 무효이다(대판 2007.9.6, 2007다34982). <대판(전) 2005.7.21, 2002다1178> 이후에는 공동 선조의 자손인 성년 여자도 종중원이므로, 종중 총회 당시 남자 종중원들에게만 소집통지를 하고 여자 종중원들에게 소집통지를 하지 않은 경우 그 종중 총회에서의 결의는 효력이 없다(대판 2010.2.11, 2009다83650).

#### (2) 보존행위

종중이 그 총유재산에 대한 보존행위로서 소송을 하는 경우, 종중 총회의 결의를 거쳐야 한다.
→ 총유물의 보존에 있어서는 공유물의 보존에 관한 민법 제265조의 규정이 적용될 수 없고, 특별한 사정이 없는 한 민법 제276조 제1항의 규정에 따라 사원총회의 결의를 거쳐야 하므로, 법인 아닌 사단인 종중이 그 총유재산에 대한 보존행위로서 소송을 하는 경우에도 특별한 사정이 없는 한 종중 총회의 결의를 거쳐야 한다(대판 2010.2.11, 2009다83650).

## (3) 처분행위

① 종중의 재산은 종중의 총유에 해당하므로, 그 관리·처분은 종중규약에 정한 바 있으면 그에 따르고, 없으면 종중총회의 결의에 의한다(대판 1994.9.30, 93다27703 등). 따라서 총회결의 없는 종중재산처분은 무효(대판 2000.10.27, 2000다22881)이며 상대방은 표현대리를 주장할 수 없고, 법인의 불법행위책임을 추궁해야 한다. 또한 종중원이 종산에 분묘를 설치하는 행위는 단순한 사용·수익에 불과한 것이 아니고, 관습법에 의한 지상권 유사의 물권을 취득하게 되는 처분행위에 해당하므로, 종중의 결의가 필요하다(대판 1967.7.18, 66다1600).

② 비법인사단인 종중의 토지 매각대금은 종원의 총유에 속하고, 그 매각대금의 분배는 총유물의 처분에 해당하므로, 정관 기타 규약에 달리 정함이 없는 한 종중총회의 결의에 의하여 그 매각대금을 분배할 수 있고, 그 분배 비율, 방법, 내용 역시 결의에 의하여 자율적으로 결정할 수 있다. 그러나 종중은 공동선조의 분묘수호와 제사 및 종원 상호 간의 친목 등을 목적으로 하여 구성되는 자연발생적인 종족집단으로 그 공동선조와 성과 본을 같이하는 후손은 그 의사와 관계없이 성년이 되면 당연히 그 구성원(종원)이 되는 종중의 성격에 비추어, 종중재산의 분배에 관한 종중총회의 결의 내용이 현저하게 불공정하거나 선량한 풍속 기타 사회질서에 반하는 경우 또는 종원의 고유하고 기본적인 권리의 본질적인 내용을 침해하는 경우 그 결의는 무효이다. 여기서 종중재산의 분배에 관한 종중총회의 결의 내용이 현저하게 불공정한 것인지 여부는 종중재산의 조성 경위, 종중재산의 유지·관리에 대한 기여도, 종중행사 참여도를 포함한 종중에 대한 기여도, 종중재산의 분배 경위, 전체 종원의 수와 구성, 분배 비율과 그 차등의 정도, 과거의 재산분배 선례 등 제반 사정을 고려하여 판단하여야 한다(대판 2010.9.9, 2007다42310, 42327).

③ 총유물인 종중 토지 매각대금의 분배는 정관 기타 규약에 달리 정함이 없는 한 종중총회의 결의에 의하여만 처분할 수 있고 이러한 분배결의가 없으면 종원이 종중에 대하여 직접 분배청구를 할 수 없다. 따라서 종중 토지 매각대금의 분배에 관한 종중총회의 결의가 무효인 경우, 종원은 그 결의의 무효확인 등을 소구하여 승소판결을 받은 후 새로운 종중총회에서 공정한 내용으로 다시 결의하도록 함으로써 그 권리를 구제받을 수 있을 뿐이고 새로운 종중총회의 결의도 거치지 아니한 채 종전 총회결의가 무효라는 사정만으로 곧바로 종중을 상대로 하여 스스로 공정하다고 주장하는 분배금의 지급을 구할 수는 없다(대판 2010.9.9, 2007다42310, 42327).

④ 비법인사단인 종중의 토지에 대한 수용보상금은 종원의 총유에 속하고, 그 수용보상금의 분배는 총유물의 처분에 해당하므로, 정관 기타 규약에 달리 정함이 없는 한 종중총회의 결의에 의하여 그 수용보상금을 분배할 수 있고, 그 분배 비율, 방법, 내용 역시 결의에 의하여 자율적으로 결정할 수 있다(대판 2010.9.30, 2007다74775).

### ⑷ 기타

① 종중도 그 명의로 시효취득할 수 있다(대판 1983.4.12, 82누4214).

② 부동산실명법 제정 후에도 종중소유의 부동산을 일부 종원에게 명의신탁하는 것은 유효하며, 종래의 명의신탁이론이 적용된다(부동산실명법 제8조). 그러나 부동산실명법의 제정목적, 위 조항에 의한 특례의 인정취지, 다른 비법인사단과의 형평성 등을 고려할 때 위 조항에서 말하는 종중은 고유의 의미의 종중만을 가리키고, 종중유사의 비법인사단은 포함되지 않는다. 따라서 공동선조의 후손 중 특정지역거주자나 지파소속종중원만으로 조직체를 구성하여 활동하는 종중유사의 비법인사단은 부동산실명법 제8조 제1호의 종중에 포함되지 않는다(대판 2007.10.25, 2006다14165).

③ 종중도 그 자체 명의로 소유권취득 및 등기할 수 있고(부동산등기법 제26조), 그 대표자가 정해져 있으면 소송법상 당사자능력이 있다(민사소송법 제52조).

④ 종중총회의 결의방법에 있어 종중규약에 다른 규정이 없는 이상 종원은 서면이나 대리인으로 결의권을 행사할 수 있으므로 일부 종원이 총회에 직접 출석하지 아니하고 다른 출석종원에 대한 위임장 제출방식에 의하여 종중의 대표자 선임 등에 관한 결의권을 행사하는 것도 허용된다(대판 2000.2.25, 99다20155).

## 4) 종중 유사단체 – 사적 단체

⑴ 인위적인 조직행위를 거쳐 성립된 종중 유사단체의 회칙 등에서 공동선조의 후손 중 남성만으로 구성원을 한정하고 있는 경우, 그러한 사정만으로 회칙 등이 무효로 되는지 여부(소극)

종중 유사단체는 비록 그 목적이나 기능이 고유한 의미의 종중과 별다른 차이가 없다 하더라도 공동선조의 후손 중 일부에 의하여 인위적인 조직행위를 거쳐 성립된 경우에는 사적 임의단체라는 점에서 자연발생적인 종족집단인 고유한 의미의 종중과 그 성질을 달리하므로, 그러한 경우에는 사적 자치의 원칙 내지 결사의 자유에 따라 그 구성원의 자격이나 가입조건을 자유롭게 정할 수 있음이 원칙이다. 따라서 그러한 종중 유사단체의 회칙이나 규약에서 공동선조의 후손 중 남성만으로 그 구성원을 한정하고 있다 하더라도 특별한 사정이 없는 한 이는 사적 자치의 원칙 내지 결사의 자유의 보장범위에 포함되고, 위 사정만으로 그 회칙이나 규약이 양성평등 원칙을 정한 헌법 제11조 및 민법 제103조를 위반하여 무효라고 볼 수는 없다(대판 2011.2.24, 2009다17783).

(2) 종중 유사의 권리능력 없는 사단은 창립총회를 열어 정식의 조직체계를 갖추지 않았더라도 공동의 목적을 달성하기 위하여 공동의 재산을 형성하고 일을 주도하는 사람을 중심으로 계속적으로 사회적인 활동을 하여 왔다면 이미 그 무렵부터 단체로서의 실체가 존재한다고 하여야 하는지 여부(적극) 및 위 사람들이 어느 시점에 비로소 창립총회를 열어 조직체로서의 실체를 갖춘 경우, 그 이전부터 행한 행위나 그때까지 형성한 재산이 위 조직에 귀속되는지 여부(원칙적 적극)

종중 유사의 권리능력 없는 사단은 반드시 총회를 열어 성문화된 규약을 만들고 정식의 조직체계를 갖추어야만 비로소 단체로서 성립하는 것이 아니라, 실질적으로 공동의 목적을 달성하기 위하여 공동의 재산을 형성하고 일을 주도하는 사람을 중심으로 계속적으로 사회적인 활동을 하여 온 경우에는 이미 그 무렵부터 단체로서의 실체가 존재한다고 하여야 한다. 계속적으로 공동의 일을 수행하여 오던 일단의 사람들이 어느 시점에 이르러 비로소 창립총회를 열어 조직체로서의 실체를 갖추었다면, 그 실체로서의 조직을 갖추기 이전부터 행한 행위나 또는 그때까지 형성한 재산은, 다른 특별한 사정이 없는 한, 모두 이 사회적 실체로서의 조직에게 귀속되는 것으로 봄이 타당하다(대판 2019.2.14, 2018다264628).

(3) 자연발생적으로 형성된 고유 의미의 종중이 아니라 그 구성원 중 일부만으로 범위를 제한한 종중 유사의 권리능력 없는 사단이 성립되었는지 판단할 때, 특히 고려하여야 할 사항

자연발생적으로 형성된 고유 의미의 종중(이하 '고유 종중'이라 한다)이 아니라 그 구성원 중 일부만으로 범위를 제한한 종중 유사의 권리능력 없는 사단(이하 '종중 유사단체'라고 한다)의 성립을 인정하려면, 고유 종중이 소를 제기하는 데 필요한 여러 절차(종중원 확정, 종중 총회 소집, 총회 결의, 대표자 선임 등)를 우회하거나 특정 종중원을 배제하기 위한 목적에서, 단체의 실질이 고유 종중인데도 종중 유사단체임을 표방하였다고 볼 여지가 없는지 그 성격을 신중하게 판단하여야 한다(대판 2019.2.14, 2018다264628).

(4) 통합종중

① 고유한 의미의 종중은 공동선조의 후손들에 의하여 그 선조의 분묘수호와 제사 및 후손 상호 간의 친목을 목적으로 형성되는 자연발생적인 종족단체로서 그 선조의 사망과 동시에 그 자손에 의하여 성립하므로, 같은 혈족이지만 공동선조를 달리 하던 별개의 소종중이 통합하여 새로 구성된 종족집단으로서의 통합종중은 고유한 의미의 종중이 아니긴 하지만 그 단체로서의 실체를 인정할 수 있을 경우에는 종중 유사의 권리능력 없는 사단으로서 단체성만을 인정할 수 있고, 그 경우에도 자연발생적 집단으로서 선조의 사망과 동시에 자손에 의하여 자연발생적으로 성립하는 고유한 의미의 종중인 통합 전 소종중의 객관적 실체가 없어지는 것은 아니다.

② 통합종중의 규약에서 통합 전 소종중의 재산이 통합종중에 귀속되는 것으로 정하였다 하더라도 통합 전 소종중원의 총유에 속하는 재산의 처분에 관하여는 그 소종중의 규약 혹은 종중총회결의에 따른 적법한 처분절차를 거치지 아니하는 이상 그 유효성을 인정할 수 없고, 그 주장입증에 대한 책임은 처분행위의 유효를 주장하는 측에 있다(대판 2008.10.9, 2008다41567).

## 5. 교회 – 판례 정리

### 1) [대판 2006.4.20, 2004다37775]

[1] 우리 민법이 사단법인에 있어서 구성원의 탈퇴나 해산은 인정하지만 사단법인의 구성원들이 2개의 법인으로 나뉘어 각각 독립한 법인으로 존속하면서 종전 사단법인에게 귀속되었던 재산을 소유하는 방식의 사단법인의 분열은 인정하지 아니한다. 그 법리는 법인 아닌 사단에 대하여도 동일하게 적용되며, 법인 아닌 사단의 구성원들의 집단적 탈퇴로써 사단이 2개로 분열되고 분열되기 전 사단의 재산이 분열된 각 사단들의 구성원들에게 각각 총유적으로 귀속되는 결과를 초래하는 형태의 법인 아닌 사단의 분열은 허용되지 않는다. 교회가 법인 아닌 사단으로서 존재하는 이상, 그 법률관계를 둘러싼 분쟁을 소송적인 방법으로 해결함에 있어서는 법인 아닌 사단에 관한 민법의 일반 이론에 따라 교회의 실체를 파악하고 교회의 재산 귀속에 대하여 판단하여야 하고, 이에 따라 법인 아닌 사단의 재산관계와 그 재산에 대한 구성원의 권리 및 구성원 탈퇴, 특히 집단적인 탈퇴의 효과 등에 관한 법리는 교회에 대하여도 동일하게 적용되어야 한다. 따라서 교인들은 교회 재산을 총유의 형태로 소유하면서 사용·수익할 것인데, 일부 교인들이 교회를 탈퇴하여 그 교회 교인으로서의 지위를 상실하게 되면 탈퇴가 개별적인 것이든 집단적인 것이든 이와 더불어 종전 교회의 총유 재산의 관리처분에 관한 의결에 참가할 수 있는 지위나 그 재산에 대한 사용·수익권을 상실하고, 종전 교회는 잔존 교인들을 구성원으로 하여 실체의 동일성을 유지하면서 존속하며 종전 교회의 재산은 그 교회에 소속된 잔존 교인들의 총유로 귀속됨이 원칙이다. 그리고 교단에 소속되어 있던 지교회의 교인들의 일부가 소속 교단을 탈퇴하기로 결의한 다음 종전 교회를 나가 별도의 교회를 설립하여 별도의 대표자를 선정하고 나아가 다른 교단에 가입한 경우, 그 교회는 종전 교회에서 집단적으로 이탈한 교인들에 의하여 새로이 법인 아닌 사단의 요건을 갖추어 설립된 신설 교회라 할 것이어서, 그 교회 소속 교인들은 더 이상 종전 교회의 재산에 대한 권리를 보유할 수 없게 된다.

[2] 특정 교단에 가입한 지교회가 교단이 정한 헌법을 지교회 자신의 자치규범으로 받아들였다고 인정되는 경우에는 소속 교단의 변경은 실질적으로 지교회 자신의 규약에 해당하는 자치규범을 변경하는 결과를 초래하고, 만약 지교회 자신의 규약을 갖춘 경우에는 교단변경으로 인하여 지교회의 명칭이나 목적 등 지교회의 규약에 포함된 사항의 변경까지 수반하기 때문에, 소속 교단에서의 탈퇴 내지 소속 교단의 변경은 사단법인 정관변경에 준하여 의결권을 가진 교인 2/3 이상의 찬성에 의한 결의를 필요로 하고, 그 결의요건을 갖추어 소속 교단을 탈퇴하거나 다른 교단으로 변경한 경우에 종전 교회의 실체는 이와 같이 교단을 탈퇴한 교회로서 존속하고 종전 교회 재산은 위 탈퇴한 교회 소속 교인들의 총유로 귀속된다.

## 2) [대판 2008.2.28, 2007다37394 · 37400]

교회가 그 실체를 갖추어 법인 아닌 사단으로 성립한 경우에 교회의 대표자가 교회를 위하여 취득한 권리의무는 교회에 귀속되니, 교회가 아직 실체를 갖추지 못하여 법인 아닌 사단으로 성립하기 전에 설립의 주체인 개인이 취득한 권리의무는 그것이 앞으로 성립할 교회를 위한 것이라 하더라도 바로 법인 아닌 사단인 교회에 귀속될 수는 없고, 또한 설립 중의 회사의 개념과 법적 성격에 비추어, 법인 아닌 사단인 교회가 성립하기 전의 단계에서 설립 중의 회사의 법리를 유추적용할 수는 없다.

## 3) [대판 2009.2.12, 2006다23312]

비법인사단인 교회의 대표자는 총유물인 교회 재산의 처분에 관하여 교인총회의 결의를 거치지 아니하고는 이를 대표하여 행할 권한이 없다. 그리고 교회의 대표자가 권한 없이 행한 교회 재산의 처분행위에 대하여는 민법 제126조의 표현대리에 관한 규정이 준용되지 아니한다.

## Ⅱ 법인 아닌 재단(비법인재단)

1) 법인 아닌 재단이란 재단의 실체(일정한 목적재산)를 가지고 있으나 아직 설립등기를 마치지 않아 법인격을 갖지 못한 조직형태를 말한다.

2) 법인 아닌 재단에도 재단법인에 관한 규정 중 법인격을 전제로 하는 것을 제외한 나머지 규정들을 유추적용한다.

3) 법인 아닌 재단도 등기능력과 당사자능력이 인정된다. 재산소유형태와 관련해서 부동산에 관한 권리는 법인 아닌 재단의 단독소유에 속한다(부동산등기법 제26조).

✦ 비법인사단과 조합의 비교

| 구분 | 비법인사단 | 조합 |
|---|---|---|
| 구별기준과 예 | • 민법상의 조합과 법인격은 없으나 사단성이 인정되는 비법인사단을 구별함에 있어서는 일반적으로 그 단체성의 강약을 기준으로 판단하여야 하는바, 조합은… 어느 정도 단체성에서 오는 제약을 받게 되는 것이지만 구성원의 개인성이 강하게 드러나는 인적 결합체인 데 비하여 비법인사단은 구성원의 개인성과는 별개로 권리의무의 주체가 될 수 있는 독자적 존재로서의 단체적 조직을 가지는 특성이 있다 하겠는데, 민법상 조합의 명칭을 가지고 있는 단체라 하더라도 고유의 목적을 가지고 사단적 성격을 가지는 규약을 만들어 이에 근거하여 의사결정기관 및 집행기관인 대표자를 두는 등의 조직을 갖추고 있고, 기관의 의결이나 업무집행방법이 다수결의 원칙에 의하여 행해지며, 구성원의 가입, 탈퇴 등으로 인한 변경에 관계없이 단체 그 자체가 존속되고, 그 조직에 의하여 대표의 방법, 총회나 이사회 등의 운영, 자본의 구성, 재산의 관리 기타 단체로서의 주요사항이 확정되어 있는 경우에는 비법인사단으로서의 실체를 가진다고 할 것이다(대판 1992.7.10, 92다2431). <br>• 비법인사단의 例: 아파트입주자대표회의(단체), 자연부락, 종중, 교회 ○ <br>• 서울대학교는 국가가 설립·경영하는 학교임은 공지의 사실이고, 학교는 법인도 아니고 대표자 있는 법인격 없는 사단 또는 재단도 아닌 교육시설의 명칭(영조물)에 불과하여 민사소송에 있어서 당사자능력을 인정할 수 없다. | |
| 재산소유 형태 | 총유(채무는 구성원에게 준총유로 부담) | 합유 |
| 권리능력 | 부정(구성원이 주체) | 부정(구성원이 주체) |
| 사단·단체의 명의 | 당사자능력: 명문의 규정 有(민소법 제52조) ➡ ∴ 비법인사단 명의로 소송수행 可 | 당사자능력: 명문의 규정 無 ➡ 판례(대판 1991.6.25, 88다카6358) - 부정 |
| 구성원 전원의 명의 | 판례(실체법설) ➡ 총유재산에 관한 소송은 민법 제276조에 의해 총유물의 관리처분권(소송수행권)이 구성원 전원에 귀속 ➡ 고유필수적 공동소송에 해당함(∴ 구성원 전원이 당사자가 되어야 하고, 일부누락하면 부적법한 소 ○) | 판례(실체법설) ➡ 합유재산에 관한 소송은 민법 제272조에 의해 합유물의 관리처분권(소송수행권)은 조합원 전원에게 귀속 ➡ 원칙적으로 고유필수적 공동소송(∴ 구성원 전원이 당사자가 되어야 하고, 일부 누락하면 부적법한 소 ○) |
| 구성원 일부의 명의 | (1) 관리·처분행위 ➡ 고유필수적 공동소송 ∴ 구성원 일부의 소제기는 부적법 <br><br>(2) 보존행위 ➡ 민법 제276조 제1항 사단의 구성원 일부는 총유재산의 보존행위로서 소를 제기하는 경우에도 소송의 당사자가 될 수 없다고 함으로써 부정(대판(전) 2005.9.15, 2004다44971) | (1) 관리·처분행위 ➡ 고유필수적 공동소송 ∴ 조합원 일부의 소제기는 당사자적격이 없어 부적법 <br><br>(2) 보존행위 ➡ 민법 제272조 단서에 의해 보존행위는 각자 가능 ∴ 통상공동소송의 형태 ➡ 조합원 일부라도 단독으로 소송수행 可 |

행정사
**백운정 민법총칙**

# 권리의 객체 - 물건

# Chapter

# 04 권리의 객체 – 물건

## 01 의의

권리의 객체란 권리의 내용 또는 목적이 성립하기 위해 필요한 대상을 말한다.

이러한 권리의 객체는 권리의 종류에 따라 다르다.

① 물권의 경우에는 물건,

② 채권의 경우에는 특정인인 채무자의 일정한 행위(급부),

③ 형성권의 경우에는 형성의 대상이 되는 법률관계,

④ 항변권은 항변의 대상이 되는 상대방의 청구권,

⑤ 상속권은 상속재산 등이 이에 해당한다.

민법은 이에 관한 일반규정을 두지 않고 총칙편에서 물건에 대해서만 규정하고 있다.

## 02 물건

### 제98조【물건의 정의】
본법에서 물건이라 함은 유체물 및 전기 기타 관리할 수 있는 자연력을 말한다.

## 1. 개념 및 구성요건

민법상 물건이란 유체물 및 전기 기타 관리할 수 있는 자연력을 말한다(제98조).

물건의 요건으로는

① 유체물이나 자연력일 것(유체물·무체물),

② 배타적 지배가능성으로 관리가능할 것(관리가능성),

③ 외계의 일부로서 사람이 아닌 비인격성을 갖출 것이 요구된다(비인격성).

> **판례**
>
> **망인의 유체 등의 처분에 관한 지정의 효력**(대판(전) 2008.11.20, 2007다27670)
>
> 사람의 유체·유골은 매장·관리·제사·공양의 대상이 될 수 있는 유체물로서, 분묘에 안치되어 있는 선조의 유체·유골은 민법 제1008조의3 소정의 제사용 재산인 분묘와 함께 그 제사주재자에게 승계되고, 피상속인 자신의 유체·유골 역시 위 제사용 재산에 준하여 그 제사주재자에게 승계된다.

④ '일물일권주의'의 원칙에 따라 물건의 일부나 구성부분 또는 물건의 집단은 원칙적으로 물권의 객체가 되지 못한다. 즉, 물건은 원칙적으로 독립성이 있는 물건이어야 한다(독립성). 다만 물권의 대상이 되기에 적합한 특정성을 구비하고 공시방법이 있으며 사회적 필요가 있다면 물건의 일부나 집단에도 물권이 인정될 수 있다. 토지의 일부에 대한 지상권, 부동산의 일부에 대한 전세권 등이 이에 해당한다. 따라서 분필절차를 거치지 않은 1필의 토지의 일부라도 용익물권의 객체가 될 수 있다.

독립성과 관련해서는 특히 다음과 같은 집합물이 문제된다.

## 2. 집합물

### 1) 의의

다수의 물건들이 집합하여 경제적으로 하나의 경제적 가치를 가지고 거래상으로도 일체로 취급되는 물건을 말한다(⑩ 공장의 설비·기계의 전부, 상점에 있는 상품전체 등).

> **판례**
>
> **양도담보설정계약이 내구연수가 장기간이고 가공이나 유통 과정에 있지 아니한 여러 개의 동산을 목적으로 하고, 담보목적물마다 특정하고 있는 경우, 특정된 동산들을 일괄하여 양도담보의 목적물로 한 계약으로 보아야 하는지 여부**(원칙적 적극) **및 이때 향후 편입되는 동산을 양도담보의 목적으로 하기 위한 특정의 정도**
>
> 여러 개의 동산을 일괄하여 양도담보의 목적으로 하는 양도담보설정계약을 체결하면서 향후 일정 장소에 편입되는 동산에 대해서도 양도담보의 효력을 받는 것으로 약정한 경우에, 이를 특정된 동산들을 목적물로 한 양도담보로 볼 것인지, 일단의 증감 변동하는 동산을 하나의 물건으로 보아 이를 목적물로 한 이른바 유동집합동산 양도담보로 볼 것인지는 양도담보설정계약의 해석의 문제이다. 양도담보설정계약이 기계기구 또는 영업설비 등 내구연수가 장기간이고 가공 과정이나 유통 과정 중에 있지 아니한 여러 개의 동산을 목적으로 하고 있으며, 담보목적물마다 명칭, 성능, 규격, 제작자, 제작번호 등으로 특정하고 있는 경우에는, 원칙적으로 특정된 동산들을 일괄하여 양도담보의 목적물로 한 계약이라고 보아야 하므로 향후 편입되는 동산을 양도담보 목적으로 하기 위해서는 편입 시점에 제3자가 그 동산을 다른 동산과 구별할 수 있을 정도로 구체적으로 특정되어야 한다(대판 2016.4.28, 2015다221286).

## 2) 허용성 여부

공장저당법 등과 같은 특별법이 있는 경우에는 집합물 위에 하나의 물권이 성립될 수 있다는 점에 의문이 없으나, 특별법이 없는 경우에도 이를 긍정할 것인지가 문제이다. 이는 집합동산의 양도담보에 관한 논의로 결부된다.

## 3) 유동집합동산의 양도담보[12]

### (1) 유효성

일반적으로 일단의 증감 변동하는 동산을 하나의 물건으로 보아 이를 채권담보의 목적으로 삼으려는 이른바 집합물에 대한 양도담보설정계약체결도 가능하며 이 경우 그 목적 동산이 담보설정자의 다른 물건과 구별될 수 있도록 그 종류, 장소 또는 수량지정 등의 방법에 의하여 특정되어 있으면 그 전부를 하나의 재산권으로 보아 이에 유효한 담보권의 설정이 된 것으로 볼 수 있다(대판 1990.12.26, 88다카20224).

### (2) 유동집합물에 대한 양도담보의 효력

집합물에 대한 양도담보권설정계약이 이루어지면 그 집합물을 구성하는 개개의 물건이 변동되거나 변형되더라도 한 개의 물건으로서 동일성을 잃지 아니하므로 양도담보권의 효력은 항상 현재의 집합물 위에 미치는 것이고, 따라서 양도담보권자가 담보권설정계약 당시 존재하는 집합물을 점유개정의 방법으로 그 점유를 취득하면 그 후 양도담보 설정자가 그 집합물을 이루는 개개의 물건을 반입하였다 하더라도 그때마다 별도의 양도담보권설정계약을 맺거나 점유개정의 표시를 하여야 하는 것은 아니다(대판 1990.12.26, 88다카20224).

---

**판례연구** ✦ **관련판례 정리**

[1] 성장을 계속하는 어류일지라도 기본적으로는 원자재, 제품의 원료, 재고상품과 달리 볼 이유가 없고 집합물양도담보의 대상이 될 수 있으므로 양만장 내 뱀장어의 전부에 대한 양도담보계약은 담보목적물이 특정되었기 때문에 담보계약은 유효하다(대판 1990.12.26, 88다카20224).

[2] 돈사에서 대량으로 사육되는 돼지를 집합물에 대한 양도담보의 목적물로 삼은 경우, 위 양도담보권의 효력은 양도담보설정자로부터 이를 양수한 양수인이 당초 양수한 돈사 내에 있던 돼지들 및 통상적인 양돈방식에 따라 그 ① 돼지들을 사육·관리하면서 돼지를 출하하여 얻은 수익으로 새로 구입하거나 그 돼지와 교환한 돼지 또는 그 돼지로부터 출산시켜 얻은 새끼돼지에 한하여 미치는 것이지, ② 양수인이 별도의 자금을 투입하여 반입한 돼지에까지는 미치지 않는다(대판 2004.11.12, 2004다22858).

[3] 특별한 사정이 없는 한 목적물에 대한 사용수익권은 양도담보설정자에게 있는 것이고, 그 천연과실의 수취권은 원물인 돼지의 사용수익권을 가지는 양도담보설정자에게 귀속되는 것이므로, 당사자 사이에 달리 특별한 약정이 없는 한 천연과실은 양도담보의 효력이 미치지 않는다(대판 1996.9.10, 96다25463).

---

12 보다 자세한 내용은 물권법에서 다루도록 한다.

## 03 부동산과 동산

> **제99조【부동산, 동산】**
> ① 토지 및 그 정착물은 부동산이다.
> ② 부동산 이외의 물건은 동산이다.

### 1. 부동산

### 1) 토지

토지는 인위적으로 구획된 일정범위의 지면에 정당한 이익 있는 범위 내에서의 그 상하(上下)를 포함하는 것이다(제212조 참조). 따라서 토지의 구성물은 당연히 토지의 일부분에 지나지 않는다.

#### (1) 토지의 개수

토지의 개수는 지적법에 의한 지적공부상의 토지의 필수를 표준으로 하여 결정되는 것으로서 1필지의 토지를 수필의 토지로 분할하여 등기하려면 지적법이 정하는 바에 따라 먼저 지적공부 소관청에 의하여 지적측량을 하고 그에 따라 필지마다 지번, 지목, 경계 또는 좌표와 면적이 정하여진 후 지적공부에 등록되는 등 분할의 절차를 밟아야 되고, 가사 등기부에만 분필의 등기가 이루어졌다고 하여도 이로써 분필의 효과가 발생할 수는 없다(대판 1995.6.16, 94다4615).

#### (2) 토지의 일부

토지의 일부는 분필절차를 밟기 전에 그것을 양도할 수 없고 저당권을 설정할 수 없으나, 지상권·전세권 등의 용익물권은 분필절차를 밟지 않아도 1필의 토지 일부 위에 설정될 수 있다.

### 2) 토지의 정착물

#### (1) 의의

토지의 정착물이란 토지에 고정적으로 부착되어 쉽게 이동될 수 없는 물건을 말한다. 토지의 정착물은 모두 부동산이다. 다만 이 가운데에는 토지와 독립된 부동산으로 취급되는 것(例 건물)도 있고, 토지의 일부에 불과한 것(例 돌담·도로의 포장)과 원래는 토지의 일부에 지나지 않으나 공시방법을 갖춘 경우에는 토지와 독립된 부동산으로 취급되는 것(例 수목·미분리과실)이 있다.

#### (2) 건물

건물은 토지와는 별개의 부동산이다. 건축의 진행단계에서 어느 순간 토지로부터 독립한 건물이 되는가에 대해서는 '사회통념'에 따라 판단할 수밖에 없는데, 판례는 최소한의 기둥과 지붕, 주벽이 이루어진 때라고 본다(대판 1986.11.11, 86누173).

**판례연구** 　관련판례 정리

[1] 미완성의 아파트를 인도받아 건축함에 의하여 그 소유권을 원시취득한 것이라고 하기 위하여는 아직 사회통념상 건물이라고 볼 수 있는 형태와 구조를 갖추지 못한 정도의 아파트를 넘겨 받아 이를 건물로 완성하였음을 필요로 한다(대판 1984.9.25, 83다카1858).

┃ **비교판례** ┃ 사회통념상 독립한 건물이라고 볼 수 있는 미완성 건물을 인도받아 완공한 경우, 원시취득자는 원래의 건축주이다(대판 2003.5.30, 2002다21592 · 21608).

[2] 신축 건물이 경락대금 납부 당시 이미 지하 1층부터 지하 3층까지 기둥, 주벽 및 천장 슬라브 공사가 완료된 상태이었을 뿐만 아니라 지하 1층의 일부 점포가 일반에 분양되기까지 하였다면, 비록 토지가 경락될 당시 신축 건물의 지상층 부분이 골조공사만 이루어진 채 벽이나 지붕 등이 설치된 바가 없다 하더라도, 지하층 부분만으로도 구분소유권의 대상이 될 수 있는 구조라는 점에서 신축 건물은 경락 당시 미완성 상태이기는 하지만 독립된 건물로서의 요건을 갖추었다(대판 2003.5.30, 2002다21592 · 21608).

[3] 건물 신축의 공사가 진행되다가 독립한 부동산인 건물로서의 요건을 아직 갖추지 못한 단계에서 중지된 것을 제3자가 이어받아 계속 진행함으로써 별개의 부동산인 건물로 성립되어 그 소유권을 원시취득한 경우에 그로써 애초의 신축 중 건물에 대한 소유권을 상실한 사람은 민법 제261조, 제257조, 제259조를 준용하여 건물의 원시취득자에 대하여 부당이득 관련 규정에 기하여 그 소유권의 상실에 관한 보상을 청구할 수 있다(대판 2010.2.25, 2009다83933).

┃ **독립성에 관한 판례** ┃
[1] 미분리의 천연과실과 수목의 집단은 토지의 일부이지만 명인방법을 갖춘 경우에는 독립한 부동산이다 (대판 1977.4.12, 76도2887).
[2] 시설부지에 정착된 레일은 사회통념상 그 부지에 계속적으로 고착되어 있는 상태에서 사용된 시설의 일부에 해당하는 물건이다(대결 1972.7.27, 72마741). 또한 건물의 옥개부분(대판 1960.8.18, 4592민상859)과 논의 논둑(대판 1964.6.23, 64다120)도 구성부분에 해당하며 독립한 물건이 되지 않는다고 한다.
[3] 아무런 권원 없이 타인의 토지에서 경작 · 재배한 경우에는 명인방법을 갖추지 않았다 하더라도 그 농작물의 소유권은 경작자에게 있다(대판 1963.2.21, 62다913).
[4] 각 점포의 경계나 특정을 위한 칸막이나 차단시설이 설치되어 있지 않은 어시장 건물 내의 각 점포는 어시장으로 이용되고 있다는 이용상의 특성을 감안하여도 구조상의 독립성을 갖추었다고 볼 수 없으므로 독립한 소유권의 객체로 인정할 수 없다(대판 1995.6.5, 94다40239).
[5] 바다에 인접한 토지가 유실되어 바닷물에 잠기게 되더라도 과다한 비용을 요하지 아니하고 원상복구가 가능하다면 아직 종전 소유권이 소멸하였다고는 보기 어렵다(대판 1972.9.26, 71다2488; 대판 1995.8.25, 95다18659). → 토지소유권의 상실 원인이 되는 포락이라 함은 토지가 바닷물이나 하천법상의 적용 하천의 물에 개먹어 무너져 바다나 적용 하천에 떨어져 그 원상복구에 과다한 비용이 요하는 등 사회통념상 불가능한 상태에 이르렀을 때를 말하고, 그 원상회복의 불가능 여부는 포락 당시를 기준으로 결정되어야 한다. (따라서) 해변에 있는 토지가 1972년 이전부터 바닷물에 잠겨 있었고, 그러한 상태로 계속 방치되어 오다가 1988년경 하구둑 건설을 위하여 방파제를 축조하면서 성토된 것이라면, 그 토지는 1972년 이전부터 포락되었고 이러한 상태가 일시적이 아니고 장기간 계속된 것으로 보아, 현재와 같은 대규모적인 장비와 인력의 동원이 어려웠던 당시로서는 과다한 비용을 들이지 않고는 그 복구가 매우 어렵게 되었다고 할 것이니, 포락으로 당시에 이미 그 토지에 관한 소유권은 소멸된 것으로 봄이 타당하다.

## 2. 동산

부동산 이외의 물건은 동산이다. 다만 금전은 동산의 일종이기는 하지만 개성을 갖고 있지 않고 가치 그 자체이기 때문에 동산에 관한 규정이 금전에는 적용되지 않는 경우가 많다. 특히 금전이 있는 곳에 소유가 있으므로, 금전을 도난당한 경우에는 소유권에 기한 물권적 반환청구권(제213조)이 인정되는 것이 아니라, 채권으로서 부당이득반환청구 또는 불법행위로 인한 손해배상청구권이 인정된다.

## 04 주물과 종물

> **제100조【주물, 종물】**
> ① 물건의 소유자가 그 물건의 상용에 공하기 위하여 자기소유인 다른 물건을 이에 부속하게 한 때에는 그 부속물은 종물이다.
> ② 종물은 주물의 처분에 따른다.

## 1. 의의

물건의 소유자가 그 물건의 상용(常用)에 공(供)하기 위하여 자기소유인 다른 물건을 이에 부속하게 한 때에는 그 물건을 '주물'이라 하고, 주물에 부속된 다른 물건을 '종물'이라고 한다.

## 2. 종물의 요건

### 1) 주물의 상용에 공할 것

계속적으로 주물의 경제적 효용을 도와야 한다. 어느 건물이 주된 건물의 종물이기 위하여는 주된 건물의 경제적 효용을 보조하기 위하여 계속적으로 이바지되어야 하는 관계가 있어야 한다(대판 1988.2.23, 87다카600). → 폐수처리시설이 공장저당법에 의하여 근저당권이 설정된 공장 토지와 그에 인접한 공장 토지가 아닌 타인 소유의 토지에 걸쳐서 설치되어 있는 경우, 주물의 소유자나 이용자의 상용에 공여되고 있더라도 주물 그 자체의 효용과 직접 관계가 없는 물건은 종물이 아니다(대판 1997.10.10, 97다3750).

### 2) 장소적 밀접성

"상용에 공한다"는 의미는 사회통념상 계속하여 주물의 효용을 완성시키는 작용을 한다고 인정되는 종류의 물건이고 또 특정의 주물에 부속된다고 인정될 만한 장소적 관계에 있어야 한다는 것을 의미한다(대판 1988.2.23, 87다카600).

## 3) 독립한 물건

종물이 주물의 구성부분이거나, 주종이 합하여 단일물이나 합성물인 경우는 종물이 아니며, 주물·종물은 모두 동산이건 부동산이건 상관없다( ̊ 주유소의 주유기, 백화점 내의 전화교환설비, 횟집건물 내의 수족관, 양수시설). 정화조는 건물의 대지가 아닌 다른 필지의 지하에 설치되어 있다 하더라도 독립된 물건인 종물이라기보다 건물의 구성부분이다(대판 1993.12.10, 93다42399).

## 4) 동일 소유자 여부

원칙적으로 주물, 종물 모두 동일한 소유자에 속하여야 한다. 단, 제3자의 권리를 해하지 않는 한 주물과 종물의 소유자가 달라도 된다는 최근 판례가 있다.

---

**판례연구** **관련판례 정리**

**종물의 인정 例**

[1] 주유소의 주유기는 계속해서 주유소 건물 자체의 경제적 효용을 다하게 하는 작용을 하고 있으므로 주유소건물의 상용에 공하기 위하여 부속시킨 종물이다(대판 1995.6.29, 94다6345). ★단, 유류저장탱크는 토지의 부합물이다(대판 1995.6.29, 94다6345). 그런데 최근 이와 상반되는 판결이 있다. 즉 판례는 甲이 토지소유자 乙에게서 토지를 임차한 후 주유소 영업을 위하여 지하에 유류저장조를 설치한 사안에서, 유류저장조의 매설 위치와 물리적 구조, 용도 등을 감안할 때 이를 토지로부터 분리하는 데에 과다한 비용을 요하거나 분리하게 되면 경제적 가치가 현저히 감소되므로 토지에 부합된 것으로 볼 수 있으나, 사실상 분리복구가 불가능하여 거래상 독립한 권리의 객체성을 상실하고 토지와 일체를 이루는 구성부분이 되었다고는 보기 어렵고, 또한 甲이 임차권에 기초하여 유류저장조를 매설한 것이므로, 위 유류저장조는 민법 제256조 단서에 의하여 설치자인 임차인 甲의 소유에 속한다고 하였다(대판 2012.1.26, 2009다76546).
[2] 백화점 지하에 설치된 전화교환설비는 백화점건물의 종물이다(대판 1993.9.13, 92다43142).
[3] 호텔의 각 방실에 시설된 텔레비전, 전화기, 호텔세탁실에 시설된 세탁기, 탈수기, 드라이클리닝기, 호텔주방에 시설된 냉장고 제빙기, 호텔방송실에 시설된 브이티알(비디오), 앰프 등이 포함되어 있는 사실이 인정되는 바 위 사실관계에 의하면 적어도 위에 적시한 물건들에 관한 한 위 물건들이 위 호텔의 경영자나 이용자의 상용에 공여됨은 별론으로 하고 주물인 같은 제1, 2목록 기재부동산 자체의 경제적 효용에 직접 이바지하지 아니함은 경험칙상 명백하므로 위 부동산에 대한 종물이라고는 할 수 없다(대판 1985.3.26, 84다카269 판결이유 중).
[4] 횟집으로 사용할 점포건물에 신축한 수족관은 점포건물의 종물이다(대판 1992.2.12, 92도3234).
[5] 낡은 가재도구 등의 보관장소로 이용되는 방, 연탄창고, 공동변소 등은 본체에서 떨어져 축조되어 있어도 본체의 종물이다(대판 1991.5.14, 91다2729). 또한, 농지에 부속한 양수시설도 종물성이 있다(대판 1967.3.7, 66누176).

---

## 3. 종물의 효과

### 1) 처분에 있어 수반성(제100조 제2항)

#### (1) 의의

종물은 주물의 처분에 따른다. 이때 처분은 물권적 처분뿐만 아니라 채권적 처분도 포함하므로 소유권양도, 저당권설정뿐만 아니라 매매, 임대차 등을 의미한다. 판례는 압류와 같은 공법상의 처분의 경우에도 처분의 수반성 원칙을 관철한다. 즉, 구분건물의 대지사용권은 전유부분과 종속적 일체불가분성이 인정되는 점 등에 비추어 볼 때, 구분건물의 전유부분에 대한 소유권보존등기만 경료되고 대지지분에 대한 등기가 경료되기 전에 전유부분만에 대해 내려진 가압류결정의 효력은, 대지사용권의 분리처분이 가능하도록 규약으로 정하였다는 등의 특별한 사정이 없는 한, 종물 내지 종된 권리인 그 대지권에까지 미친다고 본다(대판 2006.10.26, 2006다29020).

#### (2) 주물 위에 저당권이 설정된 경우

종물의 설치시기는 저당권설정 전후를 불문하고 저당권의 효력이 종물에도 미친다(제358조 본문).

#### (3) 주물 위에 질권이 설정된 경우

물권변동에 관한 형식주의 원칙상 종물이 인도된 경우에 한하여 질권의 효력은 종물에도 미친다.

#### (4) 종물에 대한 공시의 문제

종된 권리가 물권이라면 물권취득의 공시방법을 갖추어야 한다. 지상권이 존재하는 건물의 매수인이 지상권을 취득하기 위해서는 건물의 이전등기와 함께 지상권의 이전등기도 경료할 것을 요한다(대판(전) 1985.4.9, 84다카1131). 즉, 종물은 주물의 처분에 따른다는 제100조 제2항의 규정은 물건의 경제적 효용의 관점에서 주물, 종물을 하나의 집합물로서 다룬다는 취지일 뿐이고 물권변동에서 요구되는 공시방법은 이와 별개로 갖추어야 한다.

### 2) 제100조 제2항 규정의 성격

제100조 제2항은 강행규정이 아닌 임의규정이므로 당사자의 약정에 의하여 종물만의 처분도 가능하다.

## 4. 종물이론의 유추적용

**1)** 종물이론은 권리 상호 간에 유추적용된다. 따라서 건물이 양도되면 그 건물을 위한 대지의 임차권도 건물의 양수인에게 이전하며, 원본채권이 양도되면 기본적 이자채권도 원본채권과 운명을 같이한다.

**2)** "저당권의 효력은 저당부동산에 부합된 물건과 종물에 미친다"는 제358조 본문의 규정은 저당부동산에 관한 종된 권리에도 유추적용되어서, 건물에 대한 저당권의 효력은 그 건물의 소유를 목적으로 하는 지상권에도 미친다(대판 1992.7.14, 92다527).

**3)** 건물에 대한 저당권의 효력은 건물의 종된 권리인 지상권에도 미치므로 경락인은 등기 없이 지상권도 취득하고, 이 건물을 제3자에 양도한 때에는 건물과 함께 지상권도 양도한 것으로 봄이 상당하며 이때 경락인으로부터 건물을 양도받은 자는 등기를 하여야 건물소유권 및 지상권을 취득하게 된다(대판 1996.4.26, 95다52864).

**4)** 구분건물의 대지권은 전유부분에 대한 종된 권리이다. 판례에 따르면 구분건물의 대지권을 구분건물의 전유부분에 종된 권리로 파악하여 구분건물의 전유부분만에 관하여 설정된 저당권의 효력은 대지권의 분리처분이 가능하도록 규약으로 정하는 등의 특별한 사정이 없는 한, 그 전유부분의 소유자가 사후라도 대지권을 취득함으로써 전유부분과 대지권이 동일소유자의 소유에 속하게 되었다면 그 대지권에까지 미친다. 따라서 전유부분에 저당권을 설정한 자는 대지권과 함께 경매를 청구할 수 있다(대판 2001.9.4, 2001다22604).

**판례연구** 관련판례 정리

[1] 민법 제100조는 종물에 관하여 '자기 소유인 다른 물건'이라고 규정하고 있어 종물이 주물 소유자의 소유물인 것을 전제로 하고 있지만, 종물이 타인의 소유라고 하더라도 그 타인의 권리를 해하지 아니하는 범위에서 민법 제100조가 적용된다고 할 것이고, 따라서 주물이 처분된 경우에 종물의 소유자가 동의 또는 추인하거나, 종물이 동산인 경우에 상대방이 선의취득의 요건을 갖추면 종물의 소유권을 취득하게 되는 것이며, 또한 동산의 선의취득을 주장하는 자는 점유취득시에 무과실이었다는 점을 주장·입증하여야 한다(대판 2002.2.5, 2000다38527).

**정리** 종물은 물건의 소유자가 그 물건의 상용에 공하기 위하여 자기 소유인 다른 물건을 이에 부속하게 한 것을 말하므로(민법 제100조 제1항), 주물과 다른 사람의 소유에 속하는 물건은 종물이 될 수 없다(대판 2008.5.8, 2007다36933·36940). 다만 종물이 주물 소유자의 소유가 아니어도 타인의 권리를 해하지 않는 범위 내에서 종물에 관한 제100조가 적용된다(대판 2002.2.5, 2000다38527 참조).

[2] 저당권의 실행으로 부동산이 경매된 경우에 그 부동산에 부합된 물건은 그것이 부합될 당시에 누구의 소유이었는지를 가릴 것 없이 그 부동산을 낙찰받은 사람이 소유권을 취득하지만, 그 부동산의 상용에 공하여진 물건일지라도 그 물건이 부동산의 소유자가 아닌 다른 사람의 소유인 때에는 이를 종물이라고 할 수 없으므로 부동산에 대한 저당권의 효력에 미칠 수 없어 부동산의 낙찰자가 당연히 그 소유권을 취득하는 것은 아니며, 나아가 부동산의 낙찰자가 그 물건을 선의취득하였다고 할 수 있으려면 그 물건이 경매의 목적물로 되었고 낙찰자가 선의이며 과실 없이 그 물건을 점유하는 등으로 선의취득의 요건을 구비하여야 한다(대판 2008.5.8, 2007다36933·36940).

[3] 구분건물의 대지사용권은 전유부분과 종속적 일체불가분성이 인정되는 점 등에 비추어 볼 때, 구분건물의 전유부분에 대한 소유권보존등기만 경료되고 대지지분에 대한 등기가 경료되기 전에 전유부분만에 대해 내려진 가압류결정의 효력은, 대지사용권의 분리처분이 가능하도록 규약으로 정하였다는 등의 특별한 사정이 없는 한, 종물 내지 종된 권리인 그 대지권에까지 미친다고 보아야 할 것이다(대판 2006.10.26, 2006다29020).

[4] 토지 지하에 설치된 유류저장탱크와 건물에 설치된 주유기가 토지에 부합되거나 건물의 상용에 공하기 위하여 부속시킨 종물로서 토지 및 건물에 대한 경매의 목적물이 된다(대결 2000.10.28, 2000마5527).

[5] 저당권은 법률에 특별한 규정이 있거나 설정행위에 다른 약정이 있는 경우를 제외하고 그 저당 부동산에 부합된 물건과 종물 이외에까지 그 효력이 미치는 것이 아니므로, 토지에 대한 경매절차에서 그 지상건물을 토지의 부합물 내지 종물로 보아 경매법원에서 저당 토지와 함께 경매를 진행하고 경락허가를 하였다고 하여 그 건물의 소유권에 변동이 초래될 수 없다(대판 1997.9.26, 97다10314).

## 05 원물과 과실

> **제101조【천연과실, 법정과실】**
> ① 물건의 용법에 의하여 수취하는 산출물은 천연과실이다.
> ② 물건의 사용대가로 받은 금전 기타의 물건은 법정과실로 한다.
>
> **제102조【과실의 취득】**
> ① 천연과실은 그 원물로부터 분리하는 때에 이를 수취할 권리자에게 속한다.
> ② 법정과실은 수취할 권리의 존속기간일수의 비율로 취득한다.

물건으로부터 생기는 수익을 과실이라 하고 이와 같은 과실을 생기게 하는 물건을 원물이라 한다. 민법은 과실로서 천연과실과 법정과실을 인정하고 있다.

### 1. 천연과실

### 1) 의의

(1) 천연과실이란 물건의 용법에 의하여 수취되는 산출물을 말하는데, 여기서 "물건의 용법에 의하여"란 원물의 경제적 용도에 따른다는 것을 의미한다.

(2) "산출물"이란 자연적·유기적으로 생산되는 물건(예 열매, 우유, 가축의 새끼, 양모)과 인공적·무기적으로 생산되는 것(예 석재, 토사)도 포함한다.

### 2) 천연과실의 귀속

(1) 천연과실은 그 원물로부터 분리하는 때에 이를 수취할 권리자에게 속한다. 보통은 원물의 소유자가 과실수취권을 가지나, 예외적으로 선의의 점유자(제201조), 지상권자(제279조), 전세권자(제303조), 사용차주(제609조), 임차인(제618조) 등에게 과실수취권이 인정된다.

(2) 다만 유치권자, 질권자, 저당권자 등은 과실을 가지고 변제에 충당할 수 있는 변제충당권을 가지며 압류가 있은 후 담보권의 효력이 과실에 미치는 것에 불과하므로 다른 수취권자들과는 그 성질을 달리한다.

(3) 제102조 제1항은 강행규정이 아니라 임의규정이므로 귀속관계는 특약으로 달리 정할 수 있다.

## 2. 법정과실

**1)** 법정과실이란 물건의 사용대가로 받는 금전 기타의 물건을 말한다. 건물사용의 대가인 차임, 토지사용의 대가인 지료, 금전사용의 대가인 이자 등이 이에 해당한다.

**2)** 법정과실은 수취할 권리의 존속기간일수의 비율로 취득한다. 제102조 제2항도 임의규정이다.

## 3. 사용이익

물건을 현실적으로 사용하여 얻은 이익을 사용이익이라고 하는데, 이러한 사용이익은 그 실질이 과실과 다르지 않으므로 과실에 관한 규정이 유추적용된다. 판례 역시 "건물을 사용함으로써 얻는 이득은 법정과실에 준하여 보아야 하므로 선의로 건물을 점유하고 있던 자는 과실을 취득(민법 제201조 제1항에 의하여 선의의 점유자는 과실을 취득한다)하고 부당이득반환의무는 발생하지 않는다."고 하였다(대판 1996.1.26, 95다44290).

행정사
**백운정 민법총칙**

# 권리의 변동

# 권리의 변동

## 01 총설

### Ⅰ 권리의 변동

권리의 발생·변경·소멸을 권리의 변동이라 말하며, 이러한 권리변동을 권리주체의 관점에서 파악하면 권리의 취득·변경·상실이 된다.

### Ⅱ 권리변동의 모습

#### 1. 권리의 취득(발생)

#### 1) 원시취득

타인의 권리에 기초하지 않고 원시적으로 취득하는 것을 말한다. 이에 따르면 종전 권리에 대한 제한은 소멸하게 된다. ❸ 건물의 신축과 취득시효(제245조), 선의취득(제249조) 등이 이에 해당한다.

#### 2) 승계취득

타인의 권리에 기초로 하여 권리를 취득하는 것을 말한다. 즉, 종전 권리에 대한 제한은 존속하고, 전주의 권리 범위 내에서만 취득이 가능하며, 무권리자로부터 취득할 수 없다. 여기에는 이전적 승계(❸ 구권리자에 속하고 있었던 권리가 동일성을 유지하면서 신권리자에게 이전되는 것)와 설정적 승계(❸ 구권리자는 그대로 그의 권리를 보유하면서, 그 권리에 기초하여 제약된 새로운 권리를 발생하게 하여 이를 신권리자에게 취득하게 하는 것)가 있고, 이전적 승계는 다시 특정승계와 포괄승계로 나뉜다.

#### (1) 포괄승계

하나의 취득원인에 의하여 다수의 권리가 일괄해서 취득되는 것을 말한다. ❸ 상속(제997조), 포괄유증(제1078조), 회사의 합병(상법 제235조) 등이 중요한 예이다.

### ⑵ 특정승계

개개의 권리가 각각의 취득원인(특히 계약)에 의해 취득하는 것을 말한다. 예 매매(제563조), 증여(제554조) 등의 경우가 이에 해당한다.

## 2. 권리의 변경

권리가 그 동일성을 유지하면서 그 주체·내용·작용에 관해 변경이 생기는 것을 말한다. 주체의 변경은 권리의 이전적 승계에 해당하고, 내용의 변경은 본래의 채권이 손해배상책임으로 전환되는 경우가 대표적이다. 그 밖에 작용의 변경에는 저당권의 순위 변경 등이 있다.

## 3. 권리의 소멸

권리주체로부터 권리가 떨어져 나가는 것을 말한다. 권리의 소멸은 권리 자체가 완전히 없어지는 절대적 소멸(예 목적물의 멸실로 인한 소유권의 상실 등)과 권리가 타인에게 이전되어 종래의 권리자만이 권리를 잃는 상대적 소멸(예 권리이전)이 있다.

## Ⅲ 권리변동의 원인

### 1. 법률요건

일정한 법률효과 내지 권리의 변동을 발생시키는 사실을 법률요건이라 한다. 그 중 가장 중요한 것은 법률행위이며, 그 밖에 불법행위·부당이득 등이 있다.

### 2. 법률사실

#### 1) 의의

법률요건을 구성하는 개개의 사실을 법률사실이라고 한다. 법률요건은 유언처럼 하나의 의사표시가 법률사실인 동시에 법률요건이 되는 경우이거나, 계약처럼 청약과 승낙이라는 의사표시가 각각 법률사실을 이루고 이러한 두 개의 법률사실이 합치하여 법률요건을 이루는 것이 있다.
예 청약·승낙의 의사표시(법률사실) → 청약과 승낙의 합치로 인한 계약의 성립(법률행위 : 법률요건)
　　→ 계약의 효과발생(법률효과)

## 2) 분류

### (1) 용태

사람의 정신작용에 기한 법률사실(용태)이 있으며, 이는 다시 의사가 외부로 나타나는 행위인 외부적 용태와 의사가 외부에 나타나지 않는 내심의 의식에 지나지 않는 내부적 용태(선의·악의, 소유의 의사 등)로 구분된다. 외부적 용태는 다시 적법행위와 위법행위(채무불이행과 불법행위)로 나뉜다. 이 중 적법행위에는 법률행위와 준법률행위가 있으며, ① 법률행위는 의사표시를 본질적 요소로 하여 당사자가 의욕한 대로 법률효과가 발생하는 것임에 반해, ② 준법률행위는 표의자의 의사와 관계없이 법률규정에 의해 일정한 법률효과가 발생하는 것을 말한다(⑩ 대표적으로 표현행위 중 각종 최고나 거절과 같이 자기의 의사를 표시하는 의사의 통지와 시효중단사유로서의 채무승인과 같이 일정한 사실을 알리는 행위인 관념의 통지 등이 이에 해당한다).

### (2) 사건

사람의 정신작용에 의하지 않는 법률사실로서 사람의 출생과 사망·실종·시간의 경과 등이 이에 해당한다.

## 02 법률행위

**제1관** 법률행위 일반론

### I 법률행위의 의의 및 종류

#### 1. 의의

법률행위란 일정한 법률효과의 발생을 목적으로 하는 하나 또는 수 개의 의사표시를 본질적 요소로 하는 법률요건을 말한다. 이와 같은 법률행위는 사적 자치, 특히 개인에게 자기의 법률관계를 그의 자유로운 의사에 따라 형성할 수 있는 원칙을 구현하는 법률적 수단이 된다.

#### 2. 종류

#### 1) 단독행위 · 계약 · 합동행위

(1) 단독행위는 1개의 의사표시만으로 성립하는 법률행위로서, 상대방의 존재 유무를 기준으로 상대방 있는 단독행위(예 취소, 상계, 해제, 추인 등)와 상대방 없는 단독행위(예 재단법인의 설립행위, 유언, 권리의 포기 등)로 나뉜다.

(2) 계약이란 2인 이상의 당사자의 「청약」과 「승낙」이라는 서로 대립하는 의사표시의 합치로 성립하는 법률행위이다(예 매매계약 등).

(3) 합동행위는 같은 방향의 수 개의 의사표시가 합치함으로써 성립하는 법률행위(통설)를 말하는데, 사단법인의 설립행위가 그 예로 언급되고 있다. 단, 그 개념을 부정하는 견해도 있다.

#### 2) 채권행위 · (준)물권행위

채권행위란 채권을 발생시키는 법률행위를 말한다. 채권은 채무자에 대해 일정한 급부를 해야 할 의무를 발생시킨다는 점에서, 채권행위를 의무부담행위라고도 한다. 반면 물권의 변동을 목적으로 하는 의사표시를 요소로 성립하는 법률행위를 물권행위라고 한다(준물권행위는 물권 이외의 권리를 종국적으로 변동시키는 법률행위를 말한다). (준)물권행위는 채권행위와 달리 이행의 문제를 남기지 않는다는 점에서 법률적 처분행위라고도 한다.

> **판례**
>
> **처분행위와 처분수권**
>
> [1] 처분행위는 기존의 권리에 대한 변동의 효과를 가져오는 행위로서 소유권의 이전과 채권의 양도, 제한물권의 설정, 권리의 포기, 채무인수 등이 이에 해당한다. 이와 같은 처분행위에 의해 직접 권리의 변경이 생기는 것이므로(다만 물권변동에서는 공시방법을 갖출 것이 요청된다), 채권행위와 다른 다음과 같은 특색이 있다. ① 처분행위가 유효하려면 행위자에게 처분권한이 있어야 한다. 처분권한은 원칙적으로 소유자가 가지지만 소유자가 제3자에게 처분권을 수여할 수 있고(이른바 처분수권), 소유자이지만 법률에 의해 처분권한이 없게 되는 경우도 있다(⑩ 압류·가압류·가처분 등이 있는 경우). ② 처분권한 없는 자의 처분행위는 원칙적으로 무효이다. 다만 권리자의 추인이나 동산의 경우라면 선의취득 또는 제3자 보호 규정(제107조 제2항~제110조 제3항, 제548조 제1항 단서)에 의해 예외적으로 유효일 수 있다.
>
> [2] 다양한 원인에 기해 처분수권이 행하여질 수 있다(⑩ 소유권유보부 매매에서 매도인이 매수인에게 처분수권을 하는 경우). ① 이와 같이 소유자가 제3자에게 처분수권을 하는 경우라도 그 수권에 기하여 행하여진 제3자의 처분행위(부동산의 경우에 처분행위가 유효하게 성립하려면 단지 양도 기타의 처분을 한다는 의사표시만으로는 부족하고, 처분의 상대방 앞으로 그 권리 취득에 관한 등기가 있어야 한다. 민법 제186조 참조)가 대세적으로 효력을 가지게 되고 그로 말미암아 소유자가 소유권을 상실하거나 제한받게 될 수는 있다고 하더라도, 그러한 제3사의 처분이 실제로 유효하게 행하여지지 아니하고 있는 동안에는 소유자는 처분수권이 제3자에게 행하여졌다는 것만으로 그가 원래 가지는 처분권능에 제한을 받지 아니한다(대판 2014.3.13, 2009다105215). 또한 ② 처분수권을 받은 자는 법률행위의 당사자로서 「자기 이름으로」 법률행위를 한다는 점에서, 본인의 이름으로 법률행위를 하고 그 효과도 본인에게 귀속하게 되는 대리와 다르다.

## 3) 출연행위·비출연행위

### (1) 유상행위·무상행위

자기의 출연(出捐)에 대하여 상대방으로부터도 그것에 대응하는 대가적 출연을 받는 경우를 유상행위라 하고, 그렇지 않은 것이 무상행위이다. ⑩ 매매, 임대차 등은 유상행위이고, 증여, 사용대차 등은 무상행위이다.

### (2) 유인행위·무인행위

모든 출연행위에는 출연을 하게 된 원인이 존재하는데, 이러한 원인이 무효·취소로 존재하지 않게 되면 그 출연행위도 효력을 상실하게 되는 유인행위와 출연의 원인이 존재하지 않더라도 출연행위는 여전히 유효한 채로 남게 되는 무인행위가 있다.

## 4) 주된 행위와 종된 행위

법률행위가 유효하게 성립하기 위하여 다른 법률행위의 존재를 전제로 하는 법률행위를 종된 행위라 하고, 그 전제가 되는 행위를 주된 행위라고 한다. 종된 행위는 주된 행위와 통상 법률상 운명을 같이 한다(⑩ 피담보채권을 발생시키는 행위인 소비대차계약은 주된 행위이고, 그 피담보채권을 담보하기 위하여 저당권을 설정하는 행위는 종된 행위이다. 따라서 피담보채권이 소멸하면 저당권도 당연히 소멸한다).

## Ⅱ 법률행위의 요건

법률행위가 당사자가 원하는 대로 그 효과를 발생하려면 일정한 요건이 구비되어야 하는데, 그 요건은 '성립요건'과 '효력요건'으로 나뉜다. 전자는 법률행위의 '존재'가 인정되기 위해 요구되는 최소한의 외형적·형식적 요건이고, 후자는 이미 성립한 법률행위가 '법률상 효력'을 발생하는 데에 필요한 요건이다.

### 1. 법률행위의 성립요건

법률행위가 성립하려면 ① 「당사자, 목적, 의사표시」라는 일반적 성립요건과 ② 개별적인 법률행위에서 요구되는 특별성립요건(예 혼인에 있어서의 신고, 법인에 있어서의 설립등기, 유언에서의 방식 등)이 존재하여야 한다.

### 2. 법률행위의 효력요건

**1)** 성립된 법률행위가 유효하게 효력을 발생하기 위해서는 일반적 효력요건으로서 ① 당사자에게 의사능력·행위능력이 존재하고, ② 법률행위의 목적이 확정·(실현)가능·적법성·사회적 타당성을 갖추어야 하며, ③ 의사표시에 관해 의사와 표시가 일치하고 사기·강박에 의한 의사표시가 아니어야 한다.

**2)** 개개의 법률행위에 특유한 효력요건으로서 특별효력요건이 있다. 예 미성년자의 법률행위에 있어서 법정대리인의 동의, 대리행위에 있어서 대리권의 존재, 조건부·기한부 법률행위에 있어서 조건의 성취·기한의 도래, 토지거래허가제에서 관할관청의 허가 등을 들 수 있다.

## Ⅲ 법률행위의 해석

**제106조 【사실인 관습】**
법령 중의 선량한 풍속 기타 사회질서에 관계없는 규정과 다른 관습이 있는 경우에 당사자의 의사가 명확하지 아니한 때에는 그 관습에 의한다.

1) 사실인 관습은 사적자치가 적용되는 분야에서 당사자 의사가 명확하지 않고, 강행법규에 위배되지 않은 사실인 관습일 때 임의법규에 앞서 의사표시해석의 기준이 된다.

2) 법률행위의 해석은 당사자가 표시행위에 부여한 객관적인 의미를 명백하게 확정하는 것으로서, 당사자가 표시한 문언에 의하여 객관적인 의미가 명확하게 드러나지 아니하는 경우에는 문언 내용과 법률행위가 이루어지게 된 동기 및 경위, 당사자가 법률행위에 의하여 달성하려고 하는 목직과 진정한 의사, 거래관행 등을 종합적으로 고찰하여 사회정의와 형평의 이념에 맞도록 논리와 경험의 법칙 그리고 사회일반의 상식과 거래의 통념에 따라 합리적으로 해석하여야 한다(대판 2013.7.11, 2011다101483). 특히 당사자 일방이 주장하는 계약의 내용이 상대방에게 중대한 책임을 부과하게 되는 경우에는 더욱 엄격하게 해석하여야 한다. 이러한 이치는 거동에 의한 묵시적 법률행위에 있어서도 다르지 않다(대판 2018.12.27, 2015다73098; 대판 2018.7.24, 2017다242959).

3) 처분문서의 문언의 객관적인 의미가 명확하게 드러나지 않는 경우에는 그 문언의 내용과 계약이 이루어지게 된 동기 및 경위, 당사자가 계약에 의하여 달성하려고 하는 목적과 진정한 의사, 거래의 관행 등을 종합적으로 고찰하여 사회정의와 형평의 이념에 맞도록 논리와 경험의 법칙, 그리고 사회일반의 상식과 거래의 통념에 따라 계약내용을 합리적으로 해석하여야 한다(대판 2002.5.24, 2000다72572; 대판 2008.3.14, 2007다11996).

4) 대출계약서상 채무자로 기재된 대출명의자의 의사에 따라 대출계약이 체결되었고 대출계약서의 문언대로 계약당사자 사이의 대출계약의 존재와 내용이 인정됨에도, 대출계약서의 기재 내용과 달리 대출계약서에 채무자로 표시되어 있지 않은 자를 대출의 실질적 채무자로 보는 것은 타당하지 않다(대판 2010.5.13, 2009다92487).

5) 甲이 배우자인 乙을 대리하여 금융기관과 乙의 실명확인 절차를 거쳐 乙 명의의 예금계약을 체결한 사안에서, 甲과 乙의 내부적 법률관계에 불과한 자금 출연경위, 거래인감 및 비밀번호의 등록·관리, 예금의 인출 상황 등의 사정만으로, 금융기관과 甲 사이에 예금명의자 乙이 아닌 출연자 甲을 예금계약의 당사자로 하기로 하는 묵시적 약정이 체결되었다고 보아 甲을 예금계약의 당사자라고 판단함은 잘못이다(대판(전) 2009.3.19, 2008다45828).

✦ 법률행위의 해석방법

| 구분 | 자연적 해석 | 규범적 해석 | 보충적 해석 |
|---|---|---|---|
| 개념 | 표의자의 내심의 진의를 밝히는 해석방법(표의자 입장) → 당사자가 사실상 일치하여 이해한 경우에는 그 의미대로 효력을 인정 | 표의자의 내심적 의사의 확정이 불가능한 경우 표시행위의 객관적 의미를 밝히는 해석방법(상대방 입장) | 이미 성립한 법률행위의 내용에 흠결이 있는 경우 당사자의 '가상적 의사'를 통하여 그 흠결을 보충하는 해석방법(제3자 입장) → 자연적 해석 또는 규범적 해석에 의하여 법률행위의 성립이 인정된 후에 비로소 논의되는 문제 |
| 적용범위 및 효과 | [1] 상대방 없는 단독행위 자연적 해석이 적용되는 대표적인 경우(유언 등 단독행위에 있어서는 표시를 잘못한 때에도 언제나 진의에 따른 효과가 발생)<br><br>[2] 계약 ① 오표시 무해의 원칙 적용 ② 진의와 표시가 달라도 당사자 모두 진의대로 이해한 경우, 표의자의 진의를 상대방이 이미 올바르게 파악한 경우 등에서 진의에 따른 효과가 인정됨 ┈→ 상대방의 이익은 고려되지 않으며 표시행위가 가지는 객관적 의미는 문제되지 않음 | [1] 표의자가 표시를 잘못하고 상대방도 표시된 대로 이해한 경우에 적용되며, 일단 표시된 대로의 법률행위가 유효하게 성립하며 다만 착오에 의한 취소 문제가 발생하게 됨<br><br>[2] 甲이 98만원에 매도할 생각이 있었으나 89만원으로 잘못 표기하고 상대방 乙은 89만원으로 인식하고 도장을 찍은 경우 | [1] 계약이 이미 성립하였고, 그 내용에 흠결이 있는 경우에 한하여 적용(법률행위 내용에 흠결이 없는 경우에 적용되는 자연적, 규범적 해석과 구별)<br><br>[2] 흠결내용에 대한 임의법규나 관습이 있는 때는 그를 통하여 법률행위 내용의 간극을 보충할 수 있으나 그러한 보충이 불가능한 때는 '당사자의 가상적 의사'를 통하여 간극을 보충 |

| | | | |
|---|---|---|---|
| **착오와의 관계** | 착오규정이 적용 ×(그릇된 표시에도 불구하고 당사자가 일치하여 생각한 의미대로 효력이 있기 때문) | 착오가 중요한 문제로 제기<br>[1] 규범적 해석을 통해 표시대로의 효과가 발생한 후에는 표의자는 착오를 이유로 취소할 수 있는 여지가 있음<br>[2] 그러나 그 표시가 표의자에게 유리하거나, 상대방이 표의자의 진의에 동의한 때는 착오를 이유로 취소할 수 없음 | 착오 문제가 발생 ×(표의자가 실제 원하던 바와 보충된 법률행위의 내용이 다를 수 있지만, 보충된 법률행위의 내용은 법원이 당사자의 가상적 의사라고 인정한 것이므로 이에 대하여 표의자가 착오를 주장할 수는 없음) |
| **판례상 적용례** | 목적물지번에 관한 당사자쌍방의 공통하는 착오 - 甲, 乙이 모두 A토지를 계약목적으로 삼았으나 계약서에 B토지를 잘못 표기한 경우에도 쌍방당사자의 의사합치가 있는 이상 A토지에 관하여 매매계약이 성립하며, 만약 B토지에 관해 이전등기가 경료되었다면 이는 원인없이 경료된 것으로 무효(대판 1993.10.26, 93다2629) | 영수증 총완결사건 - 채권자가 채무액을 수령하면서 실제로 더 받을 금원이 있음에도 영수증에 '총완결'이라는 문언을 부기한 경우에는 더 받을 금원을 탕감한 것이며, 이는 총완결을 부기하지 않으면 변제하지 않겠다는 압박에 의한 경우에도 동일(대판 1969.7.8, 69다563) | [1] 계약당사자 쌍방의 공통하는 동기의 착오문제 - 흠결을 보충하여 법률행위의 수정가능성 있음 → 수정이 안 되면 취소 可<br>[2] 교통사고 피해자가 배상액을 합의하고 청구포기각서를 교부한 후라도 예상치 못한 후유증이 발생하였다면, 특별한 사정이 없는 한 그로 인한 배상청구권까지 포기하는 취지로 합의한 것이라고 볼 수 없음(대판 1989.7.25, 89다카968 등) |

## 제2관 법률행위의 목적(내용)

법률행위의 목적 혹은 내용이란 법률행위를 하는 자가 그 행위에 의해 발생시키려고 하는 법률효과를 말한다. 법률행위가 유효하기 위해서는 목적의 확정성·실현 가능성·적법성·사회적 타당성의 요건을 갖추어야 한다.

## I 목적의 확정성과 실현가능성

### 1. 목적의 확정성

법률행위의 목적은 확정되어 있거나 확정할 수 있는 것이어야 한다.

### 2. 목적의 실현가능성

### 1) 서설

법률행위의 목적은 법률행위 성립 당시에 실현 가능한 것이어야 하고, 실현 불가능한 경우에는 원칙적으로 무효이다. 이와 같은 실현 가능성 여부는 사회통념에 의해 결정한다.

### 2) 불능의 종류 및 효과

✅ 민법상 불능

| 원시적 불능 | 객관적·전부불능: 계약체결상의 과실책임(제535조) |
| | 객관적·일부불능 내지 주관적 전부·일부불능: 담보책임(제572조~제581조) |
| 후발적 불능 | 채무자에게 귀책사유가 있는 경우: 이행불능(제390조) |
| | 채무자에게 귀책사유가 없는 경우: 쌍무계약에서 위험부담(제537조, 제538조) |

### (1) 불능의 종류

불능의 종류에는 ① 법률행위 성립 당시에 이미 불능인 원시적 불능과 법률행위 성립 당시에는 가능하였지만 그 후에 불능인 후발적 불능, ② 법률행위 목적이 전부 불능인 전부불능과 그 일부만이 불능인 일부불능, ③ 어느 누구도 법률행위의 목적을 실현할 수 없는 객관적 불능과 해당 채무자만이 실현할 수 없는 주관적 불능으로 나눌 수 있다. 이 중 특히 중요한 것은 원시적 불능과 후발적 불능이다.

### (2) 원시적 불능과 후발적 불능의 효과

### 가) 원시적 불능

① 법률행위의 목적이 원시적·객관적·전부불능인 경우 그 법률행위는 무효이고, 일부불능의 경우 불능 아닌 부분은 제137조의 일부무효의 법리가 적용된다.

② 민법은 제535조 제1항에서 원시적·객관적·전부 불능의 경우를 규율하고 있다. 즉 원시적 불능을 목적으로 하는 법률행위는 무효이지만 채무자가 그 불능을 알았거나 알 수 있었을 경우에는 그 상대방이 계약을 유효로 믿었기 때문에 받은 손해를 배상할 책임 즉, 계약체결상 과실책임을 지게 된다.

③ 원시적 불능이지만 전부불능 또는 객관적 불능이 아닌 경우에는 담보책임이 문제된다(제571조 이하).

### 나) 후발적 불능

① 계약체결 후 이행기 전에 불능이 된 경우에는 귀책사유가 있으면 채무불이행책임(제390조, 제546조)이 문제되고 귀책사유가 없으면 위험부담(제537조)이 문제된다.

② 반면 이행기 경과 후에 이행을 하지 않던 중 불능이 된 경우에는 제392조, 제401조에 의해 규율되고 있다.

## Ⅱ 목적의 적법성

> **제105조 【임의규정】**
> 법률행위의 당사자가 법령 중의 선량한 풍속 기타 사회질서에 관계없는 규정과 다른 의사를 표시한 때에는 그 의사에 의한다.

**1)** 법률행위가 유효하기 위해서는 그 목적이 적법하여야 한다. 즉 강행법규에 위반하지 않아야 한다.

**2)** 강행규정은 '법령 중 선량한 풍속 기타 사회질서에 관계있는 규정'으로서 당사자의 의사에 의하여 그 적용을 배제할 수 없는 규정이다. 반면 임의규정은 '법령 중 선량한 풍속 기타 사회질서에 관계없는 규정'으로서 당사자의 의사에 의하여 그 적용을 배제할 수 있는 규정을 말한다.

**3)** 강행규정은 다시 위반 시 무효가 되는 효력규정과 단지 거래행위를 금지하고 위반 시 법률행위의 효력에는 영향이 없고 일정한 제재만이 따를 뿐인 단속규정으로 나눌 수 있다(다수설).

**판례**

**효력규정 vs 단속규정의 판단기준**

법률행위가 일정한 행위를 금지하는 구체적 법규정에 위반하여 행하여진 경우에 법률행위가 무효인가 또는 법원이 법률행위 내용의 실현에 대한 조력을 거부하거나 기타 다른 내용으로 효력이 제한되는가의 여부는 해당 법규정이 가지는 넓은 의미에서의 법률효과에 관한 문제로서, 다른 경우에서와 같이 법규정의 해석에 의하여 정하여진다. 따라서 명문의 정함이 있다면 당연히 이에 따라야 할 것이고, 정함이 없는 때에는 종국적으로 금지규정의 목적과 의미에 비추어 그에 반하는 법률행위의 무효 기타 효력 제한이 요구되는지를 검토하여 정할 것이다(대판 2017.2.3, 2016다259677).

**4)** 효력규정을 위반한 경우 해당 법률행위는 절대적 무효이므로 당사자뿐만 아니라 전득자에게도 무효를 주장할 수 있다. 따라서 선의의 전득자라고 하더라도 보호받지 못한다. 또한 확정적 무효이므로 무효행위의 추인을 할 수 없는 것이 원칙이다. 다만 행위의 일부만이 강행규정에 위반하는 경우에는 일부무효의 법리에 의해서 해결해야 한다(제137조).

**판례**⁺

### 강행법규에 위반한 경우의 효과

계약체결의 요건을 규정하고 있는 강행법규에 위반한 계약은 무효이므로 그 경우에 계약상대방이 선의·무과실이라 하더라도 민법 제107조의 비진의표시의 법리 또는 표현대리 법리가 적용될 여지는 없다(대판 1983.12.27, 83다548; 대판 1996.8.23, 94다3899 등 참조). 따라서 도시정비법(도시 및 주거환경정비법)에 의한 주택재건축조합의 대표자가 그 법에 정한 강행규정에 위반하여 적법한 총회의 결의 없이 계약을 체결한 경우에는 상대방이 그러한 법적 제한이 있다는 사실을 몰랐다거나 총회 결의가 유효하기 위한 정족수 또는 유효한 총회결의가 있었는지에 관하여 잘못 알았다고 하더라도 그 계약이 무효임에는 변함이 없다. 또한 총회결의의 정족수에 관하여 강행규정에서 직접 규정하고 있지 않지만 강행규정이 유추적용되어 과반수보다 가중된 정족수에 의한 결의가 필요하다고 인정되는 경우에도 그 결의 없이 체결된 계약에 대하여 비진의표시 또는 표현대리의 법리가 유추적용될 수 없는 것은 마찬가지이다. 강행규정이 유추적용되는 경우라고 하여 강행법규의 명문 규정이 직접 적용되는 경우와 그 효력을 달리 볼 수는 없기 때문이다(대판 2016.5.12, 2013다49381).

**판례연구**⁺ **관련판례 정리**

### 1. 단속규정

1) 공인중개사와 의뢰인의 직접 거래를 금지하는 공인중개사법의 법적 성질(단속규정). 개업공인중개사 등이 중개의뢰인과 직접 거래를 하는 행위를 금지하는 공인중개사법 제33조 제6호의 규정 취지는 개업공인중개사 등이 거래상 알게 된 정보를 자신의 이익을 꾀하는 데 이용하여 중개의뢰인의 이익을 해하는 경우가 있으므로 이를 방지하여 중개의뢰인을 보호하고자 함에 있는바, 위 규정에 위반하여 한 거래행위가 사법상의 효력까지도 부인하지 않으면 안 될 정도로 현저히 반사회성, 반도덕성을 지닌 것이라고 할 수 없을 뿐만 아니라 행위의 사법상의 효력을 부인하여야만 비로소 입법 목적을 달성할 수 있다고 볼 수 없고, 위 규정을 효력규정으로 보아 이에 위반한 거래행위를 일률적으로 무효라고 할 경우 중개의뢰인이 직접 거래임을 알면서도 자신의 이익을 위해 한 거래도 단지 직접 거래라는 이유로 효력이 부인되어 거래의 안전을 해칠 우려가 있으므로, 위 규정은 강행규정이 아니라 단속규정이다(대판 2017.2.3, 2016다259677).

2) 부동산등기특별조치법상 조세포탈과 부동산투기 등을 방지하기 위하여 위 법률 제2조 제2항 및 제8조 제1호에서 등기하지 아니하고 제3자에게 전매하는 행위를 일정 목적범위 내에서 형사처벌하도록 되어 있으나 이로써 순차매도한 당사자 사이의 중간생략등기합의에 관한 사법상 효력까지 무효로 한다는 취지는 아니다(대판 1993.1.26, 92다39112).

3) 금융실명거래 및 비밀보장에 관한 법률을 위반한 비실명금융거래계약도 사법상 효력이 있다(대판 2001. 12.28, 2001다17565).

4) 농지법 제8조 제1항 소정의 농지취득자격증명은 농지를 취득하는 자에게 농지취득의 자격이 있다는 것을 증명하는 것일 뿐 농지취득의 원인이 되는 법률행위의 효력을 발생시키는 요건은 아니므로, 농지에 관한 명의신탁자가 명의신탁을 해지하고 그 반환을 구하는 청구를 하는 경우 수탁자는 신탁자 명의의 농지취득자격증명이 발급되지 아니하였다는 사정을 내세워서 그 청구를 거부할 수 없다(대판 2006.1.27, 2005다59871; 대판 2008.4.10, 2008도1033).

## 2. 효력규정

1) 부동산 중개수수료 약정 중 소정의 한도를 초과하는 부분에 대한 사법상의 효력을 제한하는 규정은 이른바 강행법규에 해당하고, 따라서 구 부동산중개업법 등 관련 법령에서 정한 한도를 초과하는 부동산 중개수수료 약정은 그 한도를 초과하는 범위 내에서 무효이다(대판(전) 2007.12.20, 2005다32159).

2) 지방자치단체가 사인과 사법상의 계약을 체결할 때 따라야 할 요건과 절차를 규정한 법령은 강행규정이다(대판 2004.1.27, 2003다14812).

3) 구 임대주택건설촉진법 또는 임대주택법에 위반하여 임대의무기간 경과 전에 임대주택을 매각하는 계약은 무효이다(대판 2005.6.9, 2005다11046).

4) 구 임대주택법의 관련 법령은 임대주택의 건설을 촉진하고 국민주거생활의 안정을 도모함을 입법목적으로 하고 있고, 그 목적 달성을 위해 임대사업자에게 각종 지원과 더불어 각종 제한을 부과하면서, 특히 임대의무기간 경과 후 무주택 임차인에게 임대주택의 우선분양전환권을 인정하고 분양전환가격의 산정 기준을 상세히 규정함으로써 임대사업자가 자의적으로 분양전환가격을 정하는 것을 방지하고 합리적인 분양전환가격에 임대주택의 분양이 이루어지도록 하고 있다. (중략) 이러한 분양전환가격 산정기준에 관한 구 임대주택법 관련 법령의 규정은 강행법규에 해당한다고 보아야 하고, 그 규정들에서 정한 산정 기준에 의한 금액을 초과한 분양전환가격으로 체결된 분양계약은 초과하는 범위 내에서 무효이다(대판(전) 2011.4.21, 2009다97079).

5) 담배 사재기가 물가안정에 관한 법률에 의하여 금지되고 그 위반행위는 처벌되는 것이라고 하여도 이는 국민경제의 정책적 차원에서 일정한 제한을 가하고 위반행위를 처벌하는 것에 불과하므로, 이에 위반하는 행위가 무효(註: 구 담배사업법은 강행규정에 해당한다)라고 하더라도 이것을 선량한 풍속 기타 사회질서에 반하는 행위라고는 할 수 없다. 따라서 구 담배사업법 소정의 등록도매업자 또는 지정소매인이 아닌 자가 담배사재기를 위하여 한국담배인삼공사로부터 담배를 구입키로 하고 지급한 담배구입대금은 불법원인급여에 해당하지 않아 그 반환을 청구할 수 있다(대판 2001.5.29, 2001다1782).

6) 상법 제731조 제1항은 타인의 사망을 보험사고로 하는 보험계약에 있어서 도박보험의 위험성과 피보험자 살해의 위험성 및 선량한 풍속 침해의 위험성을 배제하기 위하여 마련된 강행규정인바, 제3자가 타인의 동의를 받지 않고 타인을 보험계약자 및 피보험자로 하여 체결한 생명보험계약은 보험계약자 명의에도 불구하고 실질적으로 타인의 생명보험계약에 해당한다(대판 2010.2.11, 2009다74007).

## Ⅲ 목적의 사회적 타당성

### 1. 반사회적 법률행위

> **제103조 【반사회질서의 법률행위】**
> 선량한 풍속 기타 사회질서에 위반한 사항을 **내용**으로 하는 법률행위는 **무효**로 한다.

#### 1) 반사회적 법률행위의 태양

##### (1) 일반적 기준

민법 제103조에 의하여 무효로 되는 반사회질서행위는 ① 법률행위의 목적인 권리의무의 내용이 선량한 풍속 기타 사회질서에 위반하는 경우뿐만 아니라, 그 내용 자체는 반사회질서적인 것이 아니라고 하여도 ② 법률적으로 이를 강제하거나 그 법률행위에 ③ 반사회질서적인 조건 또는 ④ 금전적 대가가 결부됨으로써 반사회질서적 성질을 띠게 되는 경우 및 ⑤ 표시되거나 상대방에게 알려진 법률행위의 동기가 반사회질서적인 경우를 포함한다(대판 2001.2.9, 99다38613).

##### (2) 반사회질서 행위로서 무효로 인정되는 경우

① 범죄 기타 부정행위에 가담하는 계약, 경매나 입찰의 담합행위, 범죄의 포기를 대가로 금전을 주는 계약, 이중매매는 제2매수인이 매도인의 배임행위에 '적극가담'하는 경우

② 子가 부모와 동거하지 않겠다는 계약, 첩계약

③ 부첩관계의 종료를 해제조건으로 하는 증여계약의 경우에는 조건만이 무효가 되는 것이 아니라 법률행위 자체가 무효가 된다(대판 1966.6.21, 66다530).

④ 일생 동안 혼인 또는 이혼하지 않겠다는 계약

⑤ 도박계약, 마약계약, 도박채무(마약대금채무)의 변제로서 토지의 양도 계약

⑥ 보험금을 편취하기 위한 생명보험계약

⑦ 윤락녀의 화대를 포주와 나누는 계약은 공서양속에 반하는 법률행위에 해당하여 무효이다.

⑧ 소송의 일방당사자를 위하여 진실의 증언을 하고 승소시 소송가액의 일정액을 배분받기로 하는 계약은 사회적으로 용인될 수 있는 한도를 초과한 급부 제공부분은 무효이다. 즉 소송 사건에서 일방 당사자를 위하여 증인으로 출석하여 증언하였거나 증언할 것을 조건으로 어떤 대가를 받을 것을 약정한 경우, 증인은 법률에 의하여 증언거부권이 인정되지 않은 한 진실을 진술할 의무가 있는 것이므로 그 대가의 내용이 통상적으로 용인될 수 있는 수준 (예컨대 증인에게 일당과 여비가 지급되기는 하지만 증인이 법원에 출석함으로써 입게 되는 손해 에는 미치지 못하는 경우 그러한 손해를 전보해 주는 정도)을 초과하는 경우에는 그와 같은 약 정은 금전적 대가가 결부됨으로써 선량한 풍속 기타 사회질서에 반하는 법률행위가 되어

민법 제103조에 따라 효력이 없다(대판 1999.4.13, 98다52483). 이는 증언거부권이 있는 증인이 그 증언거부권을 포기하고 증언을 하는 경우라고 하여 달리 볼 것이 아니다(대판 2010.7.29, 2009다56283). 다만 수사기관에서 유리하게 진술해 줄 것을 부탁하고 금품을 수수하기로 하는 약정은 급부의 상당성 여하를 불문하고 무효이다.

⑨ 혼인관계가 존속중인 사실을 알면서 남의 첩이 되어 부첩행위를 계속한 경우에는 본처의 사전승인이 있었다 하더라도 장래의 부첩관계의 사전승인이라는 것은 선량한 풍속에 위배되는 행위이므로 본처에 대하여 불법행위가 성립한다(대판 1967.10.6, 67다1134).

⑩ 어떠한 위임계약이 행정청의 허가 등을 목적으로 하는 신청행위를 대상으로 하는 경우에 신청행위 자체에는 전문성이 크게 요구되지 않고 허가에는 공무원의 재량적 판단이 필요하며, 신청과 관련된 절차에 필수적으로 필요한 비용은 크지 않은 데 반하여 약정보수액은 지나치게 다액으로서, 수임인이 허가를 얻기 위하여 공무원의 직무 관련 사항에 관하여 특별한 청탁을 하면서 뇌물공여 등 로비를 하는 자금이 보수액에 포함되어 있다고 볼 만한 특수한 사정이 있는 때에는 위임계약은 반사회질서적인 조건이 결부됨으로써 반사회질서적 성질을 띠고 있어 민법 제103조에 따라 무효이다(대판 2016.2.18, 2015다35560).

## (3) 반사회질서 행위에 해당하지 않는 경우

① 불륜관계의 단절을 조건으로 하는 금전지급계약, 첩의 생활비나 자녀의 양육비를 지급하는 계약(대판 1980.6.24, 80다458)

② 부정행위를 용서받는 대가로 손해를 배상함과 아울러 가정에 충실하겠다는 서약의 취지에서 처에게 부동산을 양도하되 부부관계가 유지되는 동안에는 처가 임의로 처분할 수 없다는 제한을 붙여서 한 계약(대판 1992.10.27, 92므204)

③ 또한 반사회적 행위에 의하여 조성된 재산인 이른바 비자금을 소극적으로 은닉하기 위하여 임치한 경우에는 사회질서에 반하는 법률행위로 볼 수 없어서 불법원인급여가 아니다(대판 2001.4.10, 2000다49343).

④ 국가기관이 헌법상 보장된 국민의 기본권을 침해하는 위헌적인 공권력을 행사한 결과 국민이 그 공권력의 행사에 외포되어 자유롭지 못한 의사표시를 하였나고 하더라도 그 의사표시의 효력은 의사표시의 하자에 관한 민법의 일반원리에 의하여 판단되어야 할 것이고, 그 강박행위의 주체가 국가 공권력이고 그 공권력 행사의 내용이 기본권을 침해하는 것이라고 하여 그 강박에 의한 의사표시가 항상 반사회성을 띠게 되어 당연히 무효로 된다고는 볼 수 없다고 하였다(대판 2002.12.10, 2002다56031).

⑤ 법률행위의 내용 자체는 반사회질서적인 것이 아니더라도 금전적 대가와 결부된 경우 그 금전적 대가가 통상 용인될 수 있는 정도에 불과한 경우에는 제103조 위반이 아니지만, 그 수준을 초과한다면 그 약정은 제103조 위반으로 무효가 된다.

⑥ 주택매매계약에 있어서 매도인으로 하여금 주택의 보유기간이 3년 이상으로 되게 함으로써 양도소득세를 부과받지 않게 할 목적으로 매매를 원인으로 한 소유권이전등기는 3년 후에 넘겨 받기로 특약을 하였다고 하더라도, 그와 같은 목적은 위 특약의 연유나 동기에 불과한 것이어서 위 특약 자체가 사회질서나 신의칙에 위반한 것이라고는 볼 수 없다고 하였고(대판 1991.5.14, 91다6627), 최근 판례는 양도소득세의 일부를 회피할 목적으로 매매계약서에 실제로 거래한 가액보다 낮은 금액을 매매대금으로 기재한 것만으로 그 매매계약이 사회질서에 반하는 법률행위로서 무효로 되지 않는다고 하였다(대판 2007.6.14, 2007다3285).

⑦ 명의신탁약정이 부동산실명법에 반하여 무효가 되더라도 "명의신탁약정의 무효로 인하여 명의신탁자가 입은 손해는 해당 부동산 자체가 아니라 명의수탁자에게 제공한 매수자금이라 할 것이고, 따라서 명의수탁자는 해당 부동산 자체가 아니라 명의신탁자로부터 제공받은 매수자금만을 부당이득한다"라고 하여 명의신탁약정은 반사회질서의 법률행위로 보지 않는다는 입장이다(대판 2008.2.14, 2007다69148).

⑧ 판례는 일관하여 '강제집행'을 면탈하기 위한 목적의 법률행위나(대판 2004.5.28, 2003다70041), '세금면탈'을 위한 약정 등만으로는 제103조 위반이 되는 것은 아니라고 한다(대판 1992.12.22, 91다35540 · 35557).

## (4) 동기의 불법

'법률행위의 동기'는 법률행위를 하게 된 이유일 뿐이므로, 법률행위의 내용이 아니다. 따라서 이러한 동기가 사회질서에 위반되더라도 법률행위가 무효로 되지는 않는 것이 원칙이다. 다만 예외적으로 동기가 표시되거나 상대방에게 알려진 경우에는 제103조가 적용되어 법률행위 자체가 무효로 될 수 있다(대판 1984.12.11, 84다카140).

## (5) 법률행위의 성립과정에서 불법적 방법의 사용

법률행위 성립과정에서 불법적 방법이 사용된 데 불과한 때에 그 불법이 의사표시의 형성에 영향을 미친 경우에는 의사표시의 하자를 이유로 그 효력을 논의할 수 있을지언정 반사회질서의 법률행위로서 무효라고 할 수는 없다(대판 1996.4.26, 94다34432).

## ⑹ 형사사건에 관한 성공보수약정

**판례**

**형사사건에 관한 성공보수약정이 선량한 풍속 기타 사회질서에 위배되는 것으로 평가할 수 있는지 여부**(적극) **및 어느 법률행위가 선량한 풍속 기타 사회질서에 위반되어 무효인지 판단하는 기준 시점**(= 법률행위가 이루어진 때)**과 판단 기준 / 종래 이루어진 보수약정이 성공보수 명목으로 되어 있는 경우, 민법 제103조에 의하여 무효라고 단정할 수 있는지 여부**(소극) **및 이 판결 선고 후 체결된 성공보수약정의 효력**(무효)

[1] 형사사건에 관하여 체결된 성공보수약정이 가져오는 여러 가지 사회적 폐단과 부작용 등을 고려하면, 구속영장청구 기각, 보석 석방, 집행유예나 무죄 판결 등과 같이 의뢰인에게 유리한 결과를 얻어내기 위한 변호사의 변론활동이나 직무수행 그 자체는 정당하다 하더라도, 형사사건에서의 성공보수약정은 수사·재판의 결과를 금전적인 대가와 결부시킴으로써, 기본적 인권의 옹호와 사회정의의 실현을 사명으로 하는 변호사 직무의 공공성을 저해하고, 의뢰인과 일반 국민의 사법제도에 대한 신뢰를 현저히 떨어뜨릴 위험이 있으므로, 선량한 풍속 기타 사회질서에 위배되는 것으로 평가할 수 있다.

[2] 다만 선량한 풍속 기타 사회질서는 부단히 변천하는 가치관념으로서 어느 법률행위가 이에 위반되어 민법 제103조에 의하여 무효인지는 법률행위가 이루어진 때를 기준으로 판단하여야 하고, 또한 그 법률행위가 유효로 인정될 경우의 부작용, 거래자유의 보장 및 규제의 필요성, 사회적 비난의 정도, 당사자 사이의 이익균형 등 제반 사정을 종합적으로 고려하여 사회통념에 따라 합리적으로 판단하여야 한다. 그런데 그동안 대법원은 수임한 사건의 종류나 특성에 관한 구별 없이 성공보수약정이 원칙적으로 유효하다는 입장을 취해 왔고, 대한변호사협회도 1983년에 제정한 '변호사보수기준에 관한 규칙'에서 형사사건의 수임료를 착수금과 성공보수금으로 나누어 규정하였으며, 위 규칙이 폐지된 후에 권고양식으로 만들어 제공한 형사사건의 수임약정서에도 성과보수에 관한 규정을 마련하여 놓고 있었다. 이에 따라 변호사나 의뢰인은 형사사건에서의 성공보수약정이 안고 있는 문제점 내지 그 문제점이 약정의 효력에 미칠 수 있는 영향을 제대로 인식하지 못한 것이 현실이고, 그 결과 당사자 사이에 당연히 지급되어야 할 정상적인 보수까지도 성공보수의 방식으로 약정하는 경우가 많았던 것으로 보인다.

[3] 이러한 사정들을 종합하여 보면, 종래 이루어진 보수약정의 경우에는 보수약정이 성공보수라는 명목으로 되어 있다는 이유만으로 민법 제103조에 의하여 무효라고 단정하기는 어렵다. 그러나 대법원이 이 판결을 통하여 형사사건에 관한 성공보수약정이 선량한 풍속 기타 사회질서에 위배되는 것으로 평가할 수 있음을 명확히 밝혔음에도 불구하고 향후에도 성공보수약정이 체결된다면 이는 민법 제103조에 의하여 무효로 보아야 한다.

[4] 민사사건은 대립하는 당사자 사이의 사법상 권리 또는 법률관계에 관한 쟁송으로서 형사사건과 달리 그 결과가 승소와 패소 등으로 나누어지므로 사적 자치의 원칙이나 계약자유의 원칙에 비추어 보더라도 성공보수약정이 허용됨에 아무런 문제가 없고, 의뢰인이 승소하면 변호사 보수를 지급할 수 있는 경제적 이익을 얻을 수 있으므로, 당장 가진 돈이 없어 변호사 보수를 지급할 형편이 되지 않는 사람도 성공보수를 지급하는 조건으로 변호사의 조력을 받을 수 있게 된다는 점에서 제도의 존재 이유를 찾을 수 있다. 그러나 형사사건의 경우에는 재판결과에 따라 변호사와 나눌 수 있는 경제적 이익을 얻게 되는 것이 아닐 뿐 아니라 법원은 피고인이 빈곤 그 밖의 사유로 변호인을 선임할 수 없는 경우에는 국선변호인을 선정하여야 하므로(형사소송법 제33조), 형사사건에서의 성공보수약정을 민사사건의 경우와 같이 볼 수 없다(대판(전) 2015.7.23, 2015다200111).

## 2) 위반의 효과

### (1) 절대적 무효

무효행위의 추인·전환의 문제가 발생하지 않으며, 무효를 가지고 선의의 제3자에게도 대항할 수 있다. 판례도 마찬가지이다(대판 1996.10.25, 96다29151; 대판 1973.5.2, 72다2249).

> **판례**
>
> ― 부동산의 이중매매가 반사회적 법률행위에 해당하는 경우에는 이중매매계약은 절대적으로 무효이므로, 해당 부동산을 제2매수인으로부터 다시 취득한 제3자는 설사 제2매수인이 해당 부동산의 소유권을 유효하게 취득한 것으로 믿었더라도 이중매매계약이 유효하다고 주장할 수 없다. 이러한 법리는 담보권설정계약에서도 마찬가지라 할 것이다(대판 1996.10.25, 96다29151).
>
> ― **거래 상대방이 배임행위를 유인·교사하거나 배임행위의 전 과정에 관여하는 등 배임행위에 적극 가담하는 경우, 실행행위자와 체결한 계약이 무효로 될 수 있는지 여부**(적극) **/ 반사회질서 법률행위를 원인으로 부동산에 관한 소유권이전등기를 마친 등기명의자가 소유권에 기한 물권적 청구권을 행사하는 경우, 권리 행사의 상대방이 법률행위의 무효를 항변으로서 주장할 수 있는지 여부**(적극)
>
> 거래 상대방이 배임행위를 유인·교사하거나 배임행위의 전 과정에 관여하는 등 배임행위에 적극 가담하는 경우에는 실행행위자와 체결한 계약이 반사회적 법률행위에 해당하여 무효로 될 수 있고, 선량한 풍속 기타 사회질서에 위반한 사항을 내용으로 하는 법률행위의 무효는 이를 주장할 이익이 있는 자는 누구든지 무효를 주장할 수 있다. 따라서 반사회질서 법률행위를 원인으로 하여 부동산에 관한 소유권이전등기를 마쳤더라도 그 등기는 원인무효로서 말소될 운명에 있으므로 등기명의자가 소유권에 기한 물권적 청구권을 행사하는 경우에, 권리 행사의 상대방은 법률행위의 무효를 항변으로서 주장할 수 있다(대판 2016.3.24, 2015다11281).

### (2) 불법원인급여와의 관계

이행 전에는 이행할 필요가 없고, 이행 후에는 제746조 본문에 의하여 불법원인급여가 되어 그 반환청구는 부정된다. 즉, 판례는 제746조의 불법의 의미에 대해서 제103조의 반사회성과 동일하게 파악하고 있다. 다만, 제746조의 단서에 의하여 반환청구를 하는 것은 별개 문제이다.

### (3) 물권적 청구권과 불법원인급여

제746조에 의하여 반환청구가 인정되지 않는 경우에, 소유권에 기한 물권적 청구권을 행사하여 반환받을 수 있는가에 대하여 **판례는** 이를 **부정**하고, 그 반사적 효과로서 급부한 물건의 소유권은 급여를 받은 상대방에게 귀속하게 되는 것이라고 하였다. 즉 민법 제746조는 불법의 원인으로 인하여 재산을 급여한 때에는, 그 이익의 반환을 청구하지 못한다고 규정하고 있는 바, 이 규정은 선량한 풍속, 기타 사회질서에 위반한 사항을 내용으로 하는 법률행위를 무효로 하는 민법 제103조와 표리를 이루어, 사회적 타당성이 없는 행위를 한 사람을 보호할 수 없다는 법의 이념을 실현하려고 하는 것으로서 급여를 한 사람은 그 원인행위가 법률상 무효라 하여 상대방에게 부당이득을 원인으로 한 반환청구를 할 수 없음은 물론, 그 원인행위가 무효이기 때문에

급여한 물건의 소유권은 여전히 자기에게 있다고 하여, 소유권에 기한 반환청구도 할 수 없는 것이고, 그리하여 그 반사적 효과로서 급여한 물건의 소유권은 급여를 받은 상대방에게 귀속하게 되는 것이라고 해석함이 타당하다고 하였다(대판(전) 1979.11.13, 79다483).

## 3) 부동산 이중매매

### 논점정리 | 부동산 이중매매의 법률관계

#### 1. 의의

부동산 이중매매는 자유경쟁의 원리상 원칙적으로 유효하다. 따라서 제2매수인이 먼저 소유권이전등기를 경료받은 경우에는 유효하게 소유권을 취득하며, 제1매수인은 제2매수인에게 직접 권리를 주장할 수 없고 매도인을 상대로 이행불능에 따른 권리를 주장할 수 있을 뿐이다. 그러나 대법원은 제2매수인이 매도인의 배임행위에 적극 가담한 경우에는 이중매매행위는 반사회적 행위로서 무효가 된다고 한다(대판 1980.6.10, 80다569).

#### 2. 이중매매가 유효인 경우의 법률관계

1) 제2매수인의 소유권 취득 여부

이중매매행위는 원칙적으로 채권의 상대성 원칙 및 자유경쟁의 원리상 유효하다. 설령 제2매수인이 매도인의 배임행위에 적극 가담하지 않는 한, 매도인의 매매사실을 알고 있었더라도 제2매매가 무효로 되는 것은 아니다. 따라서 제2매수인은 완전한 소유권을 취득한다.

2) 제1매수인과 제2매수인 사이의 법률관계

(1) 채권자대위권 행사의 가부

제2매매는 유효하므로 제1매수인이 매도인을 대위하여 제2매수인을 상대로 행사할 권리(피대위권리)가 없기 때문에 제1매수인은 채권자대위권을 행사할 수 없다.[13]

(2) 채권자취소권 행사의 가부 – 피보전권리

가) 소유권이전등기청구권의 피보전권리성: 채권자취소권을 특정물에 대한 소유권이전등기청구권을 보전하기 위하여 행사하는 것은 허용되지 않으므로, 부동산의 제1양수인은 자신의 소유권이전등기청구권 보전을 위하여 양도인과 제3자 사이에서 이루어진 이중양도행위에 대하여 채권자취소권을 행사할 수 없다(대판 1999.4.27, 98다56690).

나) 이행불능에 따른 손해배상채권의 피보전권리성: 판례는 "사해행위라고 주장하는 이 사건 부동산에 관한 매매 당시 아직 위 손해배상채권이 발생하지 아니하였고 그 채권 성립에 관한 고도의 개연성 또한 없어 원고회사는 피고 매도인에 대한 손해배상채권을 피보전채권으로 하여 채권자취소권을 행사할 수 없다"고 하여 부정설이 입장이다(대판 1999.4.27, 98다56690).

(3) 제2매수인의 불법행위에 따른 손해배상책임

일반적인 경우 이중매매는 자유경쟁의 원칙상 허용되는 것이므로, 결국 위법성이 없어 불법행위가 성립하지 않는다. 따라서 제1매수인은 제2매수인을 상대로 채권침해를 이유로 직접 불법행위로 인한 손해배상을 청구할 수 없다.[14]

---

13 이 경우 법원은 어떠한 판결을 할 것인가도 고려해 보아야 한다.
14 반면에 매도인은 손해배상책임을 진다. 고의·위법성이 인정되기 때문이다.

3) 제1매수인과 매도인 사이의 법률관계

제2매매가 유효하고 제2매수인이 소유권이전등기를 경료함으로써 매도인의 제1매수인에 대한 소유권이전의무는 이행불능이 된다. 따라서 제1매수인은 매도인을 상대로 이행불능을 원인으로 한 채무불이행책임을 물을 수밖에 없다. 이 경우 계약해제권, 전보배상청구권, 대상청구권을 행사할 수 있다.[15]

### 3. 이중매매가 무효인 경우의 법률관계

1) 반사회적 무효론

판례는 제2매수인이 매도인의 제1매수인에 대한 배임행위에 적극 가담하였으면, 제2매매는 제103조의 선량한 풍속 기타 사회질서에 위반하여 무효라고 한다. 이를 반사회적 무효론이라고 한다.

┃ 관련판례 ┃

**부동산 이중매매에서 제2양수인의 행위가 공서양속에 반한다고 하기 위한 요건 및 판단 기준**

어떠한 부동산에 관하여 소유자가 양도의 원인이 되는 매매 기타의 계약을 하여 일단 소유권 양도의 의무를 짐에도 다시 제3자에게 매도하는 등으로 같은 부동산에 관하여 소유권 양도의 의무를 이중으로 부담하고 나아가 그 의무의 이행으로, 그러나 제1의 양도채권자에 대한 양도의무에 반하여, 소유권의 이전에 관한 등기를 그 제3자 앞으로 경료함으로써 이를 처분한 경우에, 소유자의 그러한 제2의 소유권양도의무를 발생시키는 원인이 되는 매매 등의 계약이 소유자의 위와 같은 의무위반행위를 유발시키는 계기가 된다는 것만을 이유로 이를 공서양속에 반하여 무효라고 할 것이 아님은 물론이다. 그것이 공서양속에 반한다고 하려면, 다른 특별한 사정이 없는 한 상대방에게도 그러한 무효의 제재, 보다 실질적으로 말하면 나아가 그가 의도한 권리취득 자체의 좌절을 정당화할 만한 책임귀속사유가 있어야 한다. 제2의 양도채권자에게 그와 같은 사유가 있는지를 판단함에 있어서는, 그가 해당 계약의 성립과 내용에 어떠한 방식으로 관여하였는지(당원의 많은 재판례가 이 문제와 관련하여 제시한 '소유자의 배임행위에 적극 가담하였는지' 여부라는 기준은 대체로 이를 의미한다)를 일차적으로 고려할 것이고, 나아가 계약에 이른 경위, 약정된 대가 등 계약내용의 상당성 또는 특수성, 그와 소유자의 인적 관계 또는 종전의 거래상태, 부동산의 종류 및 용도, 제1양도채권자의 점유 여부 및 그 기간의 장단과 같은 이용현황, 관련 법규정의 취지·내용 등과 같이 법률행위가 공서양속에 반하는지 여부의 판단에서 일반적으로 참작되는 제반 사정을 여기서도 종합적으로 살펴보아야 할 것이다(대판 2013.10.11, 2013다52622; 대판 2009. 9.10, 2009다34481).

2) 반사회적 무효론 적용의 전제요건

(1) 매도인의 배임행위

매도인의 이중매매행위가 배임행위가 되기 위해서는, 제1매수인으로부터 적어도 중도금은 지급받았음이 요구된다. 만일 계약금만 받은 경우라면 언제든지 계약을 해제할 수 있기 때문에 매도인의 이중매매행위가 있다고 하여 이를 배임행위의 착수로 볼 수 없기 때문이다.

(2) 제2매수인의 적극가담

① 이중매매에 있어서 제2매수인이 적극가담하였다고 보려면 매수인이 다른 사람에게 매매목적물이 매도된 것을 안다는 것만으로는 부족하고, 적어도 그 매매사실을 알고도 매도를 요청하여 매매계약에 이르는 정도가 되어야 한다(대판 1994.3.11, 93다55289).

② 특히 매도인과 제2매수인 사이에 형제간 및 부자간과 같은 특별한 신분관계가 있는 때에는 적극 가담한 사실이 추정된다(대판 1978.1.24, 77다1804; 대판 1982.2.9, 81다1134).

---

15 대상청구권을 행사한 경우 매도인이 취득한 대상의 이전의무와 제1매수인의 잔금지급의무 상호 간은 동시이행관계에 있다고 할 것이다. 계약의 연장효에 기인한 것이다.

③ 나아가 대리인이 부동산을 이중으로 매수한 경우, 그 매매계약이 반사회적 법률행위로서 무효인지 여부는 대리인을 기준으로 판단한다. 즉 대리인이 본인을 대리하여 매매계약을 체결함에 있어서 매매대상 토지에 관한 저간의 사정을 잘 알고 그 배임행위에 가담하였다면, 대리행위의 하자 유무는 대리인을 표준으로 판단하여야 하므로(제116조), 설사 본인이 미리 그러한 사정을 몰랐거나 반사회성을 야기한 것이 아니라고 할지라도 그로 인하여 매매계약이 가지는 사회질서에 반한다는 장애사유가 부정되는 것은 아니다(대판 1998.2.27, 97다45532).

3) 제1매수인과 제2매수인 사이의 법률관계 – 제1매수인이 소유권을 취득할 수 있는 방법

(1) 직접 소유권에 기한 말소등기청구의 가부

판례는 부동산의 이중매매가 반사회적 법률행위로서 무효인 경우 등기하지 않은 제1매수인은 아직 소유권자는 아니므로 직접 제2매수인에 대하여 그 명의의 소유권이전등기의 말소를 구할 수 없음은 형식주의 아래서의 등기청구권의 성질에 비추어 당연하다고 한다(대판 1983.4.26, 83다카57).

| 관련판례 |

**진정명의의 회복을 위한 직접 소유권이전등기청구의 가부**

자기 앞으로 소유권의 등기가 되어 있지 않았고 법률에 의하여 소유권을 취득하지도 않은 사람이 소유권자를 대위하여 현재의 등기명의인을 상대로 그 등기의 말소를 청구할 수 있을 뿐인 경우에는 진정한 등기명의의 회복을 위한 소유권이전등기청구를 할 수 없다(대판 2003.5.13, 2002다64148).

(2) 채권자대위권 행사의 가부

판례는 제1매수인은 매도인에 대한 소유권이전등기청구권을 보전하기 위하여 매도인을 대위하여 제2매수인에 대해 소유권이전등기말소를 청구할 수 있다는 견해만 밝히고 있을 뿐 구체적인 논거는 제시하고 있지 않다. 이러한 판례의 태도는 일반적으로 제103조 위반의 경우 제746조의 불법원인급여가 되어 이미 이행한 것의 반환은 어떠한 형식으로라도 반환을 구할 수 없으므로, 피대위권리가 인정될 수 없다는 점과 모순된 태도로 보인다. 따라서 이와 같은 모순을 막기 위하여 이중매매의 경우에 제746조의 불법원인급여의 적용범위를 제한하려는 견해들로서 ① 불법성비교론(수익자의 불법성이 현저히 큰 경우 제746조 단서를 적용하여 급여자의 반환청구를 인정), ② 제746조 적용배제설(제746조는 당사자 간의 관계에만 적용, 이중매매처럼 재산이 원래 귀속되어야 할 제3자가 있는 때는 그 자에게 자동적으로 귀속하고 제746조는 적용되지 않고, 급여자의 반환청구를 인정), ③ 불법개념 축소설(제746조의 불법은 사회질서위반 중 '선량한 풍속 위반'만을 의미하고, 이중매매는 이에 해당하지 않아 불법원인급여는 아님을 전제로, 다만 비채변제로 다루어 제742조가 적용되어 반환청구를 인정) 등이 주장되고 있다.

| 관련판례 |

[1] 매도인의 매수인에 대한 배임행위에 가담하여 증여를 받아 이를 원인으로 소유권이전등기를 경료한 수증자에 대하여 매수인은 매도인을 대위하여 위 등기의 말소를 청구할 수는 있으나, 직접 청구할 수는 없다는 것은 형식주의 아래서의 등기청구권의 성질에 비추어 당연하다(대판 1983.4.26, 83다카57).

[2] 민법 제746조는 단지 부당이득제도만을 제한하는 것이 아니라 동법 제103조와 함께 사법의 기본이념으로서, 결국 사회적 타당성이 없는 행위를 한 사람은 스스로 불법한 행위를 주장하여 복구를 그 형식 여하에 불구하고 소구할 수 없다는 이상을 표현한 것이므로, 급여를 한 사람은 그 원인행위가 법률상 무효라 하여 상대방에게 부당이득반환청구를 할 수 없음은 물론 급여한 물건의 소유권은 여전히 자기에게 있다고 하여 소유권에 기한 반환청구도 할 수 없고, 따라서 급여한 물건의 소유권은 급여를 받은 상대방에게 귀속된다(대판(전) 1979.11.13, 79다483).

[3] 부동산의 소유자에 대하여 소유권이전등기를 청구할 지위에 있기는 하지만 아직 그 소유권이전등기를 경료하지 않은 상태에서, 제3자가 부동산의 소유자를 상대로 그 부동산에 관한 소유권이전등기절차 이행의 확정판결을 받아 소유권이전등기를 경료한 경우, 그 확정판결이 당연무효이거나 재심의 소에 의하여 취소되지 않는 한, 종전의 소유권이전등기청구권을 가지는 자가 매도인에 대한 소유권이전등기청구권을 보전하기 위하여 매도인을 대위하여 제3자 명의의 소유권이전등기가 원인무효임을 내세워 그 등기의 말소를 구하는 것은 확정판결의 기판력에 저촉되므로 허용될 수 없다(대판 1999.2.24, 97다46955).

[4] 당초의 매도인이 사망하고 상속이 이루어진 후에 공동상속인 중 1인으로서 다른 공동상속인들의 대리인임을 자칭하는 자와 제2매수인 사이에 부동산 전부에 관하여 제2매매계약이 체결되었는데 그 제2매매계약이 제2매수인이 그 공동상속인의 배임행위에 적극 가담한 결과 반사회적 법률행위에 해당하여 무효인 경우라면, 위 제2매매계약에 직접 관여한 공동상속인의 상속분에 관하여뿐만 아니라 부동산 전부에 관하여 그 매매계약 및 그에 기한 소유권이전등기가 무효인 것으로 보아야 한다(대판 2002.4.26, 2001다8097).

⑶ **채권자취소권 행사의 가부 – 피보전권리**

  가) **소유권이전등기청구권의 피보전권리성** : 채권자취소권을 특정물에 대한 소유권이전등기청구권을 보전하기 위하여 행사하는 것은 허용되지 않으므로, 부동산의 제1양수인은 자신의 소유권이전등기청구권 보전을 위하여 양도인과 제3자 사이에서 이루어진 이중양도행위에 대하여 채권자취소권을 행사할 수 없다(대판 1999.4.27, 98다56690).

  나) **불법행위에 기한 손해배상채권의 피보전권리성** : 판례는 이행불능을 원인으로 한 손해배상청구권을 보전하기 위하여 채권자취소권의 행사가 문제되는 사안에서, "사해행위라고 주장하는 이 사건 부동산에 관한 매매 당시 아직 위 손해배상채권이 발생하지 아니하였고 그 채권 성립에 관한 고도의 개연성 또한 없어 원고회사는 피고 매도인에 대한 손해배상채권을 피보전채권으로 하여 채권자취소권을 행사할 수 없다"고 하여 부정설의 입장이다(대판 1999.4.27, 98다56690). 이와 같은 판례의 태도는 마찬가지로 활용될 수 있다.

⑷ **불법행위로 인한 원상회복청구의 행사 가부**

이중매매가 무효인 경우에는 매도인의 배임행위에 적극 가담한 경우이므로 위법성을 인정할 수 있으므로, 채권침해를 이유로 불법행위책임을 물을 수 있다. 다만 제2매수인이 제1매수인에 대하여 불법행위책임을 지는 경우 금전배상 외에 제1매수인이 제2매수인에 대하여 원상회복으로서 그 소유권이전등기의 말소를 청구할 수 있는지가 문제된다. 이에 대해 판례는 제763조에 의하여 불법행위에 준용되는 제394조가 금전배상의 원칙을 규정하고 있으므로, 법률에 다른 규정이 있거나 당사자가 다른 의사표시를 하는 등 특별한 사정이 없는 이상 불법행위자에 대하여 원상회복청구는 할 수 없다고 판시하여 부정설의 입장이다(대판 1994.3.22, 92다52726).

4) **제1매수인과 매도인 사이의 법률관계**

① 제1매수인은 채권자대위권의 행사로써 제2매수인 명의의 소유권이전등기를 말소하고, 이를 다시 자기 앞으로 이전하게 할 수 있기 때문에, 매도인의 제1매수인에 대한 채무는 아직 이행불능이 아니다. ② 다만 제2매수인이 기판력 있는 판결에 의해 소유권이전등기를 한 경우 제1매수인이 채권자대위권을 행사하여 제2매수인의 등기를 말소할 수 없다면 매도인의 제1매수인에 대한 이전등기의무는 이행불능이 된다. ③ 반면 매도인의 고의에 의한 위법한 배임행위로 인하여 제1매수인에게 손해가 발생하였으므로 매도인은 불법행위책임을 지게 된다.

### 4. 반사회적 무효론의 확대 · 적용

#### 1) 매도 후 증여행위에 적극 가담한 행위

판례는 부동산을 증여받은 경우에도 매도인의 배임행위에 수증자가 적극 가담한 경우에는 사회질서에 반하는 법률행위가 된다고 한다(대판 1982.2.9, 81다1134). 매도인의 매수인에 대한 배임행위에 가담하여 증여를 받아 이를 원인으로 소유권이전등기를 경료한 수증자에 대하여 매수인은 매도인을 대위하여 위 등기의 말소를 청구할 수는 있으나, 직접 청구할 수는 없다는 것은 형식주의 아래서의 등기청구권의 성질에 비추어 당연하다(대판 1983.4.26, 83다카57).

#### 2) 점유취득시효 완성 후 원소유자의 처분행위에 적극 가담한 행위

부동산점유로 인한 취득시효 완성에 의한 등기를 하기 전에 먼저 제3자가 소유권이전등기를 경료하였다고 하더라도 그 제3자의 명의의 등기가 원인무효라면 취득시효 완성으로 소유권이전등기청구권을 가진 자도 위 제3자에게 대항할 수 있고, 따라서 취득시효 완성 당시의 소유자에 대하여 가지는 이전등기청구권으로서 위 소유자를 대위하여 위 제3자 앞으로 경료된 원인무효인 등기의 말소를 구함과 아울러 위 소유자에게 취득시효 완성을 원인으로 한 소유권이전등기를 구할 수 있다(대판 1988.4.25, 87다카2003).

#### 3) 명의수탁자의 처분행위에 적극 가담한 행위

부동산의 소유자 명의가 신탁된 경우, 외부적으로는 수탁자만이 소유자로서 유효하게 권리를 행사할 수 있으므로 수탁자로부터 그 부동산을 취득한 자는 수탁자에게 매도나 담보의 제공 등을 적극적으로 권유함으로써 수탁자의 배임행위에 적극 가담한 것이 아닌 한 명의신탁사실을 알았는지의 여부를 불문하고 부동산의 소유권을 유효하게 취득한다(대판 1991.4.23, 91다6221).

#### 4) 이중으로 임대차계약을 체결한 경우

이중매매를 사회질서에 반하는 법률행위로서 무효라고 하기 위하여는, 제2매수인이 이중매매 사실을 아는 것만으로는 부족하고, 나아가 매도인의 배임행위(또는 배신행위)를 유인, 교사하거나 이에 협력하는 등 적극적으로 가담하는 것이 필요하며, 그와 같은 사유가 있는지를 판단할 때에는 이중매매계약에 이른 경위, 약정된 대가 등 계약 내용의 상당성 또는 특수성 및 양도인과 제2매수인의 관계 등을 종합적으로 살펴보아야 한다. 그리고 이러한 법리는 이중으로 임대차계약을 체결한 경우에도 그대로 적용될 수 있다(대판 2013.6.27, 2011다5813).

## 2. 불공정한 법률행위

> **제104조【불공정한 법률행위】**
> 당사자의 궁박(곤궁히고 절박한 사정), 경솔 또는 무경험으로 인하여 현저하게 공정을 잃은 법률행위는 무효로 한다.

### 1) 의의

자기의 급부에 비해 현저하게 균형을 잃은 반대급부를 상대방에게 하게 하여 부당한 재산상 이익을 얻는 행위를 말한다. 제104조는 제103조의 예시규정이라는 것이 판례의 입장이다.

## 2) 요건

### (1) 급부와 반대급부 사이의 현저한 불균형

어느 정도의 양자의 차이가 있어야 불균형한 것인지에 대한 일반적 기준은 없고, 당사자의 주관적 가치가 아닌 객관적 가치를 기준으로 법률행위의 내용·시기 기타 사정을 종합적으로 고려하여 판단할 수밖에 없다.

### (2) 당사자의 궁박·경솔 또는 무경험

① **궁박**은 반드시 경제적인 곤궁일 필요는 없고, 그 이외에 신체적, 심리적, 정신적 곤궁도 포함된다(대판 2002.10.22, 2002다38927). 또한 궁박의 상태가 계속적인 것이든 일시적인 것이든 무방하다(대판 2008.3.14, 2007다11996). '**무경험**'이라 함은 일반적인 생활체험의 부족을 의미하는 것으로서 어느 특정영역에 있어서의 경험부족이 아니라 거래일반에 대한 경험부족을 뜻하고, 당사자가 궁박 또는 무경험의 상태에 있었는지 여부는 그의 나이와 직업, 교육 및 사회경험의 정도, 재산 상태 및 그가 처한 상황의 절박성의 정도 등 제반 사정을 종합하여 구체적으로 판단하여야 하며, 한편 피해 당사자가 궁박, 경솔 또는 무경험의 상태에 있었다고 하더라도 그 상대방 당사자에게 그와 같은 피해 당사자측의 사정을 알면서 이를 이용하려는 의사, 즉 폭리행위의 악의가 없었다거나 또는 객관적으로 급부와 반대급부 사이에 현저한 불균형이 존재하지 아니한다면 불공정 법률행위는 성립하지 않는다(대판 2002.10.22, 2002다38927).

② 대리인에 의하여 법률행위가 행해진 경우 궁박은 본인을 표준으로 하여 결정하고, 경솔·무경험은 대리인을 표준으로 하여 결정한다(대판 2002.10.22, 2002다38927). 마찬가지로 부재자 재산관리인이 부재자의 재산을 매도한 경우에 매도인의 궁박상태 여부는 부재자 본인을 기준으로 판단하여야 한다(대판 1970.1.27, 69다719).

③ 궁박, 경솔, 무경험은 모두 갖추어져야 하는 것은 아니고, 셋 중 어느 하나만 갖추어도 족하다. 법률행위가 현저하게 공정을 잃었다고 하여 그것이 궁박, 경솔, 무경험에 의하여 이루어진 것으로 추정되는 것은 아니다(대판 1969.12.30, 69다1873).

### (3) 상대방의 악의

폭리자는 상대방 당사자가 궁박·경솔 또는 무경험의 상태에 있는 것을 알고서 그것을 이용하려는 의도, 즉 악의를 가지고 있어야 한다(대판 1988.9.13, 86다카563; 대판 2008.3.14, 2007다11996). 다만 궁박·경솔 또는 무경험의 상태에 있는 자가 그 법률행위로 인하여 손해를 입게 된다는 것까지 의도하거나 인식할 필요는 없다.

### 3) 판단시기 및 증명책임

① **불공정한 법률행위에 해당하는지 여부**의 판단시기는 **법률행위시**를 표준으로 약속된 급부와 반대급부 사이의 객관적 가치를 비교 평가하여 판단하여야 할 문제이고(대판 1984.4.10, 81다239), 당초의 약정대로 계약이 이행되지 아니할 경우에 발생할 수 있는 문제는 달리 특별한 사정이 없는 한 채무의 불이행에 따른 효과로서 다루어지는 것이 원칙이다(대판 2013. 9.26, 2010다42075).

> **판례**
>
> **불공정한 법률행위에 해당하는지 판단하는 기준 시기**(= 법률행위시) **및 계약이 체결 당시 기준으로 불공정하지 않은 경우 사후 외부적 환경의 급격한 변화에 따라 계약당사자 일방에게 큰 손실이 발생하고 상대방에게 그에 상응하는 이익이 발생할 수 있는 구조라고 하여 당연히 불공정한 계약에 해당하는지 여부**(소극)
>
> 어떠한 법률행위가 불공정한 법률행위에 해당하는지는 법률행위시를 기준으로 판단하여야 한다. 따라서 계약체결 당시를 기준으로 전체적인 계약 내용을 종합적으로 고려한 결과 불공정한 것이 아니라면 사후에 외부적 환경의 급격한 변화로 인하여 계약당사자 일방에게 큰 손실이 발생하고 상대방에게는 그에 상응하는 큰 이익이 발생할 수 있는 구조라고 하여 그 계약이 당연히 불공정한 계약에 해당한다고 말할 수 없다(대판(전) 2013.9.26, 2013다26746; 대판 2015.1.15, 2014다216072).

② 법률행위의 무효를 주장하는 자가 궁박·경솔 또는 무경험의 상태에 있었다는 사실, 상대방이 이를 알고 있었다는 사실, 급부와 반대급부 사이에 현저한 불공정이 있다는 사실을 모두 입증하여야 한다(대판 1970.11.24, 70다2065).

③ 법률행위가 현저하게 공정을 잃었다고 하여 그것이 궁박, 경솔, 무경험에 의하여 이루어진 것으로 추정되는 것은 아니다(대판 1969.12.30, 69다1873).

### 4) 효과

불공정한 법률행위는 절대적 무효이므로 선의의 제3자에게도 무효를 주장할 수 있다. 또한 무효행위의 추인에 의하여 유효로 될 수 없고, 법정추인이 적용될 여지도 없다는 것이 판례의 태도이다(대판 1994.6.24, 94다10900). 그러나 제103조와 달리 '**불공정한 법률행위**'에 해당하여 무효인 경우에는 **무효행위의 전환**에 관한 **민법 제138조가 적용**될 수 있다는 것이 판례이다(대판 2010.7.15, 2009다50308).

## 5) 적용범위

### (1) 무상계약에의 적용 여부

판례는 "불공정한 법률행위에 해당하기 위해서는 급부와 반대급부와의 사이에 현저히 균형을 잃을 것이 요구되므로 이 사건 **증여와 같이** 상대방에 의한 대가적 의미의 재산관계의 출연이 없이 당사자 일방의 급부만 있는 경우에는 급부와 반대급부 사이의 불균형의 문제는 발생하지 않는다"고 하여 **무상행위**에는 **적용되지 않는다**는 입장이다(대판 1993.7.16, 92다41528).

### (2) 경매에의 적용 여부

판례는 "**경매에 있어서는** 불공정한 법률행위인 민법 제104조는 적용될 여지가 없다"고 하여 경매에는 **적용되지 않는다**는 입장이다(대결 1980.3.21, 80마77).

### (3) 단독행위에의 적용 여부

판례는 "사회적 경험이 부족한 가정부인이 경제적·정신적 궁박상태하에서 구속된 자기남편을 석방 구제하는 데에는 위 수표의 회수가 필요할 것이라는 일념에서 회사에 대한 물품잔대금채권이 얼마인지조차 확실히 모르면서 보관 중이던 남편의 인감을 이용하여 남편을 대리하여 위임장과 포기서를 작성하여 준 채권포기행위는 거래관계에 있어서 현저하게 균형을 잃은 행위로서 사회적 정의에 반하는 불공정한 불법행위로 보는 것이 상당하다"고 판시하여 단독행위인 채권포기행위에 대하여 제104조의 **적용을 긍정**한 바 있다(대판 1975.5.13, 75다92).

### (4) 무효행위의 전환 적용 여부

매매계약이 약정된 매매대금의 과다로 말미암아 민법 제104조에서 정하는 '불공정한 법률행위'에 해당하여 무효인 경우에도 무효행위의 전환에 관한 민법 제138조가 적용될 수 있다. 따라서 당사자 쌍방이 위와 같은 무효를 알았더라면 대금을 다른 액으로 정하여 매매계약에 합의하였을 것이라고 예외적으로 인정되는 경우에는, 그 대금액을 내용으로 하는 매매계약이 유효하게 성립한다(대판 2010.7.15, 2009다50308).

> **판례연구** ✦ **관련판례 정리**
>
> **1. 불공정행위의 성립요건**
>
> 민법 제104조에 규정된 불공정한 법률행위는 객관적으로 급부와 반대급부 사이에 현저한 불균형이 존재하고, 주관적으로 그와 같이 균형을 잃은 거래가 피해 당사자의 궁박, 경솔 또는 무경험을 이용하여 이루어진 경우에 성립하는 것으로서, 약자적 지위에 있는 자의 궁박, 경솔 또는 무경험을 이용한 폭리행위를 규제하려는 데에 그 목적이 있고, 불공정한 법률행위가 성립하기 위한 요건인 궁박, 경솔, 무경험은 모두 구비되어야 하는 요건이 아니라 그 중 일부만 갖추어져도 충분한데, 여기에서 '궁박'이라 함은 '급박한 곤궁'을 의미하는 것으로서 경제적 원인에 기인할 수도 있고 정신적 또는 심리적 원인에 기인할 수도 있으며, '무경험'이라 함은 일반적인 생활체험의 부족을 의미하는 것으로서 어느 특정영역에 있어서의 경험부족이 아니라 거래일반에 대한 경험부족을 뜻하고, 당사자가 궁박 또는 무경험의 상태에 있었는지

여부는 그의 나이와 직업, 교육 및 사회경험의 정도, 재산 상태 및 그가 처한 상황의 절박성의 정도 등 제반 사정을 종합하여 구체적으로 판단하여야 하며, 한편 피해 당사자가 궁박, 경솔 또는 무경험의 상태에 있었다고 하더라도 그 상대방 당사자에게 그와 같은 피해 당사자측의 사정을 알면서 이를 이용하려는 의사, 즉 폭리행위의 악의가 없었다거나 또는 객관적으로 급부와 반대급부 사이에 현저한 불균형이 존재하지 아니한다면 불공정 법률행위는 성립하지 않는다(대판 2002.10.22, 2002다38927).

## 2. 불공정행위로 인정한 경우

1) 대물변제의 목적물인 부동산의 가액이 채권액의 3~4배에 달한 경우
2) 매매가격이 시가의 1/8 정도로 현저한 차이가 있고 매수인은 이를 매수한 3개월 후에 매수가격의 4~5배 정도로 전매한 경우
3) 건물을 철거당하여 생업을 중단하게 될 궁박한 상태에서 시가의 1/3에 미달하는 금액으로 이루어진 건물매매(대판 1973.5.22, 73다231)
4) 신체사고로 인한 손해배상금으로 사고 후 일주일밖에 되지 않은 시기에 그 받을 수 있는 금액의 1/8도 안 되는 금액으로 합의한 경우(대판 1979.4.10, 78다2457)
5) 농촌에 거주하는 79세의 노인으로부터 감정가격의 30%에도 미치지 못한 가격으로 토지를 매수하고 계약금으로 매매대금의 1/3 이상을, 계약 다음 날 중도금으로 고액을 지급하는 등 이례적인 매매계약을 맺은 경우(대판 1992.2.25, 91다40351)
6) 구속된 남편을 석방시키기 위하여 회사에 대한 물품잔대금채권이 얼마인지도 확실히 모르면서 남편을 대리하여 위임장과 포기서를 작성해 준 '채권포기행위'(대판 1975.5.13, 75다92)

## 3. 불공정행위를 부정한 경우

1) 매매가격이 시가보다 저렴하다는 사실만으로는 폭리행위로 인정될 수 없다.
2) 간통죄로 고소하지 않는 대가로 합의금을 받은 것은 부정한 이익을 목적으로 하는 위법한 강박행위가 아니고, 다소 궁박한 상태에서 한 약속어음작성행위를 불공정한 법률행위로 볼 수 없다(대판 1997.3.25, 96다47951).
3) 기부행위(증여)와 같이 아무 대가관계 없이 일방적인 급부를 하는 행위는 그 성질상 공정성 여부를 논할 수 있는 법률행위라 할 수 없다(대판 1997.3.11, 96다49650).
4) 적법한 절차에 의하여 이루어진 경매에 있어서 경락가격이 경매부동산의 시가에 비하여 저렴하다는 사유는 경락허가결정에 대한 적법한 불복이유가 되지 못하는 것이고 경매에 있어서는 불공정한 법률행위 또는 채무자에게 불리한 약정에 관한 것으로서 효력이 없다는 민법 제104조, 제608조는 적용될 여지가 없다(대결 1980.3.21, 80마77).
5) 쟁의행위 끝에 체결된 단체협약이 사용자측의 경영상태에 비추어 그 내용이 다소 합리성을 결하였다는 사정만으로는 불공정한 법률행위에 해당하지 않는다(대판 2007.12.14, 2007다18584).

## 4. 무효행위의 전환 가부(대판 2010.7.15, 2009다50308)

1) 매매계약과 같은 쌍무계약이 급부와 반대급부와의 불균형으로 말미암아 민법 제104조에서 정하는 '불공정한 법률행위'에 해당하여 무효라고 한다면, 그 계약으로 인하여 불이익을 입는 당사자로 하여금 위와 같은 불공정성을 소송 등 사법적 구제수단을 통하여 주장하지 못하도록 하는 부제소합의 역시 다른 특별한 사정이 없는 한 무효이다.
2) 매매계약이 약정된 매매대금의 과다로 말미암아 민법 제104조에서 정하는 '불공정한 법률행위'에 해당하여 무효인 경우에도 무효행위의 전환에 관한 민법 제138조가 적용될 수 있다. 따라서 당사자 쌍방이 위와 같은 무효를 알았더라면 대금을 다른 액으로 정하여 매매계약에 합의하였을 것이라고 예외적으로 인정되는 경우에는, 그 대금액을 내용으로 하는 매매계약이 유효하게 성립한다.
3) 재건축사업부지에 포함된 토지에 대하여 재건축사업조합과 토지의 소유자가 체결한 매매계약이 매매대금의 과다로 말미암아 불공정한 법률행위에 해당하지만, 그 매매대금을 적정한 금액으로 감액하여 매매계약의 유효성을 인정한 사례이다.

## 03 의사표시

### 제1관 의사표시 일반론

## 1. 서설

법률행위에 의하여 당사자가 원하는 대로 효과가 발생하는 것은 법률행위가 의사표시를 요소로 하기 때문이다. 이러한 의사표시는 내부적 의사와 표시행위로 구분할 수 있고, 내부적 의사는 다시 행위의사(어떤 행위를 한다는 인식)와 표시의사(일정한 법적 의미를 가지는 표시를 한다는 인식) 및 효과의사로 구별하는 것이 독일의 전통적인 태도이다. 이 중 우리 학설에서는 행위의사를 표시행위에 포함시켜 설명하기도 하고, 표시의사가 의사표시의 구성요소는 아니라고 보는 입장도 있다.

## 2. 효과의사

효과의사란 일정한 법률효과의 발생을 원하는 의사를 말한다. 이러한 효과의사의 본체가 무엇인지, 즉 표시행위로부터 추단되는 의사인 '표시상의 효과의사'인가, 표의자가 실제로 가지고 있던 실제의사인 '내심적 효과의사'인가에 대하여 견해의 대립이 있다. 판례는 법률행위의 해석과 관련하여 의사표시의 요소가 되는 것은 표시상의 효과의사라고 본다.

판례

**법률행위 해석기준 – 표시상의 효과의사**

의사표시 해석에 있어서 당사자의 진정한 의사를 알 수 없다면, 의사표시의 요소가 되는 것은 표시행위로부터 추단되는 효과의사 즉, 표시상의 효과의사이고 표의자가 가지고 있던 내심적 효과의사가 아니므로, 당사자의 내심의 의사보다는 외부로 표시된 행위에 의하여 추단된 의사를 가지고 해석함이 상당하다(대판 2002.6.28, 2002다23482).

## 3. 표시행위

1) 표시행위란 효과의사를 외부에 표현하는 행위를 말하는데, 그 방식에는 명시적·묵시적 표시행위가 있다. 여기서 묵시적 의사표시란 일정한 행위에 특정의 효과의사가 포함되어 있는 것으로 추단할 수 있는 것을 말한다. 나아가 이에 근거하여 민법상 의사표시가 의제되는 경우도 있다. **⑩** 제145조의 법정추인, 제639조 제1항의 묵시의 갱신 등

**2)** 침묵은 원칙적으로 표시행위가 될 수 없고, 침묵을 효과의사의 표현으로 평가할 수 있을 만한 특별한 사정이 있어야 한다. 따라서 청약자가 주문하지도 않은 상품을 보내면서 일정 기간 동안 이의가 없으면 매매에 동의한 것으로 보겠다는 뜻을 밝힌 경우라도 특별한 사정이 없는 한, 청약의 상대방에게 청약에 대하여 회답할 의무가 없으므로, 그러한 침묵을 승낙의 표시로 볼 수는 없다(대판 1999.1.29, 98다48903).

---

## 제2관 흠 있는 의사표시

### Ⅰ 총설

당사자가 원하는 대로 법률효과가 발생하기 위해서는 당사자의 의사표시에서 의사와 표시가 일치하여야 하고, 또한 타인의 부당한 간섭 없이 당사자의 자유로운 의사 하에 이루어져야 한다. 민법은 전자와 관련해서 의사와 표시가 불일치하는 경우로서 ① 진의 아닌 의사표시, ② 허위표시, ③ 착오를 규정하고 있고, 후자와 관련해서는 사기·강박에 의한 의사표시로서 취소할 수 있도록 규정하고 있다.

### Ⅱ 진의 아닌 의사표시(비진의표시)

> **제107조【진의 아닌 의사표시】**
> ① 의사표시는 표의자가 진의 아님을 알고 한 것이라도 그 효력이 있다. 그러나 상대방이 표의자의 진의 아님을 알았거나 이를 알 수 있었을 경우에는 무효로 한다.
> ② 전항의 의사표시의 무효는 선의의 제3자에게 대항하지 못한다.

#### 1. 의의

비진의표시란 표시행위의 의미가 표의자의 진의와 다르다는 것, 즉 의사와 표시의 불일치를 표의자가 스스로 알면서 하는 의사표시를 말한다. 이러한 비진의표시는 상대방과 통정(통모)이 없다는 점에서 허위표시(제108조)와 구별되며, 표의자가 진의와 표시가 일치하지 않음을 스스로 알고 있다는 점에서 착오(제109조)와 구별된다.

## 2. 요건

### 1) 의사표시의 존재

일정한 효과의사를 추단할 만한 가치 있는 행위로서 의사표시가 존재하여야 한다. 따라서 사교상의 명백한 농담, 교수가 강의 중에 행한 표시는 법률효과의 발생을 원하지 않는 것이 명백하여 비진의표시도 문제될 여지가 없다. 다만 상대방이 진의와 다른 표시인 것을 알 것이라고 기대하고서 하는 희언표시(농담)는 비진의표시의 일종으로 취급된다(통설).

### 2) 의사와 표시의 불일치

#### (1) 진의의 의미

표의자의 의사, 즉 진의에 관해서 판례는 진의란 특정한 내용의 의사표시를 하고자 하는 표의자의 생각을 말하는 것이지 표의자가 진정으로 마음속에서 바라는 사항을 뜻하는 것은 아니므로, 표의자가 의사표시의 내용을 진정으로 마음속에서 바라지는 아니하였다고 하더라도 당시의 상황에서는 그것을 최선이라고 판단하여 그 의사표시를 하였을 경우에는 이를 내심의 효과의사가 결여된 비진의 의사표시라고 할 수 없다고 하였다(대판 1996.12.20, 95누16059; 대판 2000.4.25, 99다34475). 이에 따르면 비록 재산을 강제로 빼앗긴다는 것이 표의자의 본심으로 잠재되어 있었다 하더라도 표의자가 강제에 의해서나마 증여하기로 하였으므로 진의가 없다고 할 수 없다(대판 1993.7.16, 92다41528).

#### (2) 중간퇴직의 무효주장 문제

① 상대방의 지시, 강요, 방침에 의한 사표제출은 제107조 제1항 단서 또는 제108조 제1항에 의하여 무효이다. 또한 ② 근로자가 회사의 경영방침에 따라 사직원을 제출하고 회사가 이를 받아들여 퇴직처리를 하였다가 즉시 재입사하는 형식을 취함으로써 근로자가 그 퇴직 전후에 걸쳐 실질적인 근로관계의 단절이 없이 계속 근무한 경우 제107조 제1항 단서가 적용된다(대판 1988.5.10, 87다카2578). 단, 해고된 근로자가 아무런 이의의 유보나 조건 없이 퇴직금을 수령한 후 오랜 기간이 지난 후에 해고의 효력을 다투는 소를 제기하는 것은 신의칙에 위배된다(대판 2000. 4.25, 99다34475).

### 3) 표의자가 진의와 표시의 불일치를 알고 있을 것

표의자는 진의와 표시의 불일치를 알고 있어야 한다. 이 점에서 허위표시와 같으며, 착오와 다르다. 표의자가 진의와 다른 표시를 하는 이유나 동기는 묻지 않는다.

## 3. 효과

### 1) 당사자 간의 효과

#### (1) 원칙

원칙적으로 표시된 대로의 효력이 생긴다(제107조 제1항 본문). 따라서 표의자는 원칙적으로 상대방에게 의사표시의 무효를 주장할 수 없다.

#### (2) 예외적 무효

"상대방이 표의자의 진의 아님을 알았거나 알 수 있었을 경우"에는 그 비진의표시는 무효이다(제107조 제1항 단서). 이 경우 비진의라는 사실의 지·부지나 과실의 유무는 행위시를 표준으로 하여 결정하고, 상대방의 악의 또는 과실의 유무는 무효를 주장하는 자가 입증해야 한다(대판 1992.5.22, 92다2295).

### 2) 제3자에 대한 효과

#### (1) 선의의 제3자

① 선의란 진의 아닌 의사표시임을 알지 못한 것을 말한다. 선의이면 족하고, **선의에 대한 과실의 유무는 묻지 않는다.**

② 제3자란 당사자와 그 포괄승계인 이외의 자로서 진의 아닌 의사표시를 기초로 새로운 법률상 이해관계를 맺은 자를 말한다.

#### (2) 대항하지 못한다.

비진의표시가 유효한 경우라면 제3자는 선·악을 불문하고 보호받는다. 또한 비진의표시가 예외적으로 무효로 되는 경우에도 "선의의 제3자"에게 대항하지 못하므로 표의자는 무효를 주장할 수 없다(제107조 제2항). 나아가 선의의 제3자로부터 다시 전득한 자가 있는 경우에 그 전득자가 설령 악의라 하더라도 표의자는 무효를 주장할 수 없다(엄폐물의 법칙).

## 4. 적용범위

**1)** 제107조는 '상대방 있는 의사표시'뿐만 아니라 '상대방 없는 의사표시'에도 적용된다. 다만, 제1항 단서는 상대방 없는 의사표시에는 적용되지 않으므로, 그 진의 여부에 관계없이 항상 유효하게 된다(다수설).

**2)** 그 밖에 **가족법상의 행위, 공법상 행위, 소송행위** 등에는 적용되지 않는다.

**판례연구** 관련판례 정리

## 1. 중간퇴직 등의 문제

대법원은 ① 물의를 일으킨 사립대학교 조교수가 사직원이 수리되지 않을 것이라고 믿고 사태수습을 위하여 이사장 앞으로 형식상 사직원을 제출한 경우, 이사회에서 그러한 사실을 알았거나 알 수 있었을 경우가 아니라면 그 의사표시에 따라 효력이 발생한다고 하였다(대판 1980.10.14, 79다2168). 반면, ② 본조는 표시행위를 중시하는 공법행위에는 적용되지 않는다. 공무원의 사표제출의 경우 진의가 없고 상대방이 이를 알았다 하더라도 효력이 있다(대판 1997.12.12, 97누13962). 또한 ③ 대법원은 증권회사 직원이 증권투자로 인한 고객의 손해에 대하여 책임을 지겠다는 내용의 각서를 작성해 준 사안에서, 그 각서를 단지 그 동안의 손실에 대하여 사과하고 그 회복을 위해 최선을 다하겠다는 의미로 해석하는 것은 경험칙과 논리칙에 반하지만, 그 각서가 남편을 안심시키려는 고객의 요청에 따라 작성된 경위 등에 비추어 비진의 의사표시로서 무효라고 보았다(대판 1999.2.12, 98다45744).

## 2. 대리권 남용의 문제

진의 아닌 의사표시가 대리인에 의하여 이루어지고 그 대리인의 진의가 본인의 이익이나 의사에 반하여 사기 또는 제3자의 이익을 위한 배임적인 것임을 그 상대방이 알았거나 알 수 있었을 경우에는 민법 제107조 제1항 단서의 유추해석상 그 대리인의 행위는 본인의 대리행위로 성립할 수 없다 하겠으므로 본인은 대리인의 행위에 대하여 아무런 책임이 없다. 이때 그 상대방이 대리인의 표시의사가 진의 아님을 알았거나 알 수 있었는가의 여부는 표의자인 대리인과 상대방 사이에 있었던 의사표시의 형성과정과 그 내용 및 그로 인하여 나타나는 효과 등을 객관적인 사정에 따라 합리적으로 판단하여야 한다(대판 1987.7.7, 86다카1004).

## 3. 명의대여의 문제

명의대여에 있어서는 경제적인 효과는 타인에게 귀속시키되, 법률상의 효과는 대여자 자신에게 귀속시키려는 진의가 있는 것이므로 비진의표시가 아니다. 법률상 또는 사실상의 장애로 자기 명의로 대출받을 수 없는 자를 위하여 대출금채무자로서의 명의를 빌려준 자에게 그와 같은 채무부담의 의사가 없는 것이라고는 할 수 없으므로 그 의사표시를 비진의표시에 해당한다고 볼 수 없다. 따라서 명의대여자는 표시행위에 나타난 대로 대출금채무를 부담한다(대판 1996.9.10, 96다18182).

## Ⅲ 통정허위표시

> **제108조 【통정한 허위의 의사표시】**
> ① 상대방과 **통정한 허위의 의사표시**( → 상대방과 짜고 거짓으로 한 의사표시)는 **무효**로 한다.
> ② 전항의 의사표시의 무효는 선의의 제3자에게 대항하지 못한다.

### 1. 의의

### 1) 개념

표의자가 진의 아닌 허위의 의사표시를 하면서 그에 관하여 상대방과 사이에 합의(통정)하는 것을 말한다. 이러한 허위표시를 요소로 하는 법률행위를 가리켜 가장행위라고 한다. ⒟ 채무자가 채권자의 강제집행을 면하기 위하여 타인과 통정하여 그 자에게 허위로 부동산을 매도하고 소유권이전등기를 해 준 경우이다.

### 2) 구별개념 − 은닉행위

은닉행위란 가장행위 뒤에 숨어 있는 당사자가 진실로 달성하고자 하는 법률행위를 말한다. ⒟ 증여를 하면서 증여세를 면탈하기 위하여 매매를 가장한 경우, 증여행위가 이에 해당한다. 이러한 은닉행위는 허위표시와는 달리 그 법률행위의 요건을 구비하는 한 유효하다(대판 1993.8.28, 93다12930).

### 2. 요건

### 1) 의사표시의 존재

허위표시가 인정되려면 우선 의사표시가 있어야 한다.

### 2) 의사와 표시의 불일치

표시행위의 의미에 대응하는 표의자의 의사가 존재하지 않아야 한다. 따라서 표시행위에 대응하는 진정한 의사가 있으면 그에 따른 법률적 효과와 경제적 목적이 서로 상이하더라도 허위표시가 아니다(신탁행위로서 양도담보나 적법한 명의신탁).

**甲이 타인의 토지를 매수하면서 乙과의 합의하에 乙 명의로 소유권이전등기를 경료한 다음 甲 앞으로 가등기를 경료한 경우, 그 가등기 약정이 통정허위표시에 해당하는지 여부(소극)**

甲이 乙과의 합의하에 제3자로부터 토지를 乙의 이름으로 매수하여 매매대금을 완납하고 乙의 명의로 소유권이전등기를 경료한 다음, 乙에 대한 다른 채권자들이 그 토지에 대하여 압류, 가압류, 가처분을 하거나 乙이 甲의 승낙 없이 토지를 임의로 처분해 버릴 경우의 위험에 대비하기 위하여 甲 명의로 소유권이전등기청구권 보전을 위한 가등기를 경료하였다면, 甲은 乙에게 그 토지를 명의신탁한 것이라고 보여지고, 또한 그 가등기는 장래에 그 명의신탁 관계가 해소되었을 때 가등기에 기한 본등기를 경료함으로써 장차 가등기 경료 이후에 토지에 관하여 발생할지도 모르는 등기상의 부담에서 벗어나 甲이 완전한 소유권을 취득하기 위한 법적 장치로서 甲과 乙 사이의 별도의 약정에 의하여 경료된 것이라고 할 것이므로, 위 가등기를 경료하기로 하는 甲과 乙 사이의 약정이 통정허위표시로서 무효라고 할 수는 없고, 나아가 甲과 乙 사이에 실제로 매매예약의 사실이 없었다고 하여 그 가등기가 무효가 되는 것도 아니다(대판 1995.12.26, 95다29888).

### 3) 표의자가 진의와 표시의 불일치를 알고 있을 것

표의자 스스로 그의 진의와 표시행위의 의미가 일치하지 않는다는 것을 알고 있어야 한다. 이 점에서 비진의표시와 같고 착오와 다르다.

### 4) 상대방과의 통정이 있을 것

#### (1) 통정의 의미

① 진의와 다른 표시를 하는 데 대하여 상대방과의 통정이 있어야 한다. 이 점에서 비진의표시와 다르다.

② 여기서 통정은 표의자가 진의 아닌 의사표시를 하는 것을 상대방이 단순히 알고 있는 것만으로는 부족하고, 그에 관해 상대방과의 사이에 합의가 있어야 한다.

③ 통정허위표시는 제3자를 속이려는 동기나 목적은 묻지 않는다.

#### (2) 입증책임

통정이 있었다는 요건은 무효를 주장하는 자가 입증하여야 하는데, 실무상 간접사실에 의하여 추정하는 것이 일반적이다.

## 3. 효과

### 1) 당사자 간의 효과

#### (1) 무효

① 허위표시는 당사자 사이에서는 언제나 무효이다(제108조 제1항). 따라서 이행하기 전이면 이행할 필요가 없으나, 이행한 후이면 부당이득 반환청구를 할 수 있다.

② 허위표시는 당사자 사이에서는 물론 제3자에 대한 관계에서도 무효이다. 따라서 당사자뿐만 아니라 제3자도 무효를 주장할 수 있다. 다만 선의의 제3자가 있는 경우 그 제3자에 대해서만 무효를 주장하지 못할 뿐이다(제108조 제2항).

> **판례**
>
> 허위의 근저당권에 대하여 배당이 이루어진 경우, 통정한 허위의 의사표시는 당사자 사이에서는 물론 제3자에 대하여도 무효이고, 다만 선의의 제3자에 대하여만 이를 대항하지 못한다고 할 것이므로, 배당채권자는 채권자취소의 소로써 통정허위표시를 취소하지 않았다 하더라도 그 무효를 주장하여 그에 기한 채권의 존부, 범위, 순위에 관한 배당이의의 소를 제기할 수 있다(대판 2001.5.8, 2000다9611).
>
> → 허위의 근저당권에 기한 경매의 경우 경락인은 선의의 제3자로서 보호받을 수 있으나, 통정허위표시의 당사자 간의 법률행위는 무효이므로 당사자 이외의 자는 그 무효를 주장하며 허위의 근저당권자가 배당을 받는 것에 대해서 이의를 제기할 수 있다.

#### (2) 불법원인급여

허위표시 그 자체가 불법은 아니므로 불법원인급여에 해당하지 않는다. 따라서 부당이득반환을 청구할 수 있다(대판 2004.5.28, 2003다70041).

#### (3) 채권자취소권의 행사 가부

허위표시를 한 채무자의 채권자는 채권자취소권을 행사할 수 있다. 즉 허위표시로서 무효인 법률행위도 채권자취소권의 대상이 된다(판례). 또한 채권자취소권의 대상으로 된 채무자의 법률행위라도 통정허위표시의 요건을 갖춘 경우에는 무효이다. 이는 이론적 측면에서 '무효와 취소의 이중효 법리'에 근거하고 있다.

> **판례**
>
> **채무자가 다른 사람의 예금계좌로 송금한 금전에 관하여 통정허위표시에 의한 증여계약이 성립한다고 인정하기 위한 요건 및 이에 관한 증명책임 소재**(= 취소채권자)
>
> 채무자가 다른 사람의 예금계좌로 송금한 금전에 관하여 통정허위표시에 의한 증여계약이 성립하였다고 하려면, 무엇보다도 우선 객관적으로 채무자와 다른 사람 사이에서 그와 같이 송금한 금전을 다른 사람에게 종국적으로 귀속되도록 '증여'하여 무상 공여한다는 데에 관한 의사 합치가 있는 것으로 해석되어야 한다. 그리고 그에 관한 증명책임은 위와 같은 송금행위가 채권자취소권의 대상이 되는 사해행위임을 주장하는 채권자에게 있다(대판 2012.7.26, 2012다30861).

www.pmg.co.kr

### (4) 불법행위 또는 채무불이행에 기한 손해배상청구의 가부

무효인 법률행위는 그 법률행위가 성립한 당초부터 당연히 효력이 발생하지 않는 것이므로, 무효인 법률행위에 따른 법률효과를 침해하는 것처럼 보이는 위법행위나 채무불이행이 있다고 하여도 법률효과의 침해에 따른 손해는 없는 것이므로 그 손해배상을 청구할 수는 없다(대판 2003.3.28, 2002다72125).

## 2) 제3자에 대한 효과

허위표시의 무효는 선의의 제3자에게 대항하지 못한다(제108조 제2항).

### (1) 제3자의 의의 - 제3자 해당 여부

여기서 제3자란 당사자 및 포괄승계인 이외의 자로서 허위표시에 의하여 외형상 형성된 법률관계를 토대로 실질적으로 새로운 법률상 이해관계를 맺은 자를 말한다.

> **판례**
>
> **통정허위표시의 무효를 대항할 수 없는 제3자의 범위**
>
> [1] 통정허위표시의 무효를 대항할 수 없는 제3자란 허위표시의 당사자 및 포괄승계인 이외의 자로서 허위표시에 의하여 외형상 형성된 법률관계를 토대로 새로운 법률원인으로써 이해관계를 갖게 된 자를 말한다. 따라서 소외인 (A)가 부동산의 매수자금을 피고 (C)로부터 차용하고 담보조로 가등기를 경료하기로 약정한 후 채권자들의 강제집행을 우려하여 소외인 (B)에게 가장양도한 후 피고 (C)앞으로 가등기를 경료케 한 경우에 있어서 피고 (C)는 형식상은 가장 양수인으로부터 가등기를 경료받은 것으로 되어 있으나 실질적 새로운 법률원인에 의한 것이 아니므로 통정허위 표시에서의 제3자로 볼 수 없다(대판 1982.5.25, 80다1403).
>
> [2] 실제로는 전세권설정계약을 체결하지 아니하였으면서도 임대차계약에 기한 임차보증금반환채권을 담보할 목적 또는 금융기관으로부터 자금을 융통할 목적으로 임차인과 임대인 사이의 합의에 따라 임차인 명의로 전세권설정등기를 경료한 경우에, 위 전세권설정계약이 통정허위표시에 해당하여 무효라 하더라도 위 전세권설정계약에 의하여 형성된 법률관계에 기초하여 새로이 법률상 이해관계를 가지게 된 제3자에 대하여는 그 제3자가 그와 같은 사정을 알고 있었던 경우에만 그 무효를 주장할 수 있다(대판 2010. 3.25, 2009다35743 등). 그리고 여기에서 선의의 제3자가 보호될 수 있는 법률상 이해관계는 위 전세권설정계약의 당사자를 상대로 하여 직접 법률상 이해관계를 가지는 경우 외에도 그 법률상 이해관계를 바탕으로 하여 다시 위 전세권설정계약에 의하여 형성된 법률관계와 새로이 법률상 이해관계를 가지게 되는 경우도 포함된다(대판 2013.2.15, 2012다49292).
>
> → 임대인 甲이 임차인 乙의 임차보증금반환채권을 담보해 주기 위하여 통정허위표시로 전세권설정등기를 경료해 주었고, 丙은 이러한 사정을 잘 알면서도 자신의 채권을 담보하기 위하여 乙로부터 이 사건 전세권에 대하여 채권최고액 6억원인 근저당권설정계약을 체결한 후 전세권근저당권설정등기를 경료받았다. 이후 丁은 丙의 乙에 대한 위 전세권근저당권부 채권에 대하여 가압류결정을 받아 위 전세권근저당권설정등기에 부기등기의 방법으로 가압류등기가 기입된 다음, 가압류를 본압류로 이전하는 압류명령을 받아, 그 결정이 乙에게 송달되었으며 전세권근저당권설정등기에 부기등기의 방법으로 압류등기가 기입되었다면, 丁은 丙의 위 전세권근저당권부채권을 가압류하고 나아가 압류명령을 얻음으로써 그 채권에 관한 담보권인 전세권근저당권의 목적물에 해당하는 전세권에 대하여 새로이 법률상 이해관계를 가지게 되었다 할 것이므로, 만약 그가 통정허위표시에 관하여 선의라면 비록 丙이 악의라 하더라도 허위표시자는 그에 대하여 전세권이 통정허위표시에 의한 것이라는 이유로 대항할 수 없다.

Chapter 05 권리의 변동

## 가) 제3자에 해당하는 경우

① 가장매매의 매수인으로부터 그 목적부동산을 다시 매수한 자나 저당권의 설정을 받은 자

② 가장전세권에 관하여 저당권을 취득한 자

③ 가장 소비대차에 기한 대여금 채권의 양수인

④ 가장 매매에 기한 매매대금채권의 양수인

⑤ 채권의 가장양도에 있어 양수인으로부터 그 채권을 양수한 자

⑥ 파산관재인(★ 그 선의·악의도 파산관재인 개인의 선의·악의를 기준으로 할 수는 없고 총파산채권자를 기준으로 하여 파산채권자 모두가 악의로 되지 않는 한 파산관재인은 선의의 제3자라고 할 수밖에 없다)

⑦ 가장매매의 매수인으로부터 매매계약에 의한 소유권이전청구권보전을 위한 가등기를 취득한 자

⑧ 허위의 보증채무를 이행하여 구상권을 취득한 보증인

⑨ 가장의 금전소비대차에 기한 대여금채권을 가압류한 자, 압류한 자

⑩ 가장전세권설정계약으로부터 생긴 전세권부채권을 가압류한 가압류권자(대판 2010.3.25, 2009다35743)

⑪ 임대차보증금반환채권이 양도된 후 양수인의 채권자가 임대차보증금반환채권에 대하여 채권압류 및 추심명령을 받았는데 임대차보증금반환채권 양도계약이 허위표시로서 무효인 경우의 채권자(대판 2014.4.10, 2013다59753) 등이 이에 해당한다.

## 나) 제3자에 해당하지 않는 경우

① 가장양수인의 일반채권자

② 자기 채권을 보전하기 위하여 재산권의 가장양수인의 가장양도인에 대한 권리를 대위행사하는 자

③ 채권의 가장양도에서 변제를 하기 전의 채무자

④ 대리인의 허위표시에서의 본인

⑤ 가장소비대차의 계약상의 지위를 이전 받은 자

⑥ 제3자를 위한 계약에서의 제3자 등이 이에 해당한다.

**판례연구** **관련판례 정리**

### 주의를 요하는 판례

### 1. 파산관재인

파산자가 상대방과 통정한 허위의 의사표시를 통하여 가장채권을 보유하고 있다가 파산이 선고된 경우 그 가장채권도 일단 파산재단에 속하게 되고, 파산선고에 따라 파산자와는 독립한 지위에서 파산채권자 전체의 공동의 이익을 위하여 직무를 행하게 된 파산관재인은 그 허위표시에 따라 외형상 형성된 법률 관계를 토대로 실질적으로 새로운 법률상 이해관계를 가지게 된 민법 제108조 제2항의 제3자에 해당하고, 그 선의·악의도 파산관재인 개인의 선의·악의를 기준으로 할 수는 없고, 총파산채권자를 기준으로 하여 파산채권자 모두가 악의로 되지 않는 한 파산관재인은 선의의 제3자라고 할 수밖에 없다(대판 2006.11.10, 2004다10299; 대판 2010.4.29, 2009다96083).

### 2. 채권의 가장양도에서의 채무자

채무자가 채권의 가장양수인에게 채무를 변제하지 않은 사안에서 "이 사건 퇴직금채무자인 피고는 원채권자인 소외 甲이 소외 乙에게 퇴직금채권을 양도했다고 하더라도 그 퇴직금을 양수인에게 지급하지 않고 있는 동안에 위 양도계약이 허위표시란 것이 밝혀진 이상 위 허위표시의 선의의 제3자임을 내세워 진정한 퇴직금전부채권자인 원고에게 그 지급을 거절할 수 없다"고 판시하여 변제행위를 하기 전의 채무자는 제3자가 아님을 밝히고 있다(대판 1983.1.18, 82다594).

### 3. 가장채무의 보증인

허위의 주채무를 보증한 보증인이 보증채무를 이행한 경우 제3자에 해당하는지 여부에 관하여, 판례는 "보증인이 주채무자의 기망행위에 의하여 주채무가 있는 것으로 믿고 주채무자와 보증계약을 체결한 다음 그에 따라 보증채무자로서 그 채무까지 이행한 경우, 그 보증인은 주채무자에 대한 구상권 취득에 관하여 법률상의 이해관계를 가지게 되었고 그 구상권 취득에는 보증의 부종성으로 인하여 주채무가 유효하게 존재할 것을 필요로 한다는 이유로 결국 그 보증인은 주채무자의 채권자에 대한 채무부담행위라는 허위표시에 기초하여 구상권 취득에 관한 법률상 이해관계를 가지게 되었다고 봄이 상당하므로 민법 제108조 제2항 소정의 '제3자'에 해당한다"고 하여 이를 긍정하였다(대판 2000.7.6, 99다51258).

### 4. 가장매매에 기한 가등기 및 본등기에 터잡아 이해관계를 맺은 자

통정 허위표시를 원인으로 한 부동산에 관한 가등기 및 그 가등기에 기한 본등기로 인하여 丙의 소유권 이전등기가 말소된 후 다시 그 본등기에 터잡아 丁이 부동산을 양수하여 소유권이전등기를 마친 경우, 丁이 통정 허위표시자로부터 실질적으로 부동산을 양수하고 또 이를 양수함에 있어 통정허위표시자 명의의 각 가등기 및 이에 기한 본등기의 원인이 된 각 의사표시가 허위표시임을 알지 못하였다면, 丙은 선의의 제3자인 丁에 대하여는 그 각 가등기 및 본등기의 원인이 된 각 허위표시가 무효임을 주장할 수 없고, 따라서 丁에 대한 관계에서는 그 각 허위표시가 유효한 것이 된다(대판 1996.4.26, 94다12074).

### 5. 가장소비대차의 계약상의 지위를 이전 받은 자

구 상호신용금고법 소정의 계약이전은 금융거래에서 발생한 계약상의 지위가 이전되는 사법상의 법률효과를 가져오는 것이므로 계약이전을 받은 금융기관은 계약이전을 요구받은 금융기관과 대출채무자 사이의 통정허위표시에 따라 형성된 법률관계를 기초로 하여 새로운 법률상 이해관계를 가지게 된 민법 제108조 제2항의 제3자에 해당하지 않는다(대판 2004.1.15, 2002다31537).

### (2) 보호범위

### 가) 선의

① 여기서 '선의'라 함은 통정허위표시가 있다는 사실을 모르는 것을 말한다. 선의이면 족하고 무과실은 요건이 아니다(대판 2004.5.28, 2003다70041).

② 선의의 판단시기는 법률상 새로운 이해관계를 맺은 때이다.

③ 제3자는 특별한 사정이 없는 한 선의로 추정할 것이므로, 제3자가 악의라는 사실에 관한 주장·증명책임은 그 허위표시의 무효를 주장하는 자에게 있다(대판 1970.9.29, 70다466).

### 나) 엄폐물의 법칙

제3자가 선의이면 그 자로부터 전득한 자가 설령 악의였다 하더라도 보호받는다.

### 다) 제3자 악의의 경우, 전득자 보호범위

선의의 제3자가 보호될 수 있는 법률상 이해관계는 계약의 당사자를 상대로 하여 직접 법률상 이해관계를 가지는 경우 외에도 그 법률상 이해관계를 바탕으로 하여 다시 위 계약에 의하여 형성된 법률관계와 새로이 법률상 이해관계를 가지게 되는 경우도 포함된다(대판 2013.2.15, 2012다49292). 제3자가 악의인 경우, 그로부터 전득한 자는 제108조 제2항 소정의 제3자성이 긍정되기 때문에 **선의 전득자라면 보호**된다.

### (3) 효과 - 대항하지 못한다.

① 허위표시의 당사자는 선의의 제3자에 대하여 그 무효를 주장할 수 없다는 의미이다. 나아가 선의의 제3자에게는 허위표시의 당사자뿐만 아니라 그 누구도 허위표시의 무효를 가지고 대항하지 못한다(대판 1996.4.26, 94다12074).

② 다만 제108조 제2항은 선의의 제3자를 보호하고자 하는 규정이기 때문에 선의의 제3자가 스스로 보호받을 의사가 없을 때에는 그 자는 무효를 주장할 수 있다(다수설).

## 4. 적용범위

**1)** 허위표시는 상대방과 통정하여 이루어지므로 계약 및 상대방 있는 단독행위에 적용된다. 그러나 상대방 없는 단독행위(예 유증)는 통정의 요건이 충족될 수 없기 때문에 적용될 수 없다(통설).

**2)** 혼인 혹은 입양과 같은 신분행위에서는 당사자의 의사가 절대적으로 존중되어야 하므로 제108조는 적용되지 않음이 원칙이고, 따라서 허위표시는 언제나 무효이다.

**3)** 소송행위나 공법행위에도 원칙적으로 적용되지 않는다.

## 5. 민법 제108조 제2항의 유추적용론

**1)** 허위표시가 없는 경우에도 허위의 외관이 형성되고 그러한 외관형성에 진정한 권리자에게 귀책이 인정되는 경우, 그 외관을 믿고 거래한 선의의 제3자를 보호하기 위해 제108조 제2항을 유추적용할 수 있을지 문제된다.

**2)** 이에 대해 판례는 "乙이 甲으로부터 부동산에 관한 담보권설정의 대리권만 수여받고도 그 부동산에 관하여 자기 앞으로 소유권이전등기를 하고 이어서 丙에게 그 소유권이전등기를 경료한 경우, 丙은 乙을 甲의 대리인으로 믿고서 위 등기의 원인행위를 한 것도 아니고, 甲도 乙 명의의 소유권이전등기가 경료된 데 대하여 이를 통정·용인하였거나 이를 알면서 방치하였다고 볼 수 없다면 이에 민법 제126조나 제108조 제2항을 유추할 수는 없다"고 하여 동 판례의 반대해석상 제108조 제2항의 유추적용을 긍정하는 입장으로 평가된다(대판 1991.12.27, 91다3208).

---

**판례연구 ⁺ 관련판례 정리**

1) 은행이 동일인 여신한도의 제한을 회피하기 위하여 실질적 주채무자 아닌 제3자와 사이에 제3자를 주채무자로 하는 소비대차계약을 체결한 경우의 효력에 관하여 은행이 양해하지 않은 경우 진의가 있는 경우로서 유효이고 양해한 경우에는 무효이다(대판 2007.11.29, 2007다53013). 즉, 동일인에 대한 대출액 한도를 제한한 구 상호신용금고법 제12조의 적용을 회피하기 위하여 실질적인 주채무자가 실제 대출받고자 하는 채무액에 대하여 제3자를 형식상의 주채무자로 내세우고, 상호신용금고도 이를 양해하여 제3자에 대하여는 채무자로서의 책임을 지우지 않을 의도하에 제3자 명의로 대출관계서류를 작성받은 경우, 제3자는 형식상의 명의만을 빌려준 자에 불과하고 그 대출계약의 실질적인 당사자는 상호신용금고와 실질적 주채무자이므로, 제3자 명의로 되어 있는 대출약정은 상호신용금고의 양해하에 그에 따른 채무부담의 의사없이 형식적으로 이루어진 것에 불과하여 통정허위표시에 해당하는 무효의 법률행위이다(대판 1999.3.12, 98다48989). 따라서 조합으로부터 대출받기로 하면서 자신의 부동산에 근저당권을 설정한 자가 조합의 이사장으로부터 대출금의 실제 채무자는 근저당권설정자가 아니라는 등의 각서 및 이사장과 조합이 대출금에 대하여 연대하여 책임지겠다는 확인서를 작성받은 경우, 그 대출약정은 통정허위표시에 해당하여 무효이다(대판 2006.4.28, 2005다76265). 또한 금융기관이 동일인 대출한도를 회피하기 위하여 형식상 제3자 명의로 대출약정을 체결하면서 대물변제 등의 방법에 의해 제3자에게 대출에 따른 책임을 묻지 않기로 합의한 경우, 그 합의는 대출약정이 통정허위표시임을 명백히 뒷받침하는 징표에 불과할 뿐 별개의 법률행위라고 볼 수 없어 이에 터잡아 제3자의 대출금채무가 대물변제로 소멸되었다고 주장할 수는 없다(대판 2007.11.29, 2007다53013).
2) 임차인과 임대인 및 제3자 사이의 합의에 따라 제3자명의로 경료된 전세권설정등기는 원칙적으로 효력이 있으나, 허위표시의 요건을 갖추어 무효가 되는 경우도 있다. 이때 허위의 전세권에 저당권을 설정받은 자가 선의이면 보호된다(대판 1998.9.4, 98다20981).
3) 사표제출은 허위표시로서 무효이므로 근로관계는 단절되지 않았다고 본 사례도 있다. 단, 노사합의에 의하여 회사의 퇴직금 지급률제도가 누진제에서 단순제로 변경됨으로써 누진율의 상승에 의한 퇴직금의 상승을 기대할 수 없게 되자 근로자들이 자유로운 의사에 기한 선택에 따라 중간퇴직을 하고 퇴직금을 수령한 경우, 그 근로자들과 회사 사이의 근로계약관계는 그 중간퇴직에 의하여 일단 종료되었다고 봄이 상당하고, 그 근로자들의 퇴직의사표시를 통정허위표시 또는 비진의표시로서 무효라고 볼 수 없다(대판 1996.4.26, 95다2562).

4) 채권담보의 목적으로 부동산을 매매의 형식으로 채권자에게 소유권이전등기를 하여 주는 양도담보의 법률행위는 허위표시가 아니다(대판 1964.6.16, 64다138).

5) 주택을 주거용으로 사용·수익할 의사 없이 주택임대차계약의 형식을 빌려 기존 채권을 우선변제받을 목적으로 주택임대차보호법상의 대항력을 갖춘 경우, 채권자와 채무자 사이의 주택임대차계약은 무효이다(대판 2002.3.12, 2000다24184·24191).

6) ① 통정한 허위표시에 의하여 외형상 형성된 법률관계로 생긴 채권을 가압류한 경우, 그 가압류권자는 허위표시에 기초하여 새로운 법률상 이해관계를 가지게 되므로 민법 제108조 제2항의 제3자에 해당한다고 봄이 상당하고, 또한 민법 제108조 제2항의 제3자는 선의이면 족하고 무과실은 요건이 아니다(대판 2007.11.29, 2007다53013). 또한 ② 제3자는 특별한 사정이 없는 한 선의로 추정되므로 허위표시를 한 부동산양도인이 소유권 주장시 제3자의 악의를 입증하여야 한다고 한다(대판 2007.11.29, 2007다53013).

7) 실제로는 전세권설정계약을 체결하지 아니하였으면서도 담보의 목적 등으로 당사자 사이의 합의에 따라 전세권설정등기를 마친 경우, 전세권부채권의 가압류권자가 선의의 제3자로서 보호받을 수 있는지 여부(적극): 실제로는 전세권설정계약을 체결하지 아니하였으면서도 임대차계약에 기한 임차보증금반환채권을 담보할 목적 또는 금융기관으로부터 자금을 융통할 목적으로 임차인과 임대인 사이의 합의에 따라 임차인 명의로 전세권설정등기를 경료한 경우, 위 전세권설정계약이 통정허위표시에 해당하여 무효라 하더라도 위 전세권설정계약에 의하여 형성된 법률관계에 기초하여 새로이 법률상 이해관계를 갖게 된 제3자에 대하여는 그 제3자가 그와 같은 사정을 알고 있었던 경우에만 그 무효를 주장할 수 있다. 그리고 통정한 허위표시에 의하여 외형상 형성된 법률관계로 생긴 채권을 가압류한 경우 그 가압류권자는 허위표시에 기초하여 새로이 법률상 이해관계를 가지게 된 제3자에 해당하므로, 그가 선의인 이상 위 통정허위표시의 무효를 그에 대하여 주장할 수 없다(대판 2010.3.25, 2009다35743).

8) 금융기관이 한국자산관리공사에게 부실자산인 대출금 채권을 양도한 경우, 한국자산관리공사는 민법 제108조 제2항의 제3자에 해당한다(대판 2004.1.15, 2002다31537).

9) 민법 제108조 제2항에서 말하는 제3자는 허위표시의 당사자와 그의 포괄승계인 이외의 자 모두를 가리키는 것이 아니고 그 가운데서 허위표시행위를 기초로 하여 새로운 이해관계를 맺은 자를 한정해서 가리키는 것으로 새겨야 할 것이므로 이 사건 퇴직금 채무자인 피고는 원채권자인 소외(갑)이 소외(을)에게 퇴직금채권을 양도했다고 하더라도 그 퇴직금을 양수인에게 지급하지 않고 있는 동안에 위 양도계약이 허위표시란 것이 밝혀진 이상 위 허위표시의 선의의 제3자임을 내세워 진정한 퇴직금전부채권자인 원고에게 그 지급을 거절할 수 없다(대판 1983.1.18, 82다594).

10) 가장행위인 매매가 무효이더라도 은닉행위인 증여는 유효하다(대판 1993.8.28, 93다12930).

11) 제406조(채권자취소권)에서 말하는 법률행위는 유효인 법률행위만을 가리키는 것은 아니므로, 허위표시에 관하여도 채권자취소권을 행사할 수 있다고 한다(대판 1984.7.24, 84다카68).

12) 허위표시 자체가 불법은 아니기 때문에 불법원인급여를 규정한 제746조는 적용되지 않는다(대판 2004.5.28, 2003다70041).

13) 특별한 사정없이 없이 동거하는 부부간에 있어 남편이 처에게 토지를 매도하고 그 소유권이전등기까지 경료한다 함은 이례에 속하는 일로서 가장매매라고 추정하는 것이 타당하다(대판 1978.4.25, 78다226).

14) 상대방과 통정한 허위의 의사표시는 무효이고 누구든지 그 무효를 주장할 수 있는 것이 원칙이나, 허위표시의 당사자 및 포괄승계인 이외의 자로서 허위표시에 의하여 외형상 형성된 법률관계를 토대로 실질적으로 새로운 법률상 이해관계를 맺은 선의의 제3자에 대하여는 허위표시의 당사자뿐만 아니라 그 누구도 허위표시의 무효를 대항하지 못하고, 따라서 선의의 제3자에 대한 관계에 있어서는 허위표시도 그 표시된 대로 효력이 있다(대판 1996.4.26, 94다12074).

## Ⅳ 착오로 인한 의사표시

> **제109조 【착오로 인한 의사표시】**
> ① 의사표시는 법률행위의 내용의 **중요부분에** 착오가 있는 때에는 **취소할 수 있다.** 그러나 그 착오가 표의자의 중대한 과실로 인한 때에는 취소하지 못한다.
> ② 전항의 의사표시의 취소는 선의의 제3자에게 대항하지 못한다.

### 1. 착오의 의의

### 1) 착오의 개념

착오의 개념을 어떻게 정의할 것인지에 관해서는 학설의 대립이 있다. 다만 판례는 일반적으로 착오를 의사표시의 내용과 내심의 의사가 일치하지 않는 것을 표시자가 모르는 것이라고 한다(대판 1985.4.23, 84다카890).

**판례**

**민법 제109조의 '착오'의 의미 및 표의자가 장래에 있을 어떤 사항의 발생이 미필적임을 알아 그 발생을 예기한 데 지나지 않는 경우, 그 기대가 이루어지지 않은 것을 착오로 볼 수 있는지 여부**(소극)

민법 제109조에서 규정한 바와 같이 의사표시에 **착오가 있다**고 하려면 **법률행위를 할 당시**에 실제로 없는 사실을 있는 사실로 잘못 깨닫거나 아니면 실제로 있는 사실을 없는 것으로 잘못 생각하듯이 **표의자의 인식과 그 대조사실이 어긋나는 경우**라야 하므로, 표의자가 행위를 할 당시 장래에 있을 어떤 사항의 발생이 미필적임을 알아 그 발생을 예기한 데 지나지 않는 경우는 표의자의 심리상태에 인식과 대조의 불일치가 있다고 할 수 없어 이를 착오로 다룰 수는 없다(대판 2012.12.13, 2012다65317 등).

### 2) 착오의 한계 - 법률행위 해석과의 관계

(1) 자연적 해석의 경우에는 당사자의 일치하는 의사대로 효력이 생기므로 애초에 착오의 문제는 발생하지 않는다.

(2) 규범적 해석의 경우에는 상대방의 시각에서 표시행위의 의미를 탐구하게 되므로 표의자의 내심과 표시 사이에 불일치가 생기면 착오취소의 문제가 생긴다.

(3) 보충적 해석의 경우에는 견해의 대립이 있으나 일반적으로는 착오취소를 부정한다.

## 3) 착오의 유형

### (1) 동기의 착오

표의자가 효과의사를 결정하는 과정에서 동기 내지 단순히 의사형성과정에 착오가 있는 경우이다.

### 가) 단순 동기의 착오

① 원칙상 동기의 착오를 제109조 착오에서 제외시킨다.

② 다만 예외적으로 법률행위의 동기가 '표시'되어 법률행위의 내용으로 편입되면 제109조 착오에 해당할 수 있다(동기표시설). 즉, 동기가 상대방에게 표시되어 법률행위의 해석상 계약내용으로 삼아진 경우에 한하여 착오를 이유로 취소할 수 있다고 본다(대판 2008.2.1, 2006다71724). 단, 당사자 사이에 별도로 그 동기를 의사표시의 내용으로 삼기로 하는 합의까지 이루어질 필요는 없다(대판 1995.11.21, 95다5516).

### 나) 유발된 동기의 착오

나아가 상대방에 의해 유발되거나, 상대방이 제공한 동기의 착오에 관해서는 표시 여부를 불문하고 제109조를 적용할 수 있다(대판 1978.7.11, 78다719 등).

### 다) 쌍방 공통하는 동기의 착오

당사자 쌍방이 일치하여 착오를 일으킨 경우 제109조에 따라 해결할 것인지 문제되는데, 이에 대해 판례는 보충적 해석을 시도해 본 후 그것이 불가능한 경우 착오취소를 인정하는 입장이다. 즉, "계약당사자 쌍방이 계약의 전제나 기초가 되는 사항에 관하여 같은 내용으로 착오가 있고 이로 인하여 그에 관한 구체적 약정을 하지 아니하였다면, 당사자가 그러한 착오가 없을 때에 약정하였을 것으로 보이는 내용으로 당사자의 의사를 보충하여 계약을 해석할 수 있는 바, 여기서 보충되는 당사자의 의사는 당사자의 실제 의사 또는 주관적 의사가 아니라 계약의 목적·거래관행·적용법규·신의칙 등에 비추어 객관적으로 추인되는 정당한 이익조정의사를 말한다"고 판시한 바 있다(대판 2006.11.23, 2005다13288).

---

**판례연구** **관련판례 정리**

**동기의 착오 관련판례의 정리**

1) 동기의 착오가 법률행위의 내용의 중요부분의 착오에 해당함을 이유로 표의자가 법률행위를 취소하려면 그 동기를 해당 의사표시의 내용으로 삼을 것을 상대방에게 표시하고 의사표시의 해석상 법률행위의 내용으로 되어 있다고 인정되면 충분하고 당사자들 사이에 별도로 그 동기를 의사표시의 내용으로 삼기로 하는 합의까지 이루어질 필요는 없지만, 그 법률행위의 내용의 착오는 보통 일반인이 표의자의 입장에 섰더라면 그와 같은 의사표시를 하지 아니하였으리라고 여겨질 정도로 그 착오가 중요한 부분에 관한 것이어야 한다(대판 2000.5.12, 2000다12259).

Chapter 05

2) 귀속해제된 토지인데도 귀속재산인줄로 잘못 알고 국가에 증여를 한 경우 이러한 착오는 일종의 동기의 착오라 할 것이나, 그 동기를 제공한 것이 관계 공무원이었고 그러한 동기의 제공이 없었더라면 위 토지를 선뜻 국가에게 증여하지는 않았을 것이라면, 그 동기는 증여행위의 중요부분을 이룬다고 할 것이므로 뒤늦게 그 착오를 알아차리고 증여계약을 취소했다면 그 취소는 적법하다(대판 1978.7.11, 78다719).

3) 시로부터 공원휴게소 설치시행허가를 받음에 있어 담당공무원이 법규오해로 인하여 잘못 회시한 공문에 따라 동기의 착오를 일으켜, 법률상 기부채납의무가 없는 휴게소부지의 16배나 되는 토지 전부와 휴게소건물을 시에 증여한 경우, 휴게소부지와 그 지상시설물에 관한 부분을 제외한 나머지 토지에 관해서는 법률행위의 중요부분에 관한 착오로서 취소할 수 있다(대판 1990.7.10, 90다카7460).

4) 보험회사 또는 보험모집종사자가 설명의무를 위반하여 고객이 보험계약의 중요사항에 관하여 제대로 이해하지 못한 채 착오에 빠져 보험계약을 체결한 경우, 그러한 착오가 동기의 착오에 불과하다고 하더라도 그러한 착오를 일으키지 않았더라면 보험계약을 체결하지 않았거나 아니면 적어도 동일한 내용으로 보험계약을 체결하지 않았을 것이 명백하다면, 위와 같은 착오는 보험계약의 내용의 중요부분에 관한 것에 해당하므로 이를 이유로 보험계약을 취소할 수 있다(대판 2018.4.12, 2017다29536).

## (2) 내용의 착오

표시의 법적 의미에 관해 오해가 있는 경우이다. **예** 달러와 엔의 가치가 같다고 생각하여 100달러를 100엔으로 기재한 경우

## (3) 표시상의 착오

① 표의자가 외부적으로 자기가 표시한 것으로 나타난 바를 표시하려 하지 않았던 경우이다.
   **예** 오기 등

② 표의자가 사자 또는 우체국 등을 매개로 하여 표시행위를 하고 이러한 매개자가 표의자의 의사와 다르게 표시행위를 한 경우를 '표시기관의 착오'라고 한다. 이에 대해서는 ㉠ 표시기관이 선의인 경우 표시상의 착오에 준하여 취급하고, ㉡ 표시기관이 악의인 경우에는 표현대리의 유추적용문제가 발생한다. ㉢ 그러나 전달기관으로서의 사자가 이미 완성된 의사표시를 의사표시의 상대방이 아닌 다른 사람에게 잘못 전달한 경우에는 의사표시의 부도달의 문제일 뿐 착오의 문제는 발생하지 않는다.

## (4) 개별적 유형

## 가) 동일성의 착오

표의자가 생각했던 물건 또는 사람과 실제의 물건 또는 사람이 불일치하는 경우를 말한다. 이는 「내용의 착오」로 취급된다.

## 나) 성질의 착오

물건 또는 사람이 표의자가 생각했던 성질을 가지지 않는 경우를 말한다. 이는 「동기의 착오」로 취급된다(판례).

### 다) 기명날인의 착오

표의자가 자기의 의사와 다른 내용을 담고 있는 문서를 읽지 않거나 올바르게 이해하지 못한 채 그 문서에 기명날인 또는 서명하는 경우를 말한다. 이와 관련하여 판례는 표시상의 착오로 취급한다.

### 라) 법률의 착오

일반적으로 법률의 착오는 법률규정의 존재여부 또는 법률규정의 의미내용의 착오를 의미한다. 다만, 법률규정의 존재에 대한 착오는 동기의 착오에 해당하고, 법률규정의 의미내용의 착오는 내용상의 착오에 해당한다고 한다. 대법원도 부동산의 양도가 있은 경우에 그에 대하여 부과될 양도소득세 등의 세액에 관한 착오가 미필적인 장래의 불확실한 사실에 관한 것이라도 민법 제109조 소정의 착오에서 제외되는 것은 아니라고 판시하였다(대판 1994.6.10, 93다24810).

## 2. 착오취소의 요건

### 1) 의사표시의 존재와 착오의 존재 및 취소의 의사표시

(1) 우선 의사표시가 존재하고, 그 의사표시를 함에 있어서 표의자의 착오가 있어야 한다. 그러므로 상대방이 표의자의 진의에 동의한 경우에는 당사자의 일치하는 의사대로 효력이 생기므로 착오의 문제는 발생하지 않는다.

(2) (동기)착오의 대상에는 현재의 사실뿐만 아니라 장래의 불확실한 사실도 포함된다. 즉 부동산의 양도가 있은 경우에 그에 대하여 부과될 양도소득세 등의 세액에 관한 착오가 미필적인 장래의 불확실한 사실에 관한 것이라도 민법 제109조 소정의 착오에서 제외되는 것은 아니다(대판 1994. 6.10, 93다24810).

(3) 대리인의 계약체결에서 착오의 유무는 대리인을 표준으로 판단하여야 한다(제116조).

### 2) 법률행위 내용의 중요부분에 관한 착오 존재

### (1) 법률행위 내용에 관한 착오

법률행위의 내용이란 법률행위의 목적, 즉 당사자가 의도한 법률효과를 의미한다. 이에 대한 착오에는 전술한 바와 같이 내용의 착오와 표시상의 착오가 있다. 다만 동기의 착오는 문제가 있으나 예외적으로 착오에 포함되어 취급된다(전술 참조).

Chapter 05

## (2) 중요부분의 착오

### 가) 판단기준 – 이중적 기준설

법률행위 내용의 중요부분의 착오는 표의자가 착오가 없었다면 그러한 의사표시를 하지 않았으리라고 인정될 정도로 중요한 것이어야 하고(주관적 기준), 보통 일반인도 착오가 없었다면 그러한 의사표시를 하지 않았으리라고 인정될 정도로 중요한 것(객관적 기준)이어야 한다.

### 나) 입증책임

착오를 이유로 의사표시를 취소하는 자는 법률행위의 내용에 착오가 있었다는 사실과 함께 그 착오가 의사표시에 결정적인 영향을 미쳤다는 점, 즉 만약 그 착오가 없었더라면 의사표시를 하지 않았을 것이라는 점을 증명하여야 한다(대판 2008.1.17, 2007다74188). → 착오를 이유로 의사표시를 취소하는 자는 법률행위의 내용에 착오가 있었다는 사실과 함께 그 착오가 중요부분에 관한 착오라는 것을 증명하여야 한다. 반면 상대방은 중대한 과실이 있다는 것에 대한 입증책임을 부담한다.

| 중요 부분 ➡ 이중적 기준설 | 인정 例 | ① 토지의 현황·경계에 관한 착오 ➡ 매매목적물 1,800평을 경작이 가능한 농지로 알고 매수하였으나, 실제로 그 중에서 1,355평이 하천부지인 경우(대판 1968.3.26, 67다2160). |
|---|---|---|
| | | ② 기술신용보증기금의 신용보증에 있어서 보증대상 기업의 신용 유무에 관한 착오 |
| | | ③ 채무자의 동일성에 대한 물상보증인의 착오 |
| | | ④ 재건축조합이 재건축아파트 설계용역계약을 체결함에 있어서 상대방의 건축사 자격 유무에 관한 착오 |
| | | ⑤ 기술신용보증기금의 신용보증에 있어서 보증대상 기업의 신용 유무가 그 보증 의사표시의 중요부분을 구성한다(대판 1998.9.22, 98다23706). 신용보증기금의 신용보증에서 보증대상기업의 신용 유무는 신용보증 의사표시의 중요부분을 구성하므로, 신용보증기금 A가 금융부실거래자인 기업의 경영주 B가 타인의 명의로 신용보증기금의 신용보증을 받은 경우, A의 보증행위는 법률행위의 중요부분에 착오가 있는 경우에 해당한다(대판 2005.5.12, 2005다6228; 대판 2007.8.23, 2006다52815). |
| | | ⑥ 매도인의 대리인이, 매도인이 납부하여야 할 양도소득세 등의 세액이 매수인이 부담하기로 한 금액뿐이므로 매도인의 부담은 없을 것이라는 착오를 일으키지 않았더라면 매수인과 매매계약을 체결하지 않았거나 아니면 적어도 동일한 내용으로 계약을 체결하지는 않았을 것임이 명백하고, 나아가 매도인이 그와 같이 착오를 일으키게 된 계기를 제공한 원인이 매수인 측에 있을 뿐만 아니라 매수인도 매도인이 납부하여야 할 세액에 관하여 매도인과 동일한 착오에 빠져 있었다면, 매도인의 위와 같은 착오는 매매계약의 내용의 중요부분에 관한 것에 해당한다(대판 1994.6.10, 93다24810). |

| | ① 토지매매에 있어서 시가에 관한 착오(대판 1992.10.23, 92다29337) |
|---|---|
| 부정<br>예 | ② 착오로 인하여 표의자가 어떤 경제적 불이익을 입은 것이 아닌 때: ㉠ 그 착오로 인하여 표의자가 무슨 경제적인 불이익을 입은 것이 아니라고 한다면 이를 법률행위 내용의 중요 부분의 착오라고 할 수 없다. (따라서) 군유지로 등기된 군립공원 내에 건물 기타 영구 시설물을 지어 이를 군(郡)에 기부채납하고 그 부지 및 기부채납한 시설물을 사용하기로 약정하였으나 후에 그 부지가 군유지가 아니라 리(里) 주민의 총유로 밝혀진 사안에서, 군수가 여전히 공원관리청이고 기부채납자의 관리권이 계속 보장되는 점에 비추어 소유권 귀속에 대한 착오가 기부채납의 중요 부분에 관한 착오라고 볼 수 없다(대판 1999.2.23, 98다47924). ㉡ 주채무자의 차용금반환채무를 보증할 의사로 공정증서에 연대보증인으로 서명·날인하였으나 그 공정증서가 주채무자의 기존의 구상금채무 등에 관한 준소비대차계약의 공정증서이었던 경우, 소비대차계약과 준소비대차계약의 법률효과는 동일하므로 위와 같은 착오는 연대보증계약의 중요 부분의 착오가 아니다(대판 2006.12.7, 2006다41457). 즉, 연대보증인이 주채무자가 채권자에게 부담하는 차용금반환채무를 연대보증할 의사가 있었던 이상 착오로 인하여 경제적인 불이익을 입었거나 장차 불이익을 당할 염려도 없으므로 위와 같은 착오는 연대보증계약의 중요 부분의 착오가 아니라는 것이다. |
| | ③ 타인 소유의 부동산을 임대한 것이 임대차계약을 해지할 사유는 될 수 없고 목적물이 반드시 임대인의 소유일 것을 특히 계약의 내용으로 삼은 경우라야 착오를 이유로 임차인이 임대차계약을 취소할 수 있다(대판 1975.1.28, 74다2069). |
| | ④ 온천여관 매매에 있어서 온천공의 단독사용권 여부에 대한 착오 |
| | ⑤ 매수인이 대출을 받아 잔금을 지급하기로 한 잔금지급계획은 매매계약의 중요부분의 착오라고 할 수 없다. |

## 3) 표의자에게 중대한 과실이 없을 것

(1) 법률행위 내용의 중요 부분에 착오가 있는 때에는 그 의사표시를 취소할 수 있으나 그 착오가 표의자의 중대한 과실로 인한 때에는 취소하지 못하는 것이바, 여기서 '중대한 과실'이라 힘은 표의사의 직업, 행위의 종류, 목적 등에 비추어 보통 요구되는 주의를 현저히 결여한 것을 의미한다(대판 2000.5.12, 2000다12259).

(2) 중과실이 있다는 점에 대한 입증책임은 표의자로 하여금 그 의사표시를 취소케 하지 않으려는 상대방이 부담한다.

(3) 다만 민법 제109조 제1항 단서는 표의자의 상대방의 이익을 보호하기 위한 것이므로, 상대방이 표의자의 착오를 알면서 이를 이용한 경우라면 표의자에게 중대한 과실이 있더라도 표의자는 그 의사표시를 취소할 수 있다(대판 1955.11.10, 4288민상321; 대판 2014.11.27, 2013다49794).

판례연구 **관련판례 정리**

**중과실의 유무에 관한 관련판례 정리**

1) 대법원은 ① 공장경영자가 공장설립 목적으로 토지를 매수하면서 토지상에 공장건축이 가능한지 여부를 관청에 문의하지 않은 경우 표의자의 중과실이 인정된다고 하고(대판 1993.6.29, 92다38881), ② 신용보증기금의 신용보증서를 담보로 금융채권자금을 대출하여 준 금융기관이 위 대출자금이 모두 상환되지 않았음에도 신용보증기금에게 신용보증서 담보설정 해지를 통지한 경우에 그 해지의 의사표시는 중대한 과실에 기한 것이라고 하였다(대판 2000.5.12, 99다64999).

2) 그러나 ① 전문적 감정인에게 문의하지 않고 가짜 골동품을 진품으로 알고 매수한 자에게 '중과실'이 없다고 판시하였으며(대판 1997.8.22, 96다26657), ② 신용보증기관이 보증대상 기업의 실제 경영주가 신용불량자라는 사실을 모르고 신용불량자가 아닌 신청명의인을 경영주로 오인하여 이를 전제로 기업의 신용도 등을 조사한 후 보증계약을 체결한 경우, 법률행위의 중요부분에 착오가 있는 것이고, 소액대출임을 감안하여 간이심사 방식으로 신용조사를 한 점 등에 비추어 볼 때 신용보증기관 직원이 실제 경영주가 신용보증을 신청하면서 제출한 신청명의인의 주민등록증 사진을 통하여 신청명의인과 실제 경영주를 구분하지 못하고, 신청명의인의 학력과 경력이 실제 경영주의 것임을 발견하지 못하였다는 사정만으로 신용보증기관이 보증대상 기업의 경영주와 그 신용상태에 대한 착오를 일으킨 데 중대한 과실이 있다고 단정할 수 없다고 하였다(대판 2007.8.23, 2006다52815).

3) 나아가 재건축조합이 건축사자격이 없이 건축연구소를 개설한 건축학 교수에게 건축사자격이 없다는 것을 알았더라면 재건축조합만이 아니라 객관적으로 볼 때 일반인으로서도 이와 같은 설계용역계약을 체결하지 않았을 것으로 보이므로, 재건축조합측의 착오는 중요 부분의 착오에 해당하고, 설계용역계약 체결을 전후하여 건축사자격이 없다는 것을 묵비한 채 자신이 미국에서 공부한 건축학 교수이고 '건축연구소'로 사업자등록까지 마치고 건축설계업을 하며 상당한 실적까지 올린 사람이라고 소개한 경우, 일반인의 입장에서는 그에게 당연히 건축사 자격이 있는 것으로 믿을 수밖에 없었을 것이므로, 재건축조합측이 그를 무자격자로 의심하여 건축사자격증의 제시를 요구한다거나 건축사단체에 자격 유무를 조회하여 이를 확인하여야 할 주의의무가 있다고 볼 수는 없다고 보아 재건축조합의 착오가 중대한 과실로 인한 것이 아니라고 한다(대판 2003.4.11, 2002다70884).

4) 토지매매에 있어서 특단의 사정이 없는 한 매수인에게 측량 또는 지적도와의 대조 등 방법으로 매매목적물이 지적도상의 그것과 정확히 일치하는지의 여부를 미리 확인하여야 할 주의의무가 있다고 볼 수 없으므로, 현장답사에서 매도인이 매매목적물이라고 제시하는 토지의 점유평수가 매매계약상 매매목적물의 평수와 비슷하고 그 토지의 지적일부가 하천부지에 편입되어 있음을 의심할만한 특별한 사정이 없었다면 매수인이 토지매매당시 매매목적물을 측량하지 아니하거나 또는 현장답사에서 지적도와의 대조를 소홀히 하여 하천부지로 편입된 사실을 미리 발견하지 못하였다고 하여도 여기에 매수인의 과실이 있다고 할 수 없을 것이다(대판 1985.11.12, 84다카2344).

## 4) 상대방의 인식가능성 요부

현행민법이 착오취소로 인해 상대방이 입은 신뢰이익의 배상책임을 규정하고 있지 않으므로 착오취소를 제한하기 위해서 표의자의 착오에 대한 상대방의 예견가능성을 요건으로 하자는 견해가 있으나, 이는 민법의 규정에 반한다는 이유로 불필요하다는 견해가 통설의 입장이다.

### 5) 취소배제사유가 부존재할 것

① 합의에 의해 취소권을 포기·배제한 경우, ② 착오취소가 신의칙에 반하는 경우(예 오히려 착오로 인해 표의자에게 사정이 보다 유리하게 된 경우 또는 상대방이 사후에 표의자에 의해 의욕된 바를 알고 표의자의 진의에 따른 법률효과를 양해한 경우 등)에는 취소권이 배제된다.

## 3. 착오취소의 효과

### 1) 법률행위의 소급 무효

(1) 착오취소가 적법하게 이루어지면 법률행위가 소급하여 무효가 된다(제141조 본문). 따라서 이행을 하지 않았으면 이행할 필요가 없고, 이행한 경우에는 부당이득반환청구권이 발생한다.

(2) 하나의 법률행위의 일부에만 취소사유가 있는 경우 그 법률행위가 가분적이거나 그 목적물의 일부가 특정될 수 있다면, 그 나머지 부분이라도 이를 유지하려는 당사자의 가정적 의사가 인정되는 경우 그 일부만의 취소도 가능하다 할 것이고, 그 일부의 취소는 법률행위의 일부에 관하여 효력이 생긴다(대판 1998.2.10, 97다44737).

### 2) 선의의 제3자 보호

착오로 인한 법률행위의 취소는 선의의 제3자에게 대항할 수 없다(제109조 제2항). 이에 대한 설명은 모두 허위표시에서와 동일하다.

### 3) 착오취소자의 신뢰이익 배상책임

**경과실 있는 착오취소자에게 손해배상책임을 인정해야 하는지** 문제되는데, 이에 대해 판례는 "전문건설공제조합이 계약보증서를 발급하면서 조합원이 수급할 공사의 실제 도급금액을 확인하지 아니한 과실이 있다고 하더라도, 민법 제109조에서 중과실이 없는 착오자의 착오를 이유로 한 의사표시의 취소를 허용하고 있는 이상, 과실로 인하여 착오에 빠져 계약보증서를 발급한 것이나 그 착오를 이유로 보증계약을 취소한 것이 위법하다고 할 수는 없다"고 함으로써 **과실 있는 착오자의 불법행위로 인한 손해배상책임을 부정**한 바 있다(대판 1997.8.22, 97다13023).

## 4. 적용범위

**1)** 민법 제109조의 법리는 적용을 배제하는 취지의 별도 규정이 있거나 당사자의 합의로 적용을 배제하는 등의 특별한 사정이 없는 한 원칙적으로 모든 사법상 의사표시에 적용된다(대판 2014.11.27, 2013다49794).[16]

**2)** 재산상의 법률행위에 한하여 적용되고 신분행위에는 적용되지 않는다. 여기서 재산상 법률행위에는 재단법인의 설립행위와 같은 상대방 없는 단독행위도 포함된다. 즉 재단법인의 출연자가 착오를 원인으로 취소를 한 경우에는 출연자는 재단법인의 성립 여부나 출연된 재산의 기본재산인 여부와 관계없이 그 의사표시를 취소할 수 있다(대판 1999.7.9, 98다9045).

**3)** 소송행위나 공법행위에는 적용되지 않는다. 대법원은 소송행위에는 착오에 관한 규정이 적용되지 않는다고 하면서(대판 1964.9.15, 64다92), 착오로 인하여 소를 취하했다 하더라도 소취하가 무효가 되는 것이 아니라고 하였다(대판 2004.7.9, 2003다46758).

## 5. 다른 제도와의 관계

### 1) 사기(제110조)와의 관계

(1) 타인의 기망행위에 의하여 동기의 착오에 빠져 의사표시를 한 경우, 판례는 양자의 경합을 인정한다(대판 1985.4.9, 85도167).

(2) 다만 기망행위에 의하여 표시·의미의 착오에 빠진 경우, 판례는 착오에 의한 의사표시에 관한 법리만을 적용하여야 한다는 입장이다.

---

16 따라서 '자본시장과 금융투자업에 관한 법률'에 따라 거래소가 개설한 금융투자상품시장에서 이루어지는 증권이나 파생상품 거래의 경우 거래의 안전과 상대방의 신뢰를 보호할 필요성이 크다고 하더라도, 거래소의 업무규정에서 민법 제109조의 적용을 배제하거나 제한하고 있는 등의 특별한 사정이 없는 한 거래에 대하여 민법 제109조가 적용되고, 거래의 안전과 상대방의 신뢰에 대한 보호도 민법 제109조의 적용을 통해 도모되어야 한다고 하였다.

**착오와 사기의 관계[대판 2005.5.27, 2004다43824]**

[1] 사기에 의한 의사표시란 타인의 기망행위로 말미암아 착오에 빠지게 된 결과 어떠한 의사표시를 하게 되는 경우이므로 거기에는 의사와 표시의 불일치가 있을 수 없고, 단지 의사의 형성과정 즉 의사표시의 동기에 착오가 있는 것에 불과하며, 이 점에서 고유한 의미의 착오에 의한 의사표시와 구분되는데, 신원보증서류에 서명날인한다는 착각에 빠진 상태로 연대보증의 서면에 서명날인한 경우, 결국 위와 같은 행위는 강학상 기명날인의 착오(또는 서명의 착오), 즉 어떤 사람이 자신의 의사와 다른 법률효과를 발생시키는 내용의 서면에, 그것을 읽지 않거나 올바르게 이해하지 못한 채 기명날인을 하는 이른바 표시상의 착오에 해당하므로, 비록 위와 같은 착오가 제3자의 기망행위에 의하여 일어난 것이라 하더라도 그에 관하여는 사기에 의한 의사표시에 관한 법리, 특히 상대방이 그러한 제3자의 기망행위 사실을 알았거나 알 수 있었을 경우가 아닌 한 의사표시자가 취소권을 행사할 수 없다는 민법 제110조 제2항의 규정을 적용할 것이 아니라, 착오에 의한 의사표시에 관한 법리만을 적용하여 취소권 행사의 가부를 가려야 한다.

[2] 취소의 의사표시란 반드시 명시적이어야 하는 것은 아니고, 취소자가 그 착오를 이유로 자신의 법률행위의 효력을 처음부터 배제하려고 한다는 의사가 드러나면 족한 것이며, 취소원인의 진술 없이도 취소의 의사표시는 유효한 것이므로, 신원보증서류에 서명날인하는 것으로 잘못 알고 이행보증보험약정서를 읽어보지 않은 채 서명날인한 것일 뿐 연대보증약정을 한 사실이 없다는 주장은 위 연대보증약정을 착오를 이유로 취소한다는 취지로 볼 수 있다.

## 2) 담보책임과의 관계

매매의 목적물에 하자가 있는 것을 알지 못하고 매매계약을 체결한 경우 착오와 매도인의 하자담보책임이 경합하게 되는데, 매도인의 담보책임에 관한 규정(제570조 이하)이 착오에 관한 규정(제109조)의 특별규정이 되어 매도인의 담보책임이 성립하는 범위에서 착오에 관한 규정은 적용이 배제된다(법조경합의 관계)는 견해도 있으나, 판례는 착오로 인한 취소 제도와 매도인의 하자담보책임 제도는 취지가 서로 다르고, 요건과 효과도 구별되므로, 매매계약 내용의 중요 부분에 착오가 있는 경우 매수인은 매도인의 하자담보책임이 성립하는지와 상관없이 착오를 이유로 매매계약을 취소할 수 있다고 판시하였다(대판 2018.9.13, 2015다78703).

## 3) 화해계약과의 관계

화해의 목적인 분쟁에 관해서는 착오를 주장하지 못한다(제733조). 그러나 분쟁 이외의 사항이나 당사자의 자격에 착오가 있는 때에는 취소할 수 있다(제733조 단서).

## 4) 해제와 착오취소의 관계

매도인이 매수인의 중도금 지급채무 불이행을 이유로 매매계약을 적법하게 해제한 후라도 매수인으로서는 상대방이 한 계약해제의 효과로서 발생하는 손해배상책임을 지거나 매매계약에 따른 계약금의 반환을 받을 수 없는 불이익을 면하기 위하여 착오를 이유로 한 취소권을 행사하여 매매계약 전체를 무효로 돌리게 할 수 있다(대판 1996.12.6, 95다24982·24999).

## Ⅴ 사기·강박에 의한 의사표시

> **제110조 【사기, 강박에 의한 의사표시】**
> ① 사기나 강박에 의한 의사표시는 취소할 수 있다.
> ② 상대방 있는 의사표시에 관하여 제3자가 사기나 강박을 행한 경우에는 상대방이 그 사실을 알았거나 알 수 있었을 경우에 한하여 그 의사표시를 취소할 수 있다.
> ③ 전2항의 의사표시의 취소는 선의의 제3자에게 대항하지 못한다.

## 1. 의의

사기·강박에 의한 의사표시는 의사와 표시의 불일치가 존재하지는 않지만(이 점에서 비진의표시, 허위표시, 착오로 인한 의사표시와 다르다), 의사의 형성과정에 하자, 즉 타인으로부터 위법·부당한 간섭으로 말미암아 자유롭지 못한 상태에서 행하여진 의사표시를 말한다.

## 2. 요건

### 1) 고의 - 2단계의 고의(통설·판례)

(1) 사기자에게 표의자를 기망하여 착오에 빠지게 하려는 고의와 그 착오에 기해 표의자로 하여금 의사표시를 하게 하려는 고의, 즉 2단계의 고의가 있어야 한다.

(2) 같은 맥락에서 강박자의 고의도 상대방이 표의자로 하여금 공포심을 생기게 하고(제1단계 고의), 이로 인하여 표의자로 하여금 의사표시를 하게 할 고의(제2단계 고의)가 필요하다. 즉 강박자에게 2단계의 고의가 있어야 한다(대판 1975.3.25, 73다1048).

## 2) 사기·강박행위

(1) 기망행위란 표의자에게 그릇된 관념을 가지게 하거나 그러한 관념을 강화 또는 유지하게 하려는 일체의 행위를 말한다. 신의칙상 고지의무가 인정되는 경우에는 부작위 내지 침묵도 기망행위가 된다.

(2) 강박행위는 해악을 가하겠다고 위협하여 공포심을 일으키게 하는 행위를 말한다.

> **판례**

**보증계약체결시 채권자가 보증인에게 주채무자의 신용상태를 고지할 신의칙상의 의무가 있는지 여부**(소극)

보증제도는 본질적으로 주채무자의 무자력으로 인한 채권자의 위험을 인수하는 것이므로 보증인이 주채무자의 자력에 대하여 조사한 후 보증계약을 체결할 것인지의 여부를 스스로 결정하여야 하는 것이고, 채권자가 보증인에게 채무자의 신용상태를 고지할 신의칙상의 의무는 존재하지 아니한다(대판 2002.7.12, 99다68652).

**재산권의 거래관계에 있어서 고지의무의 대상**

재산권의 거래관계에 있어서 계약의 일방 당사자가 상대방에게 그 계약의 효력에 영향을 미치거나 상대방의 권리 확보에 위험을 가져올 수 있는 구체적 사정을 고지하였다면 상대방이 그 계약을 체결하지 아니하거나 적어도 그와 같은 내용 또는 조건으로 계약을 체결하지 아니하였을 것임이 경험칙상 명백한 경우 그 계약당사자는 신의성실의 원칙상 상대방에게 미리 그와 같은 사정을 고지할 의무가 있다고 하겠으나, 이때에도 상대방이 고지의무의 대상이 되는 사실을 미리 알고 있거나 이를 확인할 의무가 있는 경우 또는 거래 관행상 상대방이 당연히 알고 있을 것으로 예상되는 경우 등에는 상대방에게 위와 같은 사정을 알리지 아니하였다고 하여 고지의무를 위반하였다고 볼 수 없다(대판 2013.11.28, 2011다59247).

**매매거래에서 매수인이 목적물의 시가를 고지하지 아니하거나 시가보다 낮은 가액을 시가라고 고지한 경우, 불법행위가 성립하는지 여부**(원칙적 소극)

일반적으로 매매거래에서 매수인은 목적물을 염가로 구입할 것을 희망하고 매도인은 목적물을 고가로 처분하기를 희망하는 이해상반의 지위에 있으며, 각자가 자신의 지식과 경험을 이용하여 최대한으로 자신의 이익을 도모할 것으로 예상되기 때문에, 당사자 일방이 알고 있는 정보를 상대방에게 사실대로 고지하여야 할 신의칙상 의무가 인정된다고 볼만한 특별한 사정이 없는 한, 매수인이 목적물의 시가를 묵비하여 매도인에게 고지하지 아니하거나 혹은 시가보다 낮은 가액을 시가라고 고지하였다 하더라도, 상대방의 의사결정에 불법적인 간섭을 하였다고 볼 수 없으므로 불법행위가 성립한다고 볼 수 없다. 더구나 매수인이 목적물의 시가를 미리 알고 있었던 것이 아니라 목적물의 시가를 알기 위하여 감정평가법인에 의뢰하여 감정평가법인이 산정한 평가액을 매도인에게 가격자료로 제출하는 경우라면, 특별한 사정이 없는 한 매수인에게 평가액이 시가 내지 적정가격에 상당하는 것인지를 살펴볼 신의칙상 의무가 있다고 할 수 없고, 이러한 법리는 법적 성격이 사법상 매매인 공유재산의 매각에서도 마찬가지이다(대판 2014.4.10, 2012다54997).

## 3) 위법성

### (1) 판단기준

① 기망행위는 신의성실의 원칙 및 거래관념에 비추어 볼 때 위법한 것으로 평가되어야 한다.

② 강박행위의 위법성은 목적과 수단의 상관관계에 의해 판단한다. 따라서 정당한 권리의 행사는 일반적으로 표의자에게 공포심을 야기하더라도 강박행위가 되지 않는다. 반면에 부정한 이익을 취득할 목적으로 이루어지거나 또는 목적이 정당하더라도 행위나 수단 등이 부당한 때에는 위법성이 인정될 수 있다.

### (2) 구체적인 기망행위의 위법성

① 과장광고에서 많이 문제되는데 판례는 "상품의 선전, 광고에 있어 다소의 과장이나 허위가 수반되는 것은 그것이 일반 상거래의 관행과 신의칙에 비추어 시인될 수 있는 한 기망성이 결여된다고 하겠으나, 거래에 있어서 중요한 사항에 관하여 구체적 사실을 신의성실의 의무에 비추어 비난받을 정도의 방법으로 허위로 고지한 경우에는 기망행위에 해당한다"고 판시하여 대형 백화점의 이른바 변칙세일 등 과장광고의 위법성 판단에 대한 기준을 제시하였다(대판 1993.8.13, 92다52665).

② 부작위에 의한 기망행위의 위법성에 대해서 판례는 "부동산 거래에 있어 거래 상대방이 일정한 사정에 관한 고지를 받았더라면 그 거래를 하지 않았을 것임이 경험칙상 명백한 경우에는 신의성실의 원칙상 사전에 상대방에게 그와 같은 사정을 고지할 의무가 있으며, 그와 같은 고지의무의 대상이 되는 것은 직접적인 법령의 규정뿐 아니라 널리 계약상, 관습상 또는 조리상의 일반원칙에 의하여도 인정될 수 있다, 고지의무 위반은 부작위에 의한 기망행위에 해당하므로 원고들로서는 기망을 이유로 분양계약을 취소하고 분양대금의 반환을 구할 수도 있고 분양계약의 취소를 원하지 않을 경우 그로 인한 손해배상만을 청구할 수도 있다"는 입장이다(대판 2006.10.12, 2004다48515).

③ 나아가 부정행위를 한 자를 고소 또는 고발하여 형사소추를 하겠다고 하는 경우에 위법성이 있다고 볼 것인가에 대하여 판례는 "일반적으로 부정행위에 대한 고소, 고발은 그것이 부정한 이익을 목적으로 하는 것이 아닌 때에는 정당한 권리 행사가 되어 위법하다고 할 수 없으나, 부정한 이익의 취득을 목적으로 하는 경우에는 위법한 강박행위가 되는 경우가 있고 목적이 정당하다 하더라도 행위나 수단 등이 부당한 때에는 위법성이 있는 경우가 있을 수 있다"고 판시하여 그 기준을 제시하고 있다(대판 1992.12.24, 92다25120; 대판 2008.9.11, 2008다27301·27318).

## 4) 인과관계

(1) 기망행위와 착오, 착오와 의사표시 사이에 인과관계가 존재하여야 하고,

(2) 강박행위와 공포심 및 그에 기한 의사표시 사이에 인과관계가 존재하여야 한다.

## 3. 효과

### 1) 취소권의 발생

#### (1) 상대방의 사기·강박의 경우

표의자는 그 사기·강박에 의한 의사표시를 취소할 수 있다(제110조 제1항). 다만 강박행위의 경우 그 강박의 정도가 극심하여 표의자의 의사결정의 자유가 완전히 박탈될 정도인 경우에는 효과의사에 대응하는 내심의 의사가 없는 것이므로 무효이다.

#### (2) 제3자의 사기·강박의 경우

##### 가) 상대방 없는 의사표시

표의자는 언제든지 그 의사표시를 취소할 수 있다(제110조 제1항·제2항).

##### 나) 상대방 있는 의사표시

상대방이 제3자의 사기나 강박을 알았거나 알 수 있었을 때에 한하여 표의자는 그 의사표시를 취소할 수 있다(제110조 제2항). 이때 악의나 과실의 유무는 행위 당시를 기준으로 하여 판단한다.

---

**판례연구** **관련판례 정리**

**제3자의 사기·강박에서의 제3자 범위 문제**

**1. 의의**

판례는 의사표시의 상대방이 아닌 자로서 기망행위를 하였으나 민법 제110조 제2항의 제3자에 해당되지 아니한다고 볼 수 있는 자란 그 의사표시에 관한 상대방의 대리인 등 상대방과 동일시 할 수 있는 자만을 의미하고, 단순히 상대방의 피용자이거나 상대방이 사용자책임을 져야 할 관계에 있는 피용자에 지나지 않는 자는 상대방과 동일시 할 수는 없어 이 규정에서 말하는 제3자에 해당한다는 입장이다(대판 1998.1. 23, 96다41496).

**2. 제3자에 해당하는 예**

1) 보증계약에서 주채무자가 보증인을 기망한 경우(대판 2002.11.8, 2000다19281 참조)
2) 제3자를 위한 계약에서 제3자가 낙약자를 기망한 경우
3) 단순히 상대방의 피용자이거나 상대방이 사용자책임을 져야 할 관계에 있는 피용자에 지나지 않는 자

### 3. 제3자에 해당하지 않는 예

1) 제3자를 위한 계약에서 요약자가 낙약자를 기망한 경우 : 당사자의 사기로 보아 수익자가 알았거나 알 수 있었는가의 여부를 묻지 않는다.
2) 대리인이 상대방을 기망한 경우 : 당사자의 사기에 해당한다.
3) 본인이 상대방을 기망한 경우 : 당사자의 사기에 해당한다.

## 2) 취소의 효과

### (1) 소급 무효

사기·강박에 의한 의사표시가 취소되면 그 법률행위는 소급적으로 무효가 된다(제141조).

### (2) 제3자에 대한 관계

### 가) 내용

① 사기·강박을 이유로 한 취소는 선의의 제3자에게 대항하지 못한다(제110조 제3항).
② 선의란 의사표시가 하자 있는 것임을 알지 못하는 것을 말하며, 이 경우 과실의 유무는 불문한다. 제3자의 선의는 추정되므로, 그 입증책임은 악의를 이유로 취소를 주장하는 자, 즉 하자 있는 의사표시를 한 자가 부담한다(대판 1970.11.24, 70다2155).

### 나) 제3자의 확대

보호되는 제3자의 범위에 대해서 판례는 '제3자'에는 취소의 의사표시 전에 이해관계를 맺은 자 및 취소의 의사표시 후 말소등기 전에 이해관계를 맺은 제3자도 포함된다는 입장이다(무제한설 - 대판 1975.12.23, 75다533).

> **판례**
>
> 파산자가 상대방과 통정한 허위의 의사표시를 통하여 가장채권을 보유하고 있다가 파산이 선고된 경우 그 가장채권도 일단 파산재단에 속하게 되고, 파산선고에 따라 파산자와는 독립한 지위에서 파산채권자 전체의 공동의 이익을 위하여 직무를 행하게 된 파산관재인은 그 허위표시에 따라 외형상 형성된 법률관계를 토대로 실질적으로 새로운 법률상 이해관계를 가지게 된 민법 제108조 제2항의 제3자에 해당하고, 그 선의·악의도 파산관재인 개인의 선의·악의를 기준으로 할 수는 없고, 총파산채권자를 기준으로 하여 파산채권자 모두가 악의로 되지 않는 한 파산관재인은 선의의 제3자라고 할 수밖에 없다. 그리고 이와 같이 파산관재인이 제3자로서의 지위도 가지는 점 등에 비추어, 특별한 사정이 없는 한 파산관재인은 사기에 의한 의사표시에 따라 외형상 형성된 법률관계를 토대로 실질적으로 새로운 법률상 이해관계를 가지게 된 민법 제110조 제3항의 제3자에 해당하고, 파산채권자 모두가 악의로 되지 않는 한 파산관재인은 선의의 제3자라고 할 수밖에 에 없다(대판 2010.4.29, 2009다96083).

## 4. 다른 제도와의 관계

### 1) 제109조와의 관계

기망행위에 의해 동기의 착오에 따른 법률행위를 한 경우, 법률행위의 중요부분에 착오가 발생한 경우에 표의자는 선택적으로 주장할 수 있다.

### 2) 담보책임과의 관계

기망에 의하여 하자 있는 권리나 물건에 관한 매매가 성립한 경우에는 담보책임과 제110조가 경합하는 매수인은 사기에 의한 취소권과 하자담보책임을 선택적으로 주장할 수 있다(대판 1973.10.23, 73다268).

> **판례**
>
> 민법 제569조가 타인의 권리의 매매를 유효로 규정한 것은 선의의 매수인의 신뢰이익을 보호하기 위한 것이므로, 매수인이 매도인의 기망에 의하여 타인의 물건을 매도인의 것으로 잘못 알고 매수한다는 의사표시를 한 것이고, 만일 타인의 물건인줄 알았더라면 매수하지 아니하였을 사정이 있는 경우에는 매수인은 민법 제110조에 의하여 매수의 의사표시를 취소할 수 있다고 할 것이다(대판 1973.10.23, 73다268).

### 3) 불법행위에 기한 손해배상책임과의 관계

(1) 상대방 및 제3자의 사기・강박에 의한 의사표시의 표의자는 사기・강박에 의한 의사표시의 취소와 동시에 불법행위에 기한 손해배상청구권(제750조)을 행사할 수 있다.

(2) 다만 사기에 의한 취소권을 행사한 경우, 그 법률행위가 동시에 불법행위를 구성하는 때에는 취소의 효과로 생기는 부당이득반환청구권과 불법행위로 인한 손해배상청구권은 경합하여 병존하는 것이므로 채권자는 어느 것이라도 선택하여 행사할 수 있지만 중첩적으로 행사할 수는 없다(대판 1993.4.27, 92다56087).

**판례연구** ⁺ **관련판례 정리**

1) 민법 제569조가 타인의 권리의 매매를 유효로 규정한 것은 선의의 매수인의 신뢰이익을 보호하기 위한 것이므로, 매수인이 매도인의 기망에 의하여 타인의 물건을 매도인의 것으로 잘못 알고 매수한다는 의사표시를 한 것이고, 만일 타인의 물건인줄 알았더라면 매수하지 아니하였을 사정이 있는 경우에는 매수인은 민법 제110조에 의하여 매수의 의사표시를 취소할 수 있다고 할 것이다(대판 1973.10.23, 73다268).

2) 일반적으로 상품의 선전·광고에 있어 다소의 과장·허위가 수반되는 것은 그것이 일반 상거래의 관행과 신의칙에 비추어 시인될 수 있는 한, 기망성이 결여된다(대판 1995.9.29, 95다7031). ➡ 대법원은 과장분양광고는 대체적으로 위법성이 없고(대판 2001.5.29, 99다55601·55618), 대형백화점의 변칙세일은 위법성이 있다고 하였다(대판 1993.8.13, 92다52665).

3) ① 일반적으로 교환계약을 체결하려는 당사자는 서로 자기가 소유하는 교환 목적물은 고가로 평가하고 상대방이 소유하는 목적물은 염가로 평가하여 보다 유리한 조건으로 교환계약을 체결하기를 희망하는 이해상반의 지위에 있고, 각자가 자신의 지식과 경험을 이용하여 최대한으로 자신의 이익을 도모할 것이 예상되기 때문에, 당사자 일방이 알고 있는 정보를 상대방에게 사실대로 고지하여야 할 신의칙상의 주의의무가 인정된다고 볼 만한 특별한 사정이 없는 한, 어느 일방이 교환 목적물의 시가나 그 가액 결정의 기초가 되는 사항에 관하여 상대방에게 설명 내지 고지를 할 주의의무를 부담한다고 할 수 없고, 일방 당사자가 자기가 소유하는 목적물의 시가를 묵비하여 상대방에게 고지하지 아니하거나 혹은 허위로 시가보다 높은 가액을 시가라고 고지하였다 하더라도 이는 상대방의 의사결정에 불법적인 간섭을 한 것이라고 볼 수 없다(대판 2002.9.4, 2000다54406·54413). 또한 ② 환매권 양도계약체결시 국가에 의한 환매수속상 중인 사실을 고지하지 않아도 환매권 양수인에게는 고지의무가 없으며(대판 1984.4.10, 81다239), 부동산 분양계약에 있어서 분양자가 수분양자의 전매이익에 영향을 미칠 가능성이 있는 사항들에 관하여 분양자가 가지는 정보를 밝혀야 할 신의칙상의 의무는 원칙적으로 존재하지 않고 그러한 정보를 고지하지 아니한 것이 부작위에 의한 기망에 해당하지 않는다(대판 2010.2.25, 2009다86000).

4) 반면, 아파트 분양자는 아파트단지 인근에 공동묘지가 조성되어 있는 사실을 수분양자에게 고지할 신의칙상의 의무를 부담하며(대판 2007.6.1, 2005다5812·5829·5836), 건설공제조합이 조합원이 도급받은 공사와 관련하여 수령하는 선급금의 반환채무를 보증하기 위하여 도급인과 보증계약을 체결함에 있어서 조합원이 선급금의 액수와 그 지급방법 및 선급금이 정하여진 용도로 실제 사용될 것인지를 허위로 고지한 경우, 공제조합이 그 기망행위를 이유로 보증계약을 취소할 수 있다(대판 2002.11.26, 2002다34727).

5) 대법원은 강박에 의한 의사표시라고 하려면 상대방이 불법으로 어떤 해악을 고지함으로 말미암아 공포를 느끼고 의사표시를 한 경우이어야 한다고 하면서(대판 2003.5.13, 2002다73708·73715), ① 사무실에서 농성함은 물론 대통령을 비롯한 관계요로에 비행을 진정하겠다는 등의 온갖 공갈과 위협을 통해 변호사가 손해배상금조로 약속어음을 발행한 경우에는 강박을 인정하였으나(대판 1972.1.31, 71다1688), ② 어떤 해악의 고지가 아니라 단지 각서에 서명 날인한 것을 강력히 요구한 행위는 강박행위가 아니라고 하였다(대판 1979. 1.16, 78다1968). 또한 ③ 간통으로 고소하지 않기로 하는 등의 대가로 합의금을 받게 된 경우, 상간자의 배우자가 부정한 이익을 목적으로 위법한 강박행위를 한 것으로 볼 수 없다고 하면서(대판 1997.3.25, 96다47951), 불공정한 법률행위에도 해당하지 않는다고 하였다. 또한 ④ 甲이 자신이 최대주주이던 A금융회사로 하여금 실질상 자신 소유인 B회사에 부실대출을 하도록 개입하였다고 판단한 A금융회사의 새로운 경영진이 甲에게 위 대출금채무를 연대보증하지 않으면 甲소유의 C회사에 대한 어음대출금을 회수하여 부도를 내겠다고 위협하여 甲이 법적 책임 없는 위 대출금채무를 연대보증한 경우, 강박에 의한 의사표시에 해당하지 않는다고 하였고(대판 2000.3.23, 99다64049), ⑤ 계약을 해제하여 손해배상을 청구할 수 있다는 취지로 말한 것으로는 제반 사정상 '위법한 해악의 고지'에 해당한다고까지 할 수 없다고 하였다(대판 2010.2.11, 2009다72643).

6) 강박에 의한 의사표시라고 하려면 상대방이 불법으로 어떤 해악을 고지함으로 말미암아 공포를 느끼고 의사표시를 한 것이어야 한다. 강박에 의한 법률행위가 하자 있는 의사표시로서 취소되는 것에 그치지 않고 나아가 무효로 되기 위하여는, 강박의 정도가 단순한 불법적 해악의 고지로 상대방으로 하여금 공포를 느끼도록 하는 정도가 아니고, 의사표시자로 하여금 의사결정을 스스로 할 수 있는 여지를 완전히 박탈한 상태에서 의사표시가 이루어져 단지 법률행위의 외형만이 만들어진 것에 불과한 정도이어야 한다. (따라서) 제반 사정을 고려하여 의무부담의 의사표시가 강박으로 인하여 의사결정을 스스로 할 수 있는 여지를 완전히 박탈당한 상태에서 이루어진 것으로 보기 어렵다면 강박에 의한 의사표시로서 취소할 수 있을 뿐이다(대판 2003.5.13, 2002다73708·73715).

7) 제3자의 사기행위로 인하여 피해자가 주택건설사와 사이에 주택에 관한 분양계약을 체결하였다고 하더라도 제3자의 사기행위 자체가 불법행위를 구성하는 이상, 제3자로서는 그 불법행위로 인하여 피해자가 입은 손해를 배상할 책임을 부담하는 것이므로, 피해자가 제3자를 상대로 손해배상청구를 하기 위하여 반드시 그 분양계약을 취소할 필요는 없다(대판 1998.3.10, 97다55829).

8) 대법원은 ① 상대방의 대리인 등 상대방과 동일시할 수 있는 자의 사기 또는 강박은 상대방의 사기·강박에 해당한다고 하면서(대판 1999.2.23, 98다60828·60835), 은행의 출장소장의 행위는 은행 또는 은행과 동일시할 수 있는 자의 사기일 뿐 제3자의 사기로 볼 수 없으므로, 은행이 그 사기 사실을 알았거나 알 수 있었을 경우에 한하여 위 약정을 취소할 수 있는 것은 아니라고 본다. 그러나 ② 상대방의 피용자이거나 상대방이 사용자책임을 져야 할 관계에 있는 피용자에 지나지 않는 자는 상대방과 동일시할 수는 없어 이 규정에서 말하는 제3자에 해당한다고 보았다(대판 1998.1.23, 96다41496). 즉, 상호신용금고의 기획감사실 과장으로서 대출 업무를 포함한 회사 업무 전반에 관하여 일일감사를 할 권한을 갖고 있었던 자가 대출금을 편취하려는 기망행위에 가담하여 대출금을 담보 제공자에게 지급할 것을 직접 보증한다고 하면서 근저당권설정계약을 체결하도록 권유하면서 그 기망의 목적을 달성하기 위하여 여신 담당 직원에게 그 대출을 부탁한 후 그 대출금을 편취한 경우, 위와 같은 피용자의 기망행위의 태양, 그의 회사에서의 지위나 영향력, 직원의 총수가 50명에 못 미치는 회사의 규모 등에 비추어 보면, 회사로서는 자신의 영역 내에서 일어난 피용자의 위와 같은 기망행위에 관하여 그 감독에 상당한 주의를 다하지 아니한 사용자로서의 책임을 져야 할 지위에 있을 뿐만 아니라 나아가 그러한 사정을 이용한 피용자의 사기 사실을 알지 못한 데에 과실이 있었다고 봄이 상당하므로, 근저당권설정자는 상호신용금고에 대하여 기망을 이유로 근저당권설정계약을 취소할 수 있다(대판 1998.1.23, 96다41496)고 하였다. ③ 또한 대법원은 원고가 소외인과 부동산교환계약을 체결하고 그 계약에 의하여 소외인에게 이전되어야 할 이 사건 부동산의 소유자 등기명의를 소외인의 요청에 따라 그 처형인 피고로 하기로 한 것이며, 소외인의 기망에 의하여 원고가 직접 피고에게 이 사건 부동산의 소유권이전등기를 경료하여 준 이상, 소외인은 그 등기이전에 의한 물권변동행위에서 피고와 동일시할 수 있어 원고와 피고간의 그 법률행위에서 소외인의 그 사기행위는 제3자의 사기에 해당하지 않는다고 함이 상당하다고 하였다(대판 2004.4.16, 2004다94).

9) 선의의 제3자 보호에서 제3자에는 표의자의 취소의 의사표시 후 그 상대방과 법률행위를 한 제3자도 포함한다(대판 1975.12.23, 75다533).

## 제3관 의사표시의 효력발생

### 1. 상대방 없는 의사표시의 효력발생시기

상대방 없는 의사표시는 원칙적으로 표시행위가 완료된 때 의사표시의 효력이 발생한다. 다만 유언의 경우에는 제1065조의 방식을 준수하고, 유언자가 사망한 때에 효력이 발생한다(제1073조). 따라서 재단법인 설립행위는 상대방 없는 단독행위(대판 1999.7.9, 98다9045)이므로 효력발생을 위해 의사표시의 도달은 요구되지 않는다.

### 2. 상대방 있는 의사표시의 효력발생시기

> **제111조 【의사표시의 효력발생시기】**
> ① 상대방이 있는 의사표시는 상대방에게 도달한 때에 그 효력이 생긴다.
> ② 의사표시자가 그 통지를 발송한 후 사망하거나 제한능력자가 되어도 의사표시의 효력에 영향을 미치지 아니한다.

#### 1) 도달주의의 원칙

##### (1) 도달의 의미

① **도달**이라 함은 사회관념상 채무자가 **통지의 내용을 알 수 있는 객관적 상태에 놓여졌다고 인정되는 상태**를 지칭한다고 해석되므로, 채무자가 이를 현실적으로 수령하였다거나 그 통지의 내용을 알았을 것까지는 필요로 하지 않는다. (한편) 우편법 소정의 규정에 따라 우편물이 배달되었다고 하여 언제나 상대방 있는 의사표시의 통지가 상대방에게 도달하였다고 볼 수는 없으며, 등기우편물에 기재된 사무소에서 본인의 사무원임을 확인한 후 우편물을 교부하였다는 우편집배원의 진술이나 우편법 등의 규정을 들어 그 등기우편물의 수령인을 본인의 사무원 또는 고용인으로 추정할 수는 없다. (따라서) 채권양도통지서가 채무자의 주소나 사무소가 아닌 동업자의 사무소에서 그 신원이 분명치 않은 자에게 송달된 경우에는 사회관념상 채무자가 통지의 내용을 알 수 있는 객관적 상태에 놓여졌다고 인정할 수 없다(대판 1997.11.25, 97다31281).

② 재건축조합을 탈퇴한다는 의사표시가 기재된 내용증명 우편물이 발송되고 달리 반송되지 아니하였다면 특별한 사정이 없는 한 이는 그 무렵에 송달되었다고 봄이 상당하다(대판 2000.10.27, 2000다20052).

③ 내용증명우편이나 등기우편과는 달리, 보통우편의 방법으로 발송되었다는 사실만으로는 그 우편물이 상당기간 내에 도달하였다고 추정할 수 없고, 송달의 효력을 주장하는 측에서 증거에 의하여 도달사실을 입증하여야 한다(대판 2002.7.26, 2000다25002).

④ 아파트 경비원이 집배원으로부터 우편물을 수령한 후 이를 우편함에 넣어 둔 사실만으로 수취인이 그 우편물을 수취하였다고 볼 수 없다(대판 2006.3.24, 2005다66411).

⑤ 채권양도의 통지서가 들어 있는 우편물을 채무자의 가정부가 수령한 직후 한집에 거주하고 있는 통지인인 채권자가 그 우편물을 바로 회수해 버렸다면 그 통지는 피고에게 도달되었다고 볼 수 없다.

**(2) 도달의 효과**

① 의사표시는 상대방에게 도달한 때에 그 효력이 발생하므로 의사표시의 발송 후 도달 전에는 그 의사표시를 철회할 수 있다.

② 의사표시의 불착·연착은 모두 표의자의 불이익으로 귀속된다.

③ 의사표시의 도달은 이미 완성된 의사표시의 효력발생요건이므로 발신 후 표의자가 사망하거나 행위능력·대리권을 상실하여도 그 의사표시의 효력에 영향을 미치지 아니한다(제111조 제2항). 따라서 의사표시는 그대로 유효하다.

## 2) 예외적 발신주의

| | |
|---|---|
| 민법상 | • 제한능력자 또는 무권대리인의 상대방의 최고에 대한 확답(제15조, 제131조),<br>• 채무인수의 승낙 여부 최고에 대한 채권자 확답(제455조 제2항),<br>• 격지자간 계약성립시기에 있어 청약에 대한 승낙(제531조),<br>• 사원총회의 소집통지(제71조) 등<br>★ 주의: 단, 채권양도의 통지나 승낙, 제3자를 위한 계약에 있어 제3자의 승낙 여부 최고에 대한 확답(제540조)은 발신주의가 적용되는 경우가 아니다. |

## 3. 의사표시의 공시송달

**제113조【의사표시의 공시송달】**
표의자가 **과실 없이** 상대방을 알지 못하거나 상대방의 소재를 알지 못하는 경우에는 의사표시는 민사소송법 공시송달의 규정에 의하여 송달할 수 있다.

공시송달의 방법은 법원사무관 등이 송달할 서류를 보관하고 그 사유를 법원게시판에 게시하거나 또한 관보나 신문지상에 공고할 수 있고, 그 밖에 대법원규칙이 정하는 방법에 따라서 하여야 한다(민사소송법 제195조). 게시한 날부터 2주가 경과하면 그 효력이 생긴다(민사소송법 제196조).

Chapter · 05

## 4. 의사표시의 수령능력

> **제112조【제한능력자에 대한 의사표시의 효력】**
> 의사표시의 상대방이 의사표시를 받은 때에 제한능력자인 경우에는 의사표시자는 그 의사표시로써 대항할 수 없다. 다만, 그 상대의 법정대리인이 의사표시가 도달한 사실을 안 후에는 그러하지 아니하다.

1) 타인의 의사표시의 내용을 이해할 수 있는 능력으로서 행위능력보다는 낮은 수준이어도 될 것이나 민법은 제한능력자를 보호하기 위하여 모든 제한능력자를 의사표시의 수령무능력자라고 본다. 대법원은 이행권고결정을 수령한 약 8세 3개월인 초등학교 2학년 남자어린이의 수송달능력을 부정하였다(대결 2005.12.5, 2005마1039).

2) 수령자가 제한능력자이면 표의자는 그 제한능력자에 대하여 그 의사표시로써 대항하지 못할 뿐 송달이 무효가 되는 것은 아니다(제112조 본문). 이 경우 수령무능력자가 도달을 주장하는 것은 무방하다(통설).

3) 제한능력자가 일정한 경우 행위능력을 가지는 때에는 수령능력도 가지게 된다(제5조 제1항 단서, 제6조, 제8조, 제10조 등).

4) 수령무능력자제도는 상대방 없는 의사표시뿐만 아니라 발신주의가 적용되는 의사표시 및 공시송달에 의한 의사표시에는 적용되지 않는다.

## 04 법률행위의 대리

### 제1관 총설

#### Ⅰ 대리의 의의 및 기능

**1)** 대리란 타인(대리인)이 본인의 이름으로 의사표시를 하거나 또는 의사표시를 수령함으로써 그 법률효과가 직접 본인에게 귀속되도록 하는 제도를 말한다.

**2)** 의사능력·행위능력자라도 스스로 모든 법률관계를 형성함은 한계가 있으므로 타인을 통해 자기의 활동범위를 확장할 수 있다는 점에서 대리제도는 '사적자치의 확장'을 도모한다. 또한 의사무능력·제한능력자로서 완전한 법률행위를 할 수 없는 자라면 타인을 통하여 그 자의 능력을 보충할 필요가 있다. 이러한 점에서 대리제도는 '사적자치의 보충적 기능'을 담당한다.

#### Ⅱ 대리가 허용되는 범위

#### 1. (준)법률행위

**1)** 대리는 원칙적으로 의사표시를 본질적 요소로 하는 법률행위에 한하여 적용된다. 다만 법률행위라 하더라도 본인의 의사결정을 절대적으로 필요로 하는 신분행위에는 대리가 허용되지 않는다(예 혼인, 이혼, 유언, 인지 등). 다만 민법은 13세 미만자의 입양대락을 허용한다(제869조 → 과거 협의파양대락을 허용(제899조)하였으나, 개정민법은 이를 삭제하였다).

**2)** 준법률행위는 의사표시가 아니므로 대리가 인정되지 않는 것이 원칙이다. 그러나 의사의 통지와 관념의 통지는 대리를 유추적용하여도 무방할 것이라는 것이 일반적이다.

#### 2. 사실행위와 불법행위

사실행위로서 비표현행위나 불법행위에서는 대리가 허용되지 않는다. 따라서 대리인이 동시에 본인의 피용자인 경우 그 자의 불법행위에 대해 본인이 손해배상책임(제756조)을 질 수 있지만, 이는 어디까지나 제756조가 적용된 결과일 뿐이다.

## Ⅲ 구별제도

### 1. 간접대리

행위자가 타인의 계산(이익)으로 그러나 자기의 이름으로 법률행위를 하고 그 법률효과는 행위자 자신에게 일단 귀속되고, 그 후에 행위자가 취득한 권리를 내부적으로 타인에게 이전하는 관계를 말한다. 법률행위의 효과가 대리에서는 직접 본인에게 귀속되나 간접대리에서는 행위자(간접대리인)에게 귀속된다는 점에서 구별된다.

### 2. 사자

본인이 결정한 효과의사를 그대로 표시하거나(표시기관으로서의 사자), 본인의 의사표시를 단순히 전달함으로써(전달기관으로서의 사자) 표시행위의 완성에 협력하는 자를 말한다. 사자의 경우에는 효과의사를 본인이 결정하지만, 대리의 경우에는 대리인 자신이 결정한다는 점에서 구별된다.

#### ✅ 사자의 유형

⑴ **전달기관으로서의 사자**
효과의사와 표시행위를 모두 본인이 하고, 사자는 단순히 전달만 한다. 이 경우에는 의사표시의 효력발생과 관련하여 부도달의 문제만 발생한다.
⑵ **표시기관으로서의 사자가 선의인 경우**
본인의 의사표시를 완성하는 역할을 담당한다. 이 경우에는 표시기관의 착오문제가 발생한다.
⑶ **표시기관으로서의 사자가 악의인 경우**
본인의 의사표시를 완성하는 역할을 담당한다는 점에서는 동일하나, 상대방 보호의 관점에서 표현대리의 성립 여부가 문제된다. 다만 최근 판례는 사실행위에 대한 권한은 기본대리권이 될 수 없다고 보아 표현대리의 유추적용을 부정한다.

### 3. 대표

대표는 직접 법인이 권리·의무를 취득한다는 점에서 대리와 유사하지만, 대표기관이 법인과 대립하는 지위에 있지 않고, 대표기관의 행위가 그대로 법인의 행위로 간주된다는 점과 대표는 사실행위나 불법행위에 관하여도 성립한다는 점에서 대리와 구별된다.

## Ⅳ 대리의 종류

### 1. 임의대리와 법정대리

본인의 의사에 의해 대리권이 주어지는 경우가 임의대리이고, 본인의 의사와 상관없이 법률의 규정에 의하여 일정한 자에게 대리권이 주어지는 경우를 법정대리라 한다.

### 2. 능동대리와 수동대리

본인을 위하여 제3자(상대방)에 대해 의사표시를 하는 대리가 능동대리이고, 제3자(상대방)의 의사표시를 수령하는 대리가 수동대리이다. 특별한 사정이 없는 한 대리인은 두 가지의 대리권을 모두 가지는 것으로 본다.

### 3. 유권대리와 무권대리

대리인이 정당한 대리권을 가지고 있는 경우가 유권대리이고, 정당한 대리권이 없는 경우가 무권대리이다. 무권대리는 다시 표현대리(제125조, 제126조, 제129조)와 협의의 무권대리로 나누어진다(통설).

## 제2관 대리권 - 본인·대리인 간의 관계

## Ⅰ 의의

대리권이란 타인(대리인)이 본인의 이름으로 의사표시를 하거나 또는 의사표시를 받음으로써 직접 본인에게 법률효과를 귀속시킬 수 있는 법률상의 지위 또는 자격을 말한다.

## Ⅱ 대리권의 발생원인

### 1. 법정대리권의 발생원인

본인의 의사와 관계없이 ① 법률규정[예 친권자(제911조, 제920조), 일상가사대리권을 갖는 부부(제827조 제1항) 등], ② 지정권자의 지정[예 지정후견인(제931조) 등], ③ 법원의 선임으로 대리권이 발생되는 경우[예 부재자의 재산관리인(제23조, 제24조), (미성년·성년·한정)후견인(제932조, 제936조, 제956조의3) 등]이다.

## 2. 임의대리권의 발생원인 - 수권행위

### 1) 수권행위의 의의

임의대리권은 대리권을 수여하는 본인의 행위가 있어야 하는데, 이를 수권행위라고 한다.

### 2) 수권행위의 법적 성질

수권행위는 대리인에게 일정한 지위 내지 자격을 부여하는 것에 불과하고 어떤 권리나 의무를 부여하는 것이 아니라는 점, 대리인은 행위능력자임을 요하지 않는다는 점(제117조) 등을 논거로 통설과 판례는 수권행위의 성질을 상대방 있는 단독행위로 파악한다. 따라서 대리인측에 제한능력이나 의사무능력 등의 사정이 있더라도 수권행위의 효력에는 영향이 없고 대리행위의 효력에도 아무런 영향을 미치지 않는다.

### 3) 수권행위의 상대방

수권행위의 상대방은 대리인에 한하고, 설령 상대방 당사자에게 대리권수여의 사실을 알리더라도 이는 대리권수여의 표시로서의 의미밖에 없다(이 경우라면 제125조의 표현대리가 성립할 수 있다).

### 4) 수권행위의 방식

수권행위의 방식에 관한 명문규정이 없으므로 불요식행위이다. 따라서 위임장이라는 서면뿐만 아니라 구두나 묵시적으로도 수권행위를 할 수 있다.

### 5) 수권행위의 독자성과 무인성(기초적 내부관계와의 관계)

⑴ 수권행위의 독자성

**수권행위의 독자성 인정 여부**에 대해 견해대립이 있으나, 수권행위는 그 기초적 내부관계와 독립하여 대리권의 발생만을 목적으로 하는 행위라고 보아 **수권행위의 독자성을 인정**한다(통설·판례).

⑵ 수권행위의 무인론·유인론

**본인과 대리인 사이의 기초적 내부관계가 무효이거나 취소 기타의 사유로 실효된 경우에 수권행위도 그 영향을 받아 소급하여 효력을 잃게 되는가**의 문제이다. 이에 대해 다수설은 제128조와 당사자의 통상적인 의사에 기초하여 **기초적 내부관계의 실효는 당연히 수권행위를 실효시킨다는 입장**이다(유인론). 다만 대리행위가 이미 행해진 경우에는 거래안전을 고려하여 장래에 향해서만 수권행위의 효력이 소멸하고, 소급하여 무권대리로 되는 것은 아니라고 한다.

### 6) 수권행위의 하자

(1) 대리행위의 하자는 대리인을 기준으로 결정하지만(제116조 제1항), 수권행위의 하자는 본인을 기준으로 결정한다. 따라서 수권행위는 일반원칙에 따라 행위능력을 필요로 하고, 제107조 이하의 규정이 적용된다. 다만 제116조의 적용은 없다.

(2) 따라서 수권행위가 무효이거나 취소되면 그 대리권에 기한 대리행위는 무권대리로 된다. 다만 이 경우 상대방은 제107조 제2항, 제108조 제2항, 제109조 제2항, 제110조 제3항에 따라 또는 표현대리(특히 제129조)에 의해 보호받을 수 있다.

### 7) 수권행위의 철회

기초적 내부관계가 종료되기 전이라도 본인은 언제든지 수권행위를 철회할 수 있으며, 이로써 임의대리권은 소멸한다(제128조).

## Ⅲ 대리권의 범위와 제한

> **제118조 【대리권의 범위】**
> 권한을 정하지 아니한 대리인은 다음 각 호의 행위만을 할 수 있다.
> 1. 보존행위
> 2. 대리의 목적인 물건이나 권리의 성질을 변하지 아니하는 범위에서 그 이용 또는 개량하는 행위

### 1. 대리권의 범위

### 1) 법정대리권의 범위

법정대리권의 범위는 법률의 규정에 의하여 결정된다(제25조, 제920조, 제948조, 제949조, 제1023조 제2항, 제1044조 제2항, 제1047조 제2항, 제1101조 등).

### 2) 임의대리권의 범위

(1) 수권행위의 해석

임의대리권의 범위는 수권행위의 해석에 의하여 정하여진다. 결국 그 구체적인 범위는 수권행위의 해석의 문제로 귀결된다.

**판례연구** 관련판례 정리

1) 대법원은 ① 부동산의 소유자를 대리하여 매매계약을 체결할 권한이 있는 대리인은 특별한 사정이 없는 한 그 잔대금도 수령할 권한이 있다고 하고(대판 1991.1.29, 90다9247), ② 소비대차계약체결의 대리권은 그 계약 내용을 이루는 기한을 연기하고 이자와 임금을 수령할 권한이 있다고 하며(대판 1948.2.17, 4280민상286), 마찬가지로 부동산의 소유자로부터 **매매계약을 체결할 대리권**을 수여받은 대리인은 특별한 다른 사정이 없는 한 그 매매계약에서 약정한 바에 따라 **중도금이나 잔금을 수령할 수도 있다**고 보아야 하고, 매매계약의 **체결과 이행**에 관하여 포괄적으로 **대리권**을 수여받은 대리인은 특별한 다른 사정이 없는 한 상대방에 대하여 약정된 **매매대금지급기일을 연기하여 줄 권한도 가진다**고 본다(대판 1992.4.14, 91다43107). 또한 ③ 부부가 공동으로 남편 명의의 점포를 운영하면서 처가 점포에 보관 중인 남편의 인감을 이용하여 차용증을 작성하여 주고 금원을 차용한 사안에서 남편이 처에게 점포 운영에 필요한 자금을 자신의 명의로 차용할 권한을 포괄적으로 위임하였다고 볼 여지가 있고(대판 2003.1.24, 2002다64377), ④ 수급인이 도급인으로부터 공사대금의 지급에 갈음하여 건물 소유권을 이전받기로 하면서 분양권을 위임받아 건물의 매매대금으로 공사대금에 충당하기로 약정한 경우, 수급인에게 도급인의 대리인으로서 건물을 분양할 수 있는 지위가 인정된다고 하였다(대판 1999.12.24, 99다35393; 대판 2008.5.15, 2007다14759).

2) 그러나, ① 일반적으로 법률행위에 의하여 수여된 대리권은 원인된 법률관계의 종료에 의하여 소멸하는 것이므로 특별한 다른 사정이 없는 한, 본인을 대리하여 금전소비대차 내지 그를 위한 담보권설정계약을 체결할 권한을 수여받은 대리인에게 본래의 계약관계를 해제할 대리권까지 있다고 볼 수 없고(대판 1993.1.15, 92다39365; 대판 2008.1.31, 2007다74713), ② 사채알선업자에 대하여도 특별수권이 없는 한 해제의 대리권이 없다고 하였다(대판 1997.9.30, 97다23372). 그리고 ③ 대여금의 영수권한만을 위임받은 대리인이 대여금채무의 일부를 면제할 수는 없고(대판 1981.6.23, 80다3221), ④ 경매입찰대리인의 대리권범위에는 경락허가결정이 있은 후 채권자에 의한 강제경매신청취하에 동의할 권한까지 포함하는 것으로 볼 수 없다고 하였다(대결 1983.12.2, 83마201).

3) 타인의 사망을 보험사고로 하는 보험계약에 있어 피보험자인 타인의 동의는 각 보험계약에 대하여 개별적으로 서면에 의하여 이루어져야 하고 포괄적인 동의 또는 묵시적이거나 추정적 동의만으로는 부족하나, 피보험자인 타인의 서면동의가 그 타인이 보험청약서에 자필 서명하는 것만을 의미하지는 않으므로 피보험자인 타인이 참석한 자리에서 보험계약을 체결하면서 보험계약자나 보험모집인이 타인에게 보험계약의 내용을 설명한 후 타인으로부터 명시적으로 권한을 수여받아 보험청약서에 타인의 서명을 대행하는 경우와 같이, 타인으로부터 특정한 보험계약에 관하여 서면동의를 할 권한을 구체적·개별적으로 수여받았음이 분명한 사람이 권한 범위 내에서 타인을 대리 또는 대행하여 서면동의를 한 경우에도 그 타인의 서면동의는 적법한 대리인에 의하여 유효하게 이루어진 것으로 본다(대판 2006.12.21, 2006다69141).

⑵ **수권행위의 해석에 의하여도 범위가 불명인 경우 대리권의 범위**(제118조)

제118조는 대리권의 범위가 불분명한 경우를 대비한 보충적 규정이다. 따라서 법정대리에는 적용되지 않는다.

**가) 보존행위**

무제한으로 행사할 수 있다. 보존행위는 재산의 가치를 현상 그대로 유지하는 것을 목적으로 하는 행위로서 가옥의 수선, 소멸시효의 중단, 미등기 부동산의 등기, 기한이 도래한 채무의 변제, 채권의 추심 등이 이에 속한다.

### 나) 이용행위

재산의 수익을 도모하는 행위로서 물건의 임대, 금전의 이자부대여 등이 이에 속하며, 대리의 목적인 물건이나 권리의 성질을 변하지 아니하는 범위에서 가능하다.

### 다) 개량행위

사용가치 또는 교환가치를 증가시키는 행위로서 가옥의 장식, 설비, 무이자의 금전소비대차를 이자부로 하는 행위 등이 이에 속하며, 대리의 목적인 물건이나 권리의 성질을 변하지 아니하는 범위에서 가능하다.

## 2. 대리권의 제한

## 1) 공동대리

> **제119조 【각자대리】**
> 대리인이 수인인 때에는 **각자**가 본인을 **대리**한다. 그러나 법률 또는 수권행위에 다른 정한 바가 있는 때에는 그러하지 아니하다.

### (1) 의의

대리인이 수인인 경우 법률규정이나 수권행위에서 특별히 정하고 있지 않는 한 각자대리가 원칙이지만, 법률 또는 수권행위에서 달리 정하고 있는 경우에는 그에 의한다(제119조).

### (2) 공동의 의미

통설은 의사결정의 공동을 의미하므로, 공동대리인 간에 의사의 합치가 있는 이상 그 표시행위는 일부대리인이 해도 무방하다는 입장이다(의사결정공동설).

### (3) 위반의 효과

① 공동대리의 제한에 위반하여 1인이 단독으로 대리행위를 한 때에는 무권대리행위가 되며, 경우에 따라서 제126조의 표현대리가 성립할 수 있다.
② 다만 친권자 중 1인이 공동명의로 대리행위를 하였으나 다른 일방의 의사에 반한 경우 상대방이 선의이면 그 효력이 있다(제920조의2).

## 2) 자기계약 · 쌍방대리의 금지

> **제124조 【자기계약, 쌍방대리】**
> 대리인은 **본인의 허락**이 없으면 본인을 위하여 자기와 법률행위를 하거나 동일한 법률행위에 관하여 당사자쌍방을 대리하지 못한다. 그러나 **채무의 이행**은 할 수 있다.

### (1) 의의

① 자기계약이란 대리인이 한편으로는 대리인의 자격으로 본인을 대리하고 다른 한편으로는 스스로 당사자의 지위에서 계약을 체결하는 경우를 말한다. 📄 甲으로부터 부동산 매각의 대리권을 수여받은 乙이 스스로 그 부동산의 매수인이 되는 경우

② 반면 쌍방대리란 대리인이 법률행위의 당사자 쌍방을 대리하여 행위하는 경우를 말한다.
📄 乙이 매도인 甲의 대리인이 되고, 다른 한편으로는 매수인 丙의 대리인 자격에서 매매계약을 체결하는 경우

### (2) 원칙적 금지와 예외적 허용

### 가) 금지의 원칙

자기계약과 쌍방대리는 원칙적으로 금지된다(제124조). 이는 본인과 대리인 간의 이해충돌이나 본인 간의 이해충돌을 막기 위함이다. 따라서 경개, 대물변제, 다툼이 있는 채무의 이행, 선택채무의 이행, 기한미도래채무의 변제는 금지된다. 부동산 입찰절차에서 동일한 물건에 관하여 1인이 2인 이상의 대리인이 된 경우, 그 대리인이 한 입찰행위는 무효이다(대결 2004.2.13, 2003마44).

### 나) 예외적 허용

**예외**적으로 ① 본인의 이익을 해할 염려가 없는 경우로서 **본인이 허락**한 경우, ② 이미 확정되어 있는 법률관계의 **단순한 이행**에 불과한 경우에는 인정된다. 따라서 주식의 명의개서나 부동산의 이전등기신청, 본인에게 이익을 주는 행위 등은 허용된다. 나아가 사채알선업자가 대주(貸主)와 차주(借主) 쌍방을 대리하여 소비대차계약과 담보권설정 계약을 체결한 경우, 차주가 그 사채알선업자에게 한 변제는 효력이 있다(대판 1997.7.8, 97다12273).

### (3) 금지위반의 효과

자기계약 · 쌍방대리의 금지규정(제124조)에 위반하는 행위는 절대적 무효가 아니라, **유동적 무효**인 무권대리가 된다. 따라서 본인이 사후에 추인하여 완전한 대리행위로 할 수 있다.

**(4) 적용범위**

**가) 원칙**

임의대리 및 법정대리 모두에 적용된다(통설).

**나) 제124조에 대한 특칙**

① 친권자는 친권자와 자 사이의 이해상반행위의 경우 법원에 특별대리인의 선임을 청구하여야 한다(제921조). 나아가 이는 후견인과 피후견인 사이에 이해가 상반되는 행위를 하는 경우에도 적용된다(제949조의3).

② 법인과 이사의 이익이 상반되는 사항에 관하여 이사는 대표권이 없고, 법원이 선임한 특별대리인이 법인을 대표한다(제64조).

## Ⅳ 대리권의 소멸

### 1. 법정대리 · 임의대리에 공통되는 소멸사유

**제127조【대리권의 소멸사유】**
대리권은 다음 각 호의 어느 하나에 해당하는 사유가 있으면 소멸된다.
1. 본인의 사망 → 본인의 대리인이 그대로 상속인의 대리인이 되지는 않는다.
2. 대리인의 사망, 성년후견의 개시 또는 파산
→ 대리인은 행위능력자임을 요하지 않으므로(제117조), 성년후견의 개시 또는 파산은 대리인으로 선임된 후에 성년후견이 개시 또는 파산선고를 받은 경우에 대리권이 소멸한다는 의미이다. 주의할 것은 한정후견의 개시는 제외된다는 점이다.

### 2. 임의대리에 특유한 소멸사유

**제128조【임의대리의 종료】**
법률행위에 의하여 수여된 대리권은 전조의 경우 외에 그 원인된 법률관계의 종료에 의하여 소멸한다. 법률관계의 종료 전에 본인이 수권행위를 철회한 경우에도 같다.

### 3. 법정대리에 특유한 소멸사유

각개의 법정대리에 관하여 규정하고 있다(예 법원의 재산관리인의 개임(제23조, 제1023조), 친권자의 친권상실선고(제924조), 친권자의 대리권상실선고(제925조), 법원의 허가를 얻은 법정대리인의 사퇴(제927조, 제939조, 제1105조), 후견사무의 종료(제957조), 후견인의 결격사유의 발생(제937조) 등).

## 제3관 대리행위 – 대리인·상대방 간의 관계

## I 현명주의

> **제114조【대리행위의 효력】**
> ① 대리인이 그 권한 내에서 본인을 위한 것임을 표시한 의사표시는 직접 본인에게 대하여 효력이 생긴다.
> ② 전항의 규정은 대리인에게 대한 제3자의 의사표시에 준용한다.

### 1. 의의

**1)** 대리인이 대리행위를 함에 있어서 본인을 위한 것임을 표시하여야 한다는 원칙을 말한다(제114조 제1항). 수동대리의 경우에는 상대방이 대리인에 대하여 본인을 위한 것임을 표시하여야 한다(제114조 제2항).

**2)** "본인을 위한 것"임을 표시해야 함은 대리의사를 표시해야 한다는 것을 의미하며, 본인에게 효과를 귀속시키려는 의사를 뜻하지, "본인의 이익을 위하여"라는 뜻은 아니다.

### 2. 현명의 방식

현명의 방식에 대해서는 민법상 아무런 제한이 없으므로, 서면이나 구두 등에 의하여 할 수 있다. 일반적으로는 '甲의 대리인 乙'로 표시하지만, 반드시 그러한 형식을 갖추어야 하는 것은 아니고, 해석을 통하여 대리의사를 인정할 수 있으면 족하다. 이와 관련하여 문제되는 경우는 다음과 같다.

### 1) 본인의 이름을 보류한 경우

반드시 본인의 이름을 밝혀야 하는 것은 아니므로, 법률행위의 타인성만 표시되었다면 유효한 대리가 성립한다 할 것이다(타인성설).

### 2) 서명대리 혹은 대행의 방식에 의한 대리 – 본인의 이름만을 사용한 경우

① 대리인은 본인을 위한 것임을 현명하지 않고 본인명의로도 할 수 있다. 그러나 ② 본인의 이름을 사용하면서 대리인이 본인처럼 행세하고 상대방도 대리인을 본인으로 안 경우에는 대리인 자신이 법률효과의 당사자가 된다(대판 1974.6.11, 74다165).

판례⁺

### 행위자가 타인의 이름으로 계약을 체결한 경우 계약당사자 확정방법

[1] 일반적 기준

① 행위자가 타인 명의로 계약을 체결한 경우 계약당사자의 확정방법으로서 대법원은 계약을 체결하는 행위자가 타인의 이름으로 법률행위를 한 경우에 행위자 또는 명의인 가운데 누구를 계약의 당사자로 볼 것인가에 관하여는, ㉠ 우선 행위자와 상대방의 의사가 일치한 경우에는 그 일치한 의사대로 행위자 또는 명의인을 계약의 당사자로 확정하여야 할 것이고, ㉡ 행위자와 상대방의 의사가 일치하지 않는 경우에는 그 계약의 성질·내용·목적·체결 경위 등 그 계약체결 전후의 구체적인 제반 사정을 토대로 상대방이 합리적인 사람이라면 행위자와 명의자 중 누구를 계약당사자로 이해할 것인가에 의하여 당사자를 결정하여야 한다고 본다(대판 2003.9.5, 2001다32120).

② 상대방과의 사이에 계약체결의 행위를 하는 사람이 다른 사람 행세를 하여 그 타인의 이름을 사용하여 계약서 기타 계약에 관련된 서면 등이 작성되었다고 하더라도, 행위자와 상대방이 모두 행위자 자신이 계약의 당사자라고 이해한 경우, 또는 그렇지 아니하다고 하더라도 상대방의 입장에서 합리적으로 평가할 때 행위자 자신이 계약의 당사자가 된다고 보는 경우에는, 행위자가 계약의 당사자가 되고 그 계약의 효과는 행위자에게 귀속된다(대판 2013.10.11, 2013다52622).

[2] 구체적인 판례 사례

① 수급인이 도급인의 대리인으로서 건물을 분양하면서 대리관계의 현명을 하지 아니하였고 상대방도 수급인을 분양권자로 인식한 경우, 분양의 효력이 도급인에게 미치지 않는다(대판 2008.5.15, 2007다14759).

② 본인을 위한 것임을 표시하지 않은 경우 대리 또는 표현대리의 법리가 적용될 수 없다(대판 2001.1.19, 99다67598). 따라서 임대차계약에서 임차인 甲이 마치 乙인 것처럼 행세하여 乙의 이름으로 계약을 체결한 경우는 대리를 적용하지 않는다(대판 1974.6.11, 74다165).

## 3. 현명하지 않은 대리행위의 효과

### 제115조 【본인을 위한 것임을 표시하지 아니한 행위】
대리인이 본인을 위한 것임을 표시하지 아니한 때에는 그 의사표시는 자기를 위한 것으로 본다. 그러나 상대방이 대리인으로서 한 것임을 알았거나 알 수 있었을 때에는 전조 제1항의 규정을 준용한다.

### 1) 원칙

대리인이 법률관계의 당사자로 간주되어 대리인 자신이 확정적으로 법률효과를 받는다. 이 경우에 대리인은 그의 내심의 의사와 표시가 일치하지 않음을 이유로 착오(제109조)를 주장할 수 없다.

## 2) 예외

상대방이 대리인으로서 한 것임을 알았거나 알 수 있었을 때에는 보통의 대리행위로 취급하여 본인에게 대리행위의 효력이 발생된다. 제115조는 능동대리만을 예상한 규정이므로 수동대리에는 적용되지 않는다.

**판례**

**위임장을 제시하였으나 대리관계의 표시 없이 매매계약을 체결한 경우에 타인물의 매매로 되는지 여부**(소극)
매매위임장을 제시하고 매매계약을 체결하는 자는 특단의 사정이 없는 한 소유자를 대리하여 매매행위하는 것이라고 보아야 하고, 매매계약서에 대리관계의 표시 없이 그 자신의 이름을 기재하였다고 해서 그것만으로 그 자신이 매도인으로서 타인물을 매매한 것이라고 볼 수는 없다(대판 1982.5.25, 81다1349).

**현명하지 않은 대리행위의 효과**(대판 2008.5.15, 2007다14759)
[1] 수급인이 도급인으로부터 공사대금의 지급에 갈음하여 건물 소유권을 이전받기로 하면서 분양권을 위임받아 건물을 타에 매도하여 그 매매대금으로 공사대금에 충당하기로 약정하였다면 수급인은 도급인의 대리인으로서 건물을 분양할 수 있는 지위를 가지고 있는 것이다.
[2] 한편, 대리인이 본인을 대리하여 행위를 함에 있어서는 민법 제114조 제1항의 규정에 따라 본인과 대리인을 표시하여야 하는 것이므로, 대리관계의 현명을 하지 아니한 채 행위를 하더라도 본인에게 효력이 없는 것이지만, 대리에 있어 본인을 위한 것임을 표시하는 이른바 현명은 반드시 명시적으로만 할 필요는 없고 묵시적으로도 할 수 있는 것이고, 나아가 현명을 하지 아니한 경우라도 여러 사정에 비추어 대리인으로서 행위한 것임을 상대방이 알았거나 알 수 있었을 때에는 민법 제115조 단서의 규정에 의하여 본인에게 효력이 미치는 것이다. 따라서 수급인이 도급인의 대리인으로서 건물을 분양하면서 대리관계의 표시를 하지 아니한 채 수급인 명의로 된 분양계약서를 작성하였고, 그 밖에 명시적 또는 묵시적으로 도급인을 위한 것임을 전혀 표시하지 아니하였으며, 상대방도 분양권자가 수급인이라고 인식하는 등 건물의 분양을 둘러싼 여러 사정에 비추어 보더라도 수급인이 대리인으로서 분양한 것임을 상대방이 알 수 없었을 경우에는 민법 제115조의 규정에 의하여 분양의 효력이 도급인에게 미치지 아니하는 것이다.

## 4. 현명주의의 예외

상행위의 대리에는 현명이 요구되지 않는다(상법 제48조).

## Ⅱ 대리행위의 하자

**제116조 【대리행위의 하자】**
① 의사표시의 효력이 의사의 흠결, 사기, 강박 또는 어느 사정을 알았거나 과실로 알지 못한 것으로 인하여 영향을 받은 경우에 그 사실의 유무는 대리인을 표준하여 결정한다.
② 특정한 법률행위를 위임한 경우에 대리인이 본인의 지시에 좇아 그 행위를 한 때에는 본인은 자기가 안 사정 또는 과실로 인하여 알지 못한 사정에 관하여 대리인의 부지를 주장하지 못한다.

1) **대리행위의 하자**는 **대리인을 기준**으로 판단한다(제116조 제1항). 그러나 본인이 특정한 법률행위를 위임한 경우 대리인이 본인의 지시에 좇아 그 행위를 한 때에는 본인은 자기가 안 사정 및 과실로 인하여 알지 못한 사정에 관하여 대리인의 부지를 주장하지 못한다(제116조 제2항).

2) 상대방의 사기·강박에 의하여 **본인이 사기·강박을 당하였지만, 대리인은 사기·강박을 당하지 않은 경우라면 본인은 대리행위를 취소할 수 없다.** 반면 대리인이 사기·강박을 행한 경우, 대리인은 제110조 제2항 소정의 '제3자'가 아니므로 상대방은 본인이 그 사실을 알았는지 여부를 묻지 않고 그 의사표시를 취소할 수 있다(제110조 제1항).

3) 대리인이 부동산을 이중으로 매수한 경우, 그 매매계약이 반사회적 법률행위인지 여부의 판단은 본인이 아니라 대리인을 표준으로 한다.

> **판례⁺**
>
> **대리인이 부동산을 이중으로 매수한 경우, 그 매매계약이 반사회적 법률행위인지 여부의 판단기준이 되는 자**
> 대리인이 본인을 대리하여 매매계약을 체결함에 있어서 매매대상 토지에 관한 저간의 사정을 잘 알고 그 배임행위에 가담하였다면, 대리행위의 하자 유무는 대리인을 표준으로 판단하여야 하므로, 설사 본인이 미리 그러한 사정을 몰랐거나 반사회성을 야기한 것이 아니라고 할지라도 그로 인하여 매매계약이 가지는 사회질서에 반한다는 장애사유가 부정되는 것은 아니다(대판 1998.2.27, 97다45532).

## Ⅲ 대리인의 능력

> **제117조 【대리인의 행위능력】**
> 대리인은 행위능력자임을 요하지 아니한다.

1) 대리인이 대리행위를 하는 데에는 행위능력자임을 요하지 않는다. 즉 본인은 대리인이 제한능력자임을 이유로 그 대리행위를 취소할 수 없다는 것이다. 이처럼 제117조는 본인과 상대방 사이의 관계를 규율하는 규정이다.

2) 제117조는 임의대리뿐만 아니라 법정대리에도 적용된다. 다만, 법정대리의 경우에는 본인의 이익보호를 위하여 제한능력자가 법정대리인이 되는 것을 금지하는 규정을 두는 수가 있다(제937조, 제1098조).

3) 의사능력에 관하여는 아무런 규정이 없지만 대리인은 대리행위의 주체이므로 적어도 의사능력은 가지고 있어야 한다.

### 제4관 대리행위의 효과 - 본인·상대방 간의 관계

#### Ⅰ 법률효과의 본인에의 귀속

1) 대리인이 행한 법률행위의 효과는 직접 본인에게 귀속한다(제114조). 본인에게 귀속되는 법률효과의 범위는 해당 의사표시의 직접적 법률효과(예 해당 법률행위에 따른 이행청구권·이행의무, 기타 재산권의 귀속 등)뿐만 아니라, 이에 따르는 부수적 효과(예 대리인의 의사의 하자로 인한 취소권)도 전적으로 본인에게 귀속된다.

> **판례**
>
> **계약이 적법한 대리에 의하여 체결되었는데 상대방 당사자가 계약상 채무불이행을 이유로 계약을 해제한 경우, 본인이 해제로 인한 원상회복의무를 부담하는지 여부(적극) 및 대리인이 수령한 계약상 급부를 현실적으로 인도받지 못하였다거나 계약상 채무불이행에 관하여 대리인에게 책임 있는 사유가 있는 경우에도 마찬가지인지 여부(원칙적 적극)**
>
> 계약이 적법한 대리에 의하여 체결된 경우에 대리인은 다른 특별한 사정이 없는 한 본인을 위하여 계약상 급부를 변제로서 수령할 권한도 가진다. 그리고 대리인이 그 권한에 기하여 계약상 급부를 수령한 경우에, 그 법률효과는 계약 자체에서와 마찬가지로 직접 본인에게 귀속되고 대리인에게 돌아가지 아니한다. 따라서 계약상 채무의 불이행을 이유로 계약이 상대방 당사자에 의하여 유효하게 해제되었다면, 해제로 인한 원상회복의무는 대리인이 아니라 계약의 당사자인 본인이 부담한다. 이는 본인이 대리인으로부터 그 수령한 급부를 현실적으로 인도받지 못하였다거나 해제의 원인이 된 계약상 채무의 불이행에 관하여 대리인에게 책임 있는 사유가 있다고 하여도 다른 특별한 사정이 없는 한 마찬가지라고 할 것이다(대판 2011.8.18, 2011다30871).

2) 따라서 대리의 효과가 본인에게 귀속되기 위하여 본인은 권리능력을 가져야 한다(본인은 의사능력 또는 행위능력을 가질 필요는 없다).

#### Ⅱ 대리권 남용

#### 1. 의의

대리권 남용이란 대리인이 형식적으로는 대리권의 범위 내에서 대리행위를 하였으나, 실질적으로는 본인을 위해서가 아니고 자기 또는 제3자의 이익을 위해서 대리행위를 하는 경우를 말한다.

## 2. 법리구성 - 요건 및 효과론

**1)** 판례의 주류는 배임적 대리행위에 대하여 민법 제107조 제1항 단서를 유추적용하여, 원칙적으로 대리인의 배임행위인 경우에도 대리의사는 존재하므로 대리행위로서 유효하지만, 예외적으로 대리인의 배임행위를 상대방이 알았거나 알 수 있었음을 본인이 입증한 때에는 제107조 제1항의 단서취지를 유추적용하여 그 대리행위는 무효가 된다는 입장이다. 다만 대표이사의 대표권남용에 대해서는 신의칙설(권리남용설)에 따라 판단한 것도 있다.

**2)** 판례는 신용협동조합 이사장이 타인으로부터 예금 명목으로 돈을 교부받았거나 정상적인 입금절차를 거치지 않고 이를 임의로 유용한 사안에서 민법 제107조 제1항 단서를 유추적용하여 예금계약의 성립을 부인하였다. 즉 예금자 乙이 같은 교회 신도인 신용협동조합 이사장 丙에게 신용협동조합인 甲에게 예탁하여 달라면서 여러 번에 걸쳐 돈을 맡겼는데, 그 이사장이 예탁금으로서의 입금절차를 밟지 아니하고 자신이 경영하던 회사들의 운영자금으로 유용하고, 그에 대한 이자는 자신의 돈으로 신용협동조합의 금리보다 높은 이율로 계산하여 지급하면서, 위 예금자에게는 마치 예탁금 입금이 된 양 신용협동조합이 업무전산화를 한 이후에는 사용하지 않는 수기식 정기예탁금 증서를 작성하여 교부한 경우, 위 예금자로서는 통상의 주의를 기울였다면 위 신용협동조합 이사장의 예금계약체결의 의사표시가 진의가 아니라는 것을 알 수 있었으므로, 위 예금자와 신용협동조합 사이의 예금계약이 성립되지 않았다고 보는 것이 정당하다고 하였다(대판 1999.1.15, 98다39602).

## 3. 적용범위

### 1) 법정대리

대리권 남용은 임의대리뿐만 아니라 법정대리에도 적용된다. 즉 친권자의 이해상반행위를 형식적 판단설에 따를 경우 외형상으로는 이해상반행위에 해당하지 아니하나 그 실질이 이해상반행위에 해당하는 경우라면 친권자가 법정대리권을 남용한 경우로서 이러한 대리권 남용으로부터 미성년자인 본인을 보호할 필요성이 있는 바, 대리권 남용의 법리를 법정대리권 남용의 경우에도 적용하여 본인을 보호하는 것이 타당하다(대판 1997.1.24, 96다43928).

## 2) 표현대리와 대리권 남용

표현대리가 성립한 경우에도 대리권 남용이 적용되어 상대방은 본인에게 책임을 물을 수 없다고 해야 한다. 대법원 역시 이른바 명성사건에서 이러한 결과를 수용한 바 있다. 즉 "이 사건 예금계약이 위 지점장 대리인 위 乙과 원고 甲 사이에 이루어졌고 또 위 乙이 당좌예금담당대리여서 예금업무에 관하여는 피고 A은행을 대리할 권한이 없다고 하더라도 상대방인 원고 甲으로서는 위 乙에게 그와 같은 권한이 있는 것으로 믿는 데에 정당한 이유가 있다고 보여지므로 위 예금계약은 일응 피고 A은행에게 그 효력이 있는 것(제126조 표현대리 성립)으로 보여지겠지만, 위 乙이 한 대리행위가 본인인 피고 A은행의 의사나 이익에 반하여 예금의 형식을 빌어 사채를 끌어 모아 위 丙의 사업자금을 마련함으로써 자기와 위 丙의 이익을 도모하려 한 것이고 원고 甲이 위 乙의 예금계약의사가 진의아님을 알았거나 이를 알 수 있었다면 위 乙이 한 이 사건 예금계약은 피고 A은행의 대리행위로 성립할 수 없으므로 피고 A은행은 이에 대하여 아무런 책임이 없게 된다 할 것이다(대리권 남용의 항변 인정)"라고 판시하였다.

## 제5관 복대리

### Ⅰ 서설

#### 1. 의의

**복대리인**이란 대리인이 그의 권한 내의 행위를 행하게 하기 위하여 **대리인 자신의 이름으로 선임한 본인의 대리인**을 말한다. 여기서 복대리인을 선임할 수 있는 자격 내지 권한을 복임권이라 하고, 그 선임행위를 복임행위라고 한다.

#### 2. 복대리인의 법적 성질

1) 복대리인은 대리인의 대리인이 아니라 본인의 대리인이며, 대리인이 본인의 이름으로 선임한 자가 아니라 대리인 자신의 이름으로 선임한 자이다.

2) 복대리인을 선임한 후에도 대리인의 대리권은 소멸하지 않고 복대리인의 복대리권과 병존한다. 이 점에서 복임행위는 대리권의 양도행위가 아니라 대리권의 병존적 설정행위라고 할 수 있다.

## Ⅱ 대리인의 복임권과 책임

대리인이 임의대리인이냐 또는 법정대리인이냐에 따라 그 복임권의 유무와 책임의 범위가 달라진다.

## 1. 임의대리인의 복임권과 책임

> **제120조【임의대리인의 복임권】**
> 대리권이 법률행위에 의하여 부여된 경우에는 대리인은 본인의 승낙이 있거나 부득이한 사유가 있는 때가 아니면 복대리인을 선임하지 못한다.

### 1) 복임권행사의 사유 및 위반의 효과

(1) 임의대리인은 원칙적으로 복대리인을 선임할 수 없으나 예외적으로 본인의 승낙이나 부득이한 사유가 있는 경우 복대리인을 선임할 수 있다.

(2) 만약 임의대리인이 본인의 승낙이나 부득이한 사유 없음에도 복대리인을 선임한 경우에는 그 선임은 부적법하므로, 복대리인의 대리행위는 무권대리행위가 되고, 이 경우 표현대리의 문제가 발생한다.

**판례연구** **관련판례 정리**

**본인의 승낙에 대한 관련판례 정리**

**1. 본인의 묵시적 승낙**

대리의 목적인 법률행위의 성질상 대리인 자신에 의한 처리가 필요하지 아니한 경우에는 본인이 복대리 금지의 의사를 명시하지 아니하는 한 복대리인의 선임에 관하여 묵시적인 승낙이 있는 것으로 보는 것이 타당하다(대판 1996.1.26, 94다30690).

**2. 본인의 묵시적 승낙이 부정된 사례**

임의대리인은 본인의 승낙이 있거나 부득이한 사유가 있지 아니하면 복대리인을 선임할 수 없는 것인바, 아파트 분양업무는 그 성질상 분양 위임을 받은 수임인의 능력에 따라 그 분양사업의 성공 여부가 결정되는 사무로서, 본인의 명시적인 승낙 없이는 복대리인의 선임이 허용되지 아니하는 경우로 보아야 한다(대판 1999.9.3, 97다56099).

**3. 본인의 묵시적 승낙이 인정된 사례**

① 甲이 채권자를 특정하지 아니한 채 부동산을 담보로 제공하여 금원을 차용해 줄 것을 乙에게 위임하였고, 乙은 이를 다시 丙에게 위임하였으며, 丙은 丁에게 위 부동산을 담보로 제공하고 금원을 차용하여 乙에게 교부하였다면, 乙에게 위 사무를 위임한 甲의 의사에는 '복대리인 선임에 관한 승낙'이 포함되어 있다고 봄이 타당하다(대판 1993.8.27, 93다21156).

② 아버지가 아들의 채무에 대한 담보제공을 위하여 아들에게 인감도장과 인감증명서를 교부한 사안에서, 아들에게 복임권을 포함하여 일체의 대리권을 부여한 것으로 보아, 그 아들로부터 다시 그 인감도장과 인감증명서를 교부받은 제3자가 이를 이용하여 타인에게 설정해 준 근저당권설정등기는 유효하다(대판 1996.2.9, 95다10549).

## 2) 책임

> **제121조【임의대리인의 복대리인선임의 책임】**
> ① 전조의 규정에 의하여 대리인이 복대리인을 선임한 때에는 본인에게 대하여 그 선임감독에 관한 책임이 있다.
> ② 대리인이 본인의 지명에 의하여 복대리인을 선임한 경우에는 그 부적임 또는 불성실함을 알고 본인에게 대한 통지나 그 해임을 태만한 때가 아니면 책임이 없다.

임의대리인은 본인에 대하여 그 선임, 감독에 관한 책임을 부담하나, 대리인이 본인의 지명에 의하여 복대리인을 선임한 경우는 책임이 경감된다.

## 2. 법정대리인의 복임권과 책임

> **제122조【법정대리인의 복임권과 그 책임】**
> 법정대리인은 그 책임으로 복대리인을 선임할 수 있다. 그러나 부득이한 사유로 인한 때에는 전조 제1항에 정한 책임만이 있다.

1) 법정대리인은 언제든지 복대리인을 선임할 수 있다(제122조 본문).

2) 법정대리인은 선임, 감독에 있어서의 과실의 유무를 묻지 않고서 모든 책임을 진다(제122조 본문). 다만 부득이한 사유로 복대리인을 선임한 경우에는 그 책임이 경감된다.

✦ 임의대리인과 법정대리인에서의 복임권과 책임의 비교

| | 복임권 | 원칙상 복임권 ×, 본인의 승낙 또는 부득이한 사유 있는 때만 복임권 ○(제120조) | |
|---|---|---|---|
| 임의<br>대리인 | 복임에<br>대한 책임 | 임의대리인<br>스스로 선임시 | 선임, 감독에 대한 책임 ○(제121조 제1항) |
| | | 본인의 지명에<br>따라 선임시 | 본인이 지명한 자가 부적임 또는 불성실함을 알고 본인에 대한 통지나 그 해임을 해태한 때에만 책임 ○(제121조 제2항) |
| 법정<br>대리인 | 복임권 | 원칙상 복임권 ○ | |
| | 복임에<br>대한 책임 | 원칙 | 과실유무 불문 선임, 감독에 대한 모든 책임 ○(제122조 본문) |
| | | 부득이한<br>사유로 선임시 | 임의대리인과 같은 정도(선임·감독에 대한 책임)로 책임 경감 (제122조 단서) |

# Ⅲ 복대리의 내용 - 복대리의 3면관계

## 1. 복대리인과 본인의 관계

> **제123조 【복대리인의 권한】**
> ① 복대리인은 그 권한 내에서 본인을 대리한다.
> ② 복대리인은 본인이나 제3자에 대하여 대리인과 동일한 권리의무가 있다.

복대리인은 본인에 대하여 대리인과 동일한 권리·의무를 갖는다(제123조 제2항). 즉, 제123조 제2항에 의해 본인과 대리인 사이의 내부적 법률관계가 본인과 복대리인 사이의 내부적 법률관계로 의제된다. 따라서 대리인이 본인에 대해 수임인으로서의 내부관계에 있을 때에는 복대리인도 본인에 대하여 수임인으로서의 권리·의무, 즉 보수청구권(제686조), 비용상환청구권(제688조), 선관주의의무(제681조), 수령한 금전 등의 인도의무(제684조) 등을 갖는다.

## 2. 복대리인과 대리인의 관계

복대리인은 대리인에 의해 선임된 자이므로 대리인의 지휘·감독을 받게 되며, 복대리인의 대리권은 대리인이 가지는 대리권의 존재 및 범위에 의존한다(부종성). 따라서 복대리권은 대리권을 초과할 수 없고, 대리인의 대리권이 소멸하면 복대리인의 복대리권도 소멸한다. 대리인이 법정대리인인 경우에도 **복대리인은 항상 임의대리인의 지위에 있다.**

## 3. 복대리인과 상대방(제3자)의 관계

### 1) 일반론

복대리인은 본인의 대리인이므로 직접 본인의 이름으로 대리행위를 하며(제123조 제1항), 제3자에 대해서도 대리인과 동일한 권리·의무를 갖는다(제123조 제2항). 따라서 복대리인의 대리행위에 대하여는 대리의 일반원칙이 적용된다.

### 2) 복대리와 무권대리 및 표현대리

복대리행위에 대해서도 무권대리 및 표현대리에 관한 규정이 적용된다.

### (1) 제126조 관련

대리인이 임의로 선임한 복대리인의 권한도 제126조의 기본대리권의 적격성을 갖는다. 즉 대리인이 임의로 복대리인을 선임하여 그 자가 대리행위를 한 경우에도 상대방이 복대리인을 대리권을 가진 대리인으로 믿었고 또한 그렇게 믿는 데에 정당한 이유가 있을 경우에는 제126조의 표현대리가 성립한다(대판 1998.3.27, 97다48982).

**(2) 제129조 관련**

대리인이 대리권소멸 후 즉, 본인사망 후 복대리인을 선임하여 복대리인으로 하여금 상대방과 사이에 대리행위를 하도록 한 경우에도 상대방이 대리권소멸사실을 알지 못하여 복대리인에게 적법한 대리권이 있는 것으로 믿었고 그와 같이 믿은 데에 과실이 없다면 제129조의 표현대리가 성립한다(대판 1998.5.29, 97다55317).

## 4. 복대리인의 복임권

복대리인은 다시 복대리인을 선임할 수 있다(통설). 다만 이 경우 복대리인은 임의대리인과 동일한 조건하에 복임권을 가진다.

## Ⅳ 복대리권의 소멸

복대리권은 ① 대리권 일반의 소멸원인(본인의 사망, 복대리인의 사망, 성년후견의 개시, 파산)에 의하여 소멸하고, ② 대리인, 복대리인 사이의 원인된 법률관계의 소멸, 수권행위의 철회에 의하여 소멸한다. 또한 ③ 대리인의 대리권의 존재 및 그 범위에 의존하므로 **대리권이 소멸하면 복대리권도 소멸한다.**

## 제6관 표현대리

### I 서설

#### 1. 표현대리의 의의

**1)** 대리인에게 정당한 대리권이 없음에도 불구하고 대리권이 있는 것과 같은 외관이 존재하고 (외관의 존재), 그 외관에 관해 본인이 어느 정도 원인을 제공하고 있다면(외관의 부여), 외관을 신뢰한 자(외관의 신뢰) 및 거래의 안전을 보호하기 위해 본인에게 그 무권대리행위에 대해 책임을 지게 하는 제도를 표현대리라고 한다.

**2)** 민법상 표현대리제도의 종류로는 대리권수여의 표시에 의한 표현대리(제125조), 권한을 넘은 표현대리(제126조), 대리권소멸 후의 표현대리(제129조)의 3가지가 있다.

#### 2. 표현대리의 근거와 본질

판례는 ① 표현대리의 법리는 거래의 안전을 위하여 어떠한 외관적 사실을 야기한 데 원인을 준 자는 그 외관적 사실을 믿음에 정당한 사유가 있다고 인정되는 자에 대하여는 책임이 있다는 '일반적인 권리외관에 그 기초'를 두고 있다(외관형성에 따른 법정책임설)고 하였고(대판 1998.5.29, 97다55317), ② 표현대리에 있어서는 대리권이 없음에도 불구하고 법률이 특히 거래 상대방 보호와 거래안전유지를 위하여 본래 무효인 무권대리행위의 효과를 본인에게 미치게 한 것으로서 표현대리가 성립된다고 하여 **무권대리의 성질이 유권대리로 전환되는 것은 아니므로**, 양자의 구성요건 해당사실 즉 주요사실은 다르다고 볼 수밖에 없으니 **유권대리에 관한 주장 속에 무권대리에 속하는 표현대리의 주장이 포함되어 있다고 볼 수 없다**(무권대리설) 고 하였다(대판 1983.12.13, 83다카1489).

> **판례**+
>
> 대리권이 있다는 것과 표현대리가 성립한다는 것은 그 요건사실이 다르므로 유권대리의 주장이 있으면 표현대리의 주장이 당연히 포함되는 것은 아니고 이 경우 법원이 표현대리의 성립 여부까지 판단해야 하는 것은 아니다(대판 1990.3.27, 88다카181).

## 3. 무권대리와 표현대리

### 1) 무권대리와 표현대리의 관계

무권대리란 대리권 없이 대리행위가 행하여진 경우를 말한다. 이러한 무권대리를 총칭하여 광의의 무권대리라 하고 이를 다시 거래안전 및 상대방 보호를 위하여 특별한 사정이 있는 경우 본인의 책임을 인정하기 위해 마련된 표현대리와 이와 같은 특별한 사정이 없이 본인의 추인이 없으면 그 법률효과를 본인에게 귀속시킬 수 없고 무권대리인에게 책임을 묻게 되는 협의의 무권대리로 나눌 수 있다(통설). 기본적으로 판례의 입장도 마찬가지이다.

### 2) 무권대리규정의 적용

이에 따르면 표현대리에 대하여 무권대리에 관한 규정을 적용할 수 있게 된다. **다만 그 적용 범위와 관련해서 특히 제135조의 적용 여부**가 문제이다. 이에 대해 다수설은 표현대리의 성립으로 상대방이 유권대리와 같은 보호를 받게 되면, 상대방은 소기의 목적을 달성할 수 있으므로 **제135조를 적용할 필요가 없다**고 본다. 즉 제135조의 무권대리인의 책임은 표현대리가 성립하지 않는 경우에 비로소 적용될 수 있다(보충적 책임설).

결론적으로 협의의 무권대리는 광의의 무권대리 중에서 표현대리에 속하지 않는 것이라고 할 수 있다.

## Ⅱ 제125조의 표현대리

**제125조【대리권수여의 표시에 의한 표현대리】**
제3자에 대하여 타인에게 대리권을 수여함을 표시한 자는 그 대리권의 범위 내에서 행한 그 타인과 그 제3자간의 법률행위에 대하여 책임이 있다. 그러나 제3자가 대리권 없음을 알았거나 알 수 있었을 때에는 그러하지 아니하다.

## 1. 성립요건

### 1) 대리권수여의 표시

(1) 본인은 제3자(상대방)에 대하여 타인에게 대리권을 수여하였음을 표시하였어야 한다. 이 표시의 법적 성질에 관하여 통설은 수권행위가 아니라 수권행위가 있었다는 사실의 통지로서 관념의 통지로 본다. 이와 같은 표시의 방법은 원칙적으로 제한이 없다. 즉 구두로 하든 묵시적으로 하든 무방하며, 본인이 직접 하지 않고 대리인이 될 자를 통해 하더라도 무방하다(보통은 위임장에 의함).

---

**판례**

**수표위조행위가 대리권수여에 의한 표현대리에 해당하는지 여부**

甲이 자기의 사위인 乙에게 상호를 포함한 영업일체를 양도하여서 동일상호를 사용하여 영업을 계속하게 하는 동안 자기의 당좌거래를 이용하여 대금결제를 하도록 하였고 또 영업을 乙에게 양도한 이후에도 자기 명의의 당좌수표 및 약속어음 20여장이 乙로부터 丙에게 물품대금으로 교부되어 그 대부분이 결제되었다면 甲이 丙으로 하여금 乙이 甲 명의의 수표를 사용할 권한이 있다고 믿게 할 만한 외관을 조성하였다 할 것이고, 이와 같은 외관을 가지고서 乙이 甲의 인장을 남용하여 수표를 위조한 행위는 대리권수여표시에 의한 표현대리에 해당한다(대판 1987.3.24, 86다카1348).

---

(2) 대법원은 ① 명의의 사용승인은 대리권수여표시에 해당한다고 하면서 대리권수여표시는 반드시 대리권 또는 대리인이라는 말을 사용하여야 하는 것이 아니라 사회통념상 대리권을 추단할 수 있는 직함이나 명칭 등의 사용을 승낙 또는 묵인한 경우에도 대리권수여의 표시가 있은 것으로 본다고 하고(대판 1998.6.12, 97다53762), ② 호텔 등의 시설이용 우대회원 모집계약을 체결하면서 자신의 판매점, 총대리점 또는 연락사무소 등의 명칭을 사용하여 모집안내를 하거나 입회계약체결을 승낙 또는 묵인하였다면 제125조의 표현대리가 성립할 수 있다고 하였다.

(3) 그러나 파출수납의 방법에 의한 예금 입·출금은 금융기관 직원 자신의 직무를 수행하는 것에 불과하고, 고객이 직원에게 예금 입·출금과 관련한 대리권을 수여하였다거나 그 수여의 의사를 표시한 것으로 볼 수는 없다고 하여 표현대리의 법리를 인정하지 않았다(대판 2001.2.9, 99다48801).

(4) 그리고 민법 제125조가 규정하는 대리권수여의 표시에 의한 표현대리는 본인과 대리행위를 한 자 사이의 기본적인 법률관계의 성질이나 그 효력의 유무와는 관계없이 어떤 자가 본인을 대리하여 제3자와 법률행위를 함에 있어 본인이 그 자에게 대리권을 수여하였다는 표시를 제3자에게 한 경우에 성립한다(대판 2007.8.23, 2007다23425).

### 2) 표시된 대리권의 범위 내에서의 대리행위

제125조의 표현대리인은 표시된 대리권의 범위 내에서 대리행위를 하여야 한다. 그 범위를 넘는 행위를 한 때에는 본조의 적용은 없으며, 제126조의 권한을 넘은 표현대리의 적용이 문제된다.

### 3) 표시의 통지를 받은 상대방과의 대리행위

대리행위는 통지를 받은 상대방과의 사이에서 행하여져야 한다(상대방과의 일치). 즉 통지를 특정인에게 한 때에는 통지를 받은 상대방인 그 특정인만이 본조에 의해 보호를 받는다.

### 4) 상대방의 선의·무과실

상대방이 대리권 없음을 알았거나 알 수 있었을 때에는 제125조가 적용되지 않는다. 이러한 사실에 대한 주장·입증책임은 본인에게 있다(통설).

## 2. 적용범위

### 1) 법정대리에의 적용 여부

제125조는 그 문언상 임의대리에 한하여 적용되고, 법정대리에는 그 적용이 없다(다수설). 판례도 호적상(현재 가족관계등록부)으로만 친권자로 되어 있는 자를 믿고 거래한 때에는 상대방은 보호를 받지 못한다고 판시함으로써 부정하는 입장이다(대판 1955.5.12, 4287민상208).

### 2) 복대리에의 적용 여부

복대리에 관해서도 제125조는 적용된다. 판례도 "매도인이 그 소유토지를 타인에게 매도한 후 그 매수인이 乙과 같이 매도인의 대리인인 甲에게 와서 소유권이전등기를 할 수 있는 서류를 해 주면 딴 데서 융통하여 잔대금을 갚겠다고 청함에, 매도인의 대리인 甲이 그들에게 등기권리증, 원고의 인감증명, 주민등록표, 근저당권설정계약서 등의 서류를 해 주어 乙이 위 토지에 대하여 丙명의로 근저당권설정등기를 경료한 경우, 丙이 위 乙을 매도인의 대리인으로 믿은 데는 정당한 사유가 있다"고 판시하여 대리권이 없는 복대리인의 무권대리행위에 제125조를 적용할 수 있다고 하였다(대판 1979.11.27, 79다1193).

### 3) 공법상 행위 및 소송행위

공법상 행위 또는 소송행위에는 원칙적으로 표현대리규정이 적용될 수 없다(통설). 판례도 이행지체가 있으면 즉시 강제집행을 하여도 이의가 없다는 강제집행 수락의사표시는 소송행위라 할 것이고, 이러한 소송행위에는 민법상의 표현대리규정이 적용 또는 유추적용될 수는 없다고 하였다(대판 1983.2.8, 81다카621).

다만 지방자치단체가 사경제의 주체로서 법률행위를 하였을 때에는 공법상 행위는 아니므로 표현대리에 관한 법리가 적용된다(대판 1961.12.28, 4294민상204 참고).

## Ⅲ  제126조의 표현대리

> **제126조【권한을 넘은 표현대리】**
> 대리인이 그 권한 외의 법률행위를 한 경우에 제3자가 그 권한이 있다고 믿을 만한 정당한 이유가 있을 때에는 본인은 그 행위에 대하여 책임이 있다.

### 1. 성립요건

### 1) 기본대리권의 존재

대리인은 최소한 일정한 범위의 대리권은 반드시 가지고 있어야 하며, 처음부터 전혀 대리권이 없는 경우에는 본조는 적용되지 않는다. 다만 대리인이 기본대리권을 가졌는지 여부는 구체적·종합적으로 판단할 사항이다.

#### (1) 기본대리권의 종류

기본대리권이 존재하기만 하면 족하고, 그것이 대리행위와 아무런 관련성이 없어도 무방하다. 즉 기본대리권과 권한을 넘은 대리행위가 동종이거나 유사할 필요는 없다. 대법원도 ① 기본대리권이 공법상의 권리(등기신청권)이고, 표현대리행위가 사법상의 행위일지라도 제126조의 표현대리는 적용된다고 하고(대판 1978.3.28, 78다282), ② 대리인의 권한유월이 범죄를 구성한다 하더라도 표현대리의 법리를 적용하는 데 지장이 없다고 한다(대판 1963.8.31, 63다326). ③ 다만 인감증명서는 인장사용에 부수해서 그 확인방법으로 사용되며 인장사용과 분리해서 그것만으로는 어떤 증명방법으로 사용되는 것이 아니므로 인감증명서만의 교부는 일반적으로 어떤 대리권을 부여하기 위한 행위라고 볼 수 없다(대판 1978.10.10, 78다75).

#### (2) 기본대리권의 적격성 여부

#### 가) 사실행위만을 위임한 경우

사실행위에 관한 권한에 관하여 대법원의 태도는 통일되어 있지 않다. 즉, ① 과거 판례 중에는 사실행위를 위한 사자인 경우에도 기본대리권의 존재를 긍정한 것이 있지만(대판 1962.2.8, 4294민상192), ② 최근의 판례는 사실행위에 대한 권한 수여를 기본대리권이 될 수 없다고 하고 있다(대판 1992.5.26, 91다32190).

판례⁺

민법 제126조의 표현대리가 성립하기 위하여는 무권대리인에게 법률행위에 관한 기본대리권이 있어야 하는바, 증권회사로부터 위임받은 고객의 유치, 투자상담 및 권유, 위탁매매약정실적의 제고 등의 업무는 사실행위에 불과하므로 이를 기본대리권으로 하여서는 권한초과의 표현대리가 성립할 수 없다(대판 1992.5. 26, 91다32190). (또한) 금융기관의 직원이 고객관리차원에서 장기간 동안 고객의 예금을 파출수납의 방법으로 입금 및 인출하여 오던 중, 고객으로부터 예금인출 요구를 받지 않았음에도 불구하고 인출을 요구받아 파출 업무를 수행하는 것처럼 가장하여 금융기관의 영업부 직원에게 구두로 출금을 요구하여 돈을 받은 후 고객 몰래 인장을 찍어 둔 인출청구서에 고객의 서명을 위조하여 위 영업부 직원에게 교부하는 방법으로 여러 차례에 걸쳐 금원을 인출한 경우, 파출수납의 방법에 의한 예금 입·출금은 금융기관 직원 자신의 직무를 수행하는 것에 불과하고, 고객이 직원에게 예금 입·출금과 관련한 대리권을 수여하였다거나 그 수여의 의사를 표시한 것으로 볼 수는 없다(대판 2001.2.9, 99다48801).

## 나) 제125조·제129조의 표현대리권

제129조에 의한 표현대리로 인정되는 경우에 그 표현대리의 권한을 넘은 대리행위가 있을 때에도 제126조의 표현대리가 성립할 수 있다(대판 1970.2.10, 69다2149; 대판 1979.3.27, 79다234; 대판 2008.1.31, 2007다74713).

## 다) 복대리권

대리인이 사자 내지 임의로 선임한 복대리인을 통하여 권한 외의 법률행위를 한 경우, 민법 제126조의 적용에 있어 기본대리권의 흠결은 없다(대판 1998.3.27, 97다48982).

## 라) 법정대리권

한정치산자(현행법상 피한정후견인)의 후견인이 친족회(현행법상 후견감독인)의 동의를 얻지 않고 피후견인의 부동산을 처분하는 행위를 한 경우에도 상대방이 친족회(현행법상 후견감독인)의 동의가 있다고 믿은 데에 정당한 사유가 있는 때에는 본인인 한정치산자(현행법상 피한정후견인)에게 그 효력이 미친다(대판 1997.6.27, 97다3828).

## 마) 일상가사대리권

대법원은 일상가사대리권은 기본대리권이 될 수 있으나, 문제된 월권행위에 관하여 그 권한을 수여받았다고 믿을 만한 정당한 사유가 있을 때에만 본조의 표현대리가 성립한다는 입장을 견지하여 오고 있다(대판 1968.11.26, 68다1727; 대판 1981.8.25, 80다3204 외 다수).

## 바) 공법상의 권리

기본대리권이 등기신청행위라 할지라도 표현대리인이 그 권한을 유월하여 대물변제라는 사법행위를 한 경우에는 표현대리의 법리가 적용된다고 하여 공법상의 행위를 할 수 있는 권한이 기본대리권이 될 수 있다(대판 1978.3.28, 78다282).

## 2) 대리인이 권한 밖의 대리행위를 하였을 것

(1) 표현대리인과 상대방 사이에 대리행위가 있어야 한다. 대리행위는 원칙적으로 현명의 구조를 갖추어 대리적 구조를 성립시킨 행위이며 대리행위로 인정될 만한 것이 없다면 비록 상대방의 신뢰가 있더라도 제126조가 적용될 여지는 없다(대판 2001.1.19, 99다67598). 대법원은 ① 사술을 써서 위와 같은 대리행위의 표시를 하지 아니하고 단지 본인의 성명을 모용하여 자기가 마치 본인인 것처럼 기망하여 본인 명의로 직접 법률행위를 한 경우에는 특별한 사정이 없는 한 위 법조 소정의 표현대리는 성립될 수 없다고 한다(대판 2002.6.28, 2001다49814). ② 어떤 사람이 타인을 통하여 부동산을 매수함에 있어 매수인 명의 및 소유권이전등기 명의를 그 타인 명의로 하기로 하였다면 이와 같은 매수인 및 등기 명의의 신탁관계는 그들 사이의 내부적인 관계에 불과한 것이므로 특별한 사정이 없는 한 대외적으로는 그 타인을 매매 당사자로 보아야 한다(계약명의신탁 – 대판 2003.9.5, 2001다32120).

> **판례**
>
> 민법 제126조의 표현대리는 대리인이 본인을 위한다는 의사를 명시 혹은 묵시적으로 표시하거나 대리의사를 가지고 권한 외의 행위를 하는 경우에 성립하고, 사술을 써서 위와 같은 대리행위의 표시를 하지 아니하고 단지 본인의 성명을 모용하여 자기가 마치 본인인 것처럼 기망하여 본인 명의로 직접 법률행위를 한 경우에는 특별한 사정이 없는 한 위 법조 소정의 표현대리는 성립될 수 없다. (따라서) 처가 제3자를 남편으로 가장시켜 관련 서류를 위조하여 남편 소유의 부동산을 담보로 금원을 대출받은 경우, 남편에게 민법 제126조 소정의 표현대리책임은 성립하지 않는다(대판 2002.6.28, 2001다49814).

(2) **강행규정위반의 대리행위이어서는 안 된다.** 따라서 주택조합의 대표자가 조합원 총회의 결의를 거치지 아니하고 건물을 처분한 행위에 관하여 민법 제126조 표현대리에 관한 규정을 준용할 수 없다. 대법원노 수택조합이 주체가 되어 신축 완공한 건물로서 일반에게 분양되는 부분은 조합원 전원의 총유에 속하며, 총유물의 관리 및 처분에 관하여 주택조합의 정관이나 규약에 정한 바에 따라야 하고, 그에 관한 정관이나 규약이 없으면 조합원 총회의 결의에 의하여야 할 것이며, 그와 같은 절차를 거치지 않은 행위는 무효라고 본다(대판 2001.5.29, 2000다10246; 대판 2003.7.11, 2001다73626).

## 3) 상대방이 월권행위를 할 권한이 있다고 믿는 데 정당한 이유가 있을 것

### (1) 정당한 이유의 의의 및 판단시기

통설·판례는 대리행위 당시 상대방이 대리인이 대리권을 가지고 있다고 믿는 데 과실이 없는 것(선의·무과실설)을 말한다(대판 2001.3.9, 2000다67884). 이 경우 권한을 넘은 표현대리에 있어서 정당한 이유의 유무는 대리행위 당시를 기준으로 하여 판정하여야 하고 대리행위 성립 후의 사정은 고려할 것이 아니다(대판 2002.6.28, 2001다49814). 여기서 정당한 이유의 존부는 자칭 대리인의 대리행위가 행하여질 때에 존재하는 모든 사정을 객관적으로 관찰하여 판단하여야 한다(대판 2012.7.26, 2012다27001).

### (2) 주장·입증책임

다수설은 본인이 상대방의 정당한 이유 없음을 입증해야 한다고 하나, 판례는 상대방이 정당한 이유 있음을 입증해야 한다고 한다(대판 1968.6.18, 68다694).

---

**판례연구** 관련판례 정리
***

#### 정당한 이유의 판단

**1. 일반론**

1) 대리권이 있다고 칭하는 자가 본인의 인감증명·등기권리증·인장 등 소유부동산의 처분에 필요한 일체의 서류를 구비하여 소지한 경우에는 특별히 의심할 만한 사정이 있지 않았던 이상 상대방이 그를 유권대리인으로 믿을 만한 정당한 이유가 있다고 본다(처분권한자 이외의 사람이 그러한 문서 일체를 소지한다는 일은 극히 드물기 때문). 반면 위 서류들 중 어느 하나만이라도 소지하고 있지 않으면 다른 사정과 결합하여서만(예컨대 본인의 확인을 거쳤다든지) 정당한 이유를 긍정한다.

2) 그러나 부부간 또는 가족간의 경우에는 위의 일체의 서류를 소지하였다 하더라도 그런 서류들의 입수가 용이하다는 이유로 그 밖의 다른 특별한 사정을 요구(본인에게의 확인 여부 등)함으로써 정당한 이유를 인정하는 데에 엄격한 입장을 취하는 판례가 많다.

**2. 구체적인 판례 사례**

1) 어음행위가 일반의 거래관념에 비추어 특히 이례적으로 이루어진 경우에는 달리 특별한 사정이 없는 한 그 상대방이 위조자의 권한 유무와 본인의 의사를 조사·확인하지 아니하였을 경우에는 그 상대방이 위조자에게 어음행위를 할 권한이 있다고 믿었다고 하더라도 거기에 정당한 사유가 있다고 할 수 없다(대판 1999.1.29, 98다27470).

2) 일상가사에 관하여 남편인 피고를 대리할 권한이 있는 처가 남편 몰래 남편의 인감도장, 인감증명서 등을 소지하고 그 대리인인 양 행세하여 금원을 차용하고 그 담보로 남편 소유의 부동산에 가등기를 경료하여 준 경우에, 그 상대방이 위 처에게 그 남편을 대리할 권한이 있다고 믿음에 정당한 사유가 있다(대판 1981.6.23, 80다609).

3) 원고가 처에게 저당권설정에 관한 권한을 수여한 사실이 없다 하더라도 부부 사이에는 일상의 가사에 관하여 대리권이 있으므로 본건 부동산에 관한 처의 저당권설정행위는 권한 밖의 법률행위를 한 경우에 해당하며, 원고가 본건 부동산에 관한 권리문서를 처에게 맡겨두고 다녔으며 저당권자가 그 취득 당시에 위 문서가 처의 수중에서 나온 것이라고 믿고 있었다면 처에게 저당권설정에 관한 권한이 있다고 믿을 만한 사유가 있는 때에 해당한다고 볼 수 있다(대판 1967.8.29, 67다1125).

4) 그러나 부부간에 서로 일상가사대리권이 있다고 하더라도, 일반적으로 처가 남편이 부담하는 사업상의 채무를 남편과 연대하여 부담하기 위하여 남편에게 채권자와의 채무부담약정에 관한 대리권을 수여한다는 것은 극히 이례적인 일이라 할 것이고, 채무자가 남편으로서 처의 도장을 쉽사리 입수할 수 있었으며 채권자도 이러한 사정을 쉽게 알 수 있었던 점에 비추어 보면, 채무자가 채권자를 자신의 집 부근으로 오게 한 후 처로부터 위임을 받았다고 하여 처 명의의 채무부담약정을 한 사실만으로는 채권자가 남편에게 처를 대리하여 채무부담약정을 할 대리권이 있다고 믿은 점을 정당화할 수 있는 객관적인 사정이 있다고 할 수 없다(대판 1997.4.8, 96다54942).

5) 부부간의 일상가사대리권은 그 동거생활을 추지하기 위하여 각각 필요한 범위 내의 법률행위에 국한되어야 할 것이고 아내가 남편 소유의 부동산을 매각하는 것과 같은 처분행위는 일상가사의 대리권에는 속하지 아니한다(대판 1966.7.19, 66다863).

### (3) 제3자의 범위

제3자는 권한을 넘은 대리행위의 직접 상대방만을 의미한다(대판 1994.5.27, 93다21521). 제3자로부터 양수한 전득자가 선의로 양수한 경우에도 표현대리가 성립하지 않는다. 대법원은 약속어음의 보증은 발행인을 위하여 그 어음금채무를 담보할 목적으로 하는 보증인의 단독행위이므로 그 행위의 구체적, 실질적인 상대방은 어음의 제3취득자가 아니라 발행인이라 할 것이어서 약속어음의 보증 부분이 위조된 경우, 동 약속어음을 배서, 양도받는 제3취득자는 위 보증행위가 민법 제126조 소정의 표현대리행위로서 보증인에게 그 효력이 미친다고 주장할 수 있는 제3자에 해당하지 않는다고 한다(대판 2002.12.10, 2001다58443).

## 2. 적용범위

민법 제126조 소정의 권한을 넘는 표현대리 규정은 거래의 안전을 도모하여 거래상대방의 이익을 보호하려는 데에 그 취지가 있으므로 법정대리라고 하여 임의대리와는 달리 그 적용이 없다고 할 수 없고, 따라서 한정치산자(현행법상 피한정후견인)의 후견인이 친족회(현행법상 후견감독인)의 동의를 얻지 않고 피후견인의 부동산을 처분하는 행위를 한 경우에도 상대방이 친족회(현행법상 후견감독인)의 동의가 있다고 믿은 데에 정당한 사유가 있는 때에는 본인인 한정치산자(현행법상 피한정후견인)에게 그 효력이 미친다(대판 1997.6.27, 97다3828).

## Ⅳ 제129조의 표현대리

> **제129조 【대리권소멸 후의 표현대리】**
> 대리권의 소멸은 선의의 제3자에게 대항하지 못한다. 그러나 제3자가 과실로 인하여 그 사실을 알지 못한 때에는 그러하지 아니하다.

### 1. 성립요건

### 1) 기존의 대리권의 소멸

⑴ 대리인이 이전에 대리권을 가지고 있었으나, 대리행위를 할 당시에는 대리권이 소멸하고 없었던 경우에 적용된다. 처음부터 전혀 대리권이 없었던 경우에는 본조의 적용이 없다.

⑵ 대리인이 대리권소멸 후 복대리인을 선임하여 복대리인으로 하여금 상대방과 사이에 대리행위를 하도록 한 경우에도, 상대방이 대리권소멸사실을 알지 못하여 복대리인에게 적법한 대리권이 있는 것으로 믿었고 그와 같이 믿은 데 과실이 없다면 제129조에 의한 표현대리가 성립할 수 있다(대판 1998.5.29, 97다55317).

### 2) 대리인이 기존대리권의 범위 내에서 대리행위를 하였을 것

대리권이 소멸된 후 종전의 대리권의 범위를 초과하여 대리행위를 한 경우에는 제126조가 적용될 수 있다.

### 3) 상대방의 선의·무과실

⑴ 상대방의 범위

상대방이란 직접 당사자인 대리행위의 상대방만을 의미하고 그 상대방과 거래한 전득자는 포함되지 않는다.

⑵ 선의·무과실

대리인에게 현재에도 대리권이 존속하고 있다고 믿고, 그렇게 믿은 데 과실이 없어야 한다.

⑶ 주장·증명책임

다수설은 상대방의 악의 또는 과실에 대한 주장·증명책임은 본인에게 있다는 입장이다.

## 2. 적용범위

본조는 임의대리, 법정대리 모두에 적용된다. 대법원도 대리권소멸 후의 표현대리에 관한 민법 제129조는 법정대리인의 대리권소멸에 관하여도 적용이 있다고 한다(대판 1975.1.28, 74다1199). 즉, 미성년자의 친권자가 미성년자 소유의 재산을 처리하여 오면서 미성년자가 성년이 된 후에도 그의 부동산을 처분한 사안에서, 본조를 적용하였다.

## Ⅴ 법률효과

### 1. 본인의 책임

#### 1) 유권대리의 효과

표현대리가 성립하면 유권대리와 같은 효과가 발생한다. 즉 표현대리행위의 법률효과는 본인에게 귀속된다. 다만 그렇다고 하여 유권대리로 전환되는 것은 아니다(판례).

#### 2) 과실상계법리의 유추적용 여부

표현대리행위가 성립하는 경우에 그 본인은 표현대리행위에 의하여 전적인 책임을 져야 하고, 상대방에게 과실이 있다고 하더라도 **과실상계의 법리를 유추적용하여 본인의 책임을 경감할 수 없다**(대판 1996.7.12, 95다49554).

#### 3) 표현대리의 주장자

(1) 표현대리는 상대방이 이를 주장한 경우에 비로소 문제되는 것이고, 상대방이 주장하지 않는데 본인이 먼저 표현대리를 주장할 수 없다(통설). 다만 이 경우 본인은 추인함으로써 동일한 효과를 얻을 수 있다.

(2) 대법원은 표현대리가 본질적으로 무권대리라는 점을 들어 상대방의 유권대리 주장에는 표현대리의 주장이 포함되지 않는다고 본다(대판 1983.12.13, 83다카1489).

(3) 판례는 상대방이 표현대리를 주장함에는 무권대리인과 표현대리에 해당하는 무권대리 행위를 특정하여 주장하여야 한다 할 것이고 따라서 당사자의 표현대리의 항변은 특정된 무권대리인의 행위에만 미치고 그 밖의 무권대리인이나 무권대리 행위에는 미치지 아니한다(대판 1984. 7.24, 83다카1819).

(4) 한편 상대방의 표현대리의 주장은 세 가지 유형별로 따로 적시하여야 하는지 문제된다. 이에 대해 판례는 이를 엄격하게 요구하고 있지는 않다.

## 4) 상대방의 최고권과 철회권의 인정 여부

표현대리가 성립된다고 하여 유권대리로 전환되는 것은 아니고 무권대리로서의 성질을 가지므로 민법 제130조 내지 제134조의 규정이 적용된다(다수설). 따라서 상대방은 표현대리를 철회할 수도 있고(제134조), 본인에 대하여 추인 여부의 확답을 최고할 수도 있다(제131조). 이에 대응하여 본인은 추인함으로써 상대방의 철회권을 소멸시킬 수 있다(제130조).

## 2. 표현대리인의 책임

## 1) 상대방에 대한 책임

상대방이 표현대리인에 대해 제135조의 무권대리인의 책임을 추궁할 수 있는가에 대하여, 표현대리의 성립으로 본인의 책임이 확정되면 상대방의 보호도 충분하므로 제135조는 표현대리에는 적용되지 않는다는 것이 다수설이다(제135조에 대한 보충적 책임설).

## 2) 본인에 대한 책임

표현대리로 인하여 본인에게 손해가 발생하면 본인은 표현대리인에 대하여 민법 제750조의 불법행위에 기한 손해배상청구를 할 수 있고, 그 밖에 사무관리나 부당이득의 문제가 발생할 수도 있다.

## 제7관 협의의 무권대리

통설에 따르면 협의의 무권대리란 대리권 없는 무권대리(광의의 무권대리) 중 표현대리에 해당하지 않은 것을 말한다. 민법은 협의의 무권대리로 계약의 무권대리와 단독행위의 무권대리를 나누어 규정하고 있다.

## Ⅰ 협의의 무권대리인에 의해 체결된 계약의 효력

### 1. 본인과 상대방 사이의 효과

> **제130조【무권대리】**
> 대리권 없는 자가 타인의 대리인으로 한 계약은 본인이 이를 추인하지 아니하면 본인에 대하여 효력이 없다.
>
> **제131조【상대방의 최고권】**
> 대리권 없는 자가 타인의 대리인으로 계약을 한 경우에 상대방은 상당한 기간을 정하여 본인에게 그 추인 여부의 확답을 최고할 수 있다. 본인이 그 기간 내에 확답을 발하지 아니한 때에는 추인을 거절한 것으로 본다.
>
> **제132조【추인, 거절의 상대방】**
> 추인 또는 거절의 의사표시는 상대방에 대하여 하지 아니하면 그 상대방에 대항하지 못한다. 그러나 상대방이 그 사실을 안 때에는 그러하지 아니하다.
>
> **제133조【추인의 효력】**
> 추인은 다른 의사표시가 없는 때에는 계약시에 소급하여 그 효력이 생긴다. 그러나 제3자의 권리를 해하지 못한다.
>
> **제134조【상대방의 철회권】**
> 대리권 없는 자가 한 계약은 본인의 추인이 있을 때까지 상대방은 본인이나 그 대리인에 대하여 이를 철회할 수 있다. 그러나 계약 당시에 상대방이 대리권 없음을 안 때에는 그러하지 아니하다.

### 1) 원칙

무권대리행위가 이루어진 경우 본인에게 책임이 없으므로 본인에게 계약의 효과가 발생하지 않음이 원칙이다. 다만, 본인이 무권대리행위에 의한 법률관계를 원하여 본인이 무권대리행위를 추인하면 계약의 효력이 본인에게 발생한다(제130조). 즉 무권대리는 확정적 무효가 아닌 유동적 무효의 상태에 있게 된다.

**대리인이 수권범위를 넘어서 대리행위를 한 경우 무권대리행위의 유효범위**

甲이 乙에게 자기의 부동산을 담보로 금 2,000만원의 차용을 부탁하면서 담보설정용 인감증명서, 등기필증, 인감인장 등을 교부하였다면 甲이 乙에게 제3자로부터 금 2,000만원을 차용하여 줄 것을 위임하면서 乙에게 甲을 대리하여 위 금전을 차용하고 그 담보설정을 하는 법률행위를 할 권한을 수여함과 동시에 그 대리권 수여의 범위도 위 담보부동산에 의하여 담보되는 피담보채무의 범위가 금 2,000만원인 이상 그 담보의 형식이 무엇이든 그 차용의 형식이 어떠하든지 무방하다는 뜻이 포함된 것으로 볼 것인바, 乙이 위 수권의 범위를 넘어 위 담보부동산에 관하여 丙을 채무자로, 甲을 물상보증인으로 하고 그 피담보최고액을 금 1억 3,000만원으로 하여 근저당권설정계약을 체결한 경우에 있어서는 위 근저당권설정행위가 무권대리행위에 해당한다 할지라도 甲이 차용을 부탁한 금 2,000만원의 한도 내에서는 乙이 수여받은 대리권의 범위 내에 속하는 것이므로 위 근저당권설정계약은 위 금 2,000만원을 담보하는 범위 내에서는 乙의 대리행위에 의하여 본인인 甲에게 그 효력을 미치는 유효한 것이라고 보아야 할 것이다(대판 1987.9.8, 86다카754).

→ 수권범위를 넘어서 한 대리행위가 무권대리에 해당하더라도, 수권범위에서는 대리권의 범위 내에 속하는 것이어서 본인에게 그 효력이 미친다고 본 사례이다.

## 2) 본인의 추인권

### (1) 추인의 의의 및 성질

추인은 무권대리행위 등이 있음을 알고 그 행위의 효과를 자기에게 귀속시키도록 하는 **단독행위**이다. 또한 추인은 사후의 대리권의 수여가 아니며 그 성질은 형성권에 속한다(대판 1995.11.14, 95다28090).

### (2) 추인권의 행사(방법)

### 가) 추인권자

추인권자는 본인이지만, 본인이 사망한 경우에는 본인의 상속인이 할 수 있고 그 밖에 법정대리인도 할 수 있다.

### 나) 추인의 상대방

추인의 상대방은 무권대리인뿐만 아니라 무권대리행위의 상대방에 대하여도 할 수 있고(대판 2009.11.12, 2009다46828), 무권대리행위로 인한 권리 또는 법률관계의 승계인도 포함된다(대판 1981.4.14, 80다2314). 그러나 무권대리인에게 한 추인의 의사표시는 상대방이 알 때까지는 상대방에게 대항할 수 없다(제132조). 민법 제132조는 본인이 무권대리인에게 무권대리행위를 추인한 경우에 상대방이 이를 알지 못하는 동안에는 본인은 상대방에게 추인의 효과를 주장하지 못한다는 취지이므로 상대방은 그때까지 민법 제134조에 의한 철회를 할 수 있고, 또 무권대리인에게 추인이 있었음을 주장할 수도 있다(대판 1981.4.14, 80다2314 - 추인은 무권대리인, 무권대리행위의 직접의 상대방 및 그 무권대리행위로 인한 권리 또는 법률관계의 승계인에 대하여도 할 수 있는데, 본 사안은 무권대리인에게 추인한 경우 이를 가지고 상대방에게 대항하려면 상대방이 이를 알았다는 사실을 주장, 입증해야 함을 요구한 사례이다).

### 다) 추인의 방법

추인의 방법에 관하여 일정한 방식이 요구되는 것이 아니므로 명시적이든 묵시적이든 묻지 않는다(대판 2009.9.24, 2009다37831).

### (3) 일부추인 · 변경을 가한 추인

무권대리행위의 추인은 의사표시의 전부에 대하여 행하여져야 하고, 그 일부에 대하여 추인을 하거나 그 내용을 변경하여 추인을 하였을 경우에는 상대방의 동의를 얻지 못하는 한 무효이다. 무권대리행위의 추인은 대리행위 전부에 대하여 행해져야 한다(대판 1982.1.26, 81다카549).

### (4) 추인의 효력

추인이 있으면 무권대리행위는 **계약시에 소급**하여 그 효력이 생긴다(제133조 본문). 즉 대리행위는 처음부터 유권대리에서와 마찬가지의 효력이 생긴다(제133조 본문). 그러나 제3자의 권리를 해하지 못한다(제133조 단서).

---

판례연구 **관련판례 정리**

---

#### 1. 추인의 방법

무권대리행위나 무효행위의 추인은 무권대리행위 등이 있음을 알고 그 행위의 효과를 자기에게 귀속시키도록 하는 단독행위로서 그 의사표시의 방법에 관하여 일정한 방식이 요구되는 것이 아니므로 명시적이든 묵시적이든 묻지 않는다 할 것이지만, 묵시적 추인을 인정하기 위해서는 본인이 그 행위로 처하게 된 법적 지위를 충분히 이해하고 그럼에도 진의에 기하여 그 행위의 결과가 자기에게 귀속된다는 것을 승인한 것으로 볼 만한 사정이 있어야 할 것이므로 이를 판단함에 있어서는 관계되는 여러 사정을 종합적으로 검토하여 신중하게 하여야 한다(대판 2009.9.24, 2009다37831).

#### 2. 무권대리행위의 추인을 인정한 例

1) 매매계약을 체결한 무권대리인으로부터 매매대금의 전부 또는 일부를 본인이 수령한 경우(대판 1963.4.11, 63다64)
2) 무권대리인이 차용한 금원의 변제기일에 채권자가 본인에게 그 변제를 독촉하자 본인이 그 유예를 요청한 경우(대판 1973.1.30, 72다2300)
3) 본인의 장남이 서류를 위조하여 매도한 부동산을 본인이 매수인에게 명도하고 10년간 아무런 이의를 제기하지 아니한 경우(대판 1984.4.14, 81다151)
4) 상대방 명의의 영수증을 받은 본인이 무권대리인이 체결한 임대차계약상 차임의 일부를 무권대리인에게 지급한 경우(대판 1984.12.11, 83다카1531)
5) 처가 타인으로부터 금원을 차용하면서 승낙 없이 남편 소유 부동산에 근저당권을 설정한 것을 알게 된 남편이, 처의 채무 변제에 갈음하여 아파트와 토지를 처가 금전을 차용한 자에게 이전하고 그 토지의 시가에 따라 사후에 정산하기로 합의한 후 그 합의가 결렬되어 이행되지 않았다고 하더라도, 일단 처가 차용한 사채를 책임지기로 한 이상 남편은 처의 근저당권설정 및 금원 차용의 무권대리행위를 추인한 것이다(대판 1995.12.22, 94다45098).

6) 무권리자인 문중 명의로 그것도 대표자로 사칭한 자에 의하여 부동산 매매계약이 체결된 후 진정한 소유자가 그 권리자임을 주장하여 매수인으로부터 중도금을 직접 수령하였다면 위 매매계약에 따른 처분행위가 소유자에 대하여 그 효력이 미치게 되고 따라서 소유자에게 매매를 원인으로 한 소유권이전등기의무가 발생한다(대판 1992.2.28, 91다15584).

**3. 무권대리행위의 추인을 부정한 例**

1) 무권대리행위는 그 효력이 불확정 상태에 있다가 본인의 추인 유무에 따라 본인에 대한 효력발생 여부가 결정되는 것으로서, 추인은 무권대리행위가 있음을 알고 그 행위의 효과를 자기에게 귀속시키도록 하는 단독행위이고, 추인은 처분행위이므로 단순히 침묵한 것만으로는 묵시적 추인이 되지 않고 일정한 행위가 있어야 한다. 대법원은 ① 단순히 무권대리행위임을 알면서 이의하지 않거나 장기간 방치한 경우, ② 무권대리행위가 범죄가 되는 경우에 그 사실을 알고도 장기간 형사고소를 하지 아니하였다는 사실만으로 무권대리행위에 대한 묵시적 추인을 인정할 수 없다고 하였다(대판 1998.2.10, 97다31113).

2) 그 밖에 ① 무권대리인이 사망한 후 본인이 매수인에게 매매대금 상당액을 지급(반환)하기로 약정한 경우, ② 무권대리인의 담보가등기설정에 대하여 본인이 변제를 약속하면서 등기말소를 요청한 경우, 그러한 사실만으로 무권대리행위를 추인하였다고 단정할 수 없다고 하였다.

## 3) 본인의 추인거절권

### (1) 내용

① 추인을 하느냐 않느냐는 본인의 자유이나, 추인거절의 상대방과 방법은 추인에 있어서와 같다.

② 본인이 추인을 거절하면 무권대리행위는 확정적으로 무효가 되므로 다시 추인할 수 없고 상대방도 최고권이나 철회권을 행사할 수 없다.

### (2) 상속과 추인거절권

### 가) 무권대리인이 본인을 상속한 경우

무권대리인의 지위와 본인의 지위는 분리하여 병존한다. 그러나 신의칙상 추인을 거절할 수 없다(대판 1994.9.27, 94다20617). 즉 판례는 "甲은 乙의 무권대리인으로서 제135조 제1항의 규정에 의하여 매수인인 丙에게 부동산에 대한 소유권이전등기를 이행할 의무가 있으므로 그러한 지위에 있는 甲이 乙로부터 부동산을 상속받아 그 소유자가 되어 소유권이전등기 이행의무를 이행하는 것이 가능하게 된 시점에서 자신이 소유자라고 하여 자신으로부터 부동산을 전전 매수한 丁에게 원래 자신의 매매행위가 무권대리행위여서 무효였다는 이유로 丁 앞으로 경료된 소유권이전등기가 무효의 등기라고 주장하여 그 등기의 말소를 청구하거나 부동산의 점유로 인한 부당이득금의 반환을 구하는 것은 금반언의 원칙이나 신의성실의 원칙에 반하여 허용될 수 없다"고 판시하여 무권대리인이 본인을 단독상속한 경우에 관하여 병존설 입장에서 당연히 유효로 되는 것은 아니고 무권대리인이 본인의 지위에서 추인을 거절하는 것은 금반언의 원칙이나 신의칙상 허용되지 않는다고 본다.

### 나) 본인이 무권대리인을 상속한 경우

무권대리행위는 당연히 유효하다는 당연유효설과 상속인은 본인의 지위에서 추인을 거절하여도 신의칙에 반하지 않으므로 무권대리행위는 당연히 유효하게 되는 것은 아니라고 보는 비당연유효설(병존설)이 대립한다.

## 4) 상대방의 최고권과 철회권

### (1) 최고권

① 법적 지위가 불확정적인 무권대리의 상대방은 상당한 기간을 정하여 본인에게 추인 여부의 확답을 최고할 수 있고, 본인이 확답을 발하지 않으면(발신주의) 추인을 거절한 것으로 본다(제131조).

② 악의의 상대방도 최고권이 있다.

**✦ 제한능력자 상대방의 확답촉구권(제15조)과 무권대리 상대방의 최고권(제131조)의 비교**

| 구분 | | 제15조 | 제131조 |
|---|---|---|---|
| 차이점 | 상대방 | 능력자 또는 법정대리인 | 본인 |
| | 유예기간 | 1개월 이상 | 상당기간 |
| | 효과 | ① 원칙 : 추인 간주<br>② 예외 : 특별절차 필요시 취소 간주 | 추인거절 간주 |
| 공통점 | | ① 발신주의<br>② 상대방은 선의·악의를 불문하고 인정 | |

### (2) 철회권

① 무권대리행위의 상대방이 무권대리인과 체결한 계약을 확정적으로 무효화시키는 행위로서, 상대방이 유효한 철회를 하면 무권대리행위는 확정적으로 무효가 되어 그 후에는 본인이 무권대리행위를 추인할 수 없다.

② 선의의 상대에게만 철회권이 인정된다. 한편 상대방이 대리인에게 대리권이 없음을 알았다는 점에 대한 주장·입증책임은 철회의 효과를 다투는 본인에게 있다(대판 2017.6.29, 2017다213838).

③ 철회권의 행사시기는 본인의 추인이 있기 전까지이며, 철회의 상대방은 본인 또는 무권대리인이다.

## 2. 무권대리인과 상대방 사이의 효과

> **제135조 【상대방에 대한 무권대리인의 책임】**
> ① 다른 자의 대리인으로서 계약을 맺은 자가 그 대리권을 증명하지 못하고 또 본인의 추인을 받지
> 못한 경우에는 그는 상대방의 선택에 따라 계약을 이행할 책임 또는 손해를 배상할 책임이 있다.
> ② 대리인으로서 계약을 맺은 자에게 대리권이 없다는 사실을 상대방이 알았거나 알 수 있었을 때 또는
> 대리인으로서 계약을 맺은 사람이 제한능력자일 때에는 제1항을 적용하지 아니한다.

### 1) 의의 및 성질

무권대리인이 대리권을 증명하지 못하고 또 본인의 추인을 얻지 못한 때에는 상대방의 선택에
따라 계약의 이행 또는 손해배상의 책임을 지게 된다(제135조 제1항). 이러한 무권대리인의 책
임은 법정무과실책임이다(통설·판례). 즉 대리인으로서 대리행위를 한 자가 의사표시 당시에
객관적으로 대리권이 결여되어 있으면 족하고 대리권의 결여에 대한 대리인의 과실이 있어야
하는 것은 아니다(대판 1962.4.12, 4294민상1021).

**판례**

**무권대리인의 상대방에 대한 책임의 성질 및 무권대리행위가 제3자의 위법행위로 야기된 경우 책임이 부정
되는지 여부**(소극)

민법 제135조 제1항은 "타인의 대리인으로 계약을 한 자가 그 대리권을 증명하지 못하고 또 본인의 추인을
얻지 못한 때에는 상대방의 선택에 좇아 계약의 이행 또는 손해배상의 책임이 있다."고 규정하고 있다. 위
규정에 따른 무권대리인의 상대방에 대한 책임은 무과실책임으로서 대리권의 흠결에 관하여 대리인에게
과실 등의 귀책사유가 있어야만 인정되는 것이 아니고, 무권대리행위가 제3자의 기망이나 문서위조 등 위
법행위로 야기되었다고 하더라도 책임은 부정되지 아니한다(대판 2014.2.27, 2013다213038).

### 2) 책임의 요건

(1) 무권대리인의 상대방에 대한 책임이 인정되기 위해서는 ① 대리인이 대리권을 증명할 수 없을
것(→ 상대방이 무권대리인의 책임을 묻는 경우, 대리권이 없다는 사실에 대해서는 상대방에게 주장책
임이 있으나 대리권이 존재한다는 사실에 대한 증명책임은 무권대리인에게 있다. 따라서 주장책임과
증명책임이 일치되지 않는 경우에 해당한다), ② 대리인이 본인의 추인을 얻지 못하고, 표현대리가
성립하지 않을 것(통설에 의하면 표현대리가 성립한 경우 제135조의 책임은 발생하지 않는다고 하기
때문이다), ③ 무권대리인이 행위능력자일 것, ④ 상대방은 선의·무과실일 것이 요구된다.

(2) 이 경우 상대방의 악의 또는 과실에 대한 입증책임은 무권대리인 자신에게 있다(대판 1962.4.
12, 4294민상1021).

### 3) 책임의 내용

#### (1) 선택채권

상대방은 무권대리인에 대하여 계약의 이행 또는 손해배상청구권 중의 하나를 선택하여 행사할 권리를 갖는다(제135조 제1항). 즉 상대방의 권리는 선택채권이므로 그 선택의 방법은 선택채권의 규정(제380조부터 제386조)에 의한다.

#### (2) 이행책임

이행책임이라 함은 무권대리행위가 유권대리였다면 본인이 이행하였을 것과 같은 내용의 채무를 이행해야 한다는 것이다. 동 책임은 상대방과 무권대리인 사이에 계약이 성립한 것은 아니므로 계약에 기한 채무의 이행이 아니고, 급부의 내용은 동일하나 그와는 다른 법정책임에 해당한다.

#### (3) 손해배상책임

손해배상 범위에 관하여는 계약이 이행되지 않았기 때문에 생긴 손해의 배상, 즉 이행이익의 배상이라는 견해가 통설이다.

### 4) 소멸시효의 기간 및 기산점

유권대리가 되었더라면 본인에 대한 청구권에 적용되었을 소멸시효기간이 적용되며, 그 기산점에 대하여 판례는 상대방이 선택권을 행사할 수 있는 때로부터 진행한다고 하며, 선택권을 행사할 수 있는 시기는 대리권의 증명 또는 본인의 추인을 얻지 못한 때라고 본다(대판 1965. 8.24, 64다1156).

## 3. 본인과 무권대리인 사이의 효과

**1)** 본인이 추인을 거절한 경우 본인에게는 아무런 효력이 생기지 않으므로 본인과 무권대리인 사이에는 아무런 법률관계가 생기지 않는다.

**2)** 반면 본인이 추인을 한 경우에는 일반원칙에 따라 사무관리(제734조)·부당이득(제741조)·불법행위(제750조)가 성립할 수 있다.

## Ⅱ 협의의 무권대리인에 의한 단독행위의 효력

**제136조【단독행위와 무권대리】**
단독행위에는 그 행위 당시에 상대방이 대리인이라 칭하는 자의 대리권 없는 행위에 동의하거나 그 대리권을 다투지 아니한 때에 한하여 전6조의 규정을 준용한다. 대리권 없는 자에 대하여 그 동의를 얻어 단독행위를 한 때에도 같다.

(1) 무권대리인이 하는 것이든 무권대리인에 대하여 하는 것이든 원칙적으로 모두 무효이다(제136조).

(2) 상대방 없는 단독행위는 절대적 무효이며, 본인은 추인할 수도 없고 추인하여도 무효이다. 따라서 무권대리인의 책임도 생기지 않는다.

(3) 상대방 있는 단독행위의 경우 ① 능동대리에서는 상대방이 대리권 없는 행위에 동의하거나 대리권을 다투지 아니한 때에 한하여 계약의 경우와 같은 효력이 생긴다. ② 수동대리에서는 무권대리인의 동의를 얻어서 행하여진 때에만 계약의 무권대리와 같은 효력이 생긴다.

## 05 　법률행위의 무효와 취소

### 제1관 　총설

#### Ⅰ 　서설

법률행위가 성립하였다 하더라도 유효요건을 갖추지 않는 한 당사자의 의사에 따른 법률효과는 발생하지 않는다. 즉, 이 경우 법률행위의 성립을 전제로 하여 무효 또는 취소의 효과가 생긴다. 민법은 무효와 취소에 관해 개별적인 규정 이외에 제137조부터 제146조에서 일반적인 통칙을 규정하고 있다.

#### Ⅱ 　무효와 취소

**1. 개념**

법은 법률행위의 효력을 잃게 하는 경우로서, 주장이 있어야 비로소 효력을 상실하게 되는 경우와 누구의 주장을 기다릴 필요 없이 원칙적으로 당연히 처음부터 효력이 없는 경우로 나누고, 전자를 취소, 후자를 무효라고 한다.

## 2. 무효와 취소의 차이

| 구분 | 무효 | 취소 |
|---|---|---|
| 주장 | **누구라도** 주장 가능하며, 주장 유무를 불문하고 처음부터 당연히 효력이 발생하지 않는다. | **취소권자에 한하여** 주장 가능하며, 취소권자의 주장이 있어야 비로소 효력이 상실된다. |
| 법률행위의 효력 | 처음부터 효력이 없다. | 취소하기 전까지는 처음부터 유효하다. 단, 취소권을 행사한 후에는 소급효로 인해 무효와 동일한 효과가 있다. |
| 추인 | • 원칙적으로 추인이 허용되지 않는다. <br>• 단, 당사자가 그 무효임을 알고 추인한 때에는 새로운 법률행위로 본다(제139조). <br>• 제3자의 권리를 해하지 않는 범위 내에서는 소급적 추인을 할 수 있다(통설). | 추인에 의해 법률행위는 확정적으로 유효로 되며(제143조), 또한 **법정추인**에 의하여 일정한 경우 법률상 당연히 추인이 있었던 것으로 보는 경우도 있다(제145조). |
| 시간의 경과에 따른 효력변동 | 시간이 경과하더라도 효력변동이 생기지 않는다. 따라서 방치하더라도 무효원인이 치유되지는 않는다. | 일정 시간(추인할 수 있는 날부터 3년, 법률행위를 한 날부터 10년)이 경과하면 취소권이 소멸하여 더 이상 취소할 수 없게 되므로 확정적 유효로 된다. |
| 사유 (입법정책의 문제) | • 의사무능력, 원시적 불능, 강행법규위반 (효력규정위반), 반사회질서(제103조), 불공정한 법률행위(제104조), 비진의표시 (제107조), 통정허위표시(제108조), 불법조건이 붙은 경우(제151조) <br>• 비진의표시와 통정허위표시는 선의의 제3자에게 대항할 수 없는 상대적 무효이다. | • 제한능력(제5조, 제10조, 제13조), 착오(제109조), 사기·강박(제110조) <br>• 제한능력에 의한 취소는 제3자에게 (선·악 불문) 대항할 수 있는 절대적 취소이다. |

## 3. 무효와 취소의 이중효

### 1) 내용

어느 법률행위가 무효사유와 취소사유를 모두 포함하고 있는 경우 양 사유는 경합한다. 예컨대 제한능력자가 의사무능력의 상태에서 법률행위를 한 경우 그 자는 무효인 법률행위를 취소할 수 있다.

## 2) 이중효 법리의 확장

**판례연구** ⁺ **관련판례 정리**

### 1. 통정허위표시와 채권자취소권의 경합

채무자의 법률행위가 통정허위표시인 경우에도 채권자취소권의 대상이 되고, 한편 채권자취소권의 대상으로 된 채무자의 법률행위라도 통정허위표시의 요건을 갖춘 경우에는 무효라고 할 것이다(대판 1998. 2.27, 97다50985).

### 2. 해제된 법률행위의 취소

매도인이 매수인의 중도금 지급채무불이행을 이유로 매매계약을 적법하게 해제한 후라도, 매수인으로서는 상대방이 한 계약해제의 효과로서 발생하는 손해배상책임을 지거나 매매계약에 따른 계약금의 반환을 받을 수 없는 불이익을 면하기 위하여 착오를 이유로 한 취소권을 행사하여 위 매매계약 전체를 무효로 돌리게 할 수 있다(대판 1991.8.27, 91다11308).

### 3. 토지거래허가를 받지 않아 무효인 매매계약의 취소

국토이용관리법(현행 국토의 계획 및 이용에 관한 법률)상 규제구역 내에 속하는 토지거래에 관하여 관할 도지사로부터 거래허가를 받지 아니한 거래계약은 처음부터 위 허가를 배제하거나 잠탈하는 내용의 계약이 아닌 한 허가를 받기까지는 유동적 무효의 상태에 있고 거래 당사자는 거래허가를 받기 위하여 서로 협력할 의무가 있으나, 그 토지거래가 계약 당사자의 표시와 불일치한 의사(비진의표시, 허위표시 또는 착오) 또는 사기, 강박과 같은 하자 있는 의사에 의하여 이루어진 경우에는, 이들 사유에 의하여 그 거래의 무효 또는 취소를 주장할 수 있는 당사자는 그러한 거래허가를 신청하기 전 단계에서 이러한 사유를 주장하여 거래허가신청 협력에 대한 거절의사를 일방적으로 명백히 함으로써 그 계약을 확정적으로 무효화시키고 자신의 거래허가절차에 협력할 의무를 면할 수 있다(대판 1997.11.14, 97다36118).

## 제2관 법률행위의 무효

### Ⅰ 의의

법률행위의 무효란 법률행위가 성립 당시부터 법률상 당연히 그 효력이 발생하지 않는 것으로 확정되어 있는 것을 말한다. 법률행위의 무효는 법률행위의 성립을 전제로 하므로, 법률행위의 불성립의 경우에는 무효에 관한 일반규정이 적용되지 않는다.

### Ⅱ 무효의 종류

#### 1. 절대적 무효와 상대적 무효

당사자 사이뿐만 아니라 제3자에 대한 관계에서도, 즉 모든 사람에 대한 관계에서 효력이 없는 경우를 절대적 무효라고 한다. 반면 당사자 사이에서는 무효이지만 특정인(선의의 제3자)에 대해서는 무효로써 대항할 수 없는 경우를 상대적 무효라고 한다.

#### 2. 전부무효와 일부무효

##### 1) 의의

무효원인이 법률행위의 내용 전부에 관하여 존재할 경우에는 그 법률행위 전체가 무효이다. 다만 무효원인이 법률행위의 일부에만 존재할 경우를 일부무효라고 하는데, 그 취급이 다음과 같이 문제된다.

##### 2) 일부무효

> **제137조【법률행위의 일부무효】**
> 법률행위의 일부분이 무효인 때에는 그 전부를 무효로 한다. 그러나 그 무효부분이 없더라도 법률행위를 하였을 것이라고 인정될 때에는 나머지 부분은 무효가 되지 아니한다.

**(1) 원칙**

법률행위의 일부에 무효사유가 있는 경우에 전부가 무효로 됨이 원칙이다(제137조 본문).

## (2) 제137조 단서의 적용요건

① 법률행위의 일체성(대판 1994.5.24, 93다58332), ② 법률행위의 분할가능성, ③ 당사자의 의사가 있어야 한다. 여기서 당사자의 의사는 실재하는 의사가 아니라 법률행위의 일부무효를 법률행위 당시에 알았더라도 법률행위를 하였을 것인가라는 가정적 의사를 말한다(대판 1996.2.27, 95다38875).

> **판례**
>
> **여러 개의 계약 전부가 경제적, 사실적으로 일체로서 행하여져 하나의 계약인 것과 같은 관계에 있는 경우, 법률행위의 일부무효 법리가 적용되는지 여부(적극) 및 이때 계약 전부가 일체로서 하나의 계약인 것과 같은 관계에 있는지 판단하는 방법**
>
> 법률행위의 일부무효 법리는 여러 개의 계약이 체결된 경우에 그 계약 전부가 경제적, 사실적으로 일체로서 행하여져서 하나의 계약인 것과 같은 관계에 있는 경우에도 적용된다. 이때 그 계약 전부가 일체로서 하나의 계약인 것과 같은 관계에 있는 것인지의 여부는 계약 체결의 경위와 목적 및 당사자의 의사 등을 종합적으로 고려하여 판단해야 한다(대판 2022.3.17, 2020다288375).
>
> **복수 당사자 사이의 합의 중 일부 당사자의 의사표시가 무효인 경우, 나머지 당사자 사이의 합의가 유효한지 여부의 판단기준**
>
> 복수의 당사자 사이에 어떠한 합의(중간생략등기의 합의)를 한 경우 그 합의는 전체로서 일체성을 가지는 것이므로, 그 중 한 당사자의 의사표시가 무효인 것으로 판명된 경우 나머지 당사자 사이의 합의가 유효한지의 여부는 민법 제137조에 정한 바에 따라 당사자가 그 무효부분이 없더라도 법률행위를 하였을 것이라고 인정되는지의 여부에 의하여 판정되어야 하고, 그 당사자의 의사는 실재하는 의사가 아니라 법률행위의 일부분이 무효임을 법률행위 당시에 알았다면 당사자 쌍방이 이에 대비하여 의욕하였을 가정적 의사를 말하는 것이지만(대판 1996.2.27, 95다38875), 한편 그와 같은 경우에 있어서 나머지 당사자들이 처음부터 한 당사자의 의사표시가 무효가 되더라도 자신들은 약정내용대로 이행하기로 하였다면 무효가 되는 부분을 제외한 나머지 부분만을 유효로 하겠다는 것이 당사자의 의사라고 보아야 할 것이므로, 그 당사자들 사이에서는 가정적 의사가 무엇인지 가릴 것 없이 무효부분을 제외한 나머지 부분은 그대로 유효하다고 할 것이다(대판 2010.3.25, 2009다41465).

## 3. 확정적 무효와 유동적 무효

법률행위의 무효는 ① 원칙적으로 확정적인 것이어서 추인을 하더라도 소급하여 유효로 되지 않는다(확정적 무효). 다만 ② 예외적으로 무권대리, 무권리자의 처분행위의 경우에는 비록 그 효력이 무효이기는 하나(무권대리행위는 채권행위도 무효이지만, 무권리자의 처분행위의 경우 채권행위는 유효함을 전제로 하되, 물권행위만 무효라는 점에 주의를 요한다), 본인 또는 권리자의 사후 추인에 의하여 원칙적으로 행위시에 소급하여 유효한 것으로 할 수 있다. 이를 유동적 무효라고 한다. 이와 관련해서는 특히 토지거래허가를 받지 않은 토지거래계약의 효력이 문제된다.

**판례연구** **관련판례 정리**

## 토지거래허가와 유동적 무효

### 1. 허가 전의 법률상태

#### 1) 원칙 – 유동적 무효

##### (1) 계약상 책임

유동적 무효의 상태도 어디까지나 무효이기 때문에, 당사자는 계약상 이행청구를 할 수 없다(대판 1992. 9.8, 92다19989). 따라서 매매대금의 선이행약정이 있는 경우에도 매매대금지급의무는 없다(대판 1992.9.8, 92다19989 참고). 또한 채무불이행을 이유로 한 해제 내지 손해배상청구와 손해배상액의 예정액 청구도 인정되지 않는다(대판 1995.1.24, 93다25875; 대판 1994.1.11, 93다22043; 대판 1991.6.14, 91다7620 참고).

##### (2) 계약금의 부당이득반환청구 불가

계약이 확정적 무효가 되기 전에는 계약금과 매매대금 모두를 반환청구할 수 없다(대판 1993.7.27, 91다 33766). → 국토이용관리법상(현행 국토의 계획 및 이용에 관한 법률) 규제구역 내에 속하는 토지거래에 관하여 관할 도지사로부터 거래허가를 받지 아니한 거래계약은, 처음부터 위 허가를 배제하거나 잠탈하는 내용의 계약이 아닌 한 허가를 받기까지는 유동적 무효의 상태에 있고 거래당사자는 거래허가를 받기 위하여 서로 협력할 의무가 있으므로, 그 유동적 무효 상태의 계약에 기하여 임의로 지급한 계약금 등은 유동적 무효 상태가 확정적으로 무효가 되었을 때 비로소 부당이득으로 그 반환을 구할 수 있고, 유동적 무효 상태의 계약이 확정적으로 무효로 되는 경우로서는 관할 도지사에 의한 불허가 처분이 있을 때나 당사자 쌍방이 허가신청 협력의무의 이행거절 의사를 명백히 표시한 경우 등을 들 수 있을 것이나, 계약당사자의 표시와 불일치한 의사(비진의표시, 허위표시 또는 착오) 또는 사기, 강박과 같은 하자 있는 의사에 의하여 토지거래 등이 이루어진 경우에 있어서, 이들 사유에 기하여 그 거래의 무효 또는 취소를 주장할 수 있는 당사자는 그러한 거래허가를 신청하기 전 단계에서 이러한 사유를 주장하여 거래허가 신청협력에 거절의사를 일방적으로 명백히 함으로써 그 계약을 확정적으로 무효화시키고 자신의 거래허가절차에 협력할 의무를 면함은 물론 기왕에 지급된 계약금 등의 반환도 구할 수 있다(대판 1996.11.8, 96다35309).

##### (3) 허가조건부 소유권이전등기청구

유동적 무효의 상태라도 허가 전의 법률상태는 무효이므로 허가조건부 소유권이전등기청구 역시 부정된다(대판 1991.12.24, 90다12243 참고).

##### (4) 해약금 해제

민법 제565조 제1항에 따라 매매 당사자 일방이 계약 당시 상대방에게 계약금을 교부한 경우 당사자 사이에 다른 약정이 없는 한 당사자 일방이 계약 이행에 착수할 때까지 계약금 교부자는 이를 포기하고 계약을 해제할 수 있고, 그 상대방은 계약금의 배액을 상환하고 계약을 해제할 수 있음이 계약 일반의 법리인 이상, 특별한 사정이 없는 한 국토이용관리법(현행 국토의 계획 및 이용에 관한 법률)상의 토지거래허가를 받지 않아 유동적 무효 상태인 매매계약에 있어서도 당사자 사이의 매매계약은 매도인이 계약금의 배액을 상환하고 계약을 해제함으로써 적법하게 해제된다(대판 1997.6.27, 97다9369).

#### 2) 허가신청절차 협력관계의 문제

##### (1) 허가절차 협력청구권 관련 주요쟁점

① 허가협력청구는 이를 소구할 수 있고(대판 1991.12.24, 90다12243), 협력의무의 불이행과 인과관계에 있는 손해를 배상하여야 한다(대판 1995.4.28, 93다26397. 그 배상범위는 이행이익). 다만, 협력의무의 불이행을 이유로 일방적으로 유동적 무효의 상태에 있는 거래계약 자체를 해제할 수는 없다(대판 (전) 1999.6.17, 98다40459).

② 국토이용관리법(현행 국토의 계획 및 이용에 관한 법률)상의 토지거래규제구역 내의 토지에 관하여 관할 관청의 토지거래허가 없이 매매계약이 체결됨에 따라 그 매수인이 그 계약을 효력이 있는 것으로 완성시키기 위하여 매도인에 대하여 그 매매계약에 관한 토지거래허가 신청절차에 협력할 의무의 이행을 청구하는 경우, 매도인의 토지거래계약허가 신청절차에 협력할 의무와 토지거래허가를 받으면 매매계약 내용에 따라 매수인이 이행하여야 할 매매대금 지급의무나 이에 부수하여 매수인이 부담하기로 특약한 양도소득세 상당 금원의 지급의무 사이에는 상호 이행상의 견련성이 있다고 할 수 없으므로, 매도인으로서는 그러한 의무이행의 제공이 있을 때까지 그 협력의무의 이행을 거절할 수 있는 것은 아니다(대판 1996.10.25, 96다23825). → 대금지급채무의 불이행을 이유로 협력의무의 이행을 거절할 수 없다. 즉, 동시이행관계가 아니므로(유동적 무효인 상태에서는 매매대금지급채무가 없기 때문이다) 매수인은 대금지급의무를 이행하지 않은 상태에서도 협력의무의 이행을 청구할 수 있다.

⑵ 허가신청절차 협력청구권과 채권자대위권의 행사 여부

① 토지거래규제구역 내의 토지에 대하여 甲과 乙 사이에 권리이전 약정을 포함한 토지매수 위임계약이 이루어지고 그 수임인인 乙과 토지소유자 丙 사이에 매수인을 乙로 한 토지매매계약이 체결된 경우, 甲은 乙에 대하여 그 위임계약이 효력이 있는 것으로 완성될 수 있도록 토지거래허가 신청절차에 협력할 것을 청구할 권리(피보전권리)가 있고, 그와 같은 토지거래허가 신청절차의 협력의무 이행청구권을 보전하기 위하여 乙을 대위하여 그에게 토지를 매도한 丙을 상대로 乙과 丙 사이의 토지매매에 대한 토지거래허가 신청절차에 협력할 것(피대위권리)을 청구할 수 있다(대판 1996.10.25, 96다23825).

② 국토이용관리법(현행 국토의 계획 및 이용에 관한 법률) 소정의 토지거래허가를 받아야 하는 토지에 관하여 관할 관청의 허가 없이 매매계약이 체결된 경우, 그 매매계약이 처음부터 허가를 배제하거나 잠탈하는 내용의 계약이 아니라 허가를 받을 것을 전제로 하는 계약인 때에는 유동적 무효 상태에 있고, 이러한 유동적 무효상태에 있는 매매계약상의 매수인의 지위에 관하여 매도인과 매수인 및 제3자 사이에 제3자가 그와 같은 매수인의 지위를 매수인으로부터 이전받는다는 취지의 합의를 한 경우, 국토이용관리법(현행 국토의 계획 및 이용에 관한 법률)상 토지거래허가제도가 토지의 투기적 거래를 방지하여 정상적 거래를 조장하려는 데에 그 입법취지가 있음에 비추어 볼 때, 그와 같은 합의는 매도인과 매수인 사이의 매매계약에 대한 관할 관청의 허가가 있어야 비로소 효력이 발생한다고 보아야 하고, 그 허가가 없는 이상 그 3 당사자 사이의 합의만으로 유동적 무효상태의 매매계약의 매수인 지위가 매수인으로부터 제3자에게 이전하고 제3자가 매도인에 대하여 직접 토지거래허가 신청절차 협력의무의 이행을 구할 수 있다고 할 수는 없다(대판 1996.7.26, 96다7762). → 채권적 효력도 없는 매매계약상의 매수인의 지위를 양도하고 매도인이 이를 승낙하는 것과 같이 계약인수가 이루어졌다고 하더라도, 매수인의 지위에 대한 양도계약의 효력은 발생할 여지가 없다는 것이다.

┃비교┃ 토지거래허가제도는 투기적 거래를 방지하여 정상적 거래질서를 형성하려는 데에 입법 취지가 있는 점에 비추어 보면, 제3자가 토지거래허가를 받기 전의 토지 매매계약상 매수인 지위를 인수하는 경우와 달리 매도인 지위를 인수하는 경우에는 최초매도인과 매수인 사이의 매매계약에 대하여 관할 관청의 허가가 있어야만 매도인 지위의 인수에 관한 합의의 효력이 발생한다고 볼 것은 아니다(대판 2013.12.26, 2012다1863).

⑶ 협력의무의 불이행을 이유로 한 손해배상액의 예정

국토이용관리법(현행 국토의 계획 및 이용에 관한 법률)상 토지거래허가 구역 내의 토지에 대하여 관할 관청의 허가를 받기 전 유동적 무효 상태에 있는 계약을 체결한 당사자는 쌍방이 그 계약이 효력이 있는 것으로 완성될 수 있도록 서로 협력할 의무가 있는 것이므로, 이러한 매매계약을 체결할 당시 당사자 사이에 당사자 일방이 토지거래허가를 받기 위한 협력 자체를 이행하지 아니하거나 허가신 청에 이르기 전에 매매계약을 철회하는 경우 상대방에게 일정한 손해액을 배상하기로 하는 약정을 유효하게 할 수 있다(대판 1997.2.28, 96다49933).

## 2. 확정적 무효로의 전환

1) 확정적 무효 사유

① 처음부터 허가를 배제하거나 잠탈하는 내용의 계약인 경우 📵 중간생략등기의 합의 아래 전매차익을 얻을 목적으로 전전매매한 경우

② 허가를 신청하지 않기로 합의한 경우

③ 다른 사유(비진의표시, 허위표시, 착오, 사기·강박 등)로 계약이 무효가 된 경우(대판 1997.11.14, 97다36118)

④ 토지거래허가구역 내 토지에 관한 매매계약체결 당시 일정한 기간 안에 토지거래허가를 받기로 약 정한 경우, 그 약정기간이 경과하였다는 사정만으로 곧바로 매매계약이 확정적으로 무효가 되는지 여부(원칙적 소극) : 유동적 무효상태에 있는, 토지거래허가구역 내 토지에 관한 매매계약에서 계약의 쌍방 당사자는 공동허가신청절차에 협력할 의무가 있고, 이러한 의무에 위배하여 허가신청절차에 협 력하지 않는 당사자에 대하여 상대방은 협력의무의 이행을 소구할 수도 있다. 그러므로 매매계약체결 당시 일정한 기간 안에 토지거래허가를 받기로 약정하였다고 하더라도, 그 약정된 기간 내에 토지거 래허가를 받지 못할 경우 계약해제 등의 절차 없이 곧바로 매매계약을 무효로 하기로 약정한 취지라 는 등의 특별한 사정이 없는 한, 이를 쌍무계약에서 이행기를 정한 것과 달리 볼 것이 아니므로 위 약정 기간이 경과하였다는 사정만으로 곧바로 매매계약이 확정적으로 무효가 된다고 할 수 없다(대판 2009. 4.23, 2008다50615).

2) 확정적 무효의 효과

⑴ 일반적 효과

① 확정적 무효가 되었으므로 계약금의 부당이득의 반환청구가 가능하다.

② 토지거래계약이 확정적으로 무효로 됨에 있어서 귀책사유가 있는 자라고 하더라도 그 계약의 무 효를 주장하는 것이 신의칙에 반한다고 할 수는 없다(대판 1995.2.28, 94다51789).

⑵ 토지거래허가구역 내에서 토지와 건물이 일괄매매된 경우

① 일반적으로 토지와 그 지상의 건물은 법률적인 운명을 같이 하게 하는 것이 거래의 관행이고 당 사자의 의사나 경제의 관념에도 합치되므로 토지거래규제구역 내의 토지와 지상건물을 일괄하여 매매한 경우 매수인이 토지에 관한 당국의 거래허가가 없으면 건물만이라도 매수하였을 것이라고 볼 수 있는 특별한 사정이 인정되는 경우를 제외하고는 토지에 대한 매매거래허가를 받기 전의 상태에서는 지상건물에 대하여도 그 거래계약 내용에 따른 이행청구 내지 채무불이행으로 인한 손해배상청구를 할 수 없다(대판 1994.1.11, 93다22043). → 일부무효의 법리 적용

② 국토이용관리법(현행 국토의 계획 및 이용에 관한 법률)상의 규제구역 내의 토지와 건물을 일괄하여 매매한 경우 일반적으로 토지와 그 지상의 건물은 법률적인 운명을 같이하는 것이 거래의 관행이고, 당사자의 의사나 경제의 관념에도 합치되는 것이므로, 토지에 관한 당국의 거래허가가 없으면 건 물만이라도 매매하였을 것이라고 볼 수 있는 특별한 사정이 인정되는 경우에 한하여 토지에 대한 매매거래허가가 있기 전에 건물만의 소유권이전등기를 명할 수 있다고 보아야 할 것이고, 그렇지 않은 경우에는 토지에 대한 거래허가가 있어 그 매매계약의 전부가 유효한 것으로 확정된 후에 토지와 함께 이전등기를 명하는 것이 옳을 것이다(대판 1992.10.13, 92다16836).

### 3. 확정적 유효로의 전환

① 허가를 받은 경우(그 성격은 인가로 본다. 대판 1991.12.24, 90다12243), 허가구역의 지정이 해제된 경우, 허가구역지정기간이 만료되고 허가구역의 재지정이 없는 경우(대판(전) 1999.6.17, 98다40459)에는 확정적 유효로 전환된다.

② 허가구역 지정이 해제되면 확정적 유효로 되므로, 그 후 재지정되었다고 하더라도 다시 허가를 받아야 하는 것은 아니다(대판 2002.5.14, 2002다12635).

### 4. 기타 쟁점사항

#### 1) 중간생략등기에서의 문제

##### ⑴ 중간생략등기의 합의와 허가협력청구권의 대위행사 여부

국토이용관리법(현행 국토의 계획 및 이용에 관한 법률)에 의하여 허가를 받아야 하는 토지거래계약이 처음부터 허가를 배제하거나 잠탈하는 내용의 계약인 경우에는 허가 여부를 기다릴 것도 없이 확정적으로 무효로서 유효화될 여지가 없는바, 토지거래허가구역 내의 토지가 거래허가를 받거나 소유권이전등기를 경료할 의사 없이 중간생략등기의 합의 아래 전매차익을 얻을 목적으로 소유자 甲으로부터 부동산중개업자인 乙, 丙을 거쳐 丁에게 전전매한 경우, 그 각각의 매매계약은 모두 확정적으로 무효로서 유효화될 여지가 없고, 각 매수인이 각 매도인에 대하여 토지거래허가 신청절차 협력의무의 이행청구권을 가지고 있다고 할 수 없으며, 따라서 丁이 이들을 순차 대위하여 甲에 대한 토지거래허가신청절차 협력의무의 이행청구권을 대위행사할 수도 없다(대판 1996.6.28, 96다3982).

##### ⑵ 이미 경료된 중간생략등기의 효력

중간생략등기의 합의가 있는 경우에도 최종매수인이 최초매도인에게 허가신청절차협력청구권을 가질 수 없으며(註: 매매계약이 존재하지 않기 때문), 최초매도인으로부터 최종매수인으로의 직접 이전등기가 경료된 경우에도 그들 사이에는 적법한 토지거래허가가 없으므로 역시 무효이다(대판 1997.11.11, 97다33218).

#### 2) 불허가처분으로 거래계약이 확정적 무효로 되기 위한 요건

토지거래허가신청에 대한 관할 시장, 군수 또는 구청장의 불허가처분으로 인하여 매매계약이 확정적으로 무효 상태에 이르게 되려면, 매도인과 매수인이 공동으로 허가를 받고자 국토이용관리법(현행 국토의 계획 및 이용에 관한 법률) 제21조의3 제3항에 따라 허가신청서에 계약 내용과 토지의 이용 계획 등을 진실과 부합되게 기재하여 이를 관할 시장, 군수, 또는 구청장에게 제출하였지만 그 진실된 허가신청서의 기재에도 불구하고 관할 시장, 군수 또는 구청장에 의하여 그 허가신청이 국토이용관리법(현행 국토의 계획 및 이용에 관한 법률) 제21조의4 소정의 허가기준에 적합하지 아니하다고 판단되는 경우를 전제로 하는 것이므로, 단지 매매계약의 일방 당사자만이 임의로 토지거래허가신청에 대한 불허가처분을 유도할 의도로 허가신청서에 기재하도록 되어 있는 계약 내용과 토지의 이용 계획 등에 관하여 사실과 다르게 또는 불성실하게 기재한 경우라면 실제로 토지거래허가신청에 대한 불허가처분이 있었다는 사유만으로 곧바로 매매계약이 확정적인 무효 상태에 이르렀다고 할 수 없다(대판 1998.12.22, 98다44376).

#### 3) 가처분

① 허가를 받을 것을 전제로 하여 체결된 매매계약의 매수인은 비록 그 매매계약이 허가를 받을 때까지는 법률상 미완성의 법률행위로서 소유권의 이전에 관한 계약의 효력이 전혀 발생하지 아니한다고 할지라도 위와 같은 토지거래허가신청절차청구권을 피보전권리로 하여 매매목적물의 처분을 금하는 가처분을 구할 수 있고, 매도인이 그 매매계약을 다투는 경우 그 보전의 필요성도 있다고 보아야 할 것이며, 이러한 가처분이 집행된 후에 진행된 강제경매절차에서 해당 토지를 낙찰받은 제3자는 특별한 사정이 없는 한 이로써 가처분채권자인 매수인의 권리보전에 대항할 수 없다(대판 1998.12.22, 98다44376).

② 그러나 국토의 계획 및 이용에 관한 법률상의 토지거래계약 허가구역 내의 토지에 관하여 관할관청의 허가를 받을 것을 전제로 한 매매계약은 법률상 미완성의 법률행위로서 허가받기 전의 상태에서는 아무런 효력이 없어, 그 매수인이 매도인을 상대로 하여 권리의 이전 또는 설정에 관한 어떠한 이행청구도 할 수 없고, 이행청구를 허용하지 않는 취지에 비추어 볼 때 그 매매계약에 기한 소유권이전등기청구권 또는 토지거래계약에 관한 허가를 받을 것을 조건으로 한 소유권이전등기청구권을 피보전권리로 한 부동산처분금지가처분신청 또한 허용되지 않는다(대결 2010.8.26, 2010마818).

# Ⅲ 무효의 효과

## 1. 일반적 효과

법률행위가 무효이면 그 내용에 따른 법률효과가 발생하지 않는다. 따라서 계약의 당사자는 아직 이행하기 전이라면 계약에 따른 채무를 이행할 필요가 없다. 무효인 법률행위는 그 법률행위가 성립한 당초부터 당연히 효력이 발생하지 않는 것이므로, 무효인 법률행위에 따른 법률효과를 침해하는 것처럼 보이는 위법행위나 채무불이행이 있다고 하여도 법률효과의 침해에 따른 손해는 없는 것이므로 그 손해배상을 청구할 수는 없다(대판 2003.3.28, 2002다72125).

## 2. 이행된 급부의 청산 – 부당이득

무효인 법률행위에 기하여 이미 급부가 이행된 경우에는 부당이득반환의무(제741조)가 발생한다. 이와 관련하여 특히 매매계약에 따른 구체적인 반환의무관계는 다음과 같은 문제가 있다.

### 1) 주된 급부의 청산 – 법률행위의 무효와 물권변동

계약의 이행으로 물권이 변동된 후 계약의 무효·취소 등으로 실효된 경우에 주된 급부의 반환의무의 성질이 무엇인지 문제되는데, 물권행위의 유·무인성의 문제로 논의되고 있다. 이에 대해 통설과 판례는 계약이 무효 등의 원인으로 실효되면 물권변동도 당연히 실효되어 물권은 종전의 물권자에게 당연히 복귀된다는 유인성설을 취하고 있다. 나아가 계약이 실효되면 소유권이 당연히 복귀되므로 종전의 소유권자는 소유권에 기한 물권적 청구권을 행사할 수 있고, 부당이득반환청구도 할 수 있다고 보아 양 청구권의 경합을 인정하고 있다.

## 2) 부수적 급부의 청산 - 부수적 이해관계의 조정

### (1) 매수인의 반환의무관계

통설과 판례는 ① 목적물이 현재 반환의무자의 점유 하에 있어 원물반환을 해야 하는 때에는 기본적으로 제201조 내지 제203조를 부당이득반환범위에 관한 제748조의 특칙으로 보아, 제201조 이하의 적용을 인정한다. 따라서 선의의 점유자는 과실취득권이 인정되고, 과실에는 사용이익도 포함되므로 선의의 매수인은 사용이익을 반환할 필요가 없게 된다. 다만 악의의 점유자는 과실취득권이 인정되지 않고 그 반환범위에 관해서는 제748조 제2항이 적용되어 자신이 취득한 과실(사용이익)에 이자까지 붙여 반환해야 한다(대판 2003.11.14, 2001다61869). ② 반면 목적물이 이미 소멸되어 가액반환을 해야 하는 경우에는 제748조에 의하여 해결해야 한다고 본다(이를 점유부당이득론이라고 한다).

### (2) 매도인의 반환의무관계

판례는 "쌍무계약이 취소된 경우 선의의 매수인에게 제201조가 적용되어 과실취득권이 인정되는 이상 선의의 매도인에게도 민법 제587조의 유추적용에 의하여 대금의 운용이익 내지 법정이자의 반환을 부정함이 형평에 맞다"고 판시하여 선의의 매도인은 운용이익 내지 법정이자를 반환할 의무가 없다고 한다(대판 1993.5.14, 92다45025).

## 3) 쌍무계약에서의 반환의무 상호 간의 관계

쌍무계약이 무효로 되어 각 당사자가 서로 취득한 것을 반환하여야 할 경우, 어느 일방의 당사자에게만 먼저 그 반환의무의 이행이 강제된다면 공평과 신의칙에 위배되는 결과가 되므로 각 당사자의 반환의무는 동시이행관계에 있다(대판 2007.12.28, 2005다38843).

## Ⅳ 무효행위의 추인

> **제139조【무효행위의 추인】**
> 무효인 법률행위는 추인하여도 그 효력이 생기지 아니한다. 그러나 당사자가 그 무효임을 알고 추인한 때에는 새로운 법률행위로 본다.

## 1. 의의

무효인 행위의 추인이라 함은 법률행위로서의 효과가 확정적으로 발생하지 아니하는 무효행위를 뒤에 유효하게 하는 의사표시를 말한다.

**판례**⁺

**당사자가 법률행위의 존재를 알고 그 유효함을 전제로 하여 이에 근거한 후속행위를 한 것만으로 법률행위를 묵시적으로 추인하였다고 볼 수 있는지 여부(소극) 및 무효인 법률행위에 대한 묵시적 추인을 인정하기 위한 요건**

무효인 법률행위를 추인에 의하여 새로운 법률행위로 보기 위하여서는 당사자가 이전의 법률행위가 무효임을 알고 그 행위에 대하여 추인하여야 한다. 한편 추인은 묵시적으로도 가능하나, 묵시적 추인을 인정하기 위해서는 본인이 그 행위로 처하게 될 법적 지위를 충분히 이해하고 그럼에도 진의에 기하여 그 행위의 결과가 자기에게 귀속된다는 것을 승인한 것으로 볼만한 사정이 있어야 할 것이므로 이를 판단함에 있어서는 관계되는 여러 사정을 종합적으로 검토하여 신중하게 하여야 한다. 위와 같은 법리를 고려하면, 당사자가 이전의 법률행위가 존재함을 알고 그 유효함을 전제로 하여 이에 터잡은 후속행위를 하였다고 해서 그 것만으로 이전의 법률행위를 묵시적으로 추인하였다고 단정할 수는 없고, 묵시적 추인을 인정하기 위해서는 이전의 법률행위가 무효임을 알거나 적어도 무효임을 의심하면서도 그 행위의 효과를 자기에게 귀속시키도록 하는 의사로 후속행위를 하였음이 인정되어야 할 것이다(대판 2014.3.27, 2012다106607).

## 2. 비소급적 추인의 원칙

1) 무효인 법률행위는 추인하더라도 유효하게 되지 않음이 원칙이다(제139조 본문). 다만 당사자가 **무효임을 알고 추인한 때**에는 **그때부터** 새로운 법률행위를 한 것으로 본다(제139조 단서). 따라서 이 경우의 추인은 무효행위를 사후에 소급하여 유효로 하는 것이 아니라 '새로운 의사표시'에 의하여 새로운 행위가 있는 것으로 하고 그때부터 유효하게 되는 것으로서, 추인은 '법률행위'이며 또 무효행위의 추인에는 "소급효가 인정되지 않는다"(대판 1983.9.27, 83므22).

2) 따라서 무효인 가등기를 유효한 등기로 전용키로 한 약정은 그때부터 유효하고 이로써 위 가등기가 소급하여 유효한 등기로 전환될 수 없다(대판 1992.5.12, 91다26546).

## 3. 소급적 추인의 예외

제139조는 임의규정이므로 무효행위는 당사자 사이에서는 소급하여 효력이 있는 것으로 할 수 있고, 그 무효행위는 채권행위일 수도 물권행위일 수도 있다(대판 1949.3.22, 4281민상361). 그런데, 당사자가 한 추인이 소급적 추인인지 비소급적 추인인지를 결정하는 것은 법률행위의 해석의 문제이다.

## 4. 한계

강행법규 위반이나 반사회질서(제103조) 또는 불공정한 법률행위(제104조)처럼 여전히 무효의 원인이 남아 있는 경우에는 추인하더라도 유효하게 되지 않는다(대판 1994.6.24, 94다10900 참조).

## 5. 취소할 수 있는 행위를 취소한 경우

취소한 법률행위는 처음부터 무효인 것으로 간주되므로 취소할 수 있는 법률행위가 일단 취소된 이상 그 후에는 취소할 수 있는 법률행위의 추인에 의하여 이미 취소되어 무효인 것으로 간주된 당초의 의사표시를 다시 확정적으로 유효하게 할 수는 없고, 다만 무효인 법률행위의 추인의 요건과 효력으로서 추인할 수는 있다(대판 1997.12.12, 95다38240).

---

**판례연구** · **관련판례 정리**

**신분행위의 추인**

1) 신분행위의 추인에는 소급효가 인정되고 생활사실의 존재가 요구되므로 제139조가 적용되지 않는다.

2) 대법원은 ① 태어난지 약 3개월된 상태에서 부모를 알 수 없는 기아로 발견되어 경찰서에서 보호하고 있던 피청구인을 甲(망인)이 입양의 의사로 경찰서장으로부터 인도받아 자신의 친생자로 출생신고하고 양육하여 왔는데, 피청구인이 15세(현행 13세)가 된 후 위 망인과 자신 사이에 친생자 관계가 없는 등의 사유로 입양이 무효임을 알면서도 위 망인이 사망할 때까지 아무런 이의도 하지 않았다면 적어도 묵시적으로라도 입양을 추인한 것으로 보는 것이 상당하다고 하였고(대판 1990.3.9, 89므389), ② 친생자 출생신고 당시에 입양의 실질적 요건을 갖추지 못하여 입양신고로서의 효력이 생기지 아니하였더라도 그 후에 입양의 실질적 요건을 갖추게 된 경우에는, 무효인 친생자 출생신고는 소급적으로 입양신고로서의 효력을 갖게 된다(대판 2004.11.11, 2004므1484). 또한 ③ 혼인신고가 한쪽 당사자의 모르는 사이에 이루어져 무효인 경우에도 그 후 당사자가 그 혼인에 만족하고 그대로 부부생활을 계속한 경우에는 그 혼인이 효력이 있다고 하였으나(대판 1965.12.8, 65므61), 일방적인 혼인신고 후 혼인의 실체 없이 몇 차례의 육체관계로 자를 출산하였다 하더라도 무효인 혼인을 추인하였다고 보기 어렵다고 하였다(대판 1993.9.14, 93므430).

**논점정리** | 무권리자의 처분행위

### 1. 의의

무권리자의 처분행위란 타인 재산을 처분할 권한 없는 자가 자기의 이름으로 이를 처분하는 행위를 말한다.

### 2. 무권대리와의 구별 : 당사자 결정론

무권리자의 처분행위는 무권리자 스스로 계약의 당사자로 결정된다는 점에서, 본인이 계약의 당사자로 되는 무권대리인의 행위와 구별된다.

### 3. 무권리자 처분행위의 효력

① 무권리자의 채권행위는 타인의 권리매매에 해당하고 민법은 제569조 이하에서 타인의 권리매매가 유효함을 전제로 매도인의 담보책임을 규정하고 있으므로, 무권리자의 매매계약 자체 즉 채권행위는 효력이 있다. 그러나 ② 물권행위는 효력이 없다. 왜냐하면 처분행위는 처분 권한이 있는 자가 해야만 그 효력이 있기 때문이다.

### 4. 거래상대방의 보호

#### 1) 문제의 소재

무권리자의 처분행위는 물권행위의 효력이 없으므로, 무권리자로부터 거래한 상대방은 무권리자를 상대로 제570조의 담보책임을 물을 수 있음은 별론으로 하고, 진정한 소유자를 상대로 대항할 수 없다. 이에 거래상대방의 보호를 위해 제126조 표현대리의 유추적용과 제108조 제2항의 유추적용의 허용 여부가 문제된다.

#### 2) 판례의 태도

판례는 "乙이 甲으로부터 부동산에 관한 담보권설정의 대리권만 수여받고도 그 부동산에 관하여 자기 앞으로 소유권이전등기를 하고 이어서 丙에게 그 소유권이전등기를 경료한 경우, 丙은 乙을 甲의 대리인으로 믿고서 위 등기의 원인행위를 한 것도 아니고, 甲도 乙 명의의 소유권이전등기가 경료된 데 대하여 이를 통정·용인하였거나 이를 알면서 방치하였다고 볼 수 없다면 이에 민법 제126조나 제108조 제2항을 유추할 수는 없다"고 하였다. 동 판례의 반대해석상 제126조나 제108조 제2항의 유추적용을 긍정하는 입장으로 평가된다(대판 1991.12.27, 91다3208).

### 5. 무권리자 처분행위의 추인

#### 1) 의의

무권리자의 처분행위에 대한 추인이란 진정한 권리자가 무권리자의 처분행위를 알고도 그 법률효과를 자신에게 귀속시키려는 의사표시(사후동의)를 말한다. 독일 민법과 달리 우리 민법은 아무런 규정을 두고 있지 않아 그 근거에 대하여 문제가 있다.

#### 2) 근거

##### (1) 무권대리의 유추적용

타인의 권리를 자기의 이름으로 또는 자기의 권리로 처분한 후에 본인이 그 처분을 인정하였다면 특별한 사정이 없는 한 무권대리에 있어서 본인의 추인의 경우와 같이 그 처분은 본인에 대하여 효력을 발생한다(대판 1981.1.13, 79다2151).

(2) **사적자치의 원칙적용**

무권리자가 타인의 권리를 자기의 이름으로 또는 자기의 권리로 처분한 경우에, 권리자는 후일 이를 추인함으로써 그 처분행위를 인정할 수 있고, 특별한 사정이 없는 한 이로써 권리자 본인에게 위 처분행위의 효력이 발생함은 사적 자치의 원칙에 비추어 당연하고, 이 경우 추인은 명시적으로 뿐만 아니라 묵시적인 방법으로도 가능하며 그 의사표시는 무권리자나 그 상대방 어느 쪽에 하여도 무방하다(대판 2001.11.9, 2001다44291).

(3) **사적자치의 원칙에 근거한 무권대리의 유추적용**

① 법률행위에 따라 권리가 이전되려면 권리자 또는 처분권한이 있는 자의 처분행위가 있어야 한다. 무권리자가 타인의 권리를 처분한 경우에는 특별한 사정이 없는 한 권리가 이전되지 않는다. 그러나 이러한 경우에 권리자가 무권리자의 처분을 추인하는 것도 자신의 법률관계를 스스로의 의사에 따라 형성할 수 있다는 사적자치의 원칙에 따라 허용된다. 이러한 추인은 무권리자의 처분이 있음을 알고 해야 하고 명시적으로 또는 묵시적으로 할 수 있으며 그 의사표시는 무권리자나 그 상대방 어느 쪽에 해도 무방하다.

② 권리자가 무권리자의 처분을 추인하면 무권대리에 대해 본인이 추인을 한 경우와 당사자들 사이의 이익 상황이 유사하므로 무권대리의 추인에 관한 민법 제30조, 제33조 등을 무권리자의 추인에 유추적용할 수 있다. 따라서 무권리자의 처분이 계약으로 이루어진 경우에 권리자가 이를 추인하면 원칙적으로 계약의 효과가 계약을 체결했을 때에 소급하여 권리자에게 귀속된다고 보아야 한다(대판 2017.6.8, 2017다499).

3) **방식**

① 명시적 추인, 묵시적 추인 가능

② 공동상속인 중 1인이 권한 없이 다른 상속인들의 상속지분을 처분하여 제3자 명의로 소유권이전등기가 되었는데도 정당한 상속지분권자인 상속인이 제3자를 상대로 말소등기청구소송을 제기하지 않았다거나 소제기 후 취하하였다 하여 권한이 없이 한 처분행위를 묵시적 또는 명시적으로 추인하였다고 볼 수 없다(대판 1992.11.10, 92다21425 참조).

4) **대상**

무효행위인 물권행위만 추인의 대상이 되며, 기왕에 유효한 무권리자의 채권행위인 의무부담행위는 그 대상이 아니다.

5) **상대방 – 무권리자 또는 그 상대방**

6) **효과**

(1) **소급효**

무권리자의 처분행위는 무효이지만 진정한 권리자의 추인에 의하여 유효로 되는데, 이와 관련하여 판례는 무권리자의 처분행위에 대한 추인은 소급효를 가진다고 본다.

(2) **부당이득반환청구**

진정한 권리자의 추인이 있다고 하여도, 무권리자가 얻은 이익은 권리자에 대한 관계에서는 여전히 법률상 원인이 없다. 따라서 무권리자는 법률상 원인 없이 권리자의 재산으로 인하여 이익을 얻고 이로 인하여 권리자에게 손해를 가하였으므로, 진정한 권리자는 부당이득을 근거로 그 반환을 청구할 수 있다. 판례도 "무권리자에 의한 처분행위를 권리자가 추인한 경우에 권리자는 무권리자에 대하여 무권리자가 그 처분행위로 인하여 얻은 이득의 반환을 구할 수 있다고 봄이 상당하므로, 피고는 원고에게 위 협의취득으로 수령한 손실보상금 중 원고 지분 상당액을 부당이득으로서 반환할 의무가 있다고 할 것"이라고 판시하여 이를 인정하고 있다(대판 2001.11.9, 2001다44291). 다만 권리자는 자기의 손해를 한도로 하여 무권리자가 받은 이득의 반환을 청구할 수 있다고 할 것이다.

## Ⅴ 무효행위의 전환

> **제138조【무효행위의 전환】**
> 무효인 법률행위가 다른 법률행위의 요건을 구비하고 당사자가 그 무효를 알았더라면 다른 법률행위를 하는 것을 의욕하였으리라고 인정될 때에는 다른 법률행위로서 효력을 가진다.

### 1. 의의

무효행위의 전환이란 무효인 법률행위가 유효한 행위로 전환된다는 의미가 아니라, 다른 법률행위의 요건을 갖춘 경우에 그 다른 법률행위로서의 효력을 발생하게 하는 것을 말한다(질적 일부무효의 성질).

### 2. 요건

**1)** 무효행위의 전환이 인정되기 위해서는 ① 원래 성립한 법률행위는 무효이고, ② 원래의 법률행위는 다른 법률행위보다 그 효력에 있어서 큰 것이어서 다른 법률행위가 원래의 법률행위에 내포될 수 있는 것이어야 한다. 또한 ③ 다른 법률행위의 요건을 구비하여야 하고, ④ 당사자가 원래의 법률행위의 무효를 알았더라면 다른 법률행위를 할 것을 의욕하였으리라는 가정적 의사가 존재하여야 한다.

**2)** 다른 법률행위의 내포성이 요구되므로, 무효인 채권의 압류명령은 채권양도로 전환할 수 없다. 또한 원칙적으로 요식행위를 불요식행위로 전환하는 것은 가능하지만, 불요식행위를 요식행위로 전환하는 것은 불가능하다.

**3)** 민법에 의해 단독행위의 전환이 인정된 경우가 있다(제530조, 제534조, 제1071조). 즉 ① 비밀증서에 의한 유언이 그 방식을 결여할 경우에는 자필증서의 방식을 갖춘 경우에 한하여 '자필증서에 의한 유언'으로서 인정되고(제1071조), 또한 ② '연착된 승낙'(제530조), '변경을 가한 승낙'(제534조)은 새로운 청약으로 본다.

**판례연구** **관련판례 정리**

## 1. 입양

타인의 자를 입양하기 위하여 데려다 기르면서 자기의 子로 출생신고를 한 경우 입양신고의 효력을 인정한다(대판(전) 1977.7.26, 77다492). 다만 이 경우 입양의 요건을 구비해야 하고, 감호·양육 등 양친자로서의 신분적 생활사실이 수반되지 않으면 입양의 의사로 친생자신고를 하였다 하더라도 입양신고로서의 효력이 생기지 아니한다(대판 2004.11.11, 2004므1484).

## 2. 인지

혼인 외의 출생자를 혼인 중의 친생자로 신고한 경우 인지로서의 효력을 인정한다(대판 1976.10.26, 76다2189).

## 3. 상속포기기간경과 후의 상속포기

상속재산 전부를 상속인 중 1인(乙)에게 상속시킬 방편으로 그 나머지 상속인들이 상속포기신고를 하였으나 그 상속포기가 민법 제1019조 제1항 소정의 기간을 초과한 후에 신고된 것이어서 상속포기로서의 효력이 없더라도, 乙과 나머지 상속인들 사이에는 乙이 고유의 상속분을 초과하여 상속재산 전부를 취득하고 나머지 상속인들은 그 상속재산을 전혀 취득하지 않기로 하는 의사의 합치가 있었다고 할 것이므로, 그들 사이에 위와 같은 내용의 상속재산의 협의분할이 이루어진 것이라고 보아야 하고 공동상속인 상호 간에 상속재산에 관하여 협의분할이 이루어짐으로써 공동상속인 중 1인이 고유의 상속분을 초과하여 상속재산을 취득하는 것은 상속개시 당시에 피상속인으로부터 상속에 의하여 직접 취득한 것으로 보아야 한다(대판 1989.9.12, 88누9305).

## 제3관 법률행위의 취소

### Ⅰ 서설

#### 1. 의의

취소란 일단 유효하게 성립한 법률행위의 효력을 제한능력 또는 의사표시의 흠(예 착오·사기·강박)을 이유로 행위시에 소급하여 무효로 하는 단독적 의사표시를 말한다. 따라서 취소권행사는 유동적 유효의 상태를 확정적 무효로 만든다.

#### 2. 구별개념

#### 1) 철회

철회란 법률행위의 효력이 발생하기 전에 장래를 향하여 그 행위가 없었던 것으로 하는 의사표시인 데 반해, 취소는 그 효력이 발생된 후에 소급적으로 그 효력을 소멸시킨다는 점에서 다르다.

#### 2) 해제

해제는 일단 유효하게 성립한 계약의 효력을 소급적으로 소멸시키는 단독행위로서 계약에 한해서만 적용되는 특유한 것이며, 채무불이행을 원인으로 한다. 이에 반해 취소는 모든 법률행위 일반에 적용된다.

#### 3. 민법 제140조 이하 규정의 적용범위

민법 제140조 이하의 규정은 제한능력 또는 의사표시의 흠을 이유로 취소한 경우에 한하여 적용되는 통칙규정이다. 따라서 그 외에 법상 취소로 표현하고 있지만 철회의 의미로 해석되는 경우이거나 재판상 취소 또는 공법상의 행위로 그 효력을 소멸시키는 것, 예컨대 미성년자에 대한 영업허가의 취소(제8조 제2항), 실종선고의 취소(제29조), 부재자재산관리에 관한 명령의 취소(제22조), 법인설립허가의 취소(제38조), 사해행위의 취소(제406조), 혼인의 취소(제816조), 이혼의 취소(제838조), 친생자 승인의 취소(제854조), 입양의 취소(제884조), 인지취소(제861조), 부담부 유언의 취소(제1111조) 등에는 제140조 이하가 적용되지 않는다.

## Ⅱ 취소권자

**제140조【법률행위의 취소권자】**
취소할 수 있는 법률행위는 제한능력자, 착오로 인하거나 사기·강박에 의하여 의사표시를 한 자, 그의 대리인 또는 승계인만이 취소할 수 있다.

⑴ 취소권자는 **제한능력자**, 착오로 인하거나 사기·강박에 의하여 의사표시를 한 자, 그의 대리인 및 승계인이다. 제한능력자 자신이 취소의 의사표시를 할 수 있다는 점에서 법률행위능력 일반원칙의 예외를 이룬다.

⑵ 대리인은 임의대리인과 법정대리인 모두를 포함한다. 다만, 임의대리인은 대리행위에 취소원인이 있는 경우 취소권이 본인에게 귀속되므로, 본인으로부터 취소권에 대해 별도의 특별수권이 있어야 한다.

⑶ 승계인은 특정승계인과 포괄승계인이 모두 포함된다. 다만, 특정승계인에 있어서는 취소권만의 승계가 인정되지 않으므로 취소할 수 있는 행위에 의해 취득한 권리의 승계가 있는 경우에 한하여 그에 포함하여 취소권도 승계할 수 있다.

⑷ 주채무에 취소원인이 있는 경우 보증인이 이를 직접 취소하는 것은 불가능하고, 주채무자에 의하여 취소될 때까지 그 이행을 거절할 수 있을 뿐이다(제435조).

## Ⅲ 취소의 방법

**제142조【취소의 상대방】**
취소할 수 있는 법률행위의 상대방이 확정한 경우에는 그 취소는 그 상대방에 대한 의사표시로 하여야 한다.

### 1. 단독적 의사표시

취소권은 형성권이므로 취소권자의 일방적 의사표시로서 하면 족하고, 재판상 행사하여야만 하는 것은 아니며, 또 특별한 방식을 요하지 않는다. 따라서 명시적이든 묵시적 의사표시이든 무방하다.

**법률행위를 취소하는 의사표시의 방법**

법률행위의 취소는 상대방에 대한 의사표시로 하여야 하나 그 취소의 의사표시는 특별히 재판상 행하여짐이 요구되는 경우 이외에는 특정한 방식이 요구되는 것이 아니고, 취소의 의사가 상대방에 의하여 인식될 수 있다면 어떠한 방법에 의하더라도 무방하다고 할 것이고, 법률행위의 취소를 당연한 전제로 한 소송상의 이행청구나 이를 전제로 한 이행거절 가운데는 취소의 의사표시가 포함되어 있다고 볼 수 있다. 따라서 매매계약을 원인으로 하여 이전등기가 된 후에, 매도인이 사기를 이유로 매수인에 대해 그 등기의 말소를 청구하는 경우처럼, 취소를 전제로 하는 등기말소청구에는 매매계약 취소의 의사표시가 포함된 것으로 볼 수 있다(대판 1993.9.14, 93다13162).

**취소의 의사표시에 취소원인이 진술되어야 하는지 여부**(소극)

취소의 의사표시란 반드시 명시적이어야 하는 것은 아니고, 취소자가 그 착오를 이유로 자신의 법률행위의 효력을 처음부터 배제하려고 한다는 의사가 드러나면 족한 것이며, **취소원인의 진술 없이도 취소의 의사표시는 유효한 것**이므로, 신원보증서류에 서명날인하는 것으로 잘못 알고 이행보증보험약정서를 읽어보지 않은 채 서명날인한 것일 뿐 연대보증약정을 한 사실이 없다는 주장은 위 연대보증약정을 착오를 이유로 취소한다는 취지로 볼 수 있다(대판 2005.5.27, 2004다43824).

## 2. 취소의 상대방

취소권은 법률행위의 **직접 상대방**에게 취소함이 원칙이므로 전득자는 취소의 상대방이 아니다. 전득자와 같은 제3자는 취소의 효과를 받는 자에 불과하다. 따라서 예컨대, 甲이 乙의 강박에 의해 乙에게 부동산을 매도하고 乙이 丙에게 전매했다면, 甲은 乙에게 의사표시를 취소할 수 있다.

## 3. 일부취소의 문제

1) 하나의 법률행위의 일부분에만 취소사유가 있다고 하더라도 그 법률행위가 가분적이거나 그 목적물의 일부가 특정될 수 있다면, 그 나머지 부분이라도 이를 유지하려는 당사자의 가정적 의사가 인정되는 경우 그 일부만의 취소도 가능하다 할 것이고, 그 일부의 취소는 법률행위의 일부에 관하여 효력이 생긴다(대판 1998.2.10, 97다44737).

2) 매매계약체결시 토지의 일정부분을 매매대상에서 제외시키는 특약을 한 경우, 이는 매매계약의 대상 토지를 특정하여 그 일정부분에 대하여는 매매계약이 체결되지 않았음을 분명히 한 것으로써 그 부분에 대한 어떠한 법률행위가 이루어진 것으로는 볼 수 없으므로, 그 특약만을 기망에 의한 법률행위로서 취소할 수는 없다(대판 1999.3.26, 98다56607).

**3)** 채권자와 연대보증인 사이의 연대보증계약이 주채무자의 기망에 의하여 체결되어 적법하게 취소되었으나, 그 보증책임이 금전채무로서 채무의 성격상 가분적이고 연대보증인에게 보증한도를 일정 금액으로 하는 보증의사가 있었으므로, 연대보증인의 연대보증계약의 취소는 그 일정 금액을 초과하는 범위 내에서만 효력이 생긴다(대판 2002.9.10, 2002다21509).

**4)** 법률행위의 일체성과 가분성이 요구되나 불가분인 경우 일부취소는 전부취소의 효과가 생긴다. 즉, 나머지 부분이 독립성을 갖지 않는 경우 전체의 취소만이 가능하다. 예컨대 甲이 지능이 박약한 乙을 꾀어 돈을 빌려주어 유흥비로 쓰게 하고 실제로 준 돈의 두 배 가량을 채권최고액으로 하여 자기 처인 丙 앞으로 근저당권을 설정한 사안에서, 근저당권설정계약은 독자적으로 존재하는 것이 아니라 금전소비대차계약과 결합하여 그 전체가 경제적·사실적으로 일체로서 행하여진 것이고 더욱이 근저당권설정계약의 체결원인이 되었던 甲의 기망행위는 금전소비대차계약에도 미쳤으므로 甲의 기망을 이유로 한 乙의 근저당권설정계약취소의 의사표시는 법률행위의 일부무효이론과 궤를 같이 하는 법률행위의 일부취소의 법리에 따라 소비대차계약을 포함한 전체에 대하여 취소의 효력이 있다(대판 1994.9.9, 93다31191 → 취소의 결과 발생한 丙의 근저당권설정등기 말소의무와 乙의 부당이득반환의무는 동시이행관계에 있다).

---

**판례**

**영업용 건물의 임대차에 수반하여 지급되는 권리금의 법적 성질 및 권리금계약이 임대차계약 등과는 별개의 계약인지 여부**(적극)

영업용 건물의 임대차에 수반되어 행하여지는 권리금의 지급은 임대차계약의 내용을 이루는 것은 아니고 권리금 자체는 거기의 영업시설·비품 등 유형물이나 거래처, 신용, 영업상의 노하우(know-how) 혹은 점포 위치에 따른 영업상 이점 등 무형의 재산적 가치의 양도 또는 일정 기간 동안의 이용대가라고 볼 것인바, 권리금계약은 임대차계약이나 임차권양도계약 등에 수반되어 체결되지만 임대차계약 등과는 별개의 계약이다(대판 2013.5.9, 2012다115120).

**여러 개의 계약이 체결된 경우, 그 계약 전부가 불가분의 관계에 있는지 판단하는 기준 및 하나의 계약에 대한 기망 취소의 의사표시가 전체 계약에 대한 취소의 효력이 있는 경우**

여러 개의 계약이 체결된 경우에 그 계약 전부가 하나의 계약인 것과 같은 불가분의 관계에 있는 것인지는 계약체결의 경위와 목적 및 당사자의 의사 등을 종합적으로 고려하여 판단하여야 하고, 각 계약이 전체적으로 경제적·사실적으로 일체로서 행하여진 것으로 그 하나가 다른 하나의 조건이 되어 어느 하나의 존재 없이는 당사자가 다른 하나를 의욕하지 않았을 것으로 보이는 경우 등에는, 하나의 계약에 대한 기망 취소의 의사표시는 법률행위의 일부무효이론과 궤를 같이하는 법률행위 일부취소의 법리에 따라 전체 계약에 대한 취소의 효력이 있다(대판 2013.5.9, 2012다115120).

**임차권의 양수인 甲이 양도인 乙의 기망행위를 이유로 乙과 체결한 임차권양도계약 및 권리금계약을 각 취소 또는 해제한다고 주장한 사안에서, 임차권양도계약과 분리하여 권리금계약만이 취소되었다고 본 원심판결에 법리오해 등 위법이 있다고 한 사례**

임차권의 양수인 甲이 양도인 乙의 기망행위를 이유로 乙과 체결한 임차권양도계약 및 권리금계약을 각 취소 또는 해제한다고 주장한 사안에서, 임차권양도계약과 권리금계약의 체결 경위와 계약 내용 등에 비추어 볼 때, 위 권리금계약은 임차권양도계약과 결합하여 전체가 경제적·사실적으로 일체로 행하여진 것으로서, 어느 하나의 존재 없이는 당사자가 다른 하나를 의욕하지 않았을 것으로 보이므로 권리금계약 부분만을 따로 떼어 취소할 수 없는데도, 임차권양도계약과 분리하여 권리금계약만이 취소되었다고 본 원심판결에 임차권양도계약에 관한 판단누락 또는 계약의 취소 범위에 관한 법리오해 등 위법이 있다고 한 사례(대판 2013.5.9, 2012다115120).

## Ⅳ 취소의 효과

> **제141조 【취소의 효과】**
> 취소된 법률행위는 처음부터 무효인 것으로 본다. 다만, 제한능력자는 그 행위로 인하여 받은 이익이 현존하는 한도에서 상환할 책임이 있다.

### 1. 소급적 무효

**1)** 취소한 법률행위는 처음부터 무효인 것으로 본다(제141조 본문). 따라서 무효의 효과에서 설명한 내용은 취소의 경우에도 거의 그대로 나타난다. 즉 일단 발생한 채무는 이행할 필요가 없고, 이행된 경우에는 부당이득반환의무가 발생한다.

**2)** 제한능력에 의한 취소의 경우 제3자는 선악을 불문하고 취소의 효과를 받는다(절대적 취소).

### 2. 제한능력자 반환범위에 관한 특칙

**1)** 제한능력자는 '받은 이익이 현존하는 한도'에서 상환의 책임이 있다(제141조 단서). 따라서 제한능력자가 낭비한 경우에는 반환할 필요가 없지만, 생활비 등 필요비에 충당한 때에는 그 한도에서 이익이 현존한 것이 되므로 반환하여야 한다.

**2)** 제141조는 제한능력자가 설령 악의이더라도 현존이익만을 반환하면 된다는 점에서 제748조 제2항에 대한 특칙을 이룬다.

3) 이익의 현존 여부는 취소한 시점을 기준으로 판단하며, 현존이익의 입증책임에 대해 판례는
① 청구권자, 즉 제한능력자의 상대방이 입증해야 한다고 하나, ② 금전이득은 현존하는 것
으로 추정된다고 하였다(대판 2005.4.15, 2003다60297).

---

**판례**

**미성년자가 신용카드거래 후 신용카드 이용계약을 취소한 경우의 법률관계**

미성년자가 신용카드발행인과 사이에 신용카드 이용계약을 체결하여 신용카드거래를 하다가 신용카드 이
용계약을 취소하는 경우 미성년자는 그 행위로 인하여 받은 이익이 현존하는 한도에서 상환할 책임이 있는
바, 신용카드 이용계약이 취소됨에도 불구하고 신용카드회원과 해당 가맹점 사이에 체결된 개별적인 매매
계약은 특별한 사정이 없는 한 신용카드 이용계약취소와 무관하게 유효하게 존속한다 할 것이고, 신용카드
발행인이 가맹점들에 대하여 그 신용카드사용대금을 지급한 것은 신용카드 이용계약과는 별개로 신용카드
발행인과 가맹점 사이에 체결된 가맹점 계약에 따른 것으로서 유효하므로, 신용카드발행인의 가맹점에 대
한 신용카드이용대금의 지급으로써 신용카드회원은 자신의 가맹점에 대한 매매대금 지급채무를 법률상 원
인 없이 면제받는 이익을 얻었으며, 이러한 이익은 금전상의 이득으로서 특별한 사정이 없는 한 현존하는
것으로 추정된다(대판 2005.4.15, 2003다60297).

---

## 3. 의사무능력자의 법률행위에 대한 제141조 단서의 유추적용 여부

대법원은 제한능력자의 책임을 제한하는 민법 제141조 단서는 의사능력의 흠결을 이유로 법
률행위가 무효가 되는 경우에도 유추적용되어야 할 것이나, 법률상 원인 없이 타인의 재산
또는 노무로 인하여 이익을 얻고 그로 인하여 타인에게 손해를 가한 경우에 그 취득한 것이
금전상의 이득인 때에는 그 금전은 이를 취득한 자가 소비하였는가의 여부를 불문하고 현존
하는 것으로 추정되므로, 위 이익이 현존하지 아니함은 이를 주장하는 자, 즉 의사무능력자
측에 입증책임이 있다고 하면서(대판 2009.1.15, 2008다58367), 의사무능력자가 자신이 소유하는
부동산에 근저당권을 설정해 주고 금융기관으로부터 금원을 대출받아 이를 제3자에게 대여한
사안에서, 대출로써 받은 이익이 위 제3자에 대한 대여금채권 또는 부당이득반환채권의 형태로
현존하므로, 금융기관은 대출거래약정 등의 무효에 따른 원상회복으로서 위 대출금 자체의
반환을 구할 수는 없더라도 현존 이익인 위 채권의 양도를 구할 수 있다고 하였다(대판 2009.1.
15, 2008다58367).

## Ⅴ 취소권의 소멸

### 1. 취소할 수 있는 법률행위의 추인

> **제143조 【추인의 방법, 효과】**
> ① 취소할 수 있는 법률행위는 제140조에 규정한 자가 추인할 수 있고 추인 후에는 취소하지 못한다.
> ② 전조의 규정은 전항의 경우에 준용한다.
>
> **제144조 【추인의 요건】**
> ① 추인은 취소의 원인이 소멸된 후에 하여야만 효력이 있다.
> ② 제1항은 법정대리인 또는 후견인이 추인하는 경우에는 적용하지 아니한다.

**1)** 추인이 있으면 취소할 수 있는 행위는 더 이상 취소할 수 없고 확정적으로 유효하게 된다(제143조).

**2)** 취소할 수 있는 행위의 추인은 ① 취소의 원인이 소멸한 후이어야 하고, ② 취소할 수 있는 행위임을 알아야 한다.

**3)** 따라서 제한능력자는 능력자로 된 후에, 착오·사기·강박의 상태에 있던 자는 그 상태를 벗어난 후에 추인할 수 있다(제144조 제1항). 즉 취소원인이 소멸되기 전에 한 추인은 효력이 없다. 다만 미성년자는 능력자가 되기 전이라도 법정대리인의 동의를 얻으면 추인할 수 있다(제5조).

**4)** 법정대리인 또는 후견인은 취소원인의 소멸 전이라도 추인할 수 있다(제144조 제2항). 그런데 후견인은 법정대리인이 되는 미성년후견인과 성년후견인이 있고(제938조), 이에 반해 가정법원의 처분에 의해 대리인으로 선임되거나 본인과의 계약에 의해 대리인이 되는 한정후견인·특정후견인·임의후견인이 있는데(제959조의4, 제959조의11·14), 본조 제2항 소정의 후견인은 이들을 의미한다.

## 2. 법정추인

> **제145조 【법정추인】**
> 취소할 수 있는 법률행위에 관하여 전조의 규정에 의하여 추인할 수 있는 후에 다음 각 호의 사유가
> 있으면 추인한 것으로 본다. 그러나 이의를 보류한 때에는 그러하지 아니하다.
>   1. 전부나 일부의 이행 → 상대방의 이행을 수령하는 것을 포함한다.
>   2. 이행의 청구 → 취소권자가 상대방에게 청구하는 경우만 포함된다.
>   3. 경개
>   4. 담보의 제공 → 물적 담보나 인적 담보를 불문한다.
>   5. 취소할 수 있는 행위로 취득한 권리의 전부나 일부의 양도 → 취소권자가 상대방에게 취득한 권리의
>      전부나 일부를 양도한 경우만 포함된다.
>   6. 강제집행

법정추인은 취소원인이 소멸한 후에 추인할 수 있다는 점은 일반적인 추인과 공통점이다. 그러나 일반적인 추인은 취소할 수 있는 행위임을 알고 추인을 해야 하지만, 법정추인의 경우에는 취소할 수 있는 행위임(취소권의 존재)을 알 필요가 없이 일정한 사유가 있으면 당연히 추인으로 된다. 따라서 추인의 의사가 있을 필요도 없다. 그러나 이의를 유보하지는 않아야 한다.

## 3. 취소권의 행사기간의 경과

> **제146조 【취소권의 소멸】**
> 취소권은 추인할 수 있는 날부터 3년 내에, 법률행위를 한 날부터 10년 내에 행사하여야 한다. → 3년
> 또는 10년의 두 기간 중 어느 것이든 먼저 경과하면 취소권은 소멸한다.

## 1) 행사기간

⑴ 판례는 미성년자 또는 친족회(현행 후견감독인)가 민법 제950조 제2항에 따라 제1항의 규정에 위반한 법률행위를 취소할 수 있는 권리는 형성권으로서 민법 제146조에 규정된 취소권의 존속기간은 제척기간이라고 보아야 할 것이지만, 그 제척기간 내에 소를 제기하는 방법으로 권리를 재판상 행사하여야만 되는 것은 아니고, 재판 외에서 의사표시를 하는 방법으로도 권리를 행사할 수 있다고 본다(대판 1993.7.27, 92다52795). 이 경우 제척기간의 도과 여부는 당사자의 주장과 관계없이 법원이 직권으로 조사하여 고려하여야 한다(대판 1996.9.20, 96다25371).

⑵ 여기서 추인할 수 있는 날이란 취소의 원인이 종료(소멸)한 때를 말한다(대판 1997.6.27, 97다3828).

판례

**'추인할 수 있는 날'의 의미와 사례**

민법 제146조 전단은 "취소권은 추인할 수 있는 날부터 3년 내에 행사하여야 한다"고 규정하는 한편, 민법 제144조 제1항에서는 "추인은 취소의 원인이 종료한 후에 하지 아니하면 효력이 없다"고 규정하고 있는바, 위 각 규정의 취지와 추인은 취소권의 포기를 내용으로 하는 의사표시인 점에 비추어 보면, 민법 제146조 전단에서 취소권의 제척기간의 기산점으로 삼고 있는 '추인할 수 있는 날'이란 취소의 원인이 종료되어 취소권행사에 관한 장애가 없어져서 취소권자가 취소의 대상인 법률행위를 추인할 수도 있고 취소할 수도 있는 상태가 된 때를 가리킨다고 보아야 한다. (따라서) 계엄사령부 합동조사본부 수사관들의 강박에 의하여 부동산에 관한 증여계약이 이루어진 후 증여를 원인으로 한 소유권이전등기를 하기로 제소전화해를 하여 그 화해조서에 기하여 소유권이전등기가 경료된 경우, 비상계엄령의 해제로 강박 상태에서 벗어난 후 위 증여계약을 취소한다 하더라도, 위 제소전화해조서의 기판력이 존속하는 동안에는, 재산권을 원상회복하는 실효를 거둘 수 없어 강박에 의하여 이루어진 부동산에 관한 증여계약을 취소하는 데 법률상 장애가 존속되고 있다고 보아야 하고, 따라서 제소전화해조서를 취소하는 준재심사건 판결이 확정되어 위 제소전화해조서의 기판력이 소멸된 때부터 민법 제146조 전단에 규정한 3년의 취소기간이 진행된다고 봄이 상당하다 (대판 1998.11.27, 98다7421).

## 2) 취소의 효과로 발생된 채권적 청구권의 행사기간

취소의 효과로 발생하는 부당이득반환청구권 행사도 제146조의 취소권의 제척기간 내에 행사되어야 한다는 것이 통설이다. 그러나 판례는 형성권의 행사로 발생하는 청구권은 형성권을 행사한 때로부터 따로 소멸시효가 진행한다고 한다(대판 1991.2.22, 90다13420).

판례

징발재산정리에 관한 특별조치법 제20조 소정의 환매권은 일종의 형성권으로서 그 존속기간은 제척기간으로 보아야 할 것이며, 위 환매권은 재판상이든 재판외이든 위 기간 내에 이를 행사하면 이로써 매매의 효력이 생기는 것이고 반드시 위 기간 내에 재판상 행사하여야 하는 것은 아니다. (한편) 환매권의 행사로 발생한 소유권이전등기청구권은 위 기간 제한과는 별도로 환매권을 행사한 때로부터 일반채권과 같이 민법 제162조 소정의 10년의 소멸시효기간이 진행되는 것이지, 위 제척기간 내에 이를 행사하여야 하는 것은 아니다(대판 1991.2.22, 90다13420).

## 06 법률행위의 부관 - 조건·기한

### 제1관 총설

### Ⅰ 개념 및 종류

1) 법률행위의 부관이란 법률행위의 효력의 발생 또는 소멸에 관하여 이를 제한하기 위해 법률행위의 일부로서 부가되는 것을 말한다(법률행위의 성립에 관한 것이 아니라는 점에 주의를 요한다).

2) 이러한 부관에는 조건·기한·부담의 세 가지가 있다. 다만 민법은 이 중 조건과 기한에 관한 일반적 규정을 두고, 부담에 관해서는 개별규정을 두고 있다.

3) 법률행위의 효력의 발생 또는 소멸을 장래의 일정한 사실에 의존케 하는 경우(부관부 법률행위), 그 장래의 일정한 사실이 불확실한 사실인 경우가 조건이고, 확실한 사실인 경우가 기한이다. 즉 조건은 장래의 불확실한 사실에 의존하게 한다는 점에서, 장래에 발생할 것이 확실한 사실에 의존하게 하는 기한과는 구별된다.

**✦ 조건·기한의 허용여부**

| 구분 | 원칙 - 조건의 불가 | 예외 - 조건·기한의 허용 |
|---|---|---|
| 단독행위 | 취소, 해제, 해지, 추인, 상계 등 | 다만 조건과 관련하여 ① 채무면제, 유증과 같이 상대방에게 이익만을 주거나 상대방의 지위를 불안케 할 염려가 없는 행위이거나, ② 상대방의 동의가 있는 경우에는 허용된다.<br>또한 소급효 있는 법률행위에 시기를 붙이는 것은 무의미하다. |
| 가족법상 행위 | 혼인, 인지, 입양, 상속 승인·포기 등 | 유언, 약혼<br>★ 약혼예물의 수수는 약혼의 성립을 증명하고 혼인이 성립한 경우 당사자 내지 양가의 정리를 두텁게 할 목적으로 수수되는 것으로 혼인의 불성립을 해제조건으로 하는 증여와 유사한 성질(대판 1996.5.14, 96다5506) |
| 어음·수표행위 | 어음·수표의 발행, 배서 등 | 어음보증(대판 1986.9.9, 84다카2310)<br>★ 어음, 수표는 조건에 친하지 않으나 시기(이행기)를 붙이는 것은 무방하다. |

## Ⅱ 동기와의 구별

동기는 법률행위의 형성과정에 존재하는 단순한 내심적 이유에 불과하므로 부관과는 달리 법률행위의 내용이 되지 않음이 원칙이다.

**판례**

조건은 법률행위의 효력의 발생 또는 소멸을 장래의 불확실한 사실의 성부에 의존케 하는 법률행위의 부관으로서 해당 법률행위를 구성하는 의사표시의 일체적인 내용을 이루는 것이므로, 의사표시의 일반원칙에 따라 조건을 붙이고자 하는 의사, 즉 조건의사와 그 표시가 필요하며, 조건의사가 있더라도 그것이 외부에 표시되지 않으면 법률행위의 동기에 불과할 뿐이고 그것만으로는 법률행위의 부관으로서의 조건이 되는 것은 아니다(대판 2003.5.13, 2003다10797).

## 제2관 법률행위의 조건

**제147조 【조건성취의 효과】**
① 정지조건 있는 법률행위는 조건이 성취한 때로부터 그 효력이 생긴다.
② 해제조건 있는 법률행위는 조건이 성취한 때부터 그 효력을 잃는다.
③ 당사자가 조건성취의 효력을 그 성취 전에 **소급하게 할 의사를 표시한 때에는 그 의사에 의한다.**

**제148조 【조건부권리의 침해금지】**
조건 있는 법률행위의 당사자는 조건의 성부가 미정한 동안에 조건의 성취로 인하여 생길 상대방의 이익을 해하지 못한다.

**제149조 【조건부권리의 처분 등】**
조건의 성취가 미정한 권리의무는 일반규정에 의하여 처분, 상속, 보존 또는 담보로 할 수 있다.

**제150조 【조건성취, 불성취에 대한 반신의행위】**
① 조건의 성취로 인하여 불이익을 받을 당사자가 신의성실에 반하여 조건의 성취를 방해한 때에는 상대방은 그 조건이 성취한 것으로 주장할 수 있다.
② 조건의 성취로 인하여 이익을 받을 당사자가 신의성실에 반하여 조건을 성취시킬 때에는 상대방은 그 조건이 성취하지 아니한 것으로 주장할 수 있다.

**제151조 【불법조건, 기성조건】**
① 조건이 선량한 풍속 기타 사회질서에 위반한 것인 때에는 **그 법률행위는 무효로 한다.**
② 조건이 법률행위의 당시 이미 성취한 것인 경우에는 그 조건이 정지조건이면 조건 없는 법률행위로 하고 해제조건이면 그 법률행위는 무효로 한다.
③ 조건이 법률행위의 당시에 이미 성취할 수 없는 것인 경우에는 그 조건이 해제조건이면 조건 없는 법률행위로 하고 정지조건이면 그 법률행위는 무효로 한다.

## 1. 조건의 의의

**1)** 조건이란 법률행위의 **효력**의 발생 또는 소멸을 **장래의 불확실한 사실**의 성부에 의존케 하는 법률행위의 부관이다. 조건이 되는 사실은 장래 발생할 것인지 여부가 객관적으로 불확실한 것이어야 한다. 장래 반드시 실현되는 사실이거나 과거의 사실은 조건이 되지 못한다.

**2)** 조건은 법률행위의 **효력**의 발생 또는 소멸에 관계되는 것이며, 법률행위의 성립에 관계되는 것은 아니다. 즉 조건은 법률행위 효력의 특별효력요건이다. 법률행위가 성립하지 않은 경우에는 조건은 붙일 여지가 없다.

**3)** 조건이 되기 위해서는 의사표시의 일반원칙에 따라 조건을 붙이고자 하는 의사, 즉 **조건의사와 그 표시가 필요**하며, 조건의사가 있더라도 그것이 외부에 표시되지 않으면 법률행위의 동기에 불과할 뿐이고 그것만으로는 법률행위의 부관으로서의 조건이 되는 것은 아니다(대판 2003.5.13, 2003다10797).

**4)** 부관이 붙은 법률행위에 있어서 부관에 표시된 사실이 발생하지 아니하면 채무를 이행하지 아니하여도 된다고 보는 것이 상당한 경우에는 조건으로 보아야 하고, 표시된 사실이 발생한 때에는 물론이고 반대로 발생하지 아니하는 것이 확정된 때에도 그 채무를 이행하여야 한다고 보는 것이 상당한 경우에는 표시된 사실의 발생 여부가 확정되는 것을 불확정기한으로 정한 것으로 보아야 한다(대판 2003.8.19, 2003다24215).

## 2. 조건의 종류

### 1) **정지조건**(효력발생조건)**과 해제조건**(효력소멸조건)

(1) **정지조건**(효력발생조건)
① 정지조건이란 법률행위의 효력의 발생을 장래 불확실한 사실에 의존케 하는 것을 말한다. 따라서 정지조건 있는 법률행위는 조건이 성취한 때로부터 그 효력이 생긴다(제147조 제1항).
② 甲이 乙에게 감정평가사 시험에 합격하면 아파트를 증여하기로 한 경우, 이러한 정지조건부 증여는 지금은 효력이 없으나, 조건이 성취되면 그때부터 유효하게 된다.

(2) 해제조건(효력소멸조건)

① 해제조건이란 법률행위의 효력의 소멸을 장래의 불확실한 사실에 의존케 하는 것을 말한다. 따라서 해제조건 있는 법률행위는 조건이 성취한 때부터 그 효력을 잃는다(제147조 제2항).

② 甲이 乙에게 아파트를 증여하고 소유권이전등기를 해 주면서 만일 감정평가사 시험에 불합격하면 증여는 효력을 상실하기로 한 경우, 이러한 해제조건부 증여는 지금은 효력이 있으나, 조건이 성취되면 그때부터 무효가 된다.

**2) 가장조건**

가장조건이란 형식적으로 조건이지만 실질적으로는 조건으로서의 효력이 인정되지 못하는 것을 말한다.

(1) **법정조건**

법률이 명문으로 요구하는 조건이다. 이는 당사자가 임의로 부가한 것이 아니기 때문에, 조건이 아니지만 민법의 조건에 관한 규정이 유추적용될 수 있다.

(2) **불법조건**

① 선량한 풍속 기타 사회질서에 위반한 조건을 말한다. 불법조건이 붙은 경우에는 그 조건만이 무효가 아니라, 법률행위 전부가 무효가 된다(제151조 제1항).

② 부첩관계의 종료를 해제조건으로 하는 증여계약은 그 조건만이 무효인 것이 아니라, 증여계약 자체가 무효이다(대판 1966.6.21, 66다530). → 조건부 법률행위에 있어 조건의 내용 자체가 불법적인 것이어서 무효일 경우 또는 조건을 붙이는 것이 허용되지 아니하는 법률행위에 조건을 붙인 경우 그 조건만을 분리하여 무효로 할 수는 없고 그 법률행위 전부가 무효로 된다(대결 2005.11.8, 2005마541).

③ 불법조건은 정지조건이든 해제조건이든 법률행위 전체가 무효이다.

(3) **기성조건과 불능조건**

① 기성조건이란 조건이 법률행위 성립 당시 이미 성취되어 있는 경우를 말한다. 기성조건이 정지조건이면 조건 없는 법률행위가 되고, 기성조건이 해제조건이면 그 법률행위는 무효이다(제151조 제2항).

② 불능조건이란 조건이 법률행위 성립 당시 이미 성취될 수 없는 것으로 확정된 경우를 말한다. 불능조건이 해제조건이면 조건 없는 법률행위가 되고, 정지조건이면 그 법률행위는 무효이다(제151조 제3항).

## 3. 조건의 법률행위의 효력

### 1) 조건의 성부가 확정되기 전의 효력

**⑴ 적극적 보호**(제149조)

조건부 권리도 조건의 성취가 미정인 경우에, 일반규정에 의하여 처분, 상속, 보존 또는 담보로 할 수 있다.

**⑵ 소극적 보호**(제148조)

조건 있는 법률행위의 당사자는 조건의 성부가 미정한 동안에 조건의 성취로 인하여 생길 상대방의 이익을 해하지 못한다.

### 2) 조건의 성취와 불성취(반신의 행위에 의한 조건의 성취 또는 불성취)

⑴ 조건의 성취로 인하여 불이익을 받을 당사자가 신의성실에 반하여 조건의 성취를 방해한 때에는 상대방은 그 조건이 성취한 것으로 주장할 수 있다(제150조 제1항).

⑵ 조건의 성취로 인하여 이익을 받을 당사자가 신의성실에 반하여 조건을 성취시킨 때에는 상대방은 그 조건이 성취하지 아니한 것으로 주장할 수 있다(제150조 제2항).

**판례**

**민법 제150조 제1항ㆍ제2항의 규정 취지 및 신의성실에 반하여 조건의 성취를 방해한 것으로 볼 수 있는 경우**

민법 제150조 제1항과 민법 제150조 제2항은 권리의 행사와 의무의 이행은 신의에 좇아 성실히 하여야 한다는 법질서의 기본원리가 발현된 것으로서, 누구도 신의성실에 반하는 행태를 통해 이익을 얻어서는 안 된다는 사상을 포함하고 있다. 당사자들이 조건을 약정할 당시에 미처 예견하지 못했던 우발적인 상황에서 **상대방의 이익에 대해 적절히 배려하지 않거나 상대방이 합리적으로 신뢰한 선행 행위와 모순된 태도를 취함으로써 형평에 어긋나거나 정의관념에 비추어 용인될 수 없는 결과를 초래하는 경우 신의성실에 반한다고 볼 수 있다**(대판 2021.1.14, 2018다223054; 대판 2021.3.11, 2020다253430).

**민법 제150조 제1항에서 정한 '조건의 성취를 방해한 때'의 의미 및 방해행위가 없었더라도 조건의 성취가능성이 현저히 낮은 경우가 이에 포함되는지 여부**(소극)

일방 당사자의 신의성실에 반하는 방해행위 등이 있었다는 사정만으로 곧바로 민법 제150조 제1항에 의해 그 상대방이 발생할 것으로 희망했던 결과까지 의제된다고 볼 수는 없으므로, 여기서 말하는 '**조건의 성취를 방해한 때**'란 사회통념상 일방 당사자의 방해행위가 없었더라면 조건이 성취되었을 것으로 볼 수 있음에도 방해행위로 인하여 조건이 성취되지 못한 정도에 이르러야 하고, 방해행위가 없었더라도 조건의 성취가능성이 현저히 낮은 경우까지 포함되는 것은 아니다. 만일 위와 같은 경우까지 조건의 성취를 의제한다면 단지 일방 당사자의 부당한 개입이 있었다는 사정만으로 곧바로 조건 성취로 인한 법적 효과를 인정하는 것이 되고 이는 상대방으로 하여금 공평ㆍ타당한 결과를 초과하여 부당한 이득을 얻게 하는 결과를 초래할 수 있기 때문이다(대판 2022.12.29, 2022다266645).

**민법 제150조 제1항은 계약 당사자 사이에서 정당하게 기대되는 협력을 신의성실에 반하여 거부함으로써 계약에서 정한 사항을 이행할 수 없게 된 경우에 유추적용할 수 있는지 여부**(적극)

민법 제150조 제1항은 계약 당사자 사이에서 **정당하게 기대되는 협력을 신의성실에 반하여 거부함으로써 계약에서 정한 사항을 이행할 수 없게 된 경우에 유추적용될 수 있다.** 그러나 민법 제150조 제1항이 방해행위로 조건이 성취되지 않을 것을 요구하는 것과 마찬가지로, 위와 같이 유추적용되는 경우에도 단순한 협력 거부만으로는 부족하고 이 조항에서 정한 방해행위에 준할 정도로 신의성실에 반하여 협력을 거부함으로써 계약에서 정한 사항을 이행할 수 없는 상태가 되어야 한다. 또한 민법 제150조는 사실관계의 진행이 달라졌 더라면 발생하리라고 희망했던 결과를 의제하는 것은 아니므로, 이 조항을 유추적용할 때에도 조건 성취 의제와 직접적인 관련이 없는 사실관계를 의제하거나 계약에서 정하지 않은 법률효과를 인정해서는 안 된다 (대판 2021.1.14, 2018다223054).

### 3) 조건의 성부가 확정(성취와 불성취)된 후의 효력

(1) 정지조건부 법률행위에서 조건이 성취되면 법률행위는 그 효력이 확정적으로 발생하고 불성 취로 확정되면 무효로 된다.

(2) 해제조건부 법률행위에서 조건이 성취되면 법률행위는 그 효력이 확정적으로 소멸하고 불성 취로 확정되면 소멸하지 않는 것으로 확정된다.

### 4) 조건성취의 효력

(1) 조건성취의 효력은 **원칙적으로 소급효가 없다.**

(2) 당사자의 의사표시로 소급효를 인정할 수 있다. 그러나 이 경우에도 제3자의 권리를 해하지 못한다(제147조 제3항).

(3) 해제조건부 증여로 인한 부동산소유권이전등기를 마쳤다 하더라도 그 **해제조건이 성취되면 그 소유권은 증여자에게 복귀**한다고 할 것이고, 이 경우 당사자 간에 별단의 의사표시가 없는 한 그 조건성취의 효과는 소급하지 아니한다(대판 1992.5.22, 92다5584).

### 5) 입증책임

(1) **정지조건부 법률행위에 해당한다는 사실**은 그 법률행위로 인한 법률효과의 발생을 저지하는 사유로서 그 **법률효과의 발생을 다투려는 자**에게 주장입증책임이 있다(대판 1993.9.28, 93다20832).

(2) 정지조건부 법률행위에 있어서 조건이 성취되었다는 사실은 이에 의하여 권리를 취득하고자 하는 측에서 그 입증책임이 있다(대판 1983.4.12, 81다카692).

## 제3관 법률행위의 기한

**제152조【기한도래의 효과】**
① 시기 있는 법률행위는 기한이 도래한 때로부터 그 효력이 생긴다.
② 종기 있는 법률행위는 기한이 도래한 때로부터 그 효력을 잃는다.

**제153조【기한의 이익과 그 포기】**
① 기한은 채무자의 이익을 위한 것으로 추정한다.
② 기한의 이익은 이를 포기할 수 있다. 그러나 상대방의 이익을 해하지 못한다.

**제388조【기한의 이익의 상실】**
채무자는 다음 각 호의 경우에는 기한의 이익을 주장하지 못한다. → 이때 기한의 이익상실로 기한이 도래하는 것이 아니라 즉시변제청구권이 발생한다.
　　1. 채무자가 담보를 손상, 감소 또는 멸실하게 한 때
　　2. 채무자가 담보제공의 의무를 이행하지 아니한 때

**제154조【기한부권리와 준용규정】**
제148조와 제149조의 규정은 기한 있는 법률행위에 준용한다.

### 1. 기한의 의의

기한은 법률행위의 효력의 발생 또는 소멸을 장래 확실한 사실에 의존케 하는 법률행위의 부관을 말한다.

### 2. 기한의 종류

### 1) 시기와 종기

시기란 기한의 도래로 인하여 법률행위의 효력이 발생하는 것이고, 종기란 기한이 도래함으로써 효력이 소멸하는 것이다.

### 2) 확정기한과 불확정기한

기한의 내용인 사실이 발생하는 시기가 확정되어 있는 것(예 내년 1월 1일)이 확정기한이고, 그렇지 않은 것이(예 甲이 사망한 때)이 불확정기한이다.

### 3. 기한부 법률행위의 효력

### 1) 기한도래 전의 효력

조건부 권리의 보호에 관한 규정(제148조와 제149조)은 기한 있는 법률행위에도 준용된다(제154조).

### 2) 기한도래 후의 효력

(1) 시기 있는 법률행위는 기한이 도래한 때로부터 그 효력이 생긴다(제152조 제1항). 반면, 종기 있는 법률행위는 기한이 도래한 때로부터 그 효력을 잃는다(제152조 제1항).

(2) 기한의 효력에는 소급효가 없으며, 당사자의 특약에 의해서도 소급효를 인정할 수 없다.

### 4. 기한의 이익

### 1) 의의

(1) 기한의 이익이란 기한이 도래하지 않음으로써 그동안 당사자가 받는 이익을 말한다. 시기부인 때 이행기가 미도래함으로써 받는 이익, 종기부인 때는 법률행위의 효력이 소멸하지 않는 데서 받는 이익이 기한의 이익이다.

(2) 기한의 이익은 누가 가지는가는 법률행위의 성질에 따라 다르다.
각각의 경우에 따라 채권자만이 가지는 경우(무상임치에서의 임치인), 채무자만이 가지는 경우(무이자 소비대차에서의 차주, 사용대차의 차주), 채권자와 채무자 쌍방 모두가 가지는 경우(이자부 소비대차에서의 반환기도래시까지 대주는 이자를 취득할 수 있는 권리를 가지며, 차주는 반환청구를 당하지 않을 이익을 서로 가짐)가 있다.

(3) 당사자의 특약이나 법률행위의 성질에 비추어 반대의 취지가 명백하지 않는 한, 기한은 채무자의 이익을 위한 것으로 추정한다(제153조 제1항).

### 2) 기한의 이익 포기

(1) 기한의 이익을 가진 자는 이를 포기할 수 있다(제153조 제2항). 다만 그로 말미암아 상대방의 이익을 해하지 못한다(제153조 제2항 단서).

(2) 기한의 이익의 포기는 ① 기한의 이익이 당사자 일방만을 위하여 존재하는 경우에는 상대방에 대한 의사표시로써 임의로 포기할 수 있다. ② 그러나 기한의 이익이 상대방을 위하여서도 존재하는 경우에는 상대방의 손해를 배상하고 포기할 수 있다.

**기한의 이익 포기 관련 판례**

채권자와 채무자 모두가 기한의 이익을 갖는 이자부 금전소비대차계약 등에 있어서, 채무자가 변제기로 인한 기한의 이익을 포기하고 변제기 전에 변제하는 경우 변제기까지의 약정이자 등 채권자의 손해를 배상하여야 하고, 이러한 약정이자 등 손해액을 함께 제공하지 않으면 채무의 내용에 따른 변제제공이라고 볼 수 없으므로, 채권자는 수령을 거절할 수 있다. 이는 제3자가 변제하는 경우에도 마찬가지이다.

그러나 기한의 이익과 그 포기에 관한 민법 제153조 제2항, 변제기 전의 변제에 관한 민법 제468조의 규정들은 **임의규정**으로서 당사자가 그와 다른 약정을 할 수 있다. 은행여신거래에 있어서 당사자는 계약 내용에 편입된 약관에서 정한 바에 따라 위 민법 규정들과 다른 약정을 할 수도 있다(대판 2023.4.13, 2021다305338).

## 3) 기한의 이익 상실

### (1) 채무자가 담보를 손상, 감소 또는 멸실하게 한 때(제388조 제1호)

### (2) 채무자가 담보제공의 의무를 이행하지 아니한 때(제388조 제2호)

### (3) 기한이익 상실에 관한 당사자 간의 특약이 있는 경우

① 기한이익 상실의 특약에는 그 내용에 의해 일정한 사유가 발생하면 채권자가 별도의 청구를 하지 않더라도 당연히 기한의 이익이 상실되어 이행기가 도래하는 '정지조건부 기한이익 상실의 특약'과 일정한 사유가 발생한 후 채권자의 통지나 청구 등 채권자의 의사행위를 기다려 비로소 이행기가 도래하는 '형성권적 기한이익 상실의 특약'이 존재할 수 있다. 대법원은 형성권적 기한이익 상실의 특약으로 추정하는 것이 타당하다고 본다(대판 2002.9.4, 2002다28340).

② 정지조건부 기한이익 상실특약에서 기한이익 상실사유가 발생한 경우 채권자의 의사표시가 없더라도 이행기도래의 효과가 발생한다고 한다(대판 1989.9.29, 88다카14663).

③ 형성권적 기한이익 상실의 특약이 있는 경우에는 그 특약은 채권자의 이익을 위한 것으로서 기한이익의 상실사유가 발생하였다고 하더라도 채권자가 나머지 전액을 일시에 청구할 것인가 또는 종래대로 할부변제를 청구할 것인가를 자유로이 선택할 수 있으므로, 이와 같은 기한이익 상실의 특약이 있는 할부채무에 있어서는, 1회의 불이행이 있더라도 각 할부금에 대해 그 각 변제기의 도래시마다 그때부터 순차로 소멸시효가 진행하고 채권자가 특히 잔존 채무 전액의 변제를 구하는 취지의 의사를 표시한 경우에 한하여 전액에 대하여 그때부터 소멸시효가 진행한다(대판 2002.9.4, 2002다28340 등).

행정사
**백운정 민법총칙**

# 기간

# Chapter 06 기간

**제155조【본장의 적용범위】**
기간의 계산은 법령, 재판상의 처분 또는 법률행위에 다른 정한 바가 없으면 본장의 규정에 의한다.

**제156조【기간의 기산점】**
기간을 시, 분, 초로 정한 때에는 즉시로부터 기산한다.

**제157조【기간의 기산점】**
기간을 일, 주, 월 또는 연으로 정한 때에는 기간의 초일은 산입하지 아니한다. 그러나 그 기간이 오전 0시로부터 시작하는 때에는 그러하지 아니하다.

**제158조【나이의 계산과 표시】**
나이는 출생일을 산입하여 만(滿) 나이로 계산하고, 연수(年數)로 표시한다. 다만, 1세에 이르지 아니한 경우에는 월수(月數)로 표시할 수 있다.
→ 1980년 3월 15일에 출생한 자가 성년이 되는 때를 계산할 때에는 그 기산일이 1980년 3월 15일이 되므로, 1999년 3월 14일 24시로 미성년이 만료되고 1999년 3월 15일 0시부터 성년이 된다.

**제159조【기간의 만료점】**
기간을 일, 주, 월, 또는 연으로 정한 때에는 기간말일의 종료로 기간이 만료한다.

**제160조【역에 의한 계산】**
① 기간을 주, 월 또는 연으로 정한 때에는 역에 의하여 계산한다.
② 주, 월 또는 연의 처음으로부터 기간을 기산하지 아니하는 때에는 최후의 주, 월 또는 연에서 그 기산일에 해당한 날의 전일로 기간이 만료한다.
③ 월 또는 연으로 정한 경우에 최종의 월에 해당일이 없는 때에는 그 월의 말일로 기간이 만료한다.
→ 1월 30일 오후 3시부터 1개월 후의 말일은 2월 30일이 되지만 2월에는 30일이 없으므로 2월 말이 된다.

**제161조【공휴일 등과 기간의 만료점】**
기간의 말일이 토요일 또는 공휴일에 해당한 때에는 기간은 그 익일로 만료한다.
→ 기간의 초일이 공휴일이라고 해도 기간은 초일부터 기산한다(대판 1982.2.23, 81누204). 반면에 기간의 말일이 공휴일인 경우에는 그 익일로 종료한다.

## 1. 기간의 의의

**1)** 기간이란 어느 시점에서 어느 시점까지의 계속된 시간을 말한다. 기간은 '시간의 연속'을 의미한다는 점에서 '어느 특정의 시점'을 의미하는 기일과는 구별된다.

**2)** 민법의 기간 계산에 관한 규정은 보충적 규정으로서, 다른 법령이나 재판상의 처분 또는 법률행위에서 기간의 계산방법에 대하여 따로 정하고 있으면 그것에 따르게 되며, 이를 정하고 있지 않은 경우에 민법의 규정에 의하게 된다(제155조). 따라서 민법의 기간에 관한 규정은 사법관계뿐만 아니라 공법관계에도 적용된다(대판 1989.4.11, 87다카2901).

## 2. 기간의 계산법

**1)** 기간의 계산방법에는 자연적 계산방법과 역법적 계산방법의 두 가지가 있다.

**2)** 민법은 단기간의 기간 계산에 관하여는 자연적 계산방법(제156조)을 채용하고, 장기간의 계산의 기간 계산에 관하여는 역법적 계산방법을 채용하고 있다.

**3)** 기간의 역산이란 일정한 기산일부터 과거로 소급하여 거꾸로 계산하는 것을 말다. 이러한 기간의 역산에는 민법의 기간(순방향)계산방법이 유추적용된다. 예컨대 민법 제71조에 사원총회는 1주일 전에 통지하도록 규정되어 있는데, 만약에 총회일이 3월 15일이라면 3월 14일을 기산점으로 하여(제157조 본문, 초일불산입의 원칙), 3월 8일 오전 0시가 만료점이 되므로(제159조) 늦어도 3월 7일 오후 24시 전까지는 총회소집통지를 발하여야 한다.

행정사
**백운정 민법총칙**

# 소멸시효

# Chapter 07 소멸시효

## 01 총설

### 1. 의의

소멸시효란 권리자가 권리행사를 할 수 있음에도 불구하고 일정한 기간 동안 권리불행사가 계속된 경우에 그 권리를 소멸케 하는 제도를 말한다.

### 2. 시효제도의 존재이유

시효제도의 근거에 대해서는 보통 사회질서의 안정, 입증곤란의 구제, 권리 위에 잠자는 자에 대한 법적보호에서의 제외 등을 들고 있다. 이러한 점에서 시효에 관한 규정은 일반적으로 강행규정에 해당한다. 따라서 당사자가 어떤 권리에 대해 시효에 걸리지 않는 것으로 특약을 하거나 또는 시효완성의 요건에 관하여 법정요건보다 연장·가중하는 것은 허용되지 않는다.

✦ 소멸시효와 제척기간의 비교

| 구분 | 소멸시효 | 제척기간 |
|---|---|---|
| 구별기준 | 조문상 "시효로 인하여 소멸한다"라는 표현이 있으면 소멸시효 | 조문상 "시효로 인하여 소멸한다"라는 문구가 없으면 제척기간 |
| 인정범위 | 원칙적으로 채권에 인정 | 대부분 형성권에 적용 |
| 중단제도 | 중단제도가 있음 | 권리관계의 조속한 확정 때문에 중단제도가 적용되지 않음(대판 2003.1.10, 2000다26425) |
| 정지제도 | 소멸시효의 완성에 대하여 장애사유가 있으면 일시적으로 시효기간의 진행이 정지 | 적용되지 않음. 그러나 천재 기타 사변에 의한 시효정지(제182조)규정만은 준용긍정(유추적용 긍정설) |
| 기간의 단축 | 특약으로 단축, 감경 가능, 단 연장·가중·배제는 불가 | 단축, 감경 및 연장도 불가능 |
| 포기제도 | 미리 포기할 수 없음, 시효완성 후 포기 가능 | 기간의 만료로 당연히 소멸, 포기제도 없음 |
| 원용의 요구 | 절대적 소멸설: 소멸시효의 완성으로 당연히 권리가 소멸 | 원용할 필요 없이, 권리가 당연 소멸 |

| | | |
|---|---|---|
| 소송상<br>주장 | • 절대적 소멸설: **변론주의**의 원칙상 소멸<br>시효를 주장하여야 함<br>• 상대적 소멸설: 소송상 원용하여야 참작함 | 법원이 직권으로 고려(대판 1996.9.20, 95다25371)<br>★ 권리의 행사방법: 판례는 ① 원칙적으로 재판상<br>이든 재판 외이든 권리의 행사가 있으면 된다는<br>입장(대판 1990.3.9, 88다카31866) ② 다만 점유보<br>호청구권(제204조 제3항, 제205조 제2항)에 대해서<br>는 출소기간으로 봄. 즉 이 경우 재판 외에서 권<br>리행사하는 것으로 족한 기간이 아니라 반드시<br>그 기간 내에 소를 제기하여야 하는 이른바 출<br>소기간으로 해석함이 상당하다고 함(대판 2002.4.<br>26, 2001다8097) |
| 효과 | 권리소멸의 효과가 **소급**<br>➡ 소멸시효로 채무를 면하게 되는 자는 기<br>산일 이후의 이자를 지급할 필요가 없게 됨 | 불소급 |

**판례** ✦

**제척기간의 제도적 취지 / 아직 발생하지 않은 권리에 대하여 제척기간에 관한 규정을 적용할 수 있는지 여부**(소극)
제척기간은 일반적으로 권리자로 하여금 자신의 권리를 신속하게 행사하도록 함으로써 법률관계를 조속히
확정하려는 데 그 제도의 취지가 있고, 그 제척기간의 경과로 권리가 소멸한다. 따라서 제척기간은 적어도
권리가 발생하였음을 전제하는 것이고, 아직 발생하지 않은 권리에까지 그 제척기간에 관한 규정을 적용하
여 권리가 소멸하였다고 볼 수는 없다(대판 2022.12.1, 2020다280685).

**판례연구** ✦ **관련판례 정리**

**소멸시효와 제척기간의 관계 - 경합관계**

**1. 하자담보에 기한 매수인의 손해배상청구권이 소멸시효의 대상이 되는지 여부(적극) 및 소멸시효의 기산**
(= 매수인이 매매 목적물을 인도받은 때)

(1) 매도인에 대한 하자담보에 기한 손해배상청구권에 대하여는 민법 제582조의 제척기간이 적용되고,
이는 법률관계의 조속한 안정을 도모하고자 하는 데에 취지가 있다. 그런데 하자담보에 기한 매수인의
손해배상청구권은 권리의 내용·성질 및 취지에 비추어 민법 제162조 제1항의 채권 소멸시효의 규
정이 적용되고, 민법 제582조의 제척기간 규정으로 인하여 소멸시효 규정의 적용이 배제된다고 볼
수 없으며, 이때 다른 특별한 사정이 없는 한 무엇보다도 매수인이 매매 목적물을 인도받은 때부터
소멸시효가 진행한다고 해석함이 타당하다.

(2) 甲이 乙 등에게서 부동산을 매수하여 소유권이전등기를 마쳤는데 위 부동산을 순차 매수한 丙이 부
동산 지하에 매립되어 있는 폐기물을 처리한 후 甲을 상대로 처리비용 상당의 손해배상청구소송을
제기하였고, 甲이 丙에게 위 판결에 따라 손해배상금을 지급한 후 乙 등을 상대로 하자담보책임에
기한 손해배상으로서 丙에게 기지급한 돈의 배상을 구한 사안에서, 甲의 하자담보에 기한 손해배상
청구권은 甲이 乙 등에게서 부동산을 인도받았을 것으로 보이는 소유권이전등기일로부터 소멸시효가
진행하는데, 甲이 그로부터 10년이 경과한 후 소를 제기하였으므로, 甲의 하자담보책임에 기한 손해
배상청구권은 이미 소멸시효 완성으로 소멸되었다(대판 2011.10.13, 2011다10266).

Chapter ✦ 07

## 2. 수급인의 담보책임에 기한 하자보수에 갈음하는 손해배상청구권에 대하여 소멸시효 규정이 적용되는지 여부(적극)

수급인의 담보책임에 기한 하자보수에 갈음하는 손해배상청구권에 대하여는 민법 제670조 또는 제671조의 제척기간이 적용되고, 이는 법률관계의 조속한 안정을 도모하고자 하는 데에 취지가 있다. 그런데 이러한 도급인의 손해배상청구권에 대하여는 권리의 내용·성질 및 취지에 비추어 민법 제162조 제1항의 채권 소멸시효의 규정 또는 도급계약이 상행위에 해당하는 경우에는 상법 제64조의 상사시효의 규정이 적용되고, 민법 제670조 또는 제671조의 제척기간 규정으로 인하여 위 각 소멸시효 규정의 적용이 배제된다고 볼 수 없다(대판 2012.11.15, 2011다56491).

→ 원심이 이와 달리, 민법상 수급인의 하자담보책임인 이 사건 아파트의 하자보수에 갈음한 손해배상청구권에 대하여는 소멸시효가 적용되지 아니하고 제척기간만이 적용된다는 이유로, 위 손해배상청구권이 시효로 소멸하였는지 여부에 관하여는 아무런 판단을 하지 아니한 채, 피고가 제척기간이 도과하기 이전에 원고에게 하자보수를 청구하였으므로 위 손해배상청구권은 소멸하지 아니하였다고만 판단한 데에는 수급인의 담보책임의 소멸시효에 관한 법리를 오해한 나머지 판결에 영향을 미친 위법이 있다고 한 사례

## 02 소멸시효의 요건

소멸시효의 요건은 첫째, 권리가 소멸시효에 걸리는 권리이고(대상적격), 둘째, 권리를 행사할 수 있음에도 불구하고 행사하지 않아야 하며(기산점), 셋째, 권리불행사의 상태가 일정기간 계속되어야 한다(시효기간의 경과).

## 제1관 소멸시효의 대상인 권리 - 대상적격

### 1. 소멸시효의 대상인 권리

| 소멸<br>시효에<br>걸리는<br>권리 | 채권 | 채권적 청구권(부당이득반환청구권, 손해배상청구권 등) 포함<br>단, '등기청구권'은 예외가 존재한다(판례). |
| --- | --- | --- |
| | 소유권 외의<br>재산권 | [1] 용익물권(지상권, 지역권) - 시효대상 ○<br>[2] 공법상 권리(국세징수권 등) - 시효대상 ○ |
| 소멸<br>시효에<br>걸리지<br>않는<br>권리 | | [1] 소유권은 항구성이 있고, 점유권은 점유상태만으로 인정되는 권리이므로 소멸시효의 대상이 아니다.<br>[2] 물권적 청구권: 명의신탁 해지로 인한 소유권이전등기청구권이나 말소등기청구권은 소유권에 기한 물권적 청구권이므로 소멸시효의 대상이 아니라고 한다(대판 1991.11. 26, 91다34387 등).<br>[3] 담보물권: 부종성에 의해 피담보채권과 분리되어 소멸시효에 걸리지 않는다.<br>[4] 상린권, 공유물분할청구권: 기초가 된 권리관계가 존속하는 한 독립하여 시효에 걸리지 않는다(대판 1981.3.24, 80다1888 · 1889).<br>[5] 형성권은 소멸시효의 대상이 아니고, 언제나 제척기간의 대상이다(판례), 또한 명문에 기간이 정해져 있지 않으면 10년이다(판례).<br>[6] 항변권: 항변권은 상대방이 청구권을 행사하지 않으면 구체적으로 발생하지 않는 권리이므로 소멸시효에 걸리지 않는다.<br>[7] 물권에 준한 재산권(광업권, 어업권, 무체재산권 등): 소유권과 같은 성질의 것으로 소멸시효의 대상이 아니고, 비재산권(신분권, 인격권 등)도 마찬가지로 소멸시효의 대상이 아니다. |

## 2. 법률행위로 인한 등기청구권의 소멸시효

| 원칙 | 채권적 청구권으로서 10년의 소멸시효에 해당한다. |
|---|---|
| 예외 | 매수인이 토지를 인도받아 사용, 수익(점유)하고 있는 경우에는 소멸시효제도의 취지에 비추어 볼 때 권리 위에 잠자는 자로 볼 수 없어 소멸시효로 권리가 소멸하지 않는다(대판(전) 1976.11.6, 76다148). |
| 점유와의 관계 | 매수인이 부동산을 인도받아 이를 사용, 수익하다가 '보다 적극적인 권리행사의 일환으로' 타인에게 그 부동산을 처분하고 점유를 승계해 준 경우에도 스스로 사용, 수익하고 있는 경우와 특별히 다를 바 없으므로 이전등기청구권의 소멸시효는 진행하지 않는다(대판(전) 1999.3.18, 98다32175).<br>★ 주의: 취득시효 완성으로 인한 소유권이전등기청구권의 소멸시효<br>토지에 대한 취득시효 완성으로 인한 소유권이전등기청구권은 그 토지에 대한 점유가 계속되는 한 시효로 소멸하지 아니하고, 그 후 점유를 상실하였다고 하더라도 이를 시효이익의 포기로 볼 수 있는 경우가 아닌 한 이미 취득한 소유권이전등기청구권은 바로 소멸되는 것은 아니나, 취득시효가 완성된 점유자가 점유를 상실한 경우 취득시효 완성으로 인한 소유권이전등기청구권의 소멸시효는 이와 별개의 문제로서, 그 점유자가 점유를 상실한 때로부터 10년간 등기청구권을 행사하지 아니하면 소멸시효가 완성한다(대판 1996.3.8, 95다34866). |

## 제2관 소멸시효의 기산점 - 권리의 불행사

> **제166조【소멸시효의 기산점】**
> ① 소멸시효는 권리를 행사할 수 있는 때로부터 진행한다.
> ② 부작위를 목적으로 하는 채권의 소멸시효는 위반행위를 한 때로부터 진행한다.

## 1. '권리를 행사할 수 있는 때'의 의미

**1)** '권리를 행사할 수 있는 때'라 함은 그 권리행사에 법률상의 장애사유, 예컨대, 기한의 미도래나 조건불성취 등이 없는 경우를 말한다. 사실상 장애는 여기에 포함되지 않으므로 법률상 장애사유가 없는 한, 사실상 그 권리의 존재나 권리행사의 가능성을 알지 못하였거나 알지 못함에 있어서의 과실유무 등은 시효진행에 영향을 미치지 아니한다(대판(전) 1984.12.26, 84누572).
  → 법률지식의 부족, 권리존재의 부지 또는 채무자의 부재 등 사실상 장애로 권리를 행사하지 못하였다 하여도 시효가 진행한다(대판 1982.1.19, 80다2626).

**2)** 건물에 관한 소유권이전등기청구권에서 그 건물이 완공되지 않아서 이를 행사할 수 없었다는 사유는 법률상의 장애사유에 해당하므로, 그에 관한 소멸시효는 건물 완공시부터 진행한다고 보아야 한다(대판 2007.8.23, 2007다28024 · 28031).[17]

## 2. 변론주의의 적용

소멸시효의 **기산일**은 변론주의의 적용대상이므로, 본래의 소멸시효 기산일과 당사자가 주장하는 기산일이 다른 경우에는 법원은 당사자가 주장하는 기산일을 기준으로 하고, 당사자가 주장하지 않은 때를 기산점으로 하여 소멸시효의 완성을 인정하게 되면 변론주의의 원칙에 위배된다(대판 1995.8.25, 94다35886). → 본래의 소멸시효 기산일과 당사자가 주장하는 기산일이 서로 다른 경우에는 변론주의의 원칙상 법원은 당사자가 주장하는 기산일을 기준으로 소멸시효를 계산하여야 하는데, 이는 당사자가 본래의 기산일보다 뒤의 날짜를 기산일로 하여 주장하는 경우는 물론이고 특별한 사정이 없는 한 그 반대의 경우에 있어서도 마찬가지이다.

Chapter 07

---

17 원심은 이 사건 부동산에 관한 원고들의 소유권이전등기청구권의 소멸시효 기산점이 「매매계약일」이라고 오해하여 그 소유권이전등기청구권이 시효로 소멸하였다고 판단하였으니, 원심판결에는 신축 중인 건물에 관한 소유권이전등기청구권의 소멸시효 기산점에 관한 법리를 오해하여 판결에 영향을 미친 위법이 있다고 본 사례이다.

**판례연구** 관련판례 정리

## 1. 이행불능으로 인한 손해배상청구권의 소멸시효 기산점

매매로 인한 부동산소유권이전채무가 이행불능됨으로써 매수인이 매도인에 대하여 갖게 되는 손해배상채권은 그 부동산소유권의 이전채무가 이행불능된 때에 발생하는 것이고 그 계약체결일에 생기는 것은 아니므로 위 손해배상채권의 소멸시효는 계약체결일 아닌 소유권이전채무가 이행불능된 때부터 진행한다(대판 1990.11.9, 90다카22513). → 소유권이전등기 말소등기의무의 이행불능으로 인한 전보배상청구권의 소멸시효는 말소등기의무가 이행불능 상태에 돌아간 때로부터 진행된다(대판 2005.9.15, 2005다29474).

## 2. 불법행위로 인한 손해배상청구권의 소멸시효 기산점

### 1) 손해 및 가해자를 안 날

불법행위로 인한 손해배상 청구권의 단기소멸시효의 기산점이 되는 민법 제766조 제1항 소정의 '손해 및 가해자를 안 날'이라 함은 손해가 가해자의 불법행위로 인한 것임을 안 때라고 할 것이므로, 손해 및 가해자를 알았다고 하기 위하여는 가해행위와 손해의 발생 사이에 인과관계가 있다는 것까지도 알 것을 요한다(대판 1995.11.10, 95다32228).

### 2) 불법행위를 한 날

① 민법 제766조 제2항이 규정하고 있는 '불법행위를 한 날부터 10년'의 기간은 소멸시효기간에 해당한다(대판(전) 1996.12.19, 94다22927).

② 불법행위에 기한 손해배상채권에 있어서 민법 제766조 제2항에 의한 소멸시효의 기산점이 되는 '불법행위를 한 날'이란 가해행위로 인한 손해의 결과발생이 현실적인 것으로 되었다고 할 수 있을 때를 의미하고 그 소멸시효는 피해자가 손해의 결과발생을 알았거나 예상할 수 있는가 여부에 관계없이 가해행위로 인한 손해가 현실적인 것으로 되었다고 볼 수 있는 때로부터 진행한다(대판 1993.7.27, 93다357).

### 3) 법인의 대표자가 가해자에 가담하여 법인에 대한 공동불법행위가 성립하는 경우, 그로 인한 손해배상청구권의 단기소멸시효의 기산점

① 법인의 경우 불법행위로 인한 손해배상청구권의 단기소멸시효의 기산점인 '손해 및 가해자를 안 날'이라 함은 통상 대표자가 이를 안 날을 뜻하지만, 법인의 대표자가 가해자에 가담하여 법인에 대하여 공동불법행위가 성립하는 경우에는, 법인과 그 대표자는 이익이 상반하게 되므로 현실로 그로 인한 손해배상청구권을 행사하리라고 기대하기 어려울 뿐만 아니라 일반적으로 그 대표권도 부인된다고 할 것이므로, 단지 그 대표자가 그 손해 및 가해자를 아는 것만으로는 부족하고, 적어도 법인의 이익을 정당하게 보전할 권한을 가진 다른 임원 또는 사원이나 직원 등이 손해배상청구권을 행사할 수 있을 정도로 이를 안 때에 위 단기시효가 진행한다고 해석함이 상당하다(대판 1998.11.10, 98다34126).

② 만약 다른 대표자나 임원 등이 법인의 대표자와 공동불법행위를 한 경우에는 그 다른 대표자나 임원 등을 배제하고 단기소멸시효 기산점을 판단하여야 한다(대판 2015.1.15, 2013다50435).

## 3. 기한이익 상실특약이 있는 채권

정지조건부 기한이익 상실의 특약과 형성권적 기한이익 상실의 특약 중, ① 특별한 사정이 없으면 형성권적 기한이익 상실의 특약으로 추정한다. 이 경우 채권자가 잔액 전부에 대해 청구한 때에 한해 그때부터 잔액 전부에 대해 소멸시효가 진행하고, 잔액 전부에 대해 청구가 없는 경우에는 본래의 변제기별로 각각 소멸시효가 진행한다. 한편, ② 정지조건부 기한이익 상실의 특약이 있는 경우에는 기한이익 상실의 사유가 발생한 때부터 소멸시효가 진행하고 지체책임도 발생한다(대판 1997.8.29, 97다12990).

✦ 소멸시효의 기산점

| | 소멸시효의 기산점 |
|---|---|
| 확정기한부 권리(채무) | 기한 도래 |
| 불확정기한부 권리(채무) | 객관적으로 기한이 도래한 때 |
| 기한없는 권리(채무) | 채권 성립시(권리발생시) |
| 채무불이행에 의한 손해배상청구권 | ① 이행지체의 경우 채무불이행시로부터<br>② 이행불능의 경우 불능시로부터 진행(판례) |
| 불법행위에 의한 손해배상청구권 | ① 3년 - 손해 및 가해자를 안 날<br>② 10년 - 불법행위를 한 날 |
| 정지조건부, 시기부 권리 | 조건, 기한 도래시 |
| 동시이행항변권 붙은 채권 | 이행기 도래시 |
| 부작위채권 | 위반행위시(제166조 제2항) |
| 청구나 해지통고 후 상당기간 경과시<br>효력이 발생하는 권리 | 상당기간 경과시 |
| 선택채권 | 선택가능시 |

## 제3관 소멸시효기간(경과)

### 제162조【채권, 재산권의 소멸시효】
① 채권은 10년간 행사하지 아니하면 소멸시효가 완성한다.
② 채권 및 소유권 이외의 재산권은 20년간 행사하지 아니하면 소멸시효가 완성한다.

### 제163조【3년의 단기소멸시효】
다음 각 호의 채권은 3년간 행사하지 아니하면 소멸시효가 완성한다.
1. 이자, 부양료, 급료, 사용료 기타 1년 이내의 기간으로 정한 금전 또는 물건의 지급을 목적으로 한 채권
   → 1년 이내의 기간으로 정한 채권이란 1년 이내의 정기에 지급되는 채권을 의미하지 변제기가 1년 이내의 채권이라는 의미는 아니다(대판 1996.9.20, 96다25302). 판례는 ① 이자채권이라도 1년 이내의 정기지급이 아닌 이상 3년의 단기소멸시효에 걸리지 않는다고 하고, ② 지연손해금은 민법 제163조 제1호 소정의 1년 이내의 기간으로 정한 이자에 해당되지 않으며 본래의 원본채권과 동일성을 유지한다고 한다(대판 1991.5.14, 91다7156).
2. 의사, 조산사, 간호사 및 약사의 치료, 근로 및 조제에 관한 채권
3. 도급받은 자, 기사 기타 공사의 설계 또는 감독에 종사하는 자의 공사에 관한 채권
   → 도급을 받은 자의 공사에 관한 채권에서 '채권은 도급받은 공사의 공사대금채권뿐만 아니라 그 공사에 부수되는 채권도 포함하는 것이다(대판 2002.11.8, 2002다28685).
4. 변호사, 변리사, 공증인, 공인회계사 및 법무사에 대한 직무상 보관한 서류의 반환을 청구하는 채권
5. 변호사, 변리사, 공증인, 공인회계사 및 법무사의 직무에 관한 채권
   → 세무사와 같이 그들의 직무와 유사한 직무를 수행하는 다른 자격사의 직무에 관한 채권에 대하여는 민법 제163조 제5호가 유추적용된다고 볼 수 없다(대판 2022.8.25, 2021다311111).
6. 생산자 및 상인이 판매한 생산물 및 상품의 대가
   → ① 상인이 판매한 상품의 대가로서 3년의 단기소멸시효에 걸린다. 상사채권이라고 하여 5년의 소멸시효에 걸리는 것이 아님을 유의한다. 또한 3년의 단기소멸시효가 적용되는 상인이 판매한 상품의 대가란 상품의 매매로 인한 대금 그 자체의 채권만을 말하는 것으로서 상품의 공급자체와 등가성 있는 청구권에 한하므로, 위탁매매에 있어 위탁자의 위탁상품 공급으로 인한 위탁매매인에 대한 이득반환청구권이나 이행담보책임이행청구권은 여기에 해당하지 않고, 다른 특별한 사정이 없는 한 통상의 상행위로 인하여 발생한 채권이어서 상법 제64조 소정의 5년의 상사시효의 대상이 된다(대판 1996.1.23, 95다39854). ② 반면 상행위로 생긴 채권은 상법 제64조 본문에 의해 5년의 시효에 걸리는바, 당사자 쌍방에 대하여 모두 상행위가 되는 행위로 인한 채권뿐만 아니라 당사자 일방에 대하여만 상행위에 해당하는 행위로 인한 채권도 상법 제64조 소정의 5년의 소멸시효기간이 적용되고, 그 상행위에는 기본적 상행위뿐만 아니라 상인이 영업을 위하여 하는 보조적 상행위도 포함된다.
7. 수공업자 및 제조자의 업무에 관한 채권

### 제164조【1년의 단기소멸시효】
다음 각 호의 채권은 1년간 행사하지 아니하면 소멸시효가 완성한다.
1. 여관, 음식점, 대석, 오락장의 숙박료, 음식료, 대석료, 입장료, 소비물의 대가 및 체당금의 채권
2. 의복, 침구, 장구 기타 동산의 사용료의 채권
3. 노역인, 연예인의 임금 및 그에 공급한 물건의 대금채권
   → 일정한 채권의 소멸시효기간에 관하여 이를 특별히 1년의 단기로 정하는 민법 제164조는 그 각 호에서 개별적으로 정하여진 채권의 채권자가 그 채권의 발생원인이 된 계약에 기하여 상대방에 대하여 부담하는 반대채무에 대하여는 적용되지 아니한다. 따라서 그 채권의 상대방이 그 계약에 기하여 가지는 반대채권은 원칙으로 돌아가, 다른 특별한 사정이 없는 한 민법 제162조 제1항에서 정하는 10년의 일반소멸시효기간의 적용을 받는다(대판 2013.11.14, 2013다65178).
4. 학생 및 수업자의 교육, 의식 및 유숙에 관한 교주, 숙주, 교사의 채권

> **제165조【판결 등에 의하여 확정된 채권의 소멸시효】**
> ① 판결에 의하여 확정된 채권은 단기의 소멸시효에 해당한 것이라도 그 소멸시효는 10년으로 한다.
> ② 파산절차에 의하여 확정된 채권 및 재판상의 화해, 조정 기타 판결과 동일한 효력이 있는 것에 의하여 확정된 채권도 전항과 같다.
> ③ 전2항의 규정은 판결확정 당시에 변제기가 도래하지 아니한 채권에 적용하지 아니한다.

## 1. 변론주의의 적용 여부

**판례**

**소멸시효기간에 관한 주장에 변론주의가 적용되는지 여부**(소극)

어떤 권리의 소멸시효기간이 얼마나 되는지에 관한 주장은 **단순한 법률상의 주장에 불과하므로 변론주의의 적용대상이 되지 않고 법원이 직권으로 판단할 수 있다** 할 것이므로, 국가배상책임에 관한 소송에서 국가가 민법상 10년의 소멸시효 완성을 주장하였음에도 법원이 구 예산회계법에 의한 5년의 소멸시효를 적용한 것이 변론주의를 위반한 것은 아니다(대판 2008.3.27, 2006다70929 · 70936). 예컨대 10년의 소멸시효를 주장하고 있다 하더라도 지방자치단체에 대한 금전의 지급을 목적으로 하는 채권의 소멸시효기간은 5년이므로 이에 따른 소멸시효 완성 여부를 심리하여야 한다(대판 1977.9.13, 77다832). 그리고 피고가 원고의 청구권이 상사채권으로서 5년의 소멸시효기간이 적용된다고 주장하다가 이를 철회하고 보험금청구권에 해당하므로 2년의 소멸시효기간이 적용된다고 주장한 경우, 2년의 소멸시효기간 주장 속에는 그보다 장기간인 5년의 소멸시효기간에 관한 주장이 포함되어 있다고 해야 하므로, 원고의 청구권에 2년의 소멸시효기간이 적용되지 않는다고 하여 곧바로 피고의 주장을 배척해서는 아니된다(대판 2006.11.10, 2005다35516).

## 2. 단기소멸시효기간

**판례**

**건물신축공사의 하수급인이 수급인에 대하여 민법 제666조 저당권설정청구권을 가지는지 여부 및 민법 제666조 저당권설정청구권의 소멸시효기간 및 소멸시효 기산점**(대판 2016.10.27, 2014다211978)

⑴ 부동산에 관한 공사도급의 경우에 수급인의 노력과 출재로 완성된 목적물의 소유권은 원칙적으로 수급인에게 귀속되지만 도급인과 수급인 사이의 특약에 의하여 달리 정하거나 기타 특별한 사정이 있으면 도급인이 원시취득하게 되므로, 민법 제666조는 그러한 경우에 수급인에게 목적물에 대한 저당권설정청구권을 부여함으로써 수급인이 목적물로부터 공사대금을 사실상 우선적으로 변제받을 수 있도록 하고 있다. 이에 비추어, 건물신축공사에 관한 도급계약에서 수급인이 자기의 노력과 출재로 건물을 완성하여 그 소유권이 수급인에게 귀속된 경우에는 수급인으로부터 건물신축공사 중 일부를 도급받은 하수급인도 수급인에 대하여 민법 제666조에 따른 저당권설정청구권(이하 '저당권설정청구권'이라고 한다)을 가진다고 할 것이다. 한편 도급받은 공사의 공사대금채권은 민법 제163조 제3호에 따라 3년의 단기소멸시효가 적용되고, 그 공사에 부수되는 채권도 마찬가지라고 할 것인데, 저당권설정청구권은 공사대금채권을 담보하기 위하여 저당권설정등기절차의 이행을 구하는 채권적 청구권으로서 공사에 부수되는 채권에 해당하므로 그 소멸시효기간 역시 3년이라고 보아야 한다.

(2) 건물신축공사에서 하수급인의 수급인에 대한 저당권설정청구권은 수급인이 건물의 소유권을 취득하면 성립하고 특별한 사정이 없는 한 그때부터 그 권리를 행사할 수 있다고 할 것이지만, 건물 소유권의 귀속주체는 하수급인의 관여 없이 도급인과 수급인 사이에 체결된 도급계약의 내용에 따라 결정되는 것이고, 더구나 건물이 완성된 이후 그 소유권 귀속에 관한 법적 분쟁이 계속되는 등으로 하수급인이 수급인을 상대로 저당권설정청구권을 행사할 수 있는지 여부를 객관적으로 알기 어려운 상황에 있어 과실 없이 이를 알지 못한 경우에도 그 청구권이 성립한 때부터 소멸시효가 진행한다고 보는 것은 정의와 형평에 맞지 않을 뿐만 아니라 소멸시효제도의 존재이유에도 부합한다고 볼 수 없다. 그러므로 이러한 경우에는 객관적으로 하수급인이 저당권설정청구권을 행사할 수 있음을 알 수 있게 된 때부터 소멸시효가 진행한다고 보는 것이 타당하다(대판 1993.7.13, 92다39822; 대판 2003.2.11, 99다66427·73371 등 참조).

## 3. 재판의 확정과 시효기간의 연장

### 1) 제165조의 의의

(1) 민법 제165조의 규정은 10년보다 장기의 소멸시효기간을 10년으로 단축한다는 의미도 아니며 본래 소멸시효의 대상이 아닌 권리가 확정판결을 받음으로써 10년의 소멸시효에 걸린다는 뜻도 아니다(대판 1981.3.24, 80다1888·1889). 따라서 20년의 소멸시효에 걸리는 지상권, 지역권에 관한 판결이 확정되었다 하더라도 소멸시효기간이 10년으로 단축되지 않고, 소멸시효에 걸리지 않는 저당권에 관한 판결이 확정되었다 하더라도 소멸시효기간이 10년이 되는 것이 아니다.

(2) 파산절차, 재판상 화해, 조정, 인낙조서, 확정된 지급명령은 판결과 동일하다.

(3) 지급명령에서 확정된 채권은 단기의 소멸시효에 해당하는 것이라도 그 소멸시효기간이 10년으로 연장된다(대판 2009.9.24, 2009다39530).[18]

### 2) 제165조의 인적 적용범위

(1) 민법 제165조는 해당 판결 등의 당사자 사이에 한하여 발생하는 효력에 관한 것이고, 채권자와 주채무자 사이의 판결 등에 의해 채권이 확정되어 그 소멸시효가 10년으로 되었다 할지라도 위 당사자 이외의 채권자와 연대보증인 사이에 있어서는 위 확정판결 등은 그 시효기간에 대하여는 아무런 영향이 없고, 연대보증인의 연대보증채무의 소멸시효기간은 여전히 종전의 소멸시효기간에 따른다고 보아야 한다(대판 1986.11.25, 86다카1569).

(2) 다만, 시효중단의 효력은 당연히 보증인에게도 미친다(제440조).

---

18 민소법 제474조 지급명령은 확정판결과 같은 효력이 있다고 규정한 것은 지급명령으로 확정된 채권의 소멸시효기간을 10년으로 하기 위한 목적이므로, 기판력이 없지만, 이에 포함하는 것으로 해석한다.

**판례**

**유치권의 피담보채권의 소멸시효기간이 확정판결 등에 의하여 10년으로 연장된 경우, 유치권이 성립된 부동산의 매수인이 종전의 단기소멸시효를 원용할 수 있는지 여부**(소극)

유치권이 성립된 부동산의 매수인은 피담보채권의 소멸시효가 완성되면 시효로 인하여 채무가 소멸되는 결과 직접적인 이익을 받는 자에 해당하므로 소멸시효의 완성을 원용할 수 있는 지위에 있다고 할 것이나, 매수인은 유치권자에게 채무자의 채무와는 별개의 독립된 채무를 부담하는 것이 아니라 단지 채무자의 채무를 변제할 책임을 부담하는 점 등에 비추어 보면, 유치권의 피담보채권의 소멸시효기간이 확정판결 등에 의하여 10년으로 연장된 경우 매수인은 그 채권의 소멸시효기간이 연장된 효과를 부정하고 종전의 단기소멸시효기간을 원용할 수는 없다(대판 2009.9.24, 2009다39530).

## 03 소멸시효의 중단과 정지

### 제1관 소멸시효의 중단

**제168조【소멸시효의 중단사유】**
소멸시효는 다음 각 호의 사유로 인하여 중단된다.
1. 청구
2. 압류 또는 가압류, 가처분
3. 승인

**제169조【시효중단의 효력】**
시효의 중단은 당사자 및 그 승계인 간에만 효력이 있다.

**제170조【재판상의 청구와 시효중단】**
① 재판상의 청구는 소송의 각하, 기각 또는 취하의 경우에는 시효중단의 효력이 없다.
② 전항의 경우에 6개월 내에 재판상의 청구, 파산절차 참가, 압류 또는 가압류, 가처분을 한 때에는 시효는 최초의 재판상 청구로 인하여 중단된 것으로 본다.

**제171조【파산절차 참가와 시효중단】**
파산절차 참가는 채권자가 이를 취소하거나 그 청구가 각하된 때에는 시효중단의 효력이 없다.

**제172조【지급명령과 시효중단】**
지급명령은 채권자가 법정기간 내에 가집행신청을 하지 아니함으로 인하여 그 효력을 잃은 때에는 시효중단의 효력이 없다.

**제173조【화해를 위한 소환, 임의출석과 시효중단】**
화해를 위한 소환은 상대방이 출석하지 아니하거나 화해가 성립되지 아니한 때에는 1개월 내에 소를 제기하지 아니하면 시효중단의 효력이 없다. 임의출석의 경우에 화해가 성립되지 아니한 때에도 그러하다.

**제174조【최고와 시효중단】**
최고는 6개월 내에 재판상의 청구, 파산절차 참가, 화해를 위한 소환, 임의출석, 압류 또는 가압류, 가처분을 하지 아니하면 시효중단의 효력이 없다.
→ 재판상 청구가 각하, 기각 또는 취하된 경우와 달리 최고의 경우에는 화해를 위한 소환, 임의출석도 포함된다는 점에서 다르다는 점에 주의를 요한다.

**제175조【압류, 가압류, 가처분과 시효중단】**
압류, 가압류 및 가처분은 권리자의 청구에 의하여 또는 법률의 규정에 따르지 아니함으로 인하여 취소된 때에는 시효중단의 효력이 없다.

> **제176조【압류, 가압류, 가처분과 시효중단】**
> 압류, 가압류 및 가처분은 시효의 이익을 받을 자에 대하여 하지 아니한 때에는 이를 그에게 통지한 후가
> 아니면 시효중단의 효력이 없다.
>
> **제177조【승인과 시효중단】**
> 시효중단의 효력 있는 승인에는 상대방의 권리에 관한 처분의 능력이나 권한 있음을 요하지 아니한다.
>
> **제178조【중단 후에 시효진행】**
> ① 시효가 중단된 때에는 중단까지에 경과한 시효기간은 이를 산입하지 아니하고 중단사유가 종료한 때로
> 부터 새로이 진행한다.
> ② 재판상의 청구로 인하여 중단된 시효는 전항의 규정에 의하여 재판이 확정된 때로부터 새로이 진행한다.

## Ⅰ 의의

**1)** 시효중단이란 법이 정하는 일정한 사유가 발생하면 그때까지 진행된 시효기간을 무(無)로 돌리고 시효기간이 전혀 진행하지 않았던 것으로 만드는 것을 말한다.

**2)** 따라서 시효의 중단에 있어서는 일정한 사유(중단사유)가 생기면 그때까지 경과한 시효기간은 법적으로 무의미하여 산입하지 아니하고, 그 사유가 종료한 때부터 다시 새로운 시효기간이 진행을 개시한다. 다만 이미 완성된 소멸시효의 중단은 허용되지 않는다(대판 2010.3.11, 2009다100098).

**3)** 이 점에서 일단 진행된 시효기간을 그대로 유효하게 인정하는 소멸시효의 정지와 구별된다.

## Ⅱ 시효중단의 사유

### 1. 청구

청구란 권리자가 그의 권리를 주장하여 행사하는 것을 말한다. 이에는 재판상 청구, 파산절차 참가, 지급명령, 화해를 위한 소환, 임의출석, 최고 등이 있다. 이 중 특히 문제되는 것은 다음과 같다.

## 1) 재판상 청구

### (1) 종류

① **재판상 청구의 의미**에 대해서 판례는 시효제도의 존재 이유는 영속된 사실상태를 존중하고 권리 위에 잠자는 자를 보호하지 않는다는 데 있고 특히 소멸시효는 후자의 의미가 강하므로, **권리자가 재판상 그 권리를 주장하여 권리 위에 잠자는 것이 아님을 표명한 때**에는 시효중단사유인 재판상 청구에 해당한다고 하여 마찬가지이다(대판 2014.4.24, 2012다105314).[19] 이러한 재판상 청구는 **민사소송이기만 하면 족하고**, 소의 종류는 묻지 아니하며 이행의 소, 확인의 소, 형성의 소이든 본소·반소(민소법 제269조)이든 소송계속 중에 청구의 변경 또는 확장의 소이든 모두 시효중단의 효력이 있다.

② 시효중단 사유로서 재판상의 청구에는 소멸시효 대상인 권리 자체의 이행청구나 확인청구를 하는 경우만이 아니라, 그 권리가 발생한 기본적 법률관계를 기초로 하여 재판의 형식으로 주장하는 경우 또는 그 권리를 기초로 하거나 그것을 포함하여 형성된 후속 법률관계에 관한 청구를 하는 경우에도 그로써 권리 실행의 의사를 표명한 것으로 볼 수 있을 때에는 이에 포함된다. 채무자에게 파산원인이 있는 경우 채권자는 「채무자 회생 및 파산에 관한 법률」(이하 '채무자회생법'이라 한다) 제294조에 따라 채무자에 대한 파산신청을 할 수 있다. 이는 파산채무자의 재산을 보전하여 공평하게 채권의 변제를 받는 재판절차를 실시하여 달라는 것으로서 채무자회생법 제32조에서 규정하고 있는 파산채권신고 등에 의한 파산절차참가와 유사한 재판상 권리 행방법에 해당한다. 따라서 채무자회생법 제294조에 따른 채권자의 파산신청은 민법 제168조 제1호에서 정한 시효중단 사유인 재판상의 '청구'에 해당한다고 보아야 한다(대결 2023.11.9, 2023마5824).

③ 형사소송이나 행정소송의 제기는 원칙적으로 시효중단사유가 되지 아니한다. 다만 소송촉진 등에 관한 특례법의 배상명령신청은 시효중단사유가 된다. 행정소송의 경우에 과세처분의 취소 또는 무효확인을 구하는 소는 부당이득반환청구의 전제가 되므로 재판상 청구에 해당한다(대판(전) 1992.3.31, 91다32053).

④ 재판상 청구는 소의 제기에 한정되지 않고, 권리자가 이행의 소를 대신하여 재판기관의 공권적인 법률판단을 구하는 지급명령 신청도 포함된다.

⑤ 나아가 부적법한 제소의 경우에 대해, 판례는 "종중이 적법한 대표자 아닌 자가 제기하여 수행한 소송을 추인하였다면 그 소송은 소급하여 유효한 것이고, 가사 종중의 소제기 당시에 그 대표자의 자격에 하자가 있다고 하더라도 이 소가 각하되지 아니하고 소급하여 유효한 것으로 인정되는 한, 이에 의한 시효중단의 효력도 유효하다고 볼 것이지 소송행위가 추인될 때에 시효가 중단된다고 볼 것이 아니다"라고 하였다(대판 1992.9.8, 92다18184).

---

19 甲이 자신의 차량을 운전하던 중 乙주식회사 소유의 차량을 충돌하여 상해를 입었는데, 甲차량의 보험자인 丙주식회사가 甲에게 보험금을 지급한 후 乙회사를 상대로 구상금청구의 소(구상금청구의 소는 실질적으로 甲이 乙에 대해 가지는 손해배상청구권을 이전받아 대위행사하는 성격을 띠고 있다)를 제기하였고 甲이 丙회사 측 보조참가인으로 참가하여 乙회사의 과실 존부 등에 관하여 적극적으로 다툰 사안에서, 甲의 손해배상청구권의 소멸시효는 위 보조참가로 중단되었다고 본 사례이다.

⑥ 확정판결에 의한 채권의 소멸시효기간인 10년의 경과가 임박한 경우, 시효중단을 위한 재소 (再訴)는 예외적으로 소의 이익이 인정된다(대판(전) 2018.7.19, 2018다22008). 또한 시효중단 을 위한 후소로서 이행소송 외에 판결로 확정된 채권의 시효를 중단시키기 위한 재판상의 청구가 있다는 점에 대하여만 확인을 구하는 형태의 '새로운 방식의 확인소송'도 허용된다 (대판(전) 2018.10.18, 2015다232316).

---

**판례**+

**민법 제170조 제1항에서 정한 '재판상의 청구'에 지급명령 신청도 포함되는지 여부**(적극) **및 지급명령 신청이 각하된 후 6개월 내 다시 소를 제기한 경우 지급명령 신청이 있었던 때 시효가 중단된 것으로 보아야 하는지 여부**(적극)

지급명령이란 금전 그 밖에 대체물이나 유가증권의 일정한 수량의 지급을 목적으로 하는 청구에 대하여 법원이 보통의 소송절차에 의함이 없이 채권자의 신청에 의하여 간이, 신속하게 발하는 이행에 관한 명령 으로 지급명령에 관한 절차는 종국판결을 받기 위한 소의 제기는 아니지만, 채권자로 하여금 간이, 신속하게 집행권원을 취득하도록 하기 위하여 이행의 소를 대신하여 법이 마련한 특별소송절차로 볼 수 있다. 그런데 재판상 청구에 시효중단의 효력을 인정하는 근거는 권리자가 재판상 그 권리를 주장하여 권리 위에 잠자는 것이 아님을 표명하고 이로써 시효제도의 기초인 영속되는 사실상태와 상용할 수 없는 다른 사정이 발생하 였다는 점에 기인하는 것인데, 그와 같은 점에서 보면 지급명령 신청은 권리자가 권리의 존재를 주장하면서 재판상 그 실현을 요구하는 것이므로 본질적으로 소의 제기와 다르지 않다. 따라서 민법 제170조 제1항에 규정하고 있는 '재판상의 청구'란 종국판결을 받기 위한 '소의 제기'에 한정되지 않고, 권리자가 이행의 소를 대신하여 재판기관의 공권적인 법률판단을 구하는 지급명령 신청도 포함된다고 보는 것이 타당하다. 그리 고 민법 제170조의 재판상 청구에 지급명령 신청이 포함되는 것으로 보는 이상 특별한 사정이 없는 한, 지급 명령 신청이 각하된 경우라도 6개월 이내 다시 소를 제기한 경우라면 민법 제170조 제2항에 의하여 시효는 당초 지급명령 신청이 있었던 때에 중단되었다고 보아야 한다(대판 2011.11.10, 2011다54686).

**지급명령 사건이 채무자의 이의신청으로 소송으로 이행되는 경우, 지급명령에 의한 시효중단 효과의 발생 시기**(= 지급명령을 신청한 때)

민사소송법 제472조 제2항은 "채무자가 지급명령에 대하여 적법한 이의신청을 한 경우에는 지급명령을 신 청한 때에 이의신청된 청구목적의 값에 관하여 소가 제기된 것으로 본다."라고 규정하고 있는바, 지급명령 사건이 채무자의 이의신청으로 소송으로 이행되는 경우에 지급명령에 의한 시효중단의 효과는 소송으로 이행된 때가 아니라 지급명령을 신청한 때에 발생한다(대판 2015.2.12, 2014다228440).

**채권자가 동일한 목적을 달성하기 위하여 복수의 채권을 갖고 있는 경우 어느 하나의 청구권을 행사하는 것이 다른 채권에 대한 소멸시효 중단의 효력이 있는지 여부**(소극)

채권자가 동일한 목적을 달성하기 위하여 복수의 채권을 갖고 있는 경우, 채권자로서는 그 선택에 따라 권리를 행사할 수 있되, 그 중 어느 하나의 청구를 한 것만으로는 다른 채권 그 자체를 행사한 것으로 볼 수는 없으므로, 특별한 사정이 없는 한 그 다른 채권에 대한 소멸시효 중단의 효력은 없다(대판 2011.2.10, 2010다81285). → 甲이 乙을 상대로 부당이득반환청구의 소를 제기함으로써 甲의 乙에 대한 채무불이행으로 인한 손해배상청구권의 소멸시효가 중단되는지 여부가 문제된 사안에서, 부당이득반환청구의 소제기로 채 무불이행으로 인한 손해배상청구권의 소멸시효가 중단되었다고 본 원심판결을 파기한 사례이다.

**이미 사망한 자를 피고로 하여 제기된 소의 경우, 민법 제170조 제2항이 적용되는지 여부**(원칙적 소극) **및 법원이 이를 간과하여 본안 판결을 내린 경우에도 마찬가지인지 여부**(적극)

민법 제170조 제1항은 재판상 청구가 민법 제168조에 의하여 시효중단사유가 됨을 전제로 "재판상의 청구는 소송의 각하, 기각 또는 취하의 경우에는 시효중단의 효력이 없다."고 규정하고, 같은 조 제2항은 "전항의 경우에 6개월 내에 재판상의 청구, 파산절차 참가, 압류 또는 가압류, 가처분을 한 때에는 시효는 최초의 재판상 청구로 인하여 중단된 것으로 본다."고 규정함으로써 최초의 재판상 청구에 소송요건의 결여 등의 흠이 있는 경우 일정기간 내에 새로운 재판상 청구 등이 이루어지면 최초의 제소시로 시효중단의 소급을 인정하고 있다. 그런데 이미 사망한 자를 피고로 하여 제기된 소는 부적법하여 이를 간과한 채 본안 판단에 나아간 판결은 당연무효로서 그 효력이 상속인에게 미치지 않고, 채권자의 이러한 제소는 권리자의 의무자에 대한 권리행사에 해당하지 않으므로 「상속인을 피고로 하는 당사자표시정정이 이루어진 경우와 같은 특별한 사정이 없는 한」, 거기에는 애초부터 시효중단 효력이 없어 민법 제170조 제2항이 적용되지 않는다고 봄이 타당하고, 법원이 이를 간과하여 본안에 나아가 판결을 내린 경우에도 마찬가지라고 보아야 한다(대판 2014. 2.27, 2013다94312).

## ⑵ 시효중단의 물적 범위

**재판상 청구에 의한 시효중단의 물적 범위**에 관하여 판례는 소송물 그 자체에 국한하지 않고 재판상 청구를 통해 권리를 행사한 것으로 볼 수 있는 경우에까지 확대하는 입장이다. 즉 기본적 법률관계의 확인청구소송의 제기는 그 법률관계로부터 파생되는 개개의 권리에 대한 시효중단사유가 된다. 예컨대 파면된 사립학교 교원이 제기한 파면처분 무효확인청구의 소는 급여채권에 대한 재판상 청구에 해당하여 시효중단의 효력이 있다(대판 1978.4.11, 77다2509).

## ⑶ 효과

**재판상의 청구가 시효중단의 효력을 발생하는 시기**는 '**소를 제기한 때**'이다. 피고에게 소장부본이 송달되었는지는 무관하다. 마찬가지로 소의 변경이나 중간확인의 소에 있어서도 '그 서면을 법원에 제출한 때'이다(민소법 제265조).

## 2) 최고

⑴ **최고**는 채무자에 대하여 채무이행을 청구하는 의사의 통지이다. 이러한 최고는 다른 중단사유와는 달리 **잠정적인 시효중단사유로**서 그 자체로는 완전한 시효중단의 효력이 없으며, 최고후 6개월 내에 재판상 청구 등 적극적인 방법을 취하지 않았다면 시효중단의 효력이 없다.

⑵ 재판상의 청구가 있더라도 소의 각하·기각·취하된 경우에는 그로부터 6개월 내에 다시 재판상의 청구 등을 하여야 시효중단의 효력이 있으므로(제170조), 재판 외의 최고로서의 효력만 인정된다(대판 1987.12.22, 87다카2337). 유의할 것은 6개월 내에 "재판상 청구, 파산절차 참가, 압류 또는 가압류, 가처분"을 하여야 하고, 「화해를 위한 소환이나 임의출석」은 이에 포함되지 않는다. 이 점에서 제174조의 최고의 경우와 차이가 있다.

**판례**

**재판상 청구의 각하, 기각 또는 취하와 시효중단과의 관계 및 최고에 의한 권리행사가 지속되고 있는 해당 소송 기간 중에 채권자가 민법 제174조에 규정된 재판상 청구, 압류 또는 가압류, 가처분 등의 조치를 취한 경우, 시효중단의 효력이 당초의 소 제기 시부터 계속 유지되고 있는 것인지 여부**(적극)

민법 제170조의 해석에 의하면, 재판상의 청구는 그 소송이 각하, 기각 또는 취하된 경우에는 그로부터 6월 내에 다시 재판상의 청구 등을 하지 않는 한 시효중단의 효력이 없고, 다만 최고의 효력이 있게 된다. 그런데 이와 같이 채권자가 소 제기를 통하여 채무자에게 권리를 행사한다는 의사를 표시한 경우 그 소송이 계속되는 동안에는 최고에 의하여 권리를 행사하고 있는 상태가 지속되고 있다고 보아야 하고, 최고에 의한 권리행사가 지속되고 있는 해당 소송 기간 중에 채권자가 민법 제174조에 규정된 재판상 청구, 압류 또는 가압류, 가처분 등의 조치를 취한 이상, 그 시효중단의 효력은 당초의 소 제기시부터 계속 유지되고 있다고 할 것이다(대판 2022.4.28, 2020다251403).

**최고 후 확정적 시효중단을 위한 보완조치에, 민법 제174조를 유추적용하여 채무의 승인이 포함된다고 볼 수 있는지 여부**(적극)

민법 제174조는 "최고는 6월 내에 재판상의 청구, 파산절차참가, 화해를 위한 소환, 임의출석, 압류 또는 가압류, 가처분을 하지 아니하면 시효중단의 효력이 없다."라고 정한다. 위 규정은 채권자가 최고 후 6개월 내에 확정적으로 시효를 중단시키기 위해 취할 보완조치에 채무의 승인을 포함하고 있지는 않지만, 최고 후 6개월 내에 채무자의 승인이 있는 경우에도 위 규정을 유추적용하여 시효중단의 효력이 발생한다고 해석하는 것이 타당하다(대판 2022.7.28, 2020다46663).

## 2. 압류·가압류·가처분

1) 채권자가 채무자의 제3채무자에 대한 채권을 압류 또는 가압류한 경우에 채권자의 채무자에 대한 채권에 관하여는 시효중단의 효력이 생기나, 압류 또는 가압류된 채무자의 제3채무자에 대한 채권에 대하여는 이러한 확정적인 시효중단의 효력이 생기지 않는다(대판 2003.5.13, 2003다16238).

**판례**

**가압류에 의한 시효중단의 효력발생시기**(가압류를 신청한 때)

[1] 민사소송법 제265조에 의하면, 시효중단사유 중 하나인 '재판상의 청구'(민법 제168조 제1호, 제170조)는 소를 제기한 때 시효중단의 효력이 발생한다. 이는 소장 송달 등으로 채무자가 소 제기 사실을 알기 전에 시효중단의 효력을 인정한 것이다. 가압류에 관해서도 위 민사소송법 규정을 유추적용하여 '재판상의 청구'와 유사하게 가압류를 신청한 때 시효중단의 효력이 생긴다고 보아야 한다. '가압류'는 법원의 가압류명령을 얻기 위한 재판절차와 가압류명령의 집행절차를 포함하는데, 가압류도 재판상의 청구와 마찬가지로 법원에 신청을 함으로써 이루어지고(민사집행법 제279조), 가압류명령에 따른 집행이나 가압류명령의 송달을 통해서 채무자에게 고지가 이루어지기 때문이다.

[2] 가압류를 시효중단사유로 규정한 이유는 가압류에 의하여 채권자가 권리를 행사하였다고 할 수 있기 때문이다. 가압류채권자의 권리행사는 가압류를 신청한 때에 시작되므로, 이 점에서도 가압류에 의한 시효중단의 효력은 가압류신청을 한 때에 소급한다(대판 2017.4.7, 2016다35451).

**2)** 다만, 채권압류 및 추심명령의 제3채무자에 대한 송달은 채무자의 제3채무자에 대한 채권에 대하여 최고로서의 효력이 인정되므로, 이때로부터 6개월 내에 재판상 청구 등을 한 사실을 입증하면 채권압류 및 추심명령 송달 시에 시효중단의 효력이 있었음을 주장할 수 있다.

**3)** 채권자가 물상보증인에 대하여 그 피담보채권의 실행으로서 임의경매를 신청한 경우 바로 채무자에 대해서 시효중단되지 않는다. 이 경우 경매법원이 경매개시결정을 하고 경매절차의 이해관계인으로서의 채무자에게 그 결정이 송달되거나 또는 경매기일이 통지된 경우에는 시효의 이익을 받는 채무자는 민법 제176조에 의하여 해당 피담보채권의 소멸시효 중단의 효과를 받는다(대판 1997.8.29, 97다12990). 이때 민법 제176조의 규정에 따라 압류사실이 통지된 것으로 볼 수 있기 위하여는 압류사실을 주채무자가 알 수 있도록 경매개시결정이나 경매기일통지서가 공시송달의 방법이 아닌 <u>교부송달의 방법</u>으로 주채무자에게 송달되어야만 한다(대판 1994.11.25, 94다26097).

**4)** 또한 판례는 가압류가 취소되지 않을 때 본안판결이 확정되어 10년이 경과하였다 하더라도 가압류에 의한 집행보전의 효과가 계속된다고 한다(대판 2000.4.25, 2000다11102).

> 판례

**가압류와 시효중단의 효력**

[1] 민법 제168조에서 가압류를 시효중단사유로 정하고 있는 것은 가압류에 의하여 채권자가 권리를 행사하였다고 할 수 있기 때문인데 가압류에 의한 집행보전의 효력이 존속하는 동안은 가압류채권자에 의한 권리행사가 계속되고 있다고 보아야 할 것이므로 가압류에 의한 시효중단의 효력은 가압류의 집행보전의 효력이 존속하는 동안은 계속된다고 하여야 할 것이다. 또한 민법 제168조에서 가압류와 재판상의 청구를 별도의 시효중단사유로 규정하고 있는 데 비추어 보면, 가압류의 피보전채권에 관하여 본안의 승소판결이 확정되었다고 하더라도 가압류에 의한 시효중단의 효력이 이에 흡수되어 소멸된다고 할 수도 없다(대판 2000.4.25, 2000다11102).

[2] 가압류는 강제집행을 보전하기 위한 것으로서 경매절차에서 부동산이 매각되면 그 부동산에 대한 집행보전의 목적을 다하여 효력을 잃고 말소되며, 가압류채권자에게는 집행법원이 그 지위에 상응하는 배당을 하고 배당액을 공탁함으로써 가압류채권자가 장차 채무자에 대하여 권리행사를 하여 집행권원을 얻었을 때 배당액을 지급받을 수 있도록 하면 족한 것이다. 따라서 이러한 경우 가압류에 의한 시효중단은 경매절차에서 부동산이 매각되어 가압류등기가 말소되기 전에 배당절차가 진행되어 가압류채권자에 대한 배당표가 확정되는 등의 특별한 사정이 없는 한, 채권자가 가압류집행에 의하여 권리행사를 계속하고 있다고 볼 수 있는 가압류등기가 말소된 때 그 중단사유가 종료되어, 그때부터 새로 소멸시효가 진행한다고 봄이 타당하다. 따라서 매각대금 납부 후의 배당절차에서 가압류채권자의 채권에 대하여 배당이 이루어지고 배당액이 공탁되었다고 하여 가압류채권자가 그 공탁금에 대하여 채권자로서 권리행사를 계속하고 있다고 볼 수는 없으므로 그로 인하여 가압류에 의한 시효중단의 효력이 계속된다고 할 수 없다(대판 2013.11.14, 2013다18622).

[3] 사망한 사람을 피신청인으로 한 가압류신청은 부적법하고 그 신청에 따른 가압류결정이 내려졌다고 하여도 그 결정은 당연 무효로서 그 효력이 상속인에게 미치지 않으며, 이러한 당연 무효의 가압류는 민법 제168조 제1호에 정한 소멸시효의 중단사유에 해당하지 않는다(대판 2006.8.24, 2004다26287).

## 3. 승인

**1)** 소멸시효의 **중단사유로서의 승인**은 시효이익을 받을 당사자인 채무자가 그 권리의 존재를 인식하고 있다는 뜻을 표시함으로써 성립하는 것이므로 이는 소멸시효의 진행이 개시된 이후에만 가능하고 그 이전에 승인을 하더라도 시효가 중단되지는 않는다고 할 것이고, 또한 현존하지 아니하는 장래의 채권을 미리 승인하는 것은 채무자가 그 권리의 존재를 인식하고서 한 것이라고 볼 수 없어 허용되지 않는다고 할 것이다(대판 2001.11.9, 2001다52568). 승인의 법적 성질은 관념의 통지이며, 소멸시효의 진행이 개시되기 전에는 승인을 할 수 없고, 시효중단의 효력 있는 승인에는 상대방의 권리에 관한 처분의 능력이나 권한 있음을 요하지 아니한다(제177조). 다만, 반대해석상 상대방의 권리에 관한 관리능력이나 관리권한은 있어야 한다.

**2)** 시효완성 전에 채무의 일부를 변제한 경우에는, 그 수액에 관하여 다툼이 없는 한 채무승인으로서의 효력이 있어 시효중단의 효과가 발생한다(대판 1996.1.23, 95다39854).

**3)** 비법인사단의 대표자가 총유물의 매수인에게 소유권이전등기를 해주기 위하여 매수인과 함께 법무사 사무실을 방문한 행위는 소유권이전등기청구권의 소멸시효 중단의 효력이 있는 승인에 해당하는데, 비법인사단이 총유물에 관한 매매계약을 체결하는 행위는 총유물 그 자체의 처분이 따르는 채무부담행위로서 총유물의 처분행위에 해당하나, 그 매매계약에 의하여 부담하고 있는 채무의 존재를 인식하고 있다는 뜻을 표시하는 데 불과한 소멸시효 중단사유로서의 승인은 총유물 그 자체의 관리·처분이 따르는 행위가 아니어서 총유물의 관리·처분행위라고 볼 수 없다(대판 2009.11.26, 2009다64383).

→ 피고의 대표자가 매매계약에 따른 소유권이전등기의무에 대하여 소멸시효 중단의 효력이 있는 승인을 하는 경우에 있어 주민총회의 결의를 거치지 않았다고 하더라도 그것만으로 그 승인이 무효라고 할 수 없다.

**판례**

**소멸시효 중단사유로서의 채무승인을 인정하기 위하여 채무자가 권리 등의 법적 성질까지 알고 있거나 권리 등의 발생원인을 특정하여야 하는지 여부(소극) 및 그와 같은 승인이 있는지를 판단하는 기준**

소멸시효 중단사유로서의 채무승인은 시효이익을 받는 당사자인 채무자가 소멸시효의 완성으로 채권을 상실하게 될 이 또는 그 대리인에 대하여 상대방의 권리 또는 자신의 채무가 있음을 알고 있다는 뜻을 표시함으로써 성립하며, 그 표시의 방법은 아무런 형식을 요구하지 아니하고 묵시적이건 명시적이건 묻지 아니한다. 또한 승인은 시효의 이익을 받는 이가 상대방의 권리 등의 존재를 인정하는 일방적 행위로서, 그 권리의 원인·내용이나 범위 등에 관한 구체적 사항을 확인하여야 하는 것은 아니고, 그에 있어서 채무자가 권리 등의 법적 성질까지 알고 있거나 권리 등의 발생원인을 특정하여야 할 필요는 없다고 할 것이다. 그리고 그와 같은 승인이 있는지 여부는 문제가 되는 표현행위의 내용·동기 및 경위, 당사자가 그 행위 등에 의하여 달성하려고 하는 목적과 진정한 의도 등을 종합적으로 고찰하여 사회정의와 형평의 이념에 맞도록 논리와 경험의 법칙, 그리고 사회일반의 상식에 따라 객관적이고 합리적으로 이루어져야 한다(대판 2012.10.25, 2012다45566).

→ 甲이 乙과의 명의신탁약정에 기하여 乙의 명의로 부동산을 매수하고 등기명의를 신탁하였으나 부동산 실권리자명의 등기에 관한 법률 제11조에서 정한 유예기간이 경과할 때까지 실명등기를 하지 않았는데, 그로부터 10년이 경과한 후에 위 부동산의 회복을 위하여 乙에 대하여 가지는 부당이득반환청구권을 근거로 위 부동산에 관한 소유권이전등기절차 이행을 구하는 소를 제기한 사안에서, 乙이 위 부동산이 甲과의 관계에서 자신의 소유가 아니라 甲의 소유임을 스스로 인정하는 것을 전제로 하여서만 취하였을 행태로서 관련 세금의 부담과 같은 재산적 지출을 甲에게 적극적으로 요청하는 등 甲의 대내적 소유권을 인정한 데에는 甲에 대하여 소유권등기를 이전·회복하여 줄 의무를 부담함을 알고 있다는 뜻이 묵시적으로 포함되어 표현되었다고 봄이 타당하므로, 그 후 乙이 甲의 반환요구를 거부하기 시작한 때까지는 위 부동산에 관한 소유권이전등기의무를 승인하였다고 할 것이어서 그 무렵까지 甲의 위 부동산에 관한 소유권이전등기청구권의 소멸시효는 중단되었음에도, 이와 달리 본 원심판결에 법리오해의 위법이 있다고 한 사례

### 시효중단사유로서의 채무승인의 방법

[1] 소멸시효 중단사유로서의 승인은 시효이익을 받을 당사자인 채무자가 소멸시효의 완성으로 권리를 상실하게 될 자 또는 그 대리인에 대하여 그 권리가 존재함을 인식하고 있다는 뜻을 표시함으로써 성립한다고 할 것이며, 그 표시의 방법은 아무런 형식을 요구하지 아니하고, 또한 명시적이건 묵시적이건 불문한다.

[2] 채권양수인이라고 주장하는 자가 채무자를 상대로 제기한 양수금 청구소송에서 채무자가 채권자로부터 채권을 양도한 사실이 없다는 취지의 진술서를 작성·교부받아 이를 증거로 제출하여 승소판결을 받은 경우, 채무자는 채권자로부터 위 진술서를 교부받음으로써 채무를 승인하였으므로 그 무렵 소멸시효가 중단되었다(대판 2000.4.25, 98다63193).

**판례연구** **관련판례 정리**

## 1. 응소에 관한 판례

### 1) 응소와 시효중단

민법 제 168조 제1호, 제170조 제1항에서 시효중단사유의 하나로 규정하고 있는 재판상의 청구라 함은, 통상적으로는 권리자가 원고로서 시효를 주장하는 자를 피고로 하여 소송물인 권리를 소의 형식으로 주장하는 경우를 가리키지만, 이와 반대로 시효를 주장하는 자(채무자)가 원고가 되어 소를 제기한 데 대하여 피고로서 응소하여 그 소송에서 적극적으로 권리를 주장하고 그것이 받아들여진 경우도 마찬가지로 이에 포함되는 것으로 해석함이 타당하다(대판 1993.12.21, 92다47861).

### 2) 물상보증인이 제기한 저당권말소등기청구에서 채권자 겸 저당권자의 응소

타인의 채무를 담보하기 위하여 자기의 물건에 담보권을 설정한 물상보증인은 채권자에 대하여 물적 유한책임을 지고 있어 그 피담보채권의 소멸에 의하여 직접 이익을 받는 관계에 있으므로 소멸시효의 완성을 주장할 수 있는 것이지만, 채권자에 대하여는 아무런 채무도 부담하고 있지 아니하므로, 물상보증인이 그 피담보채무의 부존재 또는 소멸을 이유로 제기한 저당권설정등기 말소등기절차이행청구소송에서 채권자 겸 저당권자가 청구기각의 판결을 구하고 피담보채권의 존재를 주장하였다고 하더라도 이로써 직접 채무자에 대하여 재판상 청구를 한 것으로 볼 수는 없는 것이므로 피담보채권의 소멸시효에 관하여 규정한 민법 제168조 제1호 소정의 '청구'에 해당하지 아니한다(대판 2004.1.16, 2003다30890).

### 3) 응소와 시효중단의 시기 및 주장(대판 2010.8.26, 2008다42416 · 42423)

⑴ 민법 제168조 제1호, 제170조 제1항에서 시효중단사유의 하나로 규정하고 있는 재판상의 청구라 함은, 통상적으로는 권리자가 원고로서 시효를 주장하는 자를 피고로 하여 소송물인 권리를 소의 형식으로 주장하는 경우를 가리키지만, 이와 반대로 시효를 주장하는 자가 원고가 되어 소를 제기한 데 대하여 피고로서 응소하여 그 소송에서 적극적으로 권리를 주장하고 그것이 받아들여진 경우도 이에 포함되고, 위와 같은 응소행위로 인한 시효중단의 효력은 피고가 현실적으로 권리를 행사하여 응소한 때에 발생한다. 한편, 권리자인 피고가 응소하여 권리를 주장하였으나 그 소가 각하되거나 취하되는 등의 사유로 본안에서 그 권리주장에 관한 판단 없이 소송이 종료된 경우에도 민법 제170조 제2항을 유추적용하여 그때부터 6개월 이내에 재판상의 청구 등 다른 시효중단조치를 취하면 응소시에 소급하여 시효중단의 효력이 있는 것으로 봄이 상당하다.

⑵ 응소행위에 대하여 소멸시효 중단의 효력을 인정하는 것은 그것이 권리 위에 잠자는 것이 아님을 표명한 것에 다름 아닐 뿐만 아니라 계속된 사실상태와 상용할 수 없는 다른 사정이 발생한 때로 보아야 한다는 것에 기인한 것이므로, 채무자가 반드시 소멸시효 완성을 원인으로 한 소송을 제기한 경우이거나 해당 소송이 아닌 전 소송 또는 다른 소송에서 그와 같은 권리주장을 한 경우이어야 할 필요는 없고, 나아가 변론주의 원칙상 피고가 응소행위를 하였다고 하여 바로 시효중단의 효과가 발생하는 것은 아니고 시효중단의 주장을 하여야 그 효력이 생기는 것이지만, 시효중단의 주장은 반드시 응소시에 할 필요는 없고 소멸시효기간이 만료된 후라도 사실심 변론종결 전에는 언제든지 할 수 있다.

## 2. 원인채권의 지급을 확보하기 위하여 어음이 수수된 경우의 문제

⑴ 원인채권의 지급을 확보하기 위한 방법으로 어음이 수수된 경우에 원인채권과 어음채권은 별개로서 채권자는 그 선택에 따라 권리를 행사할 수 있고, 원인채권에 기하여 청구를 한 것만으로는 어음채권 그 자체를 행사한 것으로 볼 수 없어 어음채권의 소멸시효를 중단시키지 못한다.

⑵ 원인채권의 지급을 확보하기 위한 방법으로 어음이 수수된 경우, 이러한 어음은 경제적으로 동일한 급부를 위하여 원인채권의 지급수단으로 수수된 것으로서 그 어음채권의 행사는 원인채권을 실현하기 위한 것일 뿐만 아니라, 원인채권의 소멸시효는 어음금 청구소송에 있어서 채무자의 인적항변 사유에 해당하는 관계로 채권자가 어음채권의 소멸시효를 중단하여 두어도 채무자의 인적항변에 따라 그 권리를 실현할 수 없게 되는 불합리한 결과가 발생하게 되므로, 채권자가 원인채권에 기하여 청구를 한 것이 아니라 어음채권에 기하여 청구를 하는 반대의 경우에는 원인채권의 소멸시효를 중단시키는 효력이 있다고 봄이 상당하고, 이러한 법리는 채권자가 어음채권을 피보전권리로 하여 채무자의 재산을 가압류함으로써 그 권리를 행사한 경우에도 마찬가지로 적용된다(대판 1999.6.11, 99다16378).

### 3. 일부청구와 시효중단

⑴ 청구부분이 특정될 수 있는 경우에 있어서의 일부청구는 나머지 부분에 대한 시효중단의 효력이 없고 나머지 부분에 관하여는 소를 제기하거나 그 청구를 확장(청구의 변경)하는 서면을 법원에 제출한 때에 비로소 시효중단의 효력이 생긴다(대판 1975.2.25, 74다1557).

⑵ 청구의 대상으로 삼은 채권 중 일부만을 청구한 경우에도 그 취지로 보아 채권 전부에 관하여 판결을 구하는 것으로 해석되는 경우에는 그 동일성의 범위 내에서 그 전부에 관하여 시효중단의 효력이 발생한다(대판 2001.9.28, 99다72521).

### 4. 최고에 관한 판례

⑴ ① 소멸시효제도 특히 시효중단제도는 그 제도의 취지에 비추어 볼 때 이에 관한 기산점이나 만료점은 원권리자를 위하여 너그럽게 해석하는 것이 상당하다 할 것이므로, 민법 제174조 소정의 시효중단사유로서의 최고에 있어서 채무이행을 최고받은 채무자가 그 이행의무의 존부 등에 대하여 조사를 해 볼 필요가 있다는 이유로 채권자에 대하여 그 이행의 유예를 구한 경우에는 채권자가 그 회답을 받을 때까지는 최고의 효력이 계속된다고 보아야 하고, 따라서 같은 조에 규정된 6개월의 기간은 채권자가 채무자로부터 회답을 받은 때로부터 기산되는 것이라고 해석하여야 할 것이다(대판 2006.6.16, 2005다25632). 그러나 ② 채무이행을 최고받은 채무자가 채권자에 대하여 그 이행의 유예를 구한 경우가 아니라면 특별한 사정이 없는 한 민법 제174조에 규정된 6개월의 기간은 최고가 있은 때부터 기산되는 것이라고 보아야 하고, 이때 채무자가 채권자에 대하여 그 이행의 유예를 구하였는지에 관한 증명책임은 시효중단의 효력을 주장하는 채권자에게 있다고 할 것이다(대판 2014.12.24, 2012다35620).

⑵ 채권자가 채무자의 제3채무자에 대한 채권을 압류 또는 가압류한 경우에 채무자에 대한 채권자의 채권에 관하여 시효중단의 효력이 생긴다(註: 채무자에 대한 통지를 전제로 함 - 제176조)고 할 것이나, 압류 또는 가압류된 채무자의 제3채무자에 대한 채권에 대하여는 민법 제168조 제2호 소정의 소멸시효 중단사유에 준하는 확정적인 시효중단의 효력이 생긴다고 할 수 없다. 소멸시효 중단사유의 하나로서 민법 제174조가 규정하고 있는 최고는 채무자에 대하여 채무이행을 구한다는 채권자의 의사통지(준법률행위)로서, 이에는 특별한 형식이 요구되지 아니할 뿐 아니라 행위 당시 당사자가 시효중단의 효과를 발생시킨다는 점을 알거나 의욕하지 않았다 하더라도 이로써 권리 행사의 주장을 하는 취지임이 명백하다면 최고에 해당하는 것으로 보아야 할 것이므로, 채권자가 확정판결에 기한 채권의 실현을 위하여 채무자의 제3채무자에 대한 채권에 관하여 압류 및 추심명령을 받아 그 결정이 제3채무자에게 송달이 되었다면 거기에 소멸시효 중단사유인 최고로서의 효력을 인정하여야 한다(대판 2003.5.13, 2003다16238).

(3) 재산관계명시절차는 특정 목적물에 대한 구체적 집행행위 또는 보전처분의 실행을 내용으로 하는 압류 또는 가압류, 가처분과 달리 어디까지나 집행 목적물을 탐지하여 강제집행을 용이하게 하기 위한 강제집행의 보조절차 내지 부수절차 또는 강제집행의 준비행위와 강제집행 사이의 중간적 단계의 절차에 불과하다고 볼 수밖에 없으므로, 민법 제168조 제2호 소정의 소멸시효 중단사유인 압류 또는 가압류, 가처분에 준하는 효력까지 인정될 수는 없고, 따라서 재산관계명시결정에 의한 소멸시효 중단의 효력은 그로부터 6개월 내에 다시 소를 제기하거나 압류 또는 가압류, 가처분을 하는 등 민법 제174조에 규정된 절차를 속행하지 아니하는 한 상실되는 것으로 보는 것이 옳다(대판 2001.5.29, 2000다32161).

(4) 최고를 여러 번 거듭하다가 재판상청구 등을 한 경우에 시효중단의 효력은 항상 최초의 최고시에 발생하는 것이 아니라 재판상청구 등을 한 시점을 기준으로 하여 이로부터 소급하여 6개월 이내에 한 최고시에 발생한다(대판 1983.7.12, 83다카437).

(5) 소송고지의 요건이 갖추어진 경우에 그 소송고지서에 고지자가 피고지자에 대하여 채무의 이행을 청구하는 의사가 표명되어 있으면 민법 제174조에 정한 시효중단사유로서의 최고의 효력이 인정된다. 시효중단제도는 그 제도의 취지에 비추어 볼 때 이에 관한 기산점이나 만료점은 원권리자를 위하여 너그럽게 해석하는 것이 상당한데, 소송고지로 인한 최고의 경우 보통의 최고와는 달리 법원의 행위를 통하여 이루어지는 것으로서, 그 소송에 참가할 수 있는 제3자를 상대로 소송고지를 한 경우에 그 피고지자는 그가 실제로 그 소송에 참가하였는지 여부와 관계없이 후일 고지자와의 소송에서 전소 확정판결에서의 결론의 기초가 된 사실상·법률상의 판단에 반하는 것을 주장할 수 없어 그 소송의 결과에 따라서는 피고지자에 대한 참가적 효력이라는 일정한 소송법상의 효력까지 발생함에 비추어 볼 때, 고지자로서는 소송고지를 통하여 해당 소송의 결과에 따라 피고지자에게 권리를 행사하겠다는 취지의 의사를 표명한 것으로 볼 것이므로, 해당 소송이 계속 중인 동안은 최고에 의하여 권리를 행사하고 있는 상태가 지속되는 것으로 보아 민법 제174조에 규정된 6개월의 기간은 해당 소송이 종료된 때부터 기산되는 것으로 해석하여야 한다(대판 2009.7.9, 2009다14340).

(6) 소송고지에 의한 최고는 보통의 최고와는 달리 법원의 행위를 통하여 이루어지는 것이므로 만일 법원이 소송고지서의 송달사무를 우연한 사정으로 지체하는 바람에 소송고지서의 송달 전에 시효가 완성된다면 고지자가 예상치 못한 불이익을 입게 된다는 점 등을 고려하면, 소송고지에 의한 최고의 경우에는 민사소송법 제265조를 유추적용하여 당사자가 소송고지서를 법원에 제출한 때(고지서가 상대방에게 도달한 때가 아님)에 시효 중단의 효력이 발생한다고 봄이 상당하다(대판 2015.5.14, 2014다16494).

## 5. 채권양도통지를 제척기간의 준수에 필요한 재판 외의 권리행사로 볼 수 있는지 여부(소극)(대판 2012.3.22, 2010다28840)

(1) 채권양도의 통지는 그 양도인이 채권이 양도되었다는 사실을 채무자에게 알리는 것에 그치는 행위이므로, 그것만으로 제척기간의 준수에 필요한 권리의 재판 외 행사에 해당한다고 할 수 없다.

(2) 따라서 집합건물인 아파트의 입주자대표회의가 스스로 하자담보추급에 의한 손해배상청구권을 가짐을 전제로 하여 직접 아파트의 분양자를 상대로 손해배상청구 소송을 제기하였다가, 그 소송계속 중에 정당한 권리자인 구분소유자들로부터 그 손해배상채권을 양도받고 분양자에게 그 통지가 마쳐진 후 그에 따라 소를 변경한 경우에는, 그 채권양도통지에 채권양도의 사실을 알리는 것 외에 그 이행을 청구하는 뜻이 별도로 덧붙여지거나 그 밖에 구분소유자들이 재판 외에서 그 권리를 행사하였다는 등의 특별한 사정이 없는 한, 위 손해배상청구권은 입주자대표회의가 위와 같이 소를 변경한 시점에 비로소 행사된 것으로 보아야 할 것이다(대판 2008.12.11, 2008다2439 등 참조).

→ 다수의견은 채권양도의 통지는 이행청구와는 법적 성질을 달리하는 것이므로 그 채권양도통지에 이행청구를 하는 뜻이 덧붙여져 있다는 등의 특별한 사정이 있을 경우에 한하여 제척기간이 준수된 것으로 볼 수 있다는 취지이다.

## 6. 기타 판례 사례

(1) 저당권의 행사는 피담보채권의 시효중단사유가 아니지만, 저당권설정청구권의 행사는 피담보채권의 시효중단사유가 된다(대판 2004.2.13, 2002다7213). → 원고의 근저당권설정등기청구권의 행사는 그 피담보채권이 될 금전채권의 실현을 목적으로 하는 것으로서, 근저당권설정등기청구의 소에는 그 피담보채권이 될 채권의 존재에 관한 주장이 당연히 포함되어 있는 것이고, 피고로서도 원고가 원심에 이르러 금전지급을 구하는 청구를 추가하기 전부터 피담보채권이 될 금전채권의 소멸을 항변으로 주장하여 그 채권의 존부에 관한 실질적 심리가 이루어져 그 존부가 확인된 이상, 그 피담보채권이 될 채권으로 주장되고 심리된 채권에 관하여는 근저당권설정등기청구의 소 제기에 의하여 피담보채권이 될 채권에 관한 권리의 행사가 있은 것으로 볼 수 있으므로, 근저당권설정등기청구의 소의 제기는 그 피담보채권의 재판상의 청구에 준하는 것으로서 피담보채권에 대한 소멸시효 중단의 효력을 생기게 한다고 봄이 상당하다.

(2) 대항요건을 갖추지 못하여 채무자에게 대항하지 못한다고 하더라도 채권의 양수인이 채무자를 상대로 재판상의 청구를 하였다면 이는 소멸시효 중단사유인 재판상의 청구에 해당한다(대판 2005.11.10, 2005다41818).

(3) 소멸시효의 중단사유로서의 승인은 시효이익을 받을 당사자인 채무자가 그 권리의 존재를 인식하고 있다는 뜻을 표시함으로써 성립하는 것이므로 이는 소멸시효의 진행이 개시된 이후에만 가능하고 그 이전에 승인을 하더라도 시효가 중단되지는 않는다고 할 것이고, 또한 현존하지 아니하는 장래의 채권을 미리 승인하는 것은 채무자가 그 권리의 존재를 인식하고서 한 것이라고 볼 수 없어 허용되지 않는다고 할 것이다(대판 2001.11.9, 2001다52568).

(4) 시효완성 전에 채무의 일부를 변제한 경우에는, 그 수액에 관하여 다툼이 없는 한 채무승인으로서의 효력이 있어 시효중단의 효과가 발생한다(대판 1996.1.23, 95다39854).

(5) 채무자가 소멸시효 완성 후 채무를 일부 변제한 때에는 그 액수에 관하여 다툼이 없는 한 그 채무 전체를 묵시적으로 승인한 것으로 보아야 하고, 이 경우 시효완성의 사실을 알고 그 이익을 포기한 것으로 추정되므로, 소멸시효가 완성된 채무를 피담보채무로 하는 근저당권이 실행되어 채무자 소유의 부동산이 경락되고 그 대금이 배당되어 채무의 일부 변제에 충당될 때까지 채무자가 아무런 이의를 제기하지 아니하였다면, 경매절차의 진행을 채무자가 알지 못하였다는 등 다른 특별한 사정이 없는 한, 채무자는 시효완성의 사실을 알고 그 채무를 묵시적으로 승인하여 시효의 이익을 포기한 것으로 보아야 한다고 한다(대판 2001.6.12, 2001다3580). → 그리고 이 경우 소멸시효 이익의 포기는 가분채무 일부에 대하여도 가능하다. 즉 경매절차에서 채무자인 甲주식회사가 소멸시효가 완성된 근저당권부 채권을 가진 乙이 배당받는 데 대하여 이의를 제기하지 않은 경우, 甲회사의 다른 채권자인 丙이 甲회사를 대위하여 이의를 제기한 부분을 제외한 나머지 채권에 대하여는 甲회사가 시효이익을 포기한 것으로 보아야 하므로, 그 부분 배당액과 관련하여 乙이 부당이득을 취득한 것은 아니다(대판 2012.5.10, 2011다109500).

(6) 동일한 채권자와 채무자 사이에 다수의 채권이 존재하는 경우 채무자가 변제를 충당하여야 할 채무를 지정하지 않고 모든 채무를 변제하기에 부족한 금액을 변제한 때에는 특별한 사정이 없는 한 그 변제는 모든 채무에 대한 승인으로서 소멸시효를 중단하는 효력을 가진다. 채무자는 자신이 계약당사자로 있는 다수의 계약에 기초를 둔 채무들이 존재한다는 사실을 인식하고 있는 것이 통상적이므로, 변제 시에 충당할 채무를 지정하지 않고 변제를 하였으면 특별한 사정이 없는 한 다수의 채무 전부에 대하여 그 존재를 알고 있다는 것을 표시했다고 볼 수 있기 때문이다(대판 2021.9.30, 2021다239745).

## Ⅲ 시효중단의 효력

### 1. 기본적 효과

**1)** 시효가 중단되면 그때까지 경과한 시효기간은 그 효력을 잃고 산입하지 않는다(제178조).

**2)** 시효가 중단된 후에는 중단사유가 종료된 때부터 다시 새로운 시효기간이 진행하는데, 그 구체적인 진행시기는 ① 재판상 청구로 중단된 때에는 재판이 확정된 때부터(제178조 제2항), ② 압류, 가압류, 가처분으로 중단된 때에는 그 절차가 종료한 때부터, ③ 승인으로 중단된 때에는 승인이 상대방에게 도달한 때부터 진행한다고 봄이 일반적이다.

### 2. 시효중단의 인적 범위

### 1) 원칙

시효중단의 효력은 당사자 및 그 승계인 사이에서만 발생한다(제169조). 승계인에는 포괄승계인과 특정승계인을 포함하지만 시효중단사유 발생 전의 승계인은 포함하지 않는다.

> **판례**
>
> **시효중단의 효력이 미치는 당사자 및 승계인의 의미**
>
> [1] 민법 제169조는 시효중단의 효력이 당사자 및 그 승계인 간에 미친다고 규정하고 있다. 여기서 당사자라 함은 중단행위에 관여한 당사자를 가리키고 시효의 대상인 권리 또는 청구권의 당사자는 아니며, 승계인이라 함은 시효중단에 관여한 당사자로부터 중단의 효과를 받는 권리 또는 의무를 그 중단 효과 발생 이후에 승계한 자를 뜻하고 포괄승계인은 물론 특정승계인도 이에 포함된다(대판 1997.4.25, 96다46484 등 참조). 대법원은 집합건물의 관리회사인 원고가 전 구분소유자를 상대로 관리비의 지급을 구하는 소를 제기하여 승소판결을 받은 이후에 피고가 그 전유부분에 관한 구분소유권을 취득함으로써 전 구분소유자의 공용부분 체납관리비채무를 인수한 사안에서, 피고는 전 구분소유자로부터 시효중단의 효과를 받는 체납관리비납부의무를 그 중단 효과 발생 이후에 승계한 자에 해당하여 피고에게도 시효중단의 효력이 미친다고 보아, 이와 달리 민법 제169조에서 정한 시효중단의 효력을 받는 승계인에 중첩적 채무인수인은 포함되지 아니한다는 이유로 원고의 소멸시효 중단 주장을 배척한 원심판결을 파기하였다(대판 2015.5.28, 2014다81474).
>
> [2] 손해배상청구권의 공동상속인 중 1인이 자기의 상속분을 행사하여 승소판결을 얻었더라도 다른 공동상속인이 상속분에까지 시효중단의 효력이 미치는 것은 아니며, 공유자의 1인이 보존행위로서 한 재판상 청구로 인한 취득시효의 중단의 효력은 다른 공유자에게는 미치지 않는다(대판 1979.6.26, 79다639).

## 2) 예외

다음의 경우 시효중단의 효력이 미치는 인적 범위가 확대된다. ① 물상보증인 재산에 대한 압류는 이를 채무자에게 통지하여야 채무자에 대해서도 시효가 중단된다(제176조). ② 연대채무자 중 1인에 대한 이행청구는 다른 연대채무자에게도 효력이 있다(제416조). ③ 주채무자에 대한 시효중단은 보증인에게도 미친다(제440조). ④ 요역지 공유자의 1인에 의한 지역권의 소멸시효의 중단 또는 정지는 다른 공유자에 대해서도 효력이 있다(제296조).

## 제2관 소멸시효의 정지

**제179조【제한능력자의 시효정지】**
소멸시효의 기간만료 전 6개월 내에 제한능력자에게 법정대리인이 없는 경우에는 그가 능력자가 되거나 법정대리인이 취임한 때부터 6개월 내에는 시효가 완성되지 아니한다.

**제180조【재산관리자에 대한 제한능력자의 권리, 부부 사이의 권리와 시효정지】**
① 재산을 관리하는 아버지, 어머니 또는 후견인에 대한 제한능력자의 권리는 그가 능력자가 되거나 후임 법정대리인이 취임한 때부터 6개월 내에는 소멸시효가 완성되지 아니한다.
② 부부 중 한쪽이 다른 쪽에 대하여 가지는 권리는 혼인관계가 종료된 때부터 6개월 내에는 소멸시효가 완성되지 아니한다.

**제181조【상속재산에 관한 권리와 시효정지】**
상속재산에 속한 권리나 상속재산에 대한 권리는 상속인의 확정, 관리인의 선임 또는 파산선고가 있는 때부터 6개월 내에는 소멸시효가 완성하지 아니한다.

**제182조【천재 기타 사변과 시효정지】**
천재 기타 사변으로 인하여 소멸시효를 중단할 수 없을 때에는 그 사유가 종료한 때부터 1개월 내에는 시효가 완성하지 아니한다.

⑴ 소멸시효의 **정지**는 시효가 거의 완성될 무렵에 권리자가 중단행위를 할 수 없거나 극히 곤란한 사정이 있는 경우에 시효의 완성을 일정한 기간 동안 유예하는 것을 말한다.

⑵ 시효의 정지에 있어서는 일정한 사유(정지사유)가 존재하는 동안 시효는 일시 진행을 정지하고 그 사유가 없어지면 다시 '나머지 시효기간'이 진행한다. 이 점에서 이미 경과한 시효기간이 없었던 것으로 보아 새로이 시효가 진행하는 시효중단과 다르다.

## **04** 소멸시효 완성의 효력

### Ⅰ 시효완성의 효과

**제167조 【소멸시효의 소급효】**
소멸시효는 그 기산일에 소급하여 효력이 생긴다.

**제183조 【종속된 권리에 대한 소멸시효의 효력】**
주된 권리의 소멸시효가 완성한 때에는 종속된 권리에 그 효력이 미친다.

### 1. 시효완성의 원용이 필요한지 여부

민법 제162조에서는 소멸시효의 효과에 관하여 "… 소멸시효가 완성한다."고만 규정하고 있을 뿐이고 그 구체적인 효과에 관해서는 침묵하고 있다. 이에 그 의미에 대해서 견해가 대립하고 있는데, 판례는 대체로 절대적 소멸설의 입장에 서 있다. 즉 시효기간이 경과하면 소멸시효 완성의 원용이 없어도 그 권리는 당연히 소멸하지만, 현행 민사소송법이 변론주의를 취하고 있으므로 소멸시효의 이익을 받을 자가 소송상의 공격방어방법으로 주장하지 않는 한 법원은 이를 고려할 수 없다는 입장이다.

[판례]

**소멸시효 완성의 효과와 원용**
신민법상 당사자의 원용이 없어도 시효완성의 사실로서 채무는 당연히 소멸하고, 다만 소멸시효의 이익을 받는 자가 소멸시효 이익을 받겠다는 뜻을 항변하지 않는 이상 그 의사에 반하여 재판할 수 없을 뿐이다(대판 1979.2.13, 78다2157).

**채권자가 동일한 목적을 달성하기 위하여 복수의 채권을 가지고 있더라도 그 선택에 따라 어느 하나의 채권만을 행사하는 것이 명백한 경우, 채무자의 소멸시효 완성 항변 취지의 해석**(대판 2013.2.15, 2012다68217)
채권자가 동일한 목적을 달성하기 위하여 복수의 채권을 가지고 이를 행사하는 경우 각 채권이 발생시기와 발생원인 등을 달리하는 별개의 채권인 이상 별개의 소송물에 해당하므로, 이에 대하여 채무자가 소멸시효 완성의 항변을 하는 경우에 그 항변에 의하여 어떠한 채권을 다투는 것인지 특징하여야 하고 그와 같이 특정된 항변에는 특별한 사정이 없는 한 청구원인을 달리하는 채권에 대한 소멸시효 완성의 항변까지 포함된 것으로 볼 수는 없다(대판 1998.5.29, 96다51110 참조). 그러나 채권자가 동일한 목적을 달성하기 위하여 복수의 채권을 가지고 있더라도 그 선택에 따라 어느 하나의 채권만을 행사하는 것이 명백한 경우라면 채무자의 소멸시효 완성의 항변은 채권자가 행사하는 해당 채권에 대한 항변으로 봄이 상당하다. 그리고 어떤 권리의 소멸시효기간이 얼마나 되는지에 관한 주장은 단순한 법률상의 주장에 불과하므로 변론주의의 적용대상이 되지 않고 법원이 직권으로 판단할 수 있다(대판 2008.3.27, 2006다70929·70936 등 참조).

→ 원고의 채무불이행으로 인한 손해배상청구권에 대한 소멸시효 항변은 불법행위로 인한 손해배상청구권에 대한 소멸시효 항변을 포함한 것으로 볼 수는 없다(대판 1998.5.29, 96다51110 등). 그러나 원고의 원인채권(상사채권)과 어음채권의 선택적 행사가 가능한 경우, 그 선택에 따라 어느 하나의 채권만을 행사하는 것이 명백한 경우라면 채무자의 소멸시효 완성의 항변은 채권자가 행사하는 해당 채권에 대한 항변으로 봄이 상당하다는 것이다. 따라서 원고의 대여금청구에 대해 피고가 어음법상 3년의 소멸시효기간을 주장한 경우 대여금채권에 대한 소멸시효 완성 여부를 가려 보지도 아니한 채 어음금 청구임을 전제로 한 어음시효 항변은 이유 없다는 이유로 피고의 항변을 배척한다면 위법한 판결에 해당한다.

## 2. 시효원용권자

**1)** 소멸시효를 원용할 수 있는 자는 권리의 시효소멸로 인하여 직접 이익을 받는 자, 즉 직접수익자로 한정된다. 채무자는 당연히 여기에 해당한다.

**2)** 직접수익자가 수인이면 그 전원이 독자적인 시효원용권을 가지므로, 그들 중 일부가 시효이익을 포기하더라도 이는 채권자와 그 시효원용권자 사이에서만 효력이 있을 뿐이어서(상대적 효력), 다른 시효원용권자는 독자적으로 시효완성을 원용할 수 있다(대판 1995.7.11, 95다12446).

**판례연구 관련판례 정리**

**원용권자에 관한 판례 정리**

**1. 채권담보목적 가등기가 설정된 부동산을 양수한 제3자**

채권담보의 목적으로 매매예약의 형식을 빌어 소유권이전청구권 보전을 위한 가등기가 경료된 부동산을 양수하여 소유권이전등기를 마친 제3자는 해당 가등기담보권의 피담보채권의 소멸에 의하여 직접 이익을 받는 자라 할 것이므로, 그 피담보채권에 관하여 소멸시효가 완성된 경우 이를 **원용할 수 있다**(대판 1995.7.11, 95다12446).

**2. 후순위 담보권자**

후순위 담보권자는 선순위 담보권의 피담보채권이 소멸하면 담보권의 순위가 상승하고 이에 따라 피담보채권에 대한 배당액이 증가할 수 있지만, 이러한 배당액 증가에 대한 기대는 담보권의 순위 상승에 따른 반사적 이익에 지나지 않는다. 후순위 담보권자는 선순위 담보권의 피담보채권 소멸로 직접 이익을 받는 자에 해당하지 않아 선순위 담보권의 피담보채권에 관한 소멸시효가 완성되었다고 주장할 수 없다고 보아야 한다(대판 2021.2.5, 2016다232597).

**3. 채무자의 일반채권자**

채무자에 대한 일반채권자는 자기의 채권을 보전하기 위하여 필요한 한도 내에서 채무자를 대위하여 채무자에 대한 다른 채권자의 채권의 소멸시효를 주장할 수 있을 뿐, 채권자의 지위에서 **독자적으로** 다른 채권자의 채권의 **소멸시효를 주장할 수 없다**(대판 1997.12.26, 97다22676; 대판 2012.5.10, 2011다109500).

### 4. 채권자대위권행사의 제3채무자

채권자대위권의 행사에서 제3채무자는 채무자가 채권자에 가지는 항변으로 대항할 수 없고, 채권의 소멸시효가 완성된 경우 이를 원용할 수 있는 자는 원칙적으로는 시효이익을 직접 받는 자뿐이므로 제3채무자는 이를 행사할 수 없다(대판 1998.12.8, 97다31472).

### 5. 채권자취소소송에서의 수익자

사해행위취소소송의 상대방이 된 사해행위의 수익자도 사해행위가 취소되면 사해행위에 의하여 얻은 이익을 상실하고 사해행위취소권을 행사하는 채권자의 채권이 소멸하면 그와 같은 이익의 상실을 면하는 지위에 있으므로, 그 채권의 소멸에 의하여 직접 이익을 받는 자에 해당한다(대판 2007.11.29, 2007다54849).

## 3. 시효완성효과의 범위

### 1) 시적 범위 – 소급효

(1) 소멸시효가 완성되면 그로 인한 권리소멸의 효과는 그 **기산일에 소급**하여 효력이 생긴다(제167조). 따라서 채권이 시효소멸하면 기산일 이후의 이자나 지연손해금 등도 지급할 필요가 없다(통설).

(2) 다만 시효소멸하는 채권이 그 소멸시효가 완성하기 전에 상계할 수 있었던 것이면 채권자는 상계를 할 수 있다(제495조).

### 2) 물적 범위

주된 권리의 소멸시효가 완성한 때에는 종속된 권리에 그 효력이 미친다(제183조).

① 가령 원본채권이 시효로 소멸하면 이자채권도 역시 시효로 소멸한다. 대법원은 이자 또는 지연손해금은 채권인 원본의 존재를 전제로 그에 대응하여 일정한 비율로 발생하는 종된 권리인데, 하나의 금전채권의 원금 중 일부가 변제된 후 나머지 원금에 대하여 소멸시효가 완성된 경우, 가분채권인 금전채권의 성질상 변제로 소멸한 원금 부분과 소멸시효 완성으로 소멸한 원금 부분을 구분하는 것이 가능하고, 이 경우 원금에 종속된 권리인 이자 또는 지연손해금 역시 변제로 소멸한 원금 부분에서 발생한 것과 시효완성으로 소멸한 원금 부분에서 발생한 것으로 구분하는 것이 가능하므로, 소멸시효 완성의 효력은 소멸시효가 완성된 원금 부분으로부터 그 완성 전에 발생한 이자 또는 지연손해금에는 미치나, 변제로 소멸한 원금 부분으로부터 그 변제 전에 발생한 이자 또는 지연손해금에는 미치지 않는다고 한다(대판 2008.3.14, 2006다2940).

② **본래의 채권이 시효로 소멸한 경우, 손해배상채권도 함께 소멸한다.** 채무불이행으로 인한 손해배상채권은 본래의 채권이 확장된 것이거나 본래의 채권의 내용이 변경된 것이므로 본래의 채권과 동일성을 가진다. 따라서 본래의 채권이 시효로 소멸한 때에는 손해배상채권도 함께 소멸한다(대판 2018.2.28, 2016다45779).

## Ⅱ 시효이익의 포기

> **제184조【시효의 이익의 포기 기타】**
> ① 소멸시효의 이익은 미리 포기하지 못한다.
> ② 소멸시효는 법률행위에 의하여 이를 배제, 연장 또는 가중할 수 없으나 이를 단축 또는 경감할 수 있다.

### 1. 의의

시효이익의 포기란 시효완성으로 인한 법적 이익을 받지 않겠다고 하는 효과의사를 필요로 하는 의사표시로서 상대방의 동의를 요하지 않는 상대방 있는 단독행위이고, 처분행위에 해당한다. 시효이익 포기의 의사표시가 존재하는지의 판단은 표시된 행위 내지 의사표시의 내용과 동기 및 경위, 당사자가 의사표시 등에 의하여 달성하려고 하는 목적과 진정한 의도 등을 종합적으로 고찰하여 사회정의와 형평의 이념에 맞도록 논리와 경험의 법칙, 그리고 사회일반의 상식에 따라 객관적이고 합리적으로 이루어져야 한다(대판 2013.2.28, 2011다21556; 대판 2017.7.11, 2014다32458).

### 2. 시효완성 전 포기의 금지

소멸시효의 이익은 시효완성 전에는 미리 포기하지 못한다(제184조 제1항). 따라서 사전의 시효이익의 포기는 효력이 없으나, 경우에 따라서는 시효중단사유로서의 승인의 효력은 인정될 수 있다.

### 3. 시효완성 후의 포기

#### 1) 의의

제184조 제1항의 반대해석상, 소멸시효 완성 후에 시효이익을 포기하는 것은 허용된다.

## 2) 요건 및 방법

(1) 포기는 처분행위이므로 처분능력과 처분권은 있어야 하고, 시효완성사실을 알면서 하여야 한다. 판례는 채무자가 시효완성 후 채무의 승인을 한 때에는 시효완성의 사실을 알고 그 이익을 포기한 것으로 추정할 수 있다고 하였다(대판 1965.11.30, 65다1996).

(2) 시효완성의 이익 포기의 의사표시를 할 수 있는 자는 시효완성의 이익을 받을 당사자 또는 그 대리인에 한정되고, 그 밖의 제3자가 시효완성의 이익 포기의 의사표시를 하였다 하더라도 이는 시효완성의 이익을 받을 자에 대한 관계에서 아무 효력이 없다(대판 2014.1.23, 2013다64793).

(3) 시효이익의 포기는 보통의 의사표시와 같이 명시적 또는 묵시적으로 할 수 있고, 재판 외에서도 가능하다. 시효완성 후에 변제기한의 유예요청이나 채무의 승인을 한 경우에 시효이익을 포기한 것으로 해석한다. 그러나 제소기간 연장에 동의한 것은 시효이익의 포기가 아니다(대판 1987.6.23, 86다카2107).

---

**판례연구** **관련판례 정리**

### 1. 묵시적 시효이익의 포기

#### 1) 채무의 일부변제
채무자가 소멸시효 완성 후 채무를 일부 변제한 때에는 그 액수에 관하여 다툼이 없는 한 그 채무 전체를 묵시적으로 승인한 것으로 보아야 하고, 이 경우 시효완성의 사실을 알고 그 이익을 포기한 것으로 추정되므로, 소멸시효가 완성된 채무를 피담보채무로 하는 근저당권이 실행되어 채무자 소유의 부동산이 경락되고 그 대금이 배당되어 채무의 일부 변제에 충당될 때까지 채무자가 아무런 이의를 제기하지 아니하였다면, 경매절차의 진행을 채무자가 알지 못하였다는 등 다른 특별한 사정이 없는 한, 채무자는 시효완성의 사실을 알고 그 채무를 묵시적으로 승인하여 시효의 이익을 포기한 것으로 보아야 한다(대판 2001.6.12, 2001다3580; 대판 2012.5.10, 2011다109500).

#### 2) 기한유예의 요청
채권의 소멸시효가 완성된 후에 채무자가 그 기한의 유예를 요청하였다면 그때에 소멸시효의 이익을 포기한 것으로 보아야 한다(대판 1965.12.28, 65다2133).

#### 3) 채무승인
(1) 시효완성 후에 채무를 승인을 한 때에는 시효완성의 사실을 알고 그 이익을 포기한 것이라고 추정할 수 있다(대판 1967.2.7, 66다2173).

(2) 소멸시효 중단사유로서의 채무승인은 시효이익을 받는 당사자인 채무자가 소멸시효의 완성으로 채권을 상실하게 될 자에 대하여 상대방의 권리 또는 자신의 채무가 있음을 알고 있다는 뜻을 표시함으로써 성립하는 이른바 관념의 통지로 여기에 어떠한 효과의사가 필요하지 않다. 이에 반하여 시효완성 후 시효이익의 포기가 인정되려면 시효이익을 받는 채무자가 시효의 완성으로 인한 법적인 이익을 받지 않겠다는 효과의사가 필요하기 때문에 시효완성 후 소멸시효 중단사유에 해당하는 채무의 승인이 있었다 하더라도 그것만으로는 곧바로 소멸시효 이익의 포기라는 의사표시가 있었다고 단정할 수 없다(대판 2013.2.28, 2011다21556).

### 2. 일부변제

⑴ 일부변제는 액수에 다툼이 없는 한 시효완성 전에는 전부에 대한 시효중단이 되고, 시효완성 후에는 전부에 대한 시효이익의 포기로 해석된다(대판 2001.6.12, 2001다3580).

⑵ 동일 당사자 간에 계속적인 거래로 ① 「같은 종류를 목적으로 하는 수개의 채권관계가 성립되어 있는 경우」에 채무자가 특정채무를 지정하지 아니하고 그 일부의 변제를 한 때에도 다른 특별한 사정이 없다면 잔존 채무에 대하여도 승인을 한 것으로 보아 시효중단이나 포기의 효력을 인정할 수 있을 것이나, ② 「그 채무가 별개로 성립되어 독립성을 갖고 있는 경우」에는 일률적으로 그렇게만 해석할 수는 없을 것이고, 특히 채무자가 근저당권설정등기를 말소하기 위하여 피담보채무를 변제하는 경우에는 특별한 사정이 없는 한 피담보채무가 아닌 별개의 채무에 대하여서까지 채무를 승인하거나 소멸시효의 이익을 포기한 것이라고 볼 수는 없다(대판 2014.1.23, 2013다64793).

⑶ 원금채무에 관하여는 소멸시효가 완성되지 아니하였으나 이자채무에 관하여는 소멸시효가 완성된 상태에서 채무자가 채무를 일부 변제한 때에는 액수에 관하여 다툼이 없는 한 원금채무에 관하여 묵시적으로 승인하는 한편 이자채무에 관하여 시효완성의 사실을 알고 그 이익을 포기한 것으로 추정되며, 채무자의 변제가 채무 전체를 소멸시키지 못하고 당사자가 변제에 충당할 채무를 지정하지 아니한 때에는 민법 제479조, 제477조에 따른 법정변제충당의 순서에 따라 충당되어야 한다(대판 2013. 5.23, 2013다12464).

⑷ 채무자가 소멸시효 완성 후에 채권자에 대하여 채무 일부를 변제함으로써 시효의 이익을 포기한 경우에는 그때부터 새로이 소멸시효가 진행한다(대판 2013.5.23, 2013다12464).

## 3) 효과

⑴ 시효이익의 포기는 다른 사람에게는 영향을 미치지 않는다(상대적 효력). 따라서 시효이익을 받을 자가 여러 사람이 있는 경우에 그 중 1인이 포기하더라도 그 효과는 다른 사람에게 미치지 않는다. 예컨대 주채무자가 시효이익을 포기하더라도 보증인이나 물상보증인에게는 그 효과가 미치지 않는다.

판례

**담보가등기가 경료된 부동산을 양수한 제3취득자와의 관계**

채무자가 이미 그 담보가등기에 기한 본등기를 경료하여 시효이익을 포기한 것으로 볼 수 있다고 하더라도 그 시효이익의 포기는 상대적 효과가 있음에 지나지 아니하므로 채무자 이외의 이해관계자에 해당하는 담보 부동산의 양수인으로서는 여전히 독자적으로 소멸시효를 원용할 수 있다(대판 1995.7.11, 95다12446).

**시효이익을 이미 포기한 자와의 법률관계를 통하여 비로소 시효이익을 원용할 이해관계를 형성한 자가 이미 이루어진 시효이익 포기의 효력을 부정할 수 있는지 여부**(소극)

소멸시효 이익의 포기는 상대적 효과가 있을 뿐이어서 다른 사람에게는 영향을 미치지 아니함이 원칙이나, 소멸시효 이익의 포기 당시에는 권리의 소멸에 의하여 직접 이익을 받을 수 있는 이해관계를 맺은 적이 없다가 나중에 시효이익을 이미 포기한 자와의 법률관계를 통하여 비로소 시효이익을 원용할 이해관계를 형성한 자는 이미 이루어진 시효이익 포기의 효력을 부정할 수 없다. 왜냐하면, 시효이익의 포기에 대하여 상대적인 효과만을 부여하는 이유는 포기 당시에 시효이익을 원용할 다수의 이해관계인이 존재하는 경우 그들의 의사와는 무관하게 채무자 등 어느 일방의 포기 의사만으로 시효이익을 원용할 권리를 박탈당하게 되는 부당한 결과의 발생을 막으려는 데 있는 것이지, 시효이익을 이미 포기한 자와의 법률관계를 통하여 비로소 시효이익을 원용할 이해관계를 형성한 자에게 이미 이루어진 시효이익 포기의 효력을 부정할 수 있게 하여 시효완성을 둘러싼 법률관계를 사후에 불안정하게 만들자는 데 있는 것은 아니기 때문이다(대판 2015.6.11, 2015다200227).

(2) 채무자가 소멸시효 완성 후에 채권자에 대하여 채무를 승인함으로써 그 시효의 이익을 포기한 경우에는 그때부터 새로이 소멸시효가 진행한다(대판 2009.7.9, 2009다14340).

## Ⅲ 소멸시효의 항변과 신의칙 위반

채무자의 행동 등 여러 사정에 비추어 채권자가 객관적으로 권리를 행사할 수 없다고 볼 특별한 사정이 있는 경우, 채무자가 소멸시효의 완성을 주장하는 것은 신의칙에 반하는 권리남용이므로 허용될 수 없다. 대법원도 채무자가 시효완성 전에 채권자의 권리행사나 시효중단을 불가능 또는 현저히 곤란하게 하거나 그러한 조치가 불필요하다고 믿게 하는 행동을 하였거나, 객관적으로 채권자가 권리를 행사할 수 없는 장애사유가 있었거나, 또는 일단 시효완성 후에 채무자가 시효를 원용하지 아니할 것 같은 태도를 보여 권리자로 하여금 그와 같이 신뢰하게 하였거나, 채권자 보호의 필요성이 크고 같은 조건의 다른 채권자가 채무의 변제를 수령하는 등의 사정이 있어 채무이행의 거절을 인정함이 현저히 부당하거나 불공평하게 되는 등의 특별한 사정이 있는 경우에 한하여 채무자가 소멸시효의 완성을 주장하는 것이 신의성실의 원칙에 반하여 권리남용으로서 허용될 수 없다고 하였다(대판 1999.12.7, 98다42929).

# 2025 박문각 행정사 **1차**
## 백운정 **민법총칙** 기본서

**초판인쇄** | 2024. 9. 5.　**초판발행** | 2024. 9. 10.　**편저자** | 백운정

**발행인** | 박 용　**발행처** | (주)박문각출판　**등록** | 2015년 4월 29일 제2019-000137호

**주소** | 06654 서울시 서초구 효령로 283 서경 B/D 4층　**팩스** | (02)584-2927

**전화** | 교재 문의 (02)6466-7202

저자와의
협의하에
인지생략

정가 22,000원

ISBN 979-11-7262-187-2